中国中古史集刊

第三辑

中国中古史集刊编委会　编

苏小华　执行主编

商务印书馆
创于1897　The Commercial Press
2017年·北京

图书在版编目（CIP）数据

中国中古史集刊．第3辑 / 中国中古史集刊编委会编．— 北京：商务印书馆，2017
ISBN 978-7-100-13005-9

Ⅰ.①中… Ⅱ.①中… Ⅲ.①中国历史—中古史—文集 Ⅳ.①K240.7-53

中国版本图书馆CIP数据核字（2017）第042272号

中国中古史集刊
第3辑
中国中古史集刊编委会　编
苏小华　执行主编

商　务　印　书　馆　出　版
（北京王府井大街36号　邮政编码 100710）
商　务　印　书　馆　发　行
三河市尚艺印装有限公司印刷
ISBN 978-7-100-13005-9

2017年4月第1版　开本 710×1000 1/16
2017年4月北京第1次印刷　印张 29 1/4

定价：90.00元

《中国中古史集刊》（第三辑）
编 委 会

本辑由陕西师范大学历史文化学院资助出版

由陕西师范大学历史文化学院、陕西历史博物馆共同编纂

本刊主旨

《中国中古史集刊》是“中国中古史前沿论坛”的学术阵地。论坛由陕西师范大学历史文化学院与华中师范大学历史文化学院共同发起，致力于团结国内外中国中古史学界同仁，打造优异的交流平台与对话空间。论坛常设机构由“中国中古史前沿论坛”筹委会与《中国中古史集刊》编委会组成。集刊每年出版一辑，以会议论文为支撑，同时接受公开投稿，并严格遵守匿名审稿制度。我们期待同道携手，兼收并蓄，砥砺争鸣，充分展示杰出中青年学者的最新研究成果，促进学术事业的薪火相传与传统文化的开拓创新。

目　录

论　文

域外学术经典译传

书　评

编后记

论文

从塑造到瓦解：汉代居住区形态的一种解说

沈刚（吉林大学古籍整理研究所）

秦汉国家对社会的控制是通过严密的乡里体制来实现的。基层社会的居住空间是国家权力发生的场域，对这一时期居住空间的探讨关乎秦汉政权的统治方式、权力的效力等宏观大势，因而一直为学界所关注。秦汉文献中，表述居民的居住空间的名词有闾里、聚邑等多种。汉代居住区为何种形态？目前所见观点，按照邹水杰等先生的梳理，主要分为这样几类[1]：一是汉代以城聚居，这也就意味着当时居民是整齐的里居形式；二是乡村也是里居形态；三是认为由封闭、聚居的城邑逐渐拓展出散居的聚落，我们称之为变迁说；[2] 四是认为城邑与聚落并存，聚落以自然形态纳入国家乡里体制中，我们称之为两分说。[3] 这些歧义的出现，是因为文献记载的整齐划一和现实生活居住可能性之间存在着矛盾，而上述观点也是试图对这些矛盾进行调适。因为秦汉考古工作发掘的汉代乡村聚落

---

[1] 邹水杰、李斯、陈克标：《国家与社会视角下的秦汉乡里秩序》，湖南师范大学出版社2014年版，第10—12页。

[2] 邹水杰等亦持这种观点，参看邹水杰、李斯、陈克标：《国家与社会视角下的秦汉乡里秩序》，第42页。

[3] 除了邹书所列邢义田先生观点外，最近王彦辉先生也持这种观点，参看王彦辉：《早期国家理论与秦汉聚落形态研究——兼议宫崎市定的“中国都市国家论”》，《中国社会科学》2014年第6期。

遗址不多，所以河南内黄三杨庄聚落遗址发掘后，因其揭示的信息较为丰富，引起了学界对这个问题的又一次关注，引发了对秦汉聚落的重新思考。这些论说几乎涵盖了汉代居住形态的各种可能性。因此，本文从另一个角度，即政权对居住空间塑造来看这一时期居民区的形态。

一、聚散有常：秦汉居住形态补说

对于秦汉居住形态的完整叙述来源于《汉书·食货志》中一段话："五家为邻，五邻为里，四里为族，五族为党，五党为州，五州为乡。乡，万二千五百户也。邻长位下士，自此以上，稍登一级，至乡而为卿也。于是里有序而乡有庠。序以明教，庠则行礼而视化焉。春令民毕出在野，冬则毕入于邑。……春，将出民，里胥平旦坐于右塾，邻长坐于左塾，毕出然后归，夕亦如之。入者必持薪樵，轻重相分，班白不提挈。"[1]这段话描绘上古时期居民的居住管理模式，是井田制度的一个组成部分。《食货志》中的井田制杂糅了《周礼》、《公羊传》等先秦典籍，如此整齐划一的形式很容易令人怀疑其中有多少是主观臆想的成分。然而张家山汉简中一条律文却与此十分相似，"自五大夫以下，比地为伍，以辨券为信，居处相察，出入相司。有为盗贼及亡者，辄谒吏、典。田典更挟里门籥（钥），以时开；伏闭门，止行及作田者；其献酒及乘置乘传，以节使，救水火，追盗贼，皆得行，不从律，罚金二两"。[2]这是汉初的法律摘抄汇编，有的放矢，为政府对现实生活的规定。它应该具有普适性，

---

[1]《汉书·食货志》，中华书局1962年版，第1121页。

[2]张家山二四七号汉墓竹简整理小组编著：《张家山汉墓竹简·二年律令·户律》，文物出版社2006年版，第51页。

因为同样在《二年律令》中，《行书律》中有邮驿设置的法律：一邮十二室。长安广邮廿四室，敬（警）事邮十八室。[1]这里针对长安广邮和警事邮这种特殊情况单独提出来，为特制。《二年律令》中，如果没有特别说明，则意味着所述情况没有特例。准此原则，也就意味着当时的居住区都是如此整齐划一的。然而，在幅员广大、南北殊俗、生业各异的秦汉帝国，这种整齐划一的类似现代小区的居住模式是否遍布于整个帝国的疆土呢？所以尽管法律中有明确的说明，但还是难以让人放心地认为这就是当时的实情。

2003年三杨庄遗址发掘材料的公布也对这种里居模式提出了挑战。这批材料，据刘海旺先生介绍：

> 在三杨庄汉代遗址100万平方米范围内，经过考古勘探，发现有14处汉代同时期建筑（宅院）遗存、一处窑址、3条东西向道路，以及一些低洼的池塘。其中的一条东西向道路宽达20米。从已经过考古发掘的四处宅院遗址看，它们均坐北朝南，方向一致；相互距离或远或近，中间隔以农田；面积大小接近，宅院部分一般为900平方米，若加上门前水井所处的活动空场地，总面积在1300平方米左右（第二处庭院较为特殊，宅院前活动场地面积较大），大致与汉代二亩半宅大小吻合。这种瓦屋顶的房屋，住房、厢房结合，水井、厕所俱全，院墙封闭，树木环绕，还出土了大量的生产、生活用具等，它们显然不是临时性的房舍，而应当是常年居住的宅院。三杨庄汉代聚落遗址以实景再现了汉代这种田宅相接、田中建宅、宅与宅隔

[1] 张家山二四七号汉墓竹简整理小组编著：《张家山汉墓竹简·二年律令·行书律》，第45页。

田相望的空间布局景象。但宅院的布局并不整齐划一，也不够集中，多少显得有点散乱。[1]

这种有些散乱的居住空间和文献中的记载发生了抵牾。为了弥合这一矛盾，学界提出各种解说：第一种意见是变迁说，即农作时居住在田间的庐舍中，农闲时居住在邑中，东汉以后才逐渐发展成定居。[2] 第二种意见是两分说，即城中之里和城外之里有区别。[3] 第

[1] 刘海旺：《由三杨庄遗址的发现试谈汉代“田宅”空间分布关系》，载中国社会科学院考古研究所等编：《西汉南越国考古与汉文化》，科学出版社 2010 年版。

[2] 如刘海旺说：在黄河中下游的广大平原地区，这种田宅相接、田中建宅、宅与宅隔田相望的聚落田宅空间布局是对东周时期井田制中田宅布局的某种继承，是在汉代空前提高的生产力发展水平条件下，在国家统一的和平环境中，普通农民对自身日常生产、生活方式的自然选择。当开垦的耕作农田离城邑较远时，普通农民从东周时期仅春夏农事季节才居住在农田中的宅屋（庐舍，面积二亩半）内，逐渐发展到西汉时期终年乃至终生都生活居住在农田的宅院内。由于社会条件的发展变化，这种田宅空间分布关系至东汉晚期可能逐渐向宅与宅隔墙相邻的田宅分离的村落布局发展，从而出现了真正意义上的村。参看刘海旺：《由三杨庄遗址的发现试谈汉代“田宅”空间分布关系》。又，侯旭东先生对于汉代聚落进行了深入探讨，他认为：“自先秦至秦汉，百姓居住场所经历了由集中在封闭有围墙的聚落（城居）到逐渐以城居与生活在无围墙聚落（散居）并存的变化。早先这种有围墙有门定时开闭的封闭聚落多位于规模较大的城邑内，出现乡里编制后，这种聚落则成为‘里’。”参看侯旭东：《汉魏六朝的自然聚落——兼论“邨”“村”关系与“村”的通俗化》，收入氏著《近观中古史——侯旭东自选集》，中西书局 2015 年版。

[3] 如刘庆柱先生认为：城是一级社会行政管理单位的所在地，城对城内基层社会的管理是通过“里”。城对城外基层社会的管理是通过“乡”及其所属的“里”，那里的“里”大概与“聚”是一致的，“聚”是城外社会生活、生产基层组织……城中的“里”是“规划”的，其规模与户数可能有一定的要求。但是城外的广大地区，由于那里的“里”与“聚”往往是“二者合一”的，一般说这些“里”的规模、人口数量往往不尽相同。他进一步把城外之里分成“散聚型”和“集聚型”两种。参看刘庆柱：《汉代城市与聚落考古研究》，载中国社会科学院考古研究所编：《汉代城市和聚落考古与汉文化》，科学出版社 2012 年版。邢义田先生认为：“一般农村聚落即使纳入乡里编制，其原本取决于地理自然条件和农耕活动方便性的居住形态大概不会改变……城邑中的里经过规划，可能比较规整，乡野农村即使纳入里的编制，其居址布局显然并不一定十分整齐。”参看邢义田：《从出土资料看秦汉聚落形态和乡里行政》，收入其著《治国安邦》，中华书局 2011 年版。王子今先生亦赞同此说，认为这个遗址

三种意见是特例说。[1] 第四种意见是分类说。[2]

来自考古发掘的第一手现场信息，应该是解决问题的最直接的答案。但令人失望的是，关于汉代农耕聚落的遗址并不多见，只有寥寥几处，无法提供足够观察的样本。这就使本来不甚清楚的问题，又治丝益棼，更为凌乱，平添更多揣度的可能性。即使就最为详细的三杨庄遗址而言，它所提供的关于居住区的信息也不够充分，从上面发掘情况看：我们能够知道院落的形态、部分院落之间的距离，及其农耕形式的生态。可是，按照汉代的标准，作为一个居民区，当有几十户为宜，但此处仅仅有四户的信息。并且，二号院与其他院落距离较远，但是它的规模也更大，是否有其特殊性？因而这份珍贵的材料依然无法满足我们的好奇心。我们只好再重新回到传世文献中，看能否找出另一种解释的可能。

论者多认为秦汉时期的居住区已经分化为人口集中的城邑和农耕的聚落两类。在汉代史料里也的确有这样的痕迹，《续汉书·五行

（接上页）可能是汉代的乡村里居的常态。参看王子今：《内黄三杨庄遗址考古发现与秦汉乡村里居形式的考察》，载中国社会科学院考古研究所编：《汉代城市和聚落考古与汉文化》。

[1] 程有为先生认为：内黄三杨庄汉代庭院与农田遗存，可能反映了黄河堤内滩地上的农民住宅与土地的布局状况，它不一定反映汉代整个农村聚落的共同特性。汉代聚落的主要样式应该是住宅相对集中在一处，周围为农田。但是，也不能完全排除当时在河堤内滩地之外也存在院落之间的布局相对独立、每个院落周围有农田、陂池环绕的聚落样式。参看程有为：《内黄三杨庄汉代庭院遗址与汉代聚落样式探讨》。孙家洲先生也持同样的意见，参看孙家洲：《从内黄三杨庄聚落遗址看汉代农村民居形式的多样性》，载中国社会科学院考古研究所编：《汉代城市和聚落考古与汉文化》。

[2] 白云翔先生认为汉代聚落遗址分成“农业型”、“工商型”、“农工商混合型”三种类型，三杨庄遗址属第一种。参看白云翔：《秦汉时期聚落的考古发现及初步认识》，载中国社会科学院考古研究所编：《汉代城市和聚落考古与汉文化》。刘兴林亦认为分为城邑外相对集中的里居和散居型的自然聚落，参看刘兴林：《汉代聚落形态的考古学观察》，《东南文化》2011 年第 6 期。

志》刘昭注引《东观汉记》："邑里无营利之家，野泽无兼并之民，万里之统，海内赖安。"[1]这里虽然说的是豪强兼并之事，但是"邑里"和"野泽"对称，前者和"营利之家"相连，后者和"兼并之民"相连，暗示一为以工商业为主的城市，一为农耕的乡村，他们的生产、生活模式也不相同。如前述一些学者的意见，城邑中居民区就是《食货志》与《二年律令》所描述的那种形态。我们也赞同这一点。下面再加以补充说明：

文献中记录城邑中居民区实态亦是按里居住，里的形制也与律令所言相仿。里门是里存在的一个标志，《食货志》和《二年律令》都特别提到这一点，两汉史书中多处提到《汉书·于定国传》："始定国父于公，其闾门坏，父老方共治之。"师古曰："闾门，里门也。"[2]于公为县狱史，郡决曹，此里在东海郡郯县，为郡治。王利器在《太平御览》中辑出的《风俗通义》佚文有："闬，城外郭内里门也。"[3]说明城郭中有里。另外，还有多条守里门的记载。[4]这些记载并非孤证，说明里居之制并非向壁虚造的制度。也有考古学证据的支持：在城邑之中的基层单位应为"里"，文献记载汉长安城有160里；阳陵邑遗址勘探发现东西向道路11条、南北向道路31条，两种方向道路相交形成200多个长方形空间，每个"长方形空间"可能就是阳陵邑中的一个"里"。汉长安城、阳陵邑等"城市"中的"里"，其平面布局形制应该如文献中所说的那样"室屋栉比，门巷修直"。它们既是社会行政管理的基层单位，又是百姓生活的基本空间形式。[5]（黄河中下游

---

[1]（东汉）刘珍等撰，吴树平校注：《东观汉记校注》，中华书局2008年版，第529页。

[2]《汉书·于定国传》，第3047页。

[3]（东汉）应劭撰，王利器校注：《风俗通义校注》，中华书局1981年版，第476页。

[4]如《汉书·食货志上》"守闾阎者食粱肉"，《汉书·路温舒传》"（路温舒）父为里监门"，《汉书·张耳传》"两人变名姓，俱之陈，为里监门"等。

[5]刘庆柱：《汉代城市与聚落考古研究》，第28页。

城邑的特点）道路将城内分为官署区、居民区、手工业作坊及市场区等不同的功能区。……有大、小城的，小城一般为官署所在地，大城安排居民区和手工业作坊及市场区。[1] 当然在其他地区则有可能与此有异，我们也是以黄河中下游汉代核心区为讨论基点的。

民户在里中集中居住，密度很大。《汉书·王吉传》："始吉少时学问，居长安。东家有大枣树垂吉庭中，吉妇取枣以啖吉。"[2] 两户之间可以树木相接，应是庭户紧邻。东都洛阳同样也是如此，《后汉书·梁统传》："宣家在延熹里，与中常侍袁赦相比。冀使刺客登赦屋，欲入宣家。赦觉之，鸣鼓会众以告宣。"[3] 依李贤注，"相比"意为"相邻比也"，并且刺客能够通过邻居屋顶进入宣家，故两家房屋相距甚近。不仅两汉都城居住区鳞次栉比，地方的通都大邑亦是如此。《后汉书·廉范传》："成都民物丰盛，邑宇逼侧，旧制禁民夜作，以防火灾，而更相隐蔽，烧者日属。"[4] 成都城中因为居住"邑宇逼侧"甚至导致火灾频发。

城中之里不仅房屋密度高，而且规模也很大。班固在《两都赋》中描绘长安盛大气象时有："内则街衢洞达，闾阎且千，九市开场，货别隧分，人不得顾，车不得旋。"李贤注引《字林》曰："闾，里门也。阎，里中门也。"[5] 这是因为居民区人户众多，故而其中才能够包容闾里豪杰。"长安炽盛，街闾各有豪侠，章在城西柳市，号曰'城西萬子夏'"[6]，其他城邑也是如此，《汉书·游侠·原涉传》："涉单车驱上茂

[1] 中国社会科学院考古研究所编：《中国考古学·秦汉卷》，中国社会科学出版社 2010 年版，第 260 页。
[2] 《汉书·王吉传》，第 3066 页。
[3] 《后汉书·梁统传》，中华书局 1965 年版，第 1186 页。
[4] 《后汉书·廉范传》，第 1103 页。
[5] 《后汉书·班固传》，第 1336 页。
[6] 《汉书·游侠·万章传》，第 3705 页。

陵，投暮，入其里宅，因自匿不见人。”[1]原涉是名气很大的游侠，藏匿到里中，竟然没被发现，可见茂陵县邑中的居住区也颇具规模。里中不仅有居民区，还有其他相关设施，《后汉纪》：“孔子阙里荆棘自除，从讲堂至里门外。”[2]里中有讲堂，可能和鲁地儒学传统有关。不过，联系到《食货志》乡里中庠序的记录，似乎也并不是鲁地的个案。

这种里居的方式，是经过了刻意的规划。《论衡·别通》：“富人之宅，以一丈之地为内，内中所有，柙匮所羸（赢），缣布丝绵也。贫人之宅，亦以一丈为内，内中空虚，徒四壁立，故名曰贫。”[3]这段话是说，人之贫富，是以浮财来判定，而非住宅之大小，其宅之大小差异不大，这显然有人为规定的因素。正因为如此，这种规整的里居方式很可能存在于国家政权完全掌控的城邑，多为比较成熟的内郡。除了上述数例外，还有这样两例，《汉书·汲黯传》：“河内失火，烧千余家，上使黯往视之。还报曰：‘家人失火，屋比延烧，不足忧。’”[4]《后汉书·周磐传》：“里中灾，火将逼其舍，顺抱伏棺柩，号哭叫天，火遂越烧它室，顺独得免。”[5]这里是汝南郡的情形。失火能够“屋比延烧”，这两地应该和成都地区一样“邑宇逼侧”。又《后汉书·杜诗传》：杜诗在南阳太守任上时，“又修治陂池，广拓土田，郡内比室殷足”[6]。所谓“比室”，亦指居住密集。河内、汝南、南阳皆为内郡腹地。

从以上叙述看，城中是以规划齐整的里居方式安排居住区的，这点当无疑问，但面积广阔的广大农耕聚落中的居住空间是如何安排的呢？以农业作为主要生业的农村，其居住空间的安排当因地制

[1] 《汉书·游侠·原涉传》，第3717页。

[2] （晋）袁宏撰，李兴和点校：《袁宏〈后汉纪〉集校》，云南大学出版社2008年版，第33页。

[3] （东汉）王充撰，黄晖校释：《论衡校释》，中华书局1990年版，第590页。

[4] 《汉书·汲黯传》，第2316页。

[5] 《后汉书·周磐传》，第1312页。

[6] 《后汉书·杜诗传》，第1094页。

宜，以方便农业生产为目标，因此很难确定这种整齐划一的居住形式是否适用于城邑之外的地区。《汉书·沟洫志》："虽非其正，水尚有所游荡。时至而去，则填淤肥美，民耕田之，或久无害，稍筑室宅，遂成聚落。"[1]这虽然是在讲治理黄河时所提到的一段话，但它至少说明了聚落的形成过程，通常这类聚落是自发形成的，不会有外力给予规划。由此可以推想，聚落的最初形成方式应与此相类，汉代对这些已存在的聚落不会重新做伤筋动骨的改造。那么，是否就意味着里制只是城市人群的生活空间，而在农村每一个基层单位组织内部仍是毫无规律的散居呢？情况并不是这样简单。《汉书·陈平传》："负随平至其家，家乃负郭穷巷，以席为门，然门外多长者车辙。"[2]"负郭穷巷"表明陈平的居止之处位于城郭，巷道应是由多个民居围合而成，这与民户聚集的里的形态比较接近。而陈平为阳武户牖人，颜师古注曰："阳武，县名，属陈留。户牖者，其乡名。"并且户牖亦非阳武县治所在。它虽未明确说是里的形式，但至少可以暗示着在基层农村中，民户是集中居住。我们还有东汉时期的两条反证，《后汉书·方术·公沙穆传》："居建成山中，依林阻为室，独宿无侣。"[3]《后汉书·周燮传》："不读非圣之书，不修贺问之好。有先人草庐结于冈畔，下有陂田，常肆勤以自给。非身所耕渔，则不食也。乡党宗族希得见者。"[4]这两个例子都是以居住于山冈来显示其遗世独立，与乡党隔绝的。但如果反过来看，即使在秦汉时期的农村地区，聚居还是常态化的居住形式。仲长统曾有一段议论："使居有良田广宅，背山临流，沟池环匝，竹木周布，场圃筑前，果园树后。舟车足以代步涉之艰，使令足以息四体之役。养亲有兼珍之膳，妻孥无

[1]　《汉书·沟洫志》，第1692页。
[2]　《汉书·陈平传》，第2038页。
[3]　《后汉书·方术·公沙穆传》，第2730页。
[4]　《后汉书·周燮传》，第1742页。

苦身之劳。良朋萃止，则陈酒肴以娱之；嘉时吉日，则亨羔豚以奉之。”这是他理想中的居住方式，并且目的是“欲卜居清旷，以乐其志”[1]。这也意味着在现实生活中，他的居处之地恰好和愿望相反，当较为逼仄。并且还很有可能是因为住宅相连，造成其没有拓展的空间。

其实，农业聚落中的居民很难有如仲长统想象的那样散居的客观条件。我们不妨做一估算。秦汉将里作为最基层的统治单位，里的规模大小不一，到了汉末通常保持在 40 户到 50 户这样一个稳定的规模。我们以 50 户的里作为计算的起点。汉代，五口之家、百亩之田，是标准的小农家庭形态，如《汉书 · 食货志》：“今一夫挟五口，治田百亩。”[2] 汉代一亩相当于现代亩积单位的 0.69156 亩，即 461 平方米。那么百亩之田为 46100 平方米，一里的土地面积为 46100 × 50=2305000 平方米。假定这是一个正方形，则边长约为 1518 米。在这样大小的地域中，散落着 50 户居民，那么他们的分布形态，可能就像三杨庄那样，彼此相距几十米到上百米。这样的态势，尽管不可能像城邑中里分布得那样集中，但是也不能认为他们分散到无法邻里相望、守望相助的地步。只有如公沙穆、周燮那样离开了聚邑，在偏远山冈居住，当时人才认为是散居。

那么，如何看待《二年律令 · 户律》中的那条材料呢？我们可以把这条材料分成两部分来看，“自五大夫以下，比地为伍，以辨券为信，居处相察，出入相司。有为盗贼及亡者，辄谒吏、典”这一部分强调居民之间相互监督，“田典更挟里门籥（钥），以时开；伏闭门，止行及作田者；其献酒及乘置乘传，以节使，救水火，追盗贼，皆得行，不从律，罚金二两”则强调通过对里门的开闭达到对居民的控制。这条律文的主旨是强调对基层社会的控制主要是依靠

[1] 《后汉书 · 仲长统传》，第 1644 页。
[2] 《汉书 · 食货志》，第 1125 页。

这两种方式。前一种方式可以适用于所有地区，后一种方式则是在规制整齐的里邑中施行。因为目的相同，故写在了同一条律文中。在政府眼中，无论是集中的里居，还是相对分散的居住形式，都以方便管理为目标。无论哪种情形，在以土地为本的农耕社会中，一个聚邑中的民户分布都不会很分散。另外，汉初的法律还与当时邑居为主的居住背景有关。[1]

当然，还有可能如《食货志》中所说的情形，居民集中居住和耕作区两分，在农耕时节集体到田中耕作，即“春令民毕出在野，冬则毕入于邑”。但“春令民毕出在野”也只能是临时休息的庐舍，如同《汉志》在这段话之前所说的“在野曰庐，在邑曰里”，“筑城郭以居之，制庐井以均之”之庐。《御览》卷491引《东观汉记》：“汝南薛苞，字孟尝，丧母，以至孝闻。父娶后妻而憎苞，分出，日夜号泣，不能去，至被欧杖。不得已，庐于舍外，旦入而洒扫。父怒，又逐之。乃庐于里门，晨昏不废。积岁余，父母惭而还之。”[2] 薛苞可以随时庐于“舍外”、“里门”，说明“庐”是一种可以随时搭建的简易栖身处。另外，就我们前面假定里的规模看，似乎也无此必要。假定5000亩田地中无固定房舍，里中居民临田地集中居住，那么他们到田地中的最长距离则为这个正方形土地的斜对角线，大约为2147米，若成人步行，正常速度不到半小时即可到达，故断无舍弃固定住所，而如候鸟般居住在田中庐舍之理，因而田中之庐至多是临时休息处。

二、制里割宅：国家塑造居住空间的努力

上述《户律》律文既是对基层社会的控制手段，同时也显示了

[1] 王彦辉：《秦汉时期的乡里控制与邑、聚变迁》，《史学月刊》2013年第5期。
[2] （东汉）刘珍等撰，吴树平校注：《东观汉记校注》，第655页。

国家通过统一居住模式的方式，来达到有效控制社会的愿望。为了达到这一目的，在制定法律时便有塑造居住空间的倾向性规定，张家山汉简中的一些条文便显示出这一点。

《户律》中有：“欲益买宅，不比其宅者，勿许。为吏及宦皇帝，得买舍室。”[1]在住宅买卖中，只允许购买毗邻住宅，这样做的目的还是出于管理方便的需要。同样女子婚后继承父母的田宅，也要本着这样的原则：“女子为父母后而出嫁者，令夫以妻田宅盈其田宅。宅不比，弗得。”为了保证能达到这一政策实施的预期效果，法律也提出相关的措施。比如对住宅专门登记：“民宅园户籍、田比地籍、田命籍，田租籍谨副上县廷，皆以箧若匣匮盛，针闭，以令若丞、官啬夫印封，独别为府，封府户。”[2]民宅园户籍和其他土地簿籍一样，要上报到县廷，具有法律效力，是买卖田宅的一个依据。不仅如此，法律还要求具体操作的地方官吏不得延误：“代户、贸卖田宅，乡部、田啬夫、吏留弗为定籍，盈一日，罚金各二两。”[3]规定基层胥吏及时登录，也是为了便于政府能够及时掌握居住区的真实情况。张家山汉简作为汉代初年的法律，其立法根据一部分是承袭秦代，但也有出于在改朝易代时通过制定法令，重新构建国家统治秩序的需要。《户律》中这些相关法律条文的主旨虽然不是针对住宅而言，但是也能从一个角度折射出国家对居住秩序构造的努力。

即使在日常统治中，国家通常也以诏书的形式提醒地方政权关注乡里居住格局。西汉末年颁布的《月令诏条》曾有这样的文字：

> 戒门闾，脩（修）键闭，慎管龠，固封印，备边竟（境），

[1]　张家山二四七号汉墓竹简整理小组编著：《张家山汉墓竹简·二年律令·户律》，第53页。

[2]　同上书，第54页。

[3]　同上。

完要【塞，谨关梁，塞】【蹊径】。●谓当□门（中略）□以顺时气。[1]

“戒门闾，修键闭，慎管籥”，皆是针对“里”的管理而言，国家以诏令形式颁布的《月令》，具有法律效应，甚至有学者认为，汉代颁布的这类诏书，本身就是法律的组成部分。[2]《月令》作为管理日常社会秩序的一种诏令，特别强调这一点，一方面是里居应是常态，另一方面也可以看成是固化里的这种居住形态。这段文字题写于敦煌悬泉置的墙壁上，边塞地区的基层邮驿机构有这样的记录，说明《月令》已经被播布到帝国的每一个角落，为当时人所熟知。

汉代国家不仅在法律层面努力塑造基层社会的居住空间，而且在现实施政中也实践着这种理想。关于汉代的乡里居住空间规划方面，晁错在《募民徙塞下疏》中的一段文字为人所熟知：

臣闻古之徙远方以实广虚也，相其阴阳之和，尝其水泉之味，审其土地之宜，观其草木之饶，然后营邑立城，制里割宅，通田作之道，正阡陌之界，先为筑室，家有一堂二内，门户之闭，置器物焉，民至有所居，作有所用，此民所以轻去故乡而劝之新邑也。为置医巫，以救疾病，以修祭礼，男女有昏，生死相恤，坟墓相从，种树畜长，室屋完安，此所以使民乐其处而有长居之心也。臣又闻古之制边县以备敌也，使五家为伍，伍有长；十长一里，里有假士；四里一连，连有假五百；十连

[1] 黄人二：《敦煌悬泉置〈四时月令诏条〉整理与研究》，武汉大学出版社2010年版，第8页。

[2] 〔日〕广濑薰雄：《秦汉时代律令辨》，载中国政法大学法律古籍整理研究所编：《中国古代法律文献研究》第7辑，社会科学文献出版社2014年版。

一邑，邑有假候。[1]

这段文字说的是在新开拓的西北边地，地广人稀，在这里勾画出理想的居住图景，建立城邑，分配住宅，并在此基础上建立什伍之制。多数学者认为这就是当时边地的实景。不过，我们细绎这段文字，似还有进一步分析的必要。这段文字中两次提到这种规划是古制，也就是至少在汉代这是没有先例可循的工作，是晁错提出的理想图景，至于是否照此付诸实践，这段对策之后并没有给出结果。在新开辟地区物质基础薄弱的背景下，为大批移民营建整齐划一的都邑，也颇有难度。作为一篇策论文章，晁错所要表达的中心意思是如何加强边防，制里割宅只是其中的一个基础环节。居住区安定对人民安居乐业有重要意义，进而会影响到边防。另外，在居延汉简中也提到了“里”，但是否如晁错所写得如此整齐，还是语焉不详。因此这段文字所述是否就是边地的实情，我们也无法肯定。不过，政府在内郡设置新的聚邑时，这一图景很可能已经实现了。《汉书·外戚传》中多次记载了置园邑：

乃追尊太后父为灵文侯，会稽郡致园邑三百家，长丞以下使奉守寝庙，上食祠如法。[2]

窦皇后亲蚕卒，葬观津。于是薄太后乃诏有司追封窦后父为安成侯，母曰安成夫人，令清河置园邑二百家，长丞奉守，比灵文园法。[3]

卫氏悉灭。宣帝立，乃改葬卫后，追谥曰思后，置园邑

---

[1] 《汉书·晁错传》，第2288—2289页。

[2] 《汉书·外戚传》，第3942页。

[3] 同上书，第3943页。

三百家，长丞周卫奉守焉。[1]

昭帝即位，追尊钩弋婕妤为皇太后，发卒二万人起云陵，邑三千户。[2]

皇后母前死，葬茂陵郭东，追尊曰敬夫人，置园邑二百家，长丞奉守如法。[3]

诏涿郡治冢室，置园邑四百家，长丞奉守如法。[4]

置园邑是褒赏外戚的一套制度中的一个环节。我们综合考察这几条材料看，它反映出来这样的规律：首先，会稽、清河、茂陵、涿郡皆为内地县邑，可以保证有充足的赋役资源建设新的园邑；其次，除钩弋较为特殊外，其他园邑规模都不大，具有可操作性；再次，材料中有“葬茂陵郭东”，则园邑也当距此不远，附郭而设的邑，当如城邑中的里一样。从这几方面判断，这种园邑正是像晁错所言的那种整齐划一的新居民区。

两汉时期，皇帝对臣下赏赐田宅时，也有意识地关注到居住区的整齐：

武以始元六年春至京师。诏武奉一太牢谒武帝园庙，拜为典属国，秩中二千石，赐钱二百万，公田二顷，宅一区。[5]

伋以老病上书乞骸骨。二十二年，征为太中大夫，赐宅一区，及帷帐钱谷，以充其家，伋辄散与宗亲九族，无所遗余。[6]

---

[1] 《汉书·外戚传》，第3950页。

[2] 同上书，第3957页。

[3] 同上书，第3959页。

[4] 同上书，第3964页。

[5] 《汉书·苏建传》，第2467页。

[6] 《后汉书·郭伋传》，第1093页。

这两次赏赐宅第皆在京城，京城本来就有规划整齐的里，所以对苏武、郭伋的赏赐大概不会在城中的“里”之外。使用“区”这个单位，说明暗含了规划的意味，因为《后汉书·刘盆子传》讲到对赤眉军投降将领的安置政策时说，“乃令各与妻子居洛阳，赐宅人一区，田二顷”[1]，宅一区和田二顷相配套，说明区的规模大小相差不大，并且在洛阳，说明这也是城中的里。皇帝通过赏赐宅第的规格，为显示国家对里宅规范化的认可，起到了示范作用。

上述是皇帝通过设置园邑、赏赐臣下对规范居住区所做出的表率。也有地方官吏身体力行，虽然没有明确记载，但也有迹可循，汉代对地方官的考绩制度有一项指标，叫“获流”，即流亡人口的归籍数。如《尹湾汉墓简牍》集簿中有：“户廿六万六千二百九十，多前二千六百廿九。其户万一千六百六十二获流。口百卌九万七千三百卌三。其（？）四万二千七百五十二获流。”[2]这种获流民户数目很大，东汉时期也有类似例子。《后汉书·李忠传》：“选用明经，郡中向慕之。垦田增多，三岁间流民占著者五万余口。”[3]安置这么多人口，自然要遵循一定的秩序。《后汉书·张禹传》：

> 迁下邳相。徐县北界有蒲阳坡，傍多良田，而堙废莫修，禹为开水门，通引灌溉，遂成孰田数百顷。劝率吏民，假与种粮，亲自勉劳，遂大收谷实。邻郡贫者归之千余户，室庐相属，其下成市。[4]

---

[1]《后汉书·刘盆子传》，第486页。

[2] 连云港市博物馆等编著：《尹湾汉墓简牍》，中华书局1997年版，第77页。

[3]《后汉书·李忠传》，第756页。

[4]《后汉书·张禹传》，第1497—1498页。

面对短时间内大规模涌入的民户，“室庐相属”，作为地方长吏的张禹自然要统一筹划他们的居住区，才能保证其安然有序；“其下成市”，则是居住区和市场分离，与城邑布局原则大致相同。地方官员在施政过程中，考虑规划应不是普遍现象，毕竟这不是其考核的主要内容，因而其注意力也不会在此。

尽管国家努力塑造编户民的居住形态，但是，一些客观因素可能也会影响到其效果。首先是信仰的力量，秦汉时代有种种住宅禁忌。《潜夫论·卜列》：“俗工又曰：‘商家之宅，宜西出门。’”[1] 这是对住宅格局的方面的禁忌。《论衡·四讳》：“一曰讳西益宅。西益宅谓之不祥，不祥必有死亡。相惧以此，故世莫敢西益宅。”[2] 这则是对扩建住宅的影响。两条材料来源于政论文字，当是有的放矢，也是对这类习惯的反思，说明这应该是现实生活中普遍存在的现象。民间信仰顽强地根植于人们的意识中，依靠政权的力量很难清除这种影响。因此，地方官吏在施政过程中也会利用这类居住信仰。如东汉时，张纲在劝降广陵贼张婴后，“散遣部众，任从所之；亲为卜居宅，相田畴；子弟欲为吏者，皆引召之”[3]。“亲为卜居宅”是张纲平抚盗贼的措施之一，说明卜居宅地是当时人建房前惯常的步骤。作为地方长官，他并未完全从里居的规划角度出发，不考虑居住信仰的影响，而是务实地加以利用，达到良好的施政效果。在出土的秦汉时期各类《日书》中有大量的卜居记载，即为明证。

当时人在建筑住宅时还要以方便生产生活为准则，通常田宅并列。《汉书·扬雄传上》：“汉元鼎间，避仇复溯江上，处岷山之阳曰郫，有田一廛，有宅一区，世世以农桑为业。自季至雄，五世而传

---

[1]（东汉）王符撰，（清）汪继培校正：《潜夫论校正》，中华书局 1985 年版，第 298 页。

[2]（东汉）王充撰，黄晖校释：《论衡校释》，第 958 页。

[3]《后汉书·张皓传》，第 1819 页。

一子，故雄亡它扬于蜀。”[1]“田一廛，有宅一区”当是其时编户民不动产标准的配置模式，并且流传数世，和国家的对里中的规划相对应，也是普遍存在的一种居住形态。

三、连里竟巷：居住空间的人为破坏

这种两分的居住空间并非固定不变，一方面散在性的聚落被不断地纳入国家行政系统[2]，另一方面因为灾害、人口增殖、移民等原因又出现新的自然形态的聚落。即使在里居系统内部，也因为人户变迁，宅第买卖、继承、转让等因素造成空间的变化。我们从另外的视角对此做一补充。如上所述，国家对社会民众的居住空间进行干预，为其对社会进行有效的管理服务。这种模式以编户齐民制度为社会基础，以强大的皇权为保障。然而，在两汉时期，这也是一柄双刃剑，当皇权衰微时，附着于皇权的各种势力，又成为这种既有政策的破坏力量。因而，两汉的居住形态与这一时期的政治走势有着一定的关系，在城邑和聚落以不同的形式体现出来。

在城市中的里被外戚、宦官等权贵所破坏。这在西汉时已有端倪：西汉中前期，因为皇帝对臣下控制能力较强，所以在史书中很难看到权贵对里中居住秩序进行破坏的记载。武帝之后，霍光秉政多年，在其死后，其夫人显奢侈逾制，其中就有“广治第室”，但具体情况不甚了了。元帝之后，外戚势力开始坐大，特别是成帝之后，王氏逐渐把持朝政，开始大肆修治宅第，如王商和王立“上幸商第，

[1]《汉书·扬雄传上》，第3513页。

[2] 王彦辉：《早期国家理论与秦汉聚落形态研究——兼议宫崎市定的“中国都市国家论”》，《中国社会科学》2014年第6期。

见穿城引水，意恨，内衔之，未言。后微行出，过曲阳侯第，又见园中土山渐台似类白虎殿”[1]。甚至皇帝本人也参与其中。汉哀帝曾为宠臣董贤“治大第，开门乡北阙，引王渠灌园池，使者护作”[2]。不过，他们的府第虽然极尽奢侈，但是重点不是在扩张范围。比如红阳侯王立的宅第，在《元后传》另一处的记载是“大治室第，第中起土山，立两市”[3]。“起土山，立两市”这些做法都是在自己的宅第之中。王莽控制政权后，“以故萧相国甲第为安汉公第，定著于令，传之无穷”[4]。王莽以前朝旧宅为府第，这固然有其在篡汉前行事低调、收揽人心的意图，但也侧面显示出遵循里制规划是当时公认的准则。而且从上述几则事例看，西汉权贵多是在住宅内部进行修饰，尚未破坏长安城中的里制规划。

东汉章帝以前，权贵尚有所收敛，洛阳城中宅第逾制现象大概不多。例如“吴汉爵位奉赐最尊重，然但治宅，不起巷第”[5]。然而，好景不长，外戚宦官交替专权局面出现，皇帝多幼冲，无力控制局面。这些把握政局的权贵，在生活上也求田问舍，毫无节制地冲击着城中既有的居民区布局。东汉人王符说：“今京师贵戚，衣服、饮食、车舆、文饰、庐舍，皆过王制，僭上甚矣。”[6]这些贵戚包括外戚，比如梁冀夫妇，“冀乃大起第舍，而寿亦对街为宅，殚极土木，互相夸竞”[7]。街路是由相对围合而成，梁冀夫妇相对大起第舍，应是

---

[1] 《汉书·元后传》，第 4025 页。

[2] 《汉书·王嘉传》，第 3496 页。

[3] 《汉书·元后传》，第 4028 页。

[4] 《汉书·王莽传》，第 4047 页。

[5] 《类聚》卷 40 引《东观汉记》，（东汉）刘珍等撰，吴树平校注：《东观汉记校注》，第 340 页。

[6] （东汉）王符撰，汪继培校正：《潜夫论·浮侈》，第 130 页。

[7] 《后汉书·梁统传》，第 1181 页。

在破坏原来的居住区的基础上。宦官亦不遑多让，史称“中官专朝，奢僭无度，各起第宅，拟制宫室”[1]；杨震曾痛陈宦官“各起家舍、园池、庐观，役费无数”[2]。他们所起“家舍、园池、庐观”和西汉时期宅第内部修治不同，他们打破里的形制，《后汉书·宦者·曹节传》：“不惟禄重位尊之责，而苟营私门，多蓄财货，缮修第舍，连里竟巷。”[3] 所谓“连里竟巷”，《后汉书·杨震传》在奏疏中说“伏见诏书为阿母兴起津城门内第舍，合两为一，连里竟街”，颜师古对“连里竟街”的解释为：“合两坊而为一宅。里即坊也。”[4] 也就是说，将两里合为一家之宅，可见权贵对京师中里制破坏何等之巨。《后汉书·杨震传》也反映了皇帝本人在其中的推波助澜作用。

上述所言，因为史书记载的主要集中在京师地区，但依常理推测，在汉帝国的其他城邑，情况也会与此相仿。《后汉书·酷吏·黄昌传》：“视事四年，征，再迁陈相。县人彭氏旧豪纵，造起大舍，高楼临道。昌每出行县，彭氏妇人辄升楼而观。”[5]

与城中整齐的里居被贵戚使用权力破坏不同，广大农耕聚邑的住宅空间的破坏呈现另一种形式，虽然也有利用权力强占，例如后汉“张俭因举奏览贪侈奢纵，前后请夺人宅三百八十一所，田百一十八顷。起立第宅十有六区，皆有高楼池苑，堂阁相望，饰以绮画丹漆之属，制度重深，僭类宫省”[6]，但是，更普遍的情况是豪强利用经济手段，通过土地兼并实现对聚邑空间的侵蚀。

汉初实行授田制度，对编户齐民授予田宅。张家山汉简从法律

---

[1]（晋）袁宏撰，李兴和点校：《袁宏〈后汉纪〉集校》，第312页。

[2]《后汉书·杨震传》，第1764页。

[3]《后汉书·宦者·曹节传》，第2526页。

[4]《后汉书·杨震传》，第1764页。

[5]《后汉书·酷吏·黄昌传》，第2497页。

[6]《后汉书·宦者·侯览传》，第2523页。

加以规定："宅之大方卅步。彻侯受百五宅，关内侯九十五宅，大庶长九十宅，驷车庶长八十八宅，大上造八十六宅，少上造八十四宅，右更八十二宅，中更八十宅，左更七十八宅，右庶长七十六宅，左庶长七十四宅，五大夫廿五宅，公乘廿宅，公大夫九宅，官大夫七宅，大夫五宅，不更四宅，簪褭三宅，上造二宅，公士一宅半宅，公卒、士五（伍）、庶人一宅，司寇、隐官半宅。"[1] 杨振红先生认为一宅相当于小亩 9 亩。这是按照爵级规定的占领宅第的规模，虽然高爵数目很高，但在公乘和公大夫之间，差距很大，公大夫以下的低爵应该所占比例更大，所以整体而言，应该是以宅第占地较少的低级爵位为主。这套制度是以国家掌握较多公有土地为前提，所以施行的时间并不长，据杨先生研究，到汉文帝时期，这套体系已经破坏。[2] 豪强横行乡里，所谓"其并兼者则陵横邦邑，桀健者则雄张闾里"[3]。因为国家经济政策的转变，西汉中后期开始，这些豪强从工商业领域变成武断乡曲的土豪，兼并土地是其重要的经济基础。[4] 如"卜式，河南人也。以田畜为事。有少弟，弟壮，式脱身出，独取畜羊百余，田宅财物尽与弟。式入山牧，十余年，羊致千余头，买田宅。而弟尽破其产，式辄复分与弟者数矣"[5]。东汉时人郭丹，"累世千石，父稚为丹买田宅居业"[6]，这也是其财富增值的手段之一。《论衡 · 宣汉》："天下太平，瑞应各异，犹家人富殖，物不同也。或积

---

[1] 张家山二四七号汉墓竹简整理小组编著：《张家山汉墓竹简 · 二年律令 · 户律》，第 52 页。

[2] 杨振红：《出土简牍与秦汉社会》，广西师范大学出版社 2009 年版，第 127、157 页。

[3] 《后汉书 · 酷吏传》，第 2487 页。

[4] 王彦辉：《汉代豪民研究》，东北师范大学出版社 2001 年版，第 127 页。

[5] 《汉书 · 卜式传》，第 2624 页。

[6] 《御览》卷 281 引《东观汉记》，（东汉）刘珍等撰，吴树平校注：《东观汉记校注》，第 533 页。

米谷，或藏布帛，或畜牛马，或长田宅。”[1]这种兼并的结果是，在土地占有方面，小农失去土地，没有了生存之本，所谓无立锥之地。

就住宅而言，汉初法律所规定的住宅买卖、继承过程中比邻原则已经没有约束力。东汉仲长统说这些豪强的住宅分布各地，“豪人货殖，馆舍布于州郡，田亩连于方国”[2]。并且其占地很广，“豪人之室，连栋数百，膏田满野，奴婢千群，徒附万计”[3]。《后汉纪》又为我们提供了这样的实例，“俭举劾中常侍侯览前后请夺民田三百余顷；第舍十六区，皆高楼四周，连阁洞殿，驰道周旋，类于宫省”[4]。这就严重破坏了国家以小农家庭为基础所规划的乡里居住空间，改变了乡里社会的居住生态。

汉代国家在城邑与聚落传统形成的居住区基础上，通过制定法律、施行政策、官吏行政等措施努力将居住区塑造成符合统治需要的居住形态。但由于皇权的式微，都邑中的权贵和地方的豪强通过巧取和兼并，侵蚀了传统的居住空间，使其成为国家权力和贵戚博弈的角斗场。到了汉末三国，因人口的增殖及战乱大规模的移民，导致他们的居住已经突破了居住范围，形成新的居住区，比如长沙走马楼三国吴简中就出现了大量的丘，它们和传统的里并存，居住地和传统乡里控制方式的不一致，导致了国家对基层社会统治方式的改变。进入南北朝时期，分裂与割据导致政治舞台不断变化，各种因素交织作用，重构了民间居住空间，历史又翻开了新的一页。

---

[1] （东汉）王充撰，黄晖校释：《论衡校释》，第817页。

[2] 《后汉书·仲长统传》，第1651页。

[3] 同上书，第1648页。

[4] （晋）袁宏撰，李兴和点校：《袁宏〈后汉纪〉集校》，第272页。

秦汉的女子参战与亲属随军 *

孙闻博（中国人民大学国学院、出土文献与中国古代文明研究协同创新中心）

秦汉交通史、军事史以往研究，较少关注军人亲属，特别是其中的女性群体。实际上，无论她们留守后方，还是随军在边，都为相关军事活动提供了重要的支撑与保障。秦汉政府也积极通过律令及行政措施，对她们进行管理、供给与抚恤。战国、秦汉时期的女子参战与亲属随军，是认识秦汉社会人口迁移与人口流动中“军役之路”的重要构成内容。[1]

近年历史学发展中，性别史的研究令人瞩目。即便在“深耕熟耨”的秦汉史园地，有关探索与尝试也已有较好开展。[2] 不过，李贞德在对台湾学界相关研究评述时，注意到之前探讨过于注重妇女与

---

* 本文为国家社科基金重大项目“秦统一及其历史意义再研究”（项目编号：14ZDB028）的阶段性成果。

[1] 关于秦汉“军役之路”的交通史考察，参见王子今：《秦汉交通史稿》（增订版）第13章，中国人民大学出版社2013年版，第416—425页。

[2] 主要有刘增贵：《汉代婚姻制度》，华世出版社1980年版；彭卫：《汉代婚姻形态》，三秦出版社1988年版、中国人民大学出版社2010年版（以下引用取后者）；王子今：《古史性别研究丛稿》，社会科学文献出版社2004年版；彭卫：《汉代性别史三题》，《东岳论丛》2005年第3期；彭卫：《汉代女性的工作》，《史学月刊》2009年第7期；翟麦玲、张荣芳：《秦汉法律的性别特征》，《南都学坛》2005年第4期；等等。

宗族的关系。“学者应当超越父系家族的藩篱”[1]。有鉴于此，笔者以为，性别史研究或许可以尝试从社会视角上升至国家视角，进而观察国家制度建构中的性别意识体现。探讨秦汉军事活动中的军人亲属，特别是其中女性的表现与作用，不仅可以了解她们当时的相关权利、地位，而且对于界定男子、两性角色特征，乃至整个军制设计理念都是有益的。

本文主要从“女子从军”、亲属随军及亲属连坐变化三个方面依次探讨，论述依需要有时则适当延伸至战国、三国时期。

一、也说“女子从军”——从城守史料切入

古代女子从军，是中国军事史上引人注目的现象，也是值得重视的社会文化存在。已有学者就此做过综合性研究，特别对唐代以后各种“女军”多有梳理分析。[2]战国、秦汉时期存在女子从军，学界多从此说。[3]少数学者对相关现象进行考察时，则持谨慎态度。[4]这里选择从国家视角、制度层面，对基本史料重做审视。

---

[1] 李贞德、梁其姿主编：《台湾学者中国史研究论丛·妇女与社会》“导言”，中国大百科全书出版社2005年版，第1—10页；李贞德主编：《中国史新论性别史分册》，联经出版事业股份有限公司2009年版，第1—15页。

[2] 王子今：《中国女子从军史》，军事谊文出版社1998年版。

[3] 蒙文通：《儒学五论》之《秦代之社会》，广西师范大学出版社2007年版，第98—100页；顾颉刚：《史林杂识初编》“女子当兵和服徭役”条，中华书局1963年版，第92—95页；吕思勉：《吕思勉读史札记》“女子从军”条，上海古籍出版社2005年版，第323—325页；王子今：《战国秦汉时期的女军》，收入氏著《古史性别研究丛稿》，第86—100页。近有学者更提出“战国时代的秦，妇女从徭役，也服兵役；秦统一后，女子不见从军的记载；汉景帝改革傅籍制度，妇女又免去更卒之役”的制度发展线索。张荣强：《〈二年律令〉与汉代课役身分》，收入氏著《汉唐籍帐制度研究》，商务印书馆2010年版，第54页。

[4] 彭卫：《汉代女性的工作》“兵战”条，《史学月刊》2009年第7期，第85—87页；翟麦玲：《试释“女子乘亭鄣”中“女子”的身份》，《中国史研究》2008年第1期。

论战国女子从军，常举《商君书·兵守》“壮男为一军；壮女为一军；男女之老弱者为一军。此之谓三军也”。“壮女为一军”，似是颇有力之论据。不过，军队依性别、身体强弱差别编组立军，较为特别，故有必要完整引述如下：

守城之道，盛力也。故曰客，治簿檄，三军之多，分以客之候车之数。三军：壮男为一军；壮女为一军；男女之老弱者为一军。此之谓三军也。壮男之军，使盛食，厉兵，陈而待敌。壮女之军，使盛食，负垒，陈而待令，客至而作土以为险阻及耕格阱，发梁撤屋，给从从之，不洽而焊之，使客无得以助攻备。老弱之军，使牧牛马羊彘，草木之可食者，收而食之，以获其壮男女之食。[1]

首句“守城之道”，与篇题《兵守》对应，揭示出行动背景，即这只是守城时举措。“壮男”、“壮女”、“男女之老弱”三军，实际是守御一方针对“客”即来敌的应对。[2] 下文交代三军的各自任务：“壮男之军”，要使其饱食[3]，磨好兵器，编列成队，以待来敌。“壮女之军”同样“盛食”，却无“厉兵”一项，主要是“负垒”、“待令”。

[1] 高亨：《商君书注译》，中华书局1974年版，第101页。“及耕格阱”、“给从从之，不洽而焊之”句文字辨析，又参见（清）孙诒让著，雪克、陈野点校：《札迻》卷5，齐鲁书社1989年版，第146—147页。

[2] 高亨：《商君书注译》，第101页。今按：《春秋公羊传》“庄公二十八年”有“伐者为客”、“伐者为主”语，何休注：“伐人者为客，读伐长言之”、“见伐者为主，读伐短言之”。此虽属齐语习惯，仍可为一旁证。

[3] “盛食”，高亨译作“需装好干粮”（《商君书注译》，第101页），《商君书新注》作“准备充足的食物”（陕西人民出版社1975年版，第124页），似皆未达一间。今按：王念孙《广雅疏证》卷3下《释诂》“蓐臧”条引《商君书》文，言“两军相攻，或竟日未已，故必厚食乃不饥也”（中华书局影印本2004年版，第92页下栏），蒋礼鸿《商君书锥指》作“饱食也”（中华书局1986年版，第74页）。所说近是。

即背靠垒壁[1]，待“客至”则“作土以为险阻及耕格阱，发梁撤屋，给从从之，不洽而焊之，使客无得以助攻备”。与前者对照，“壮女之军”不配发兵器，仅构筑防御工事，设置陷阱，并毁掉可能“助”敌“战备”的设施。而“老弱之军”负责粮食后勤的筹集供给。[2]上述旨在说明，在守城应敌这一特殊形势下，为击退来敌，保卫城池，应发动城中全体民众参与。按性别、体质差别进行分工，可以各尽所能，更好提供支持。《通典》卷152《兵典》本注引“以城中壮男为一军，壮女为一军，老弱为一军，三军无令相过”，即置于“守拒法”筑城条下，亦可为证。[3]至于《墨子・号令》“女子到大军，令行者男子行左，女子行右，无并行，皆就其守，不从令者斩”，则应同下文“皆就其守，不从令者斩。离守者三日而一徇，而所以备奸也”连读，仍然是参与守城事。

《墨子・备城守》诸篇，大体为战国后期秦人所作[4]，可与《商君书》互证发明。《备城门》云“守法：五十步丈夫十人，丁女二十人，老小十人计之，五十步四十人”，及“广五百步之队，丈夫千人，丁女子二千人，老小千人，凡四千人而足以应之，此守术之数也。使老小不事者，守于城上不当术者”[5]。上述在交代守御设施配置后叙述，开头亦点明乃“守法”也。按“丁”、“壮”义同，“丁女”、“丁女子”即《商君书》所言“壮女”。这里丈夫、丁女、老小的人

[1] 也有认为“垒当读为蘽”，“负垒”指背负盛土笼。高亨：《商君书注译》，第101—102、230—231页。

[2] 顾颉刚解释道，“是则战斗之事，壮男主之；劳动之事，壮女主之；饷糈之事，老、弱主之。壮女之工作，有筑土、撤屋、纵火等等，凡不直接参加战斗而可用种种方法以阻碍敌人之进展者，皆壮女一军之所有事也”。顾颉刚：《史林杂识初编》，第93页。

[3] （唐）杜佑，王文锦等点校：《通典》，中华书局1988年版，第3893页。

[4] 李学勤：《秦简与〈墨子〉城守各篇》，收入氏著《简帛佚籍与学术史》，江西教育出版社2001年版，第119—133页。

[5] 岑仲勉：《墨子城守各篇简注》，中华书局1958年版，第24页。

员比例均是1:2:1。“丈夫”当是与敌接战的主体，进而使“丁女”成为城上守御的主要力量了。丈夫、丁女、老小的这种区分，可与《商君书》分作三军对照。[1]《备城门》末句云“使老小不事者，守于城上不当术者”。按“事”、“使”相通，指可供役使。[2]此条说明两点。一是老小本身细分，似又区分为“事”与“不事”。而“不当攻队者守事不急，故使老小守之”[3]，显示参与守城者，确为民众全体。既然“守于城上”的“老小不事者”，不能径视为兵，那么对其他人群似乎同样不宜简单定位。二是与“不事”相对，前面的丈夫、丁女等应为可事者。相对于从军，将他们的行为视作从役似更合适。

在此基础上复读《商君书·去强》、《境内》“强国知十三数：竟内仓口之数、壮男壮女之数、老弱之数”，“四境之内，丈夫女子皆有名于上，〔生〕者著，死者削”，则不但会在“壮男壮女之数”后，注意到紧接有“老弱之数”的统计，而且对于丁女信息登录的用意会有更好把握。

蒙文通《儒学五论·秦代之社会》论战国“女子为军”、“男女无别”，影响颇大，有必要有所辨析。蒙文一据谯周《古史考》，以为“秦战胜而妇女老弱皆死，正以妇女老弱皆在行间，与于三军之役，则妇女亦以首功爵赏”。今按：此原出《史记》卷83《鲁仲连邹阳列传》，《集解》引谯周曰“秦用卫鞅计，制爵二十等，以战获首级者计而受爵。是以秦人每战胜，老弱妇人皆死，计功赏至万数。

---

[1] 银雀山汉简《守法守令十三篇》残简“……者万人，老不事者五千人，婴儿五千人，女子负婴……”（七八〇），提到“女子负婴”、“老不事者”、“婴儿”（银雀山汉墓竹简整理小组编：《银雀山汉墓竹简〔壹〕》，文物出版社1985年版，第128页），及《史记》卷82《田单列传》“令甲卒皆伏，使老弱女子乘城”（第2455页），亦可参照。

[2] “秦汉赋役史料中，‘事’通常就是指力役。”张荣强：《孙吴户籍结句简中的“事”》，收入氏著《汉唐籍帐制度研究》，第148页。

[3] （清）孙诒让：《墨子间诂》，中华书局1986年版，第531页。

天下谓之‘上首功之国’，皆以恶之也”。谯周，蜀汉、西晋初年人，距秦较远。“秦人每战胜，老弱妇人皆死”说法又为首出，且表意不清[1]，当审慎对待。《墨子·杂守》提到斥候行动时，“田者男子以战备从斥，女子亟走入”[2]。前论守城时丁女不“厉兵”接战，而今“男子以战备从斥”时，又女子不与，则很难想象她们与男子同在行间，参与攻战。

至于“妇女亦以首功爵赏”说，《墨子·号令》云“男子有守者爵，人二级，女子赐钱五千，男女、老小无分守者，人赐钱千，复之三岁，（无有所与，不租税。）此所以劝吏民坚守胜围也”[3]，明言只“男子有守者”得爵，每人两级，而女子计功，购赏为“赐钱五千”。睡虎地秦简《秦律十八种·军爵律》有“欲归爵二级以免亲父母为隶臣妾者一人，及隶臣斩首为公士，谒归公士而免故妻隶妾一人者，许之，免以为庶人。工隶臣斩首及人为斩首以免者，皆令为工。其不完者，以为隐官工”[4]。这里提到斩首者身份有“隶臣”与“工隶臣”。[5]“隶臣”属“徒隶”范畴。工隶臣更是隶臣中作务于工官一

---

[1] 以致顾颉刚理解作“壮女军与老弱军亦皆因敌国之计首论功而不能免”，角度全异。顾颉刚：《史林杂识初编》，第94页。而据前后文意，上述又可理解为，秦国以敌首“计而受爵”，故秦人为报功，将敌方妇人老弱的首也斩下冒充敌士兵。

[2] 岑仲勉：《墨子城守各篇简注》，第145页。

[3] 岑仲勉：《墨子城守各篇简注》，第104页。今按：岑氏以“无有所与，不租税”两句为“复”之注文，并以括号括之，可商。《史记》卷8《高祖本纪》“复其民，世世无有所与”，《汉书》卷25上《郊祀志上》“复，无有所与”，《汉书》卷99中《王莽传中》“世世复，无有所与”，《后汉书》卷1下《光武帝纪下》“世世复傜役，比丰、沛，无有所豫”，及荆州谢家桥一号汉墓第1号竹牍“昌家复，毋有所与”、“郎中五大夫昌母、家属当复，毋有所与”（荆州博物馆：《荆州重要考古发现》，文物出版社2009年版，第191页图版；荆州博物馆：《湖北荆州谢家桥一号汉墓发掘简报》，《文物》2009年第4期），“复”与“无（毋）有所与（豫）”均并用，故后者不当视作注文窜入正文者。

[4] 睡虎地秦墓竹简整理小组编：《睡虎地秦墓竹简》，文物出版社1990年版，释文55页。

[5] “欲归爵二级”，未言主语，对照下文，似指平民男子。

类系统，从事器物制造者。律文言及二者时，却未提到“隶妾”、“工隶妾”这些与前述往往并称的身份。她们应很少有“以首功爵赏”的机会。

据《太平御览》引《魏氏春秋》陈群奏语“典籍之文，妇女无分土名爵之制。在礼，妇因夫爵。秦违古法，非先王之令典”，以为“秦违古法，正谓秦之妇人有爵”，“秦爵二十级，皆以首功。妇人有爵，正以妇人服兵役有首功”。今检《太平御览》卷198《封建部一》，不仅文字稍有出入，且上引“秦违古法”下实脱“汉氏因之”。孙盛作《魏氏春秋》于东晋，而早于此书的《三国志》实际已言及，且内容更为完整：

> 黄初中，文帝欲追封太后父母，尚书陈群奏曰：“陛下以圣德应运受命，创业革制，当永为后式。案典籍之文，无妇人分土命爵之制。在礼典，妇因夫爵。秦违古法，汉氏因之，非先王之令典也。”[1]

陈群上奏缘起于“文帝欲追封太后父母”。“古法”即先秦礼典所记，“妇因夫爵”，“无妇人分土命爵之制”。所奏本来是说这些不独在秦，即使在汉代也未得遵循。现在曹丕延续秦汉做法，因太后而封太后亲属，违反“妇因夫爵”之义；太后父外，太后母亦得封，又违反“无妇人分土命爵之制”。故所谓“秦违古法”，实指秦、汉两代皆违古法；所谓“违”，主要指外戚恩泽得封汤沐邑一类。而秦汉时期仍然是“妇因夫爵”的，《二年律令·置后律》即有“女子比

[1] 《三国志》卷5《魏书·后妃传》，中华书局1982年版，第158页。

其夫爵”（三七二）语。[1]女子无爵位。她们与爵位发生联系，只是以“上造妻”（八二）、“上造寡”（⑨2341）[2]、“关内侯寡”[3]这类爵妻、爵寡的身份出现。太后母即便得封君之号，也是因亲得封的体现，不入军功爵制系统。故此例既不能说明“秦违古法，正谓秦之妇人有爵”，又不能说明“妇人有爵，正以妇人服兵役有首功”。

蒙文并引《后汉书》关西妇女持兵事为补证。今按：引文仍有重要省略，《后汉书》卷70《郑太传》作“关西诸郡，颇习兵事，自顷以来，数与羌战，妇女犹戴戟操矛，挟弓负矢”[4]，实有“自顷以来，数与羌战”的背景。这里转换角度，先看羌人行动特征。《汉书》卷69《赵充国传》云“将军计欲至正月乃击罕羌，羌人当获麦，已远其妻子”。师古曰：“徙其妻子令远居而身来为寇也。”同传又说“从今尽三月，虏马羸瘦，必不敢捐其妻子于他种中，远涉河山而来为寇”。可知羌人并非全民皆兵，而是安置妻子于后方后，前来侵扰。郑太所处东汉时期，羌人多被汉帝国迁到西北塞内各边郡中，虽原有生计模式受到影响，但军事行动方式应变化不大。[5]处于“平等化、分支化部落社会”的羌人尚且如此，则汉人更应如此。所谓

[1] 彭浩、陈伟、〔日〕工藤元男主编：《二年律令与奏谳书——张家山二四七号汉墓出土法律文献释读》，上海古籍出版社2007年版，第236页。

[2] 张春龙：《里耶秦简所见的户籍和人口管理》，载中国社会科学院考古研究所等编：《里耶古城·秦简与秦文化研究——中国里耶古城·秦简与秦文化国际学术研讨会论文集》，科学出版社2009年版，第191页。相关例证颇多，不赘举。

[3] 刘国胜：《江陵毛家园一号汉墓〈告地书〉牍补议》，简帛网，2008年10月27日，http://www.bsm.org.cn/show_article.php?id=890。

[4] 《三国志》卷16《魏书·郑浑传》裴注引张璠《汉纪》载郑太语董卓，言关西勇于战伐之习俗，作：“关西诸郡，北接上党、太原、冯翊、扶风、安定，自顷以来，数与胡战，妇女载戟挟矛，弦弓负矢，况其悍夫；以此当山东忘战之民，譬驱群羊向虎狼，其胜可必”，中华书局1982年版，第510页。

[5] 参见王明珂：《游牧者的抉择：面对汉帝国的北亚游牧部族》第四章，广西师范大学出版社2008年版，第157—194页。

“妇女犹戴戟操矛”，不仅有地域性的旧俗沿袭，而且当为汉民族守御城郭、应对羌人来犯的权宜举动。

此外，战国晚期的魏律、秦律中，均出现“从军”一语[1]，显示当时已为固定用法，就是投入军队、当兵入伍。《盐铁论·取下》“昔商鞅之任秦也，……从军旅者暴骨长城，戍漕者辎车相望”，“从军旅者”与“戍漕者”并举。戍卒守边尚且不属“从军”范畴，则讨论妇女参与军事活动时，此概念的使用应当谨慎。

那么，秦汉对妇女服役又如何规定呢？这里，首先应区别常规制度与临时行为。从制度上说，成年女子在战国秦汉需要服役。前引《商君书·去强》有“壮男壮女之数”。这种在“壮男”之外对女子丁壮与否的关注，应来自国家役使的考虑。如妇女不服役，自不必计丁。秦汉赋役中的“复”，可指免算，可指免役，亦可指免赋役。[2]《二年律令·具律》“女子庶人，毋筭（算）事其身，令自尚”（一二四），《亡律》“奴命曰私属，婢为庶人，皆复使及筭（算），事之如奴婢”（一六二），《复律》“□□工事县官者复其户而各其工。大数衛（率）取上手什（十）三人为复，丁女子各二人，它各一人，勿筭（算）繇（徭）赋”（二七八）中，所谓“毋筭事其身”、“复使及筭”、“勿筭繇赋”，在免算之外，皆明确涉及女性免役的内容。前引谢家桥汉墓竹牍“郎中五大夫昌母、家属当复无有所与”，亦可为证。如果说《汉书》卷12《平帝纪》“复贞妇，乡一人”，所指尚不明晰，那么《三国志》卷16《魏书·杜畿传》“班下属县，举孝

---

[1] 参见《为吏之道》附“魏奔命律”、《秦律十八种·军爵律》、《秦律杂抄》。睡虎地秦墓竹简整理小组编：《睡虎地秦墓竹简》，释文第55、81—82、175页。

[2] 张荣强：《孙吴户籍结句简中的“事”》，收入所著《汉唐籍帐制度研究》，第149页。杨振红则认为“‘复’复除的也是赋和役两项义务，而非两项中的任何一个单一项”。杨振红：《从出土“算”、“事”简看两汉三国吴时期的赋役结构——“算赋”非单一税目辨》，《中华文史论丛》2011年第1期，第49页。

子、贞妇、顺孙，复其繇役，随时慰勉之”，则已有“复其繇役”的交代。

不过，女子从役与成年男子有别。秦汉男子傅籍后服正役与兵役，15 岁以上未傅者及睆老服半役，所谓“各半其爵繇（徭）员”（四〇七）。[1]“徭役”用语在使用上有广狭之分，力役之征，均可称“徭”、“役”，简四〇七的用法即是。狭义上，“徭”属正役的一部分，“役”更偏重兵役。[2] 东汉，法律规定妇女不承担正役，甘肃武威旱滩坡东汉墓 5 号简“民占数以男为女辟更徭论为司寇”可证。[3] 而上限，有学者据《史》、《汉》帝纪“男子二十而得傅”、“令天下男子年二十始傅”定于景帝二年，并解释说“特别指明男子傅籍，并未涉及妇女的事。这似乎表明，此后妇女不再承担正式徭役”。[4] 其实，傅籍自战国时期秦国已有，始傅年龄曾为17 岁[5]，同样不涉及妇女。景帝二年令只是将不同爵位傅籍年龄进行了整合，不能作为妇女服正役与否的分界。时代在景帝之前的《二年律令·徭律》已出现“发传送，……事委输，……免老、小未傅者[6]、女子及诸有除

[1] 彭浩、陈伟、〔日〕工藤元男主编：《二年律令与奏谳书——张家山二四七号汉墓出土法律文献释读》，第 246 页。

[2] 参见杨振红：《徭、戍为秦汉正卒基本义务说——更卒之役不是“徭”》，《中华文史论丛》2010 年第 1 期。关于狭义“徭”、“更”关系，学界尚有分歧。杨振红以为“徭”、“更”两分，前者是正卒基本义务，后者 15 岁至睆老皆从事；张荣强则认为正役主要指更卒之役。

[3] 武威地区博物馆：《甘肃武威旱滩坡东汉墓》，《文物》1993 年第 10 期，第 32 页。

[4] 张荣强：《〈二年律令〉与汉代课役身分》，收入氏著《汉唐籍帐制度研究》，第 53 页。

[5] 陈明光：《秦朝傅籍标准蠡测》，《中国社会经济史研究》1987 年第 1 期。

[6] 关于“小未傅者”身份，学界有两种看法：一是断作“小、未傅者”，指两种身份；二是视作一种身份，指未傅籍者中年龄小于十五岁者。分别参见张荣强：《〈二年律令〉与汉代课役身分》，收入氏著《汉唐籍帐制度研究》，第 41 页；杨振红：《徭、戍为秦汉正卒基本义务说——更卒之役不是“徭”》，第 334 页；凌文超：《汉晋赋役制度识小》“小未傅”条，《简帛》第 6 辑，上海古籍出版社 2011 年版，第 475—477 页。今按：前论守城引《商君书》、《墨子》史料，女子与老、小往往一并叙述，例证颇多。

者，县道勿敢繇（徭）使”（四一一至四一三）的规定。则至少西汉初年，女子不但同样不服正役，且于委输等半役，亦多不亲为，当以缴算赋形式实现。[1]

不过，规定以外，国家往往因需要临时征发。故史书中除“会稽闻太守且至，发民除道”，而朱买臣“入吴界，见其故妻、妻夫治道”[2]一类记载外，也多有对非常制徭役征派的议论与批评。工程建设如秦筑长城，“妇女不得剡麻考缕，羸弱服格于道”[3]。西汉惠帝时两次动员长安六百里内男女14万人建造都城，每次劳作30日。[4]战时劳力紧张，更征发女子从事转输等重役。[5]

彭卫曾对相关文献，特别是文物图像资料有详细考察，并将“女

（接上页）而这里出现诸身份，处同一使役范畴，与前述对照，应当也是三种较为合适。睡虎地秦简《秦律十八种·仓律》记以平民赎取隶臣妾的规定：“隶臣欲以人丁粼者二人赎，许之。其老当免老、小高五尺以下及隶妾欲以丁粼者一人赎，许之。”秦及西汉前期，未傅籍者可视作“小”。故“小未傅者”当视作一种身份。考虑到“免老”在《二年律令》、《汉旧仪》中仅用以称呼男性（参见韩树峰：《松柏汉墓53号木牍考——以成年男女性别比例失调为中心》，载中国人民大学国学院：《国学的传承与创新：冯其庸先生从事教学与科研六十周年庆贺学术文集》，上海古籍出版社2013年版，第1003—1016页），这里使用“小未傅者”，或旨在强调是未成年中的男性群体。“秦及汉初存在以‘傅’划分大、小的方式，‘小’（或言广义一面）包括15岁以上的未傅籍群体。”相关又参见拙文《秦及汉初“徭”的内涵与组织管理——兼论“月为更卒”的性质》，《中国经济史研究》2014年第5期。

[1] 相关又可参见林炳德：《秦汉时期的庶人》，卜宪群、杨振红主编：《简帛研究二〇〇九》，广西师范大学出版社2011年版，第318—320页。此外，秦汉成年男子所从事的更役，大女亦无须充任。陈伟：《简牍资料所见西汉前期的“卒更”》，《中国史研究》2010年第3期。

[2] 《汉书》卷64上《朱买臣传》，中华书局1962年版，第2793页。

[3] 何宁：《淮南子集释》卷18《淮南子·人间》，中华书局1998年版，第1290页。

[4] 《汉书》卷2《惠帝纪》，第89—90页。

[5] 《史记》卷112《平津侯主父列传》称“丁男被甲，丁女转输”，《后汉书》卷43《何敞传》又表述作“男子疲于战陈，妻女劳于转运”，《三国志》卷41《蜀书·杨洪传》则作“男子当战，女子当运”，《列女传·仁智·鲁漆室女》也使用“男子战斗，妇女转输，不得休息”语。相关讨论又参见杨振红：《从出土“算”、“事”简看两汉三国吴时期的赋役结构——“算赋”非单一税目辨》，第53—54页。

子从军”从广义、狭义两层面做了深入阐释。翟麦玲对刑徒、谪兵中是否有女子参军也有所分析。[1] 而上述讨论，则更侧重对“女子从军”说传统论据的重新检讨。要言之，战国、秦、两汉时期，妇女在制度上始终不服兵役，亦不服正役。然因妇女需交算赋，并非小役不与，故国家因需要，常会临时征发妇女从役，甚至参与军事活动。

二、军人与亲属的异处与共居

军事活动除妇女参与的问题外，更多则涉及军人与亲属的关系。军队何时、何种情况下出现有军人亲属，二者是异处还是共居？这是有关军事生活的基本问题，也是军队形态的外在反映。

关于赴京为卫，《汉书》卷9《元帝纪》初元三年（前46）六月诏云“惟蒸庶之饥寒，远离父母妻子，劳于非业之作，卫于不居之宫，恐非所以佐阴阳之道也。其罢甘泉、建章宫卫，令就农”。此称“远离父母妻子”，家属不跟从，政府亦无解决安置一事。至于屯戍兵役，在内郡做郡县卒、到京师做卫士、到边郡做戍卒或皆属此范畴。[2] 戍边确与做卫士类似，战国以来即只身前往，且路途艰险，困苦重重。《尉缭子·兵令下》记“兵戍边一岁，遂亡不候代者，法比亡军。父母妻子知之，与同罪；弗知，赦之”，同篇另则说得更清楚：“卒后将吏而至大将所一日，父母妻子尽同罪。卒逃归至家一日，父母妻子弗捕执及不言，亦同罪。”[3] 西汉昭帝时，贤良文学在盐铁会议上批评边戍之役：“今山东之戎马甲士戍边郡者，绝殊辽远，

[1] 参看翟麦玲：《试释“女子乘亭鄣”中“女子”的身份》，《中国史研究》2008年第1期；彭卫：《汉代女性的工作》，《史学月刊》2009年第7期。

[2] 杨振红：《徭、戍为秦汉正卒基本义务说——更卒之役不是“徭”》，第348页。

[3] 李解民：《尉缭子译注》，河北人民出版社1992年版，第141—142页。

身在胡、越，心怀老母。老母垂泣，室妇悲恨”，“故圣人怜其如此，闵其久去父母妻子，暴露中野，居寒苦之地”。又有所谓“今近者数千里，远者过万里，历二期。长子不还，父母愁忧，妻子咏叹”[1]。因戍边而与亲属分隔辽远，当时被视作颇违人情之事。

然而，武帝以来的河西屯戍活动中，我们却见有大量吏卒亲属的居处记录。居延汉简所见相关簿籍标题简及结句简即有：

“卒家属名籍”（203・15）[2]
“省卒家属名籍”（58・16）（133・8）[3]
“戍卒家属当廪”（122・1）
“卒家属见署名籍”（194・3，194・13）
“卒家属在署名籍”（185・13）
“戍卒家属居署名☐”（E.P.T 65: 134）[4]
“家属妻子居署省名籍”（E.P.T 40: 18）
“卒家属廪名籍”（276・4A）
“戍卒家属在署廪名籍”（191・10）

王子今检讨前人所论，指出“汉代西北边塞简牍资料中这种女性，并非都是‘下级军吏的家属’、‘下级军吏的妻子家属’，数量

[1] 王利器校注：《盐铁论校注》（定本）卷 7《盐铁论・备胡》、卷 9《繇役》，中华书局 1992 年版，第 446—447、520 页。
[2] 谢桂华、李均明、朱国炤：《居延汉简释文合校》，文物出版社 1987 年版，第 316 页。
[3] “省”不与“卒”连读，“相当于今天的省亲”。“‘省卒亲属’，应指省亲的戍卒家属，非指省卒的家属。”李天虹：《居延汉简簿籍分类研究》第三章，科学出版社 2003 年版，第 69 页。
[4] 甘肃省文物考古研究所等编：《居延新简——甲渠候官》，中华书局 1994 年版，第 189 页。

更多的是士兵'家属'，即'卒妻'"[1]。所说可从。陕西历史博物馆藏武都汉简有"妻子从者百九十九人用粟二百卅石四"、"妻子从者百七十八人用粟二百七十四石五斗"（12A、B）[2]等简文。按河西汉塞每隧戍守吏卒3至5人，约略推算，即可知家属及私从规模的可观。森鹿三研究居延戍卒家属廪名籍曾指出，候官下辖"每个部每个月都配给了隧卒家属将近一百石谷物"，估算下来，"隧卒几乎都有家属"。[3]而出入边地关卡的亲属记录，则以戍吏为多，如：

"竟宁元年正月吏妻子出入关致籍"（E.P.T51:136）

"☒鸿嘉五年吏妻子及葆出入关名籍"（73EJT21:35A、B）[4]

家属符目前所发现者多为基层戍吏所持，如：

"橐佗延寿隧长孙时符"（29·1）

"橐佗吞胡隧长张彭祖符"（29·2）

"橐他通望隧长成褒建平三年五月家属符"（73EJT3:89）

"橐他勇士隧长井临建平元年家属符"（73EJT6:42）

"橐他石南亭长符"（73EJT9:87）

---

[1] 王子今：《汉代军队中的"卒妻"身份》，《南都学坛》2009年第1期。

[2] 王子今、申秦雁：《陕西历史博物馆藏武都汉简》，《文物》2003年第4期，第48—49页。

[3] 〔日〕森鹿三：《论居延出土的卒家属廪名籍》（初刊《东洋学研究——居延汉简篇》，同朋舍1975年版），收入《简牍研究译丛》第1辑，金立新译，中国社会科学出版社1983年版，第108—109页。又，管东贵：《汉代边塞眷廪的范围与分级》，载李亦园、乔健编：《中国的民族、社会与文化——芮逸夫教授八秩寿辰论文集》，食货出版社1981年版，第205—222页；施伟青：《汉代居延随军戍卒家庭人口的若干问题》，《中国社会经济史研究》1998年第3期。

[4] 甘肃简牍保护研究中心等编：《肩水金关汉简（贰）》，下册，中西书局2012年版，第12页。背面实作"鸿嘉五年吏妻子出入关及葆名籍"。

“橐佗圣宜亭长张谭符”（73EJT 9: 275）[1]

“橐佗野马隧吏妻子与金关关门为出入符”（73EJT 21: 136）[2]

相对戍卒来自边郡、内郡者皆有，低级戍吏则主要从河西边郡选用。[3] 制度上的允许，与居官去家较近，应是戍吏亲属出入关多见、流动性较强的主要原因。

至于妻子父母的居住场所，也很值得注意。居延汉简提到戍卒家属，往往称“见署”、“在署”或“居署”。三者各略有侧重，但含义基本一致，指统计时居处在“署”。而“署”过去一般理解作“署衙”、“岗位”，更详细表述为“在居延汉简中更多的是指候官以下的塞、部、燧，特别是燧等基层军事防御单位”。[4] 不过，据西北汉简发掘时的勘察可知，各隧面积很小，隧中房址数量有限，主要供吏卒生活，是无法容纳大量亲属入居的。[5] 并且，目前所见卒家属廪名籍，口粮基本皆家属自领，而极少见吏卒代家属领取。至于家属代领吏卒廪食，仅见以下几简：

第十桼候长赵　彭十一月食一斛五斗　十月丙寅＝妻取卪（E.P.T 65: 11）

---

[1] 甘肃简牍保护研究中心等编：《肩水金关汉简（壹）》，中册，中西书局 2011 年版，第 72、130、207、226 页。

[2] 甘肃简牍保护研究中心等编：《肩水金关汉简（贰）》，下册，第 21 页。

[3] 据统计，隧长从各都尉府所属诸县中选用，而候长则从全郡范围内选用。于振波：《居延汉简中的燧长和候长》，《史学集刊》2000 年第 2 期，第 11—12 页。

[4] 参见沈刚：《居延汉简语词汇释》“署”条引诸家说，科学出版社 2008 年版，第 263 页。

[5] 参见中国社会科学院考古研究所编：《居延汉简甲乙编》下册，“额济纳河流域障隧述要”，中华书局 1980 年版，第 298—319 页；魏坚主编：《额济纳汉简》“额济纳旗汉代居延遗址调查与发掘述要”，广西师范大学出版社 2005 年版，第 1—21 页；吴礽骧：《河西汉塞调查与研究》第 5 章，文物出版社 2005 年版，第 132—169 页。

第二十隧长陈尚　十一月食一斛五斗　三十　十月＝乙丑母取卩（E.P.T65:13）

第二十五隧长晏戎　十一月食一斛五斗≡升　十月乙＝丑妻□取卩（E.P.T65:97）

甲沟第二十八隧卒王歆　食一斛五斗　桼十　十月＝□□嫂之取卩（E.P.T65:16）

甲沟第三十二隧长张护　十一月食□斛□斗　十月＝甲子嫂难取卩（E.P.T65:12）[1]

上述均属居延新简，同出65号探方，且不少编号临近。再考虑文书格式近似，内容又均为10月预领11月口粮，它们很可能属一个简册。其中，“七”作“桼”，“廿”、“卅”作“二十”、“三十”，“甲渠”作“甲沟”，多为新莽简书写习惯。[2] 新莽时制度屡有更革，有一定特殊性。而除这几枚简外，大量吏卒廪食简也基本为自取或同隧隧卒代领，不见家属代领，亦可注意。吏卒家属可能并不与吏卒居处在一起。部隧戍吏俸禄一般由部派官吏前往候官集中领取。他们领回后，再通知部内戍吏赴部领取。[3] 后种领取也基本为自取，或同隧隧卒代领，只“☐□月禄帛三丈三

[1] 甘肃省文物考古研究所等编：《居延新简——甲渠候官》，第419、420、426页。

[2] 参见〔日〕森鹿三：《居延出土的王莽简》（初刊《东方学报》33，1963年），收入《简牍研究译丛》第1辑，姜镇庆译，中国社会科学出版社1983年版，第1—20页；马先醒：《新莽年号与新莽年号简》、《简牍文字中七、十、三、四、卅、卌等问题》，《简牍学报》第1期，兰台出版社1974年版，第30—46页；高大伦：《居延王莽简补正》，载四川大学历史系编：《徐中舒先生九十寿辰纪念文集》，巴蜀书社1990年版；李均明《新莽简时代特征琐议》（初刊《文物春秋》1989年第4期），收入所著《初学录》，兰台出版社1999年版，第357—363页；饶宗颐、李均明：《新莽简辑证》，台湾新文丰出版公司1995年版；李均明：《居延汉简——居延编》，台湾新文丰出版公司2004年版。

[3] 参见拙文《河西汉塞军人的生活时间表》，载杨振红、邬文玲主编：《简帛研究2015》（春夏卷），广西师范大学出版社2015年版，167—168页。

尺　八月癸卯妻取卩”(E.P.T6:6)、“☐十月奉钱六百　十一月庚申母细君取居延尉史辟兵赋卩”(E.P.T50:86)两简出现亲属代领。又，边塞在节庆会发放补贴。甲渠候官F22即出土有格式“不侵隧长石野　腊钱八十　十二月壬戌妻君宁取”的部吏领腊钱名籍残册(E.P.F22:205-218)。有学者指出“前来领取腊钱的人，绝大多数是各燧长的家属，或母亲，或妻子，只有个别属于自己领取”[1]。从生活物资角度，俸禄与必需品的廪食有所不同，而腊日作为汉代重要节日常会放假，吏卒多会借此同“居署”亲属团聚，故家属多代为领取腊钱更是可以理解。居延汉简有一则简文“☐北书一封家属所☐”(62·22)[2]。据编号，出于金关(A32)[3]，应是自肩水金关以南，向北发往戍卒家属聚居之所的。上举卒家属名籍多为候官下以部为单位的统计，如简122·1原作“第十七部建平四年十二月戍卒家属当廪☐”，简203·15作“●右城北部卒家属名籍凡用谷九十七石八斗”，简E.P.T40:18作“●第廿三部建平三年七月家属妻子居署省名籍”，分别提到十七部、城北部、廿三部，显示卒家属可能是以部为单位集中居住的。总之，这里出现的“署”，并非吏卒的驻守岗位，而是用以指称吏卒家属集中居住的区域。署所很多情况下以部为单位，与所属的延展烽隧线距离不远，从而使家属同吏卒可以时常发生联系。

除居延屯戍区外，同样曾设置屯田、驻留吏士的西域，也是军人与家属共居的。《汉书》卷96下《西域传下》记录王莽时与匈奴

[1] 汪桂海：《汉代的腊节》(初刊《中国历史文物》2007年第3期)，收入所著《秦汉简牍探研》，文津出版社2009年版，第256页。

[2] 谢桂华、李均明、朱国炤：《居延汉简释文合校》，第109页。

[3] 中国社会科学院考古研究所编：《居延汉简甲乙编》附表一“居延汉简出土地点表”，下册，第324页。

关系恶化，戊己校尉刀护属下史陈良等“杀校尉刀护及子男四人、诸昆弟子男，独遗妇女小儿”，“尽胁略戊己校尉吏士男女二千余人入匈奴”。三年后，匈奴重新与王莽政权和亲，单于尽收陈良等四人“及手杀刀护者芝音妻子以下二十七人，皆械槛车付使者”[1]。刀护四子及兄弟子皆被杀，只“妇女小儿”得活，可见此戊己校尉赴任，基本举家随往。而由“吏士男女二千余人”、“芝音妻子以下二十七人”知，校尉的下属官吏及士兵也多有亲属跟从。《后汉书》卷88《西域传》“光武初，康率傍国拒匈奴，拥卫故都护吏士妻子千余口，檄书河西，问中国动静”，也谈到西域都护曾统士众，有“吏士妻子千余口”。1930到1934年，黄文弼在今罗布泊北岸孔雀河下游，共掘获汉简71枚，习称罗布淖尔汉简，其中有“右六人其二亡士四士妻子”(35)[2]内容简文。这些与逃亡兵士一同行动的，有他们的妻子儿女在内。

东汉明帝以下，多次颁诏，令死罪系囚减罪一等，戍边诣军为兵。而妻子自随，占著边县，则是相关制度的重要构成内容：

(永平八年［65］十月）诏三公募郡国中都官死罪系囚，减罪一等，勿笞，诣度辽将军营，屯朔方、五原之边县；妻子自随，便占著边县；父母同产欲相代者，恣听之。其大逆无道殊死者，一切募下蚕室。亡命者令赎罪各有差。凡徙者，赐弓弩衣粮。

(永平）九年(66）春三月辛丑，诏郡国死罪囚减罪，与妻子诣五原、朔方占著，所在死者皆赐妻父若男同产一人复终身；

[1] 此事又见《汉书》卷94下《匈奴传下》，第3823页。
[2] 林梅村、李均明编：《疏勒河流域出土汉简》“附录”，文物出版社1984年版，第100页。

其妻无父兄独有母者，赐其母钱六万，又复其口算。

（永平十六年［73］）九月丁卯，诏令郡国中都官死罪系囚减死罪一等，勿笞，诣军营，屯朔方、敦煌；妻子自随，父母同产欲求从者，恣听之；女子嫁为人妻，勿与俱。谋反大逆无道不用此书。

（建初七年［82］九月）诏天下系囚减死一等，勿笞，诣边戍；妻子自随，占著所在；父母同产欲相从者，恣听之；有不到者，皆以乏军兴论。及犯殊死，一切募下蚕室。其女子宫；系囚鬼薪、白粲已上，皆减本罪各一等，输司寇作。

（元和元年［84］八月）郡国中都官系囚减死一等，勿笞，诣边县；妻子自随，占著在所。其犯殊死，一切募下蚕室；其女子宫。系囚鬼薪、白粲以上，皆减本罪一等，输司寇作。亡命者赎，各有差。

（元初二年［115］十月）诏郡国中都官系囚减死一等，勿笞，诣冯翊、扶风屯，妻子自随，占著所在；女子勿输。亡命死辜以下赎，各有差。[1]

学界一般据此认为，妻子随边事主要集中发生在明、章、安三帝时。然仔细对照可注意到，范晔《后汉书》在引录诏令时有所处理，特别所颁诏令与之前所下内容基本相同时，常有节略。[2] 进一步梳理则知，诏书凡言死罪系囚减死一等，诣某城戍或徙边者，如《后汉书》卷3《章帝纪》“夏四月丙子，令郡国中都官系囚减死一

[1] 《后汉书》卷2《明帝纪》，中华书局1965年版，第111—112页；同书卷3《章帝纪》，第143、147页；同书卷5《安帝纪》，第224页。

[2] 李开元在分析“高帝五年诏”时，也表达过类似的看法。李开元：《汉帝国的建立与刘邦集团：军功受益阶层研究》，生活·读书·新知三联书店2000年版，第36页。

等，诣金城戍”，同书卷6《冲帝纪》“令郡国中都官系囚减死罪一等，徙边；谋反大逆，不用此令”，虽未及妻子，但作为晚于上述颁布而有节略者，实际应同样包括相关内容。倘纳入这类史料，妻子随边的发生至少有：

明帝永平八年（65）十月
　　永平九年（66）三月
　　永平十六年（73）九月
章帝建初七年（82）九月
　　元和元年（84）八月
　　章和元年（87）四月[1]
　　章和元年（87）八月[2]
和帝永元八年（97）八月[3]
安帝元初二年（115）十月
　　延光三年（124）九月[4]
顺帝永建元年（126）十月[5]
　　永建五年（130）十月[6]

---

[1]《后汉书》卷3《章帝纪》“夏四月丙子，令郡国中都官系囚减死一等，诣金城戍”，第156页；同书卷46《郭躬传》“赦天下系囚在四月丙子以前减死罪一等，勿笞，诣金城”，第1544页。

[2]《后汉书》卷3《章帝纪》“壬子，诏郡国中都官系囚减死罪一等，诣金城戍”，第158页。

[3]《后汉书》卷4《和帝纪》“诏郡国中都官系囚减死一等，诣敦煌戍”，第182页。

[4]《后汉书》卷5《安帝纪》“乙巳，诏郡国中都官死辠系囚减罪一等，(诏)〔诣〕敦煌、陇西及度辽营”，第240页。

[5]《后汉书》卷6《顺帝纪》“冬十月辛巳，诏减死罪以下徙边；其亡命赎，各有差”，第253页。

[6]《后汉书》卷6《顺帝纪》“冬十月丙辰，诏郡国中都官死罪系囚皆减罪一等，诣北地、上郡、安定戍”，第257页。

冲帝建康元年（144）十一月[1]
桓帝建和元年（147）十一月[2]
和平元年（150）十一月[3]
永兴元年（153）十一月[4]
永兴二年（154）十一月前[5]

实际自明帝延续至桓帝，贯穿整个东汉一朝。

而从前后诏书所示，可推知以下几点：(1）徙边从军者主要是“死罪系囚”，量刑更重的谋反大逆无道一类“殊死”者不在此列，量刑更轻的系囚鬼薪白粲已上、亡命、吏有罪、吏聚为盗贼者亦各有减刑，不在此列。东汉政府对从军刑徒的范围，实有所限定。(2）死罪系囚减死从军，诏书始下称“募”，语气尚有劝励；稍后即直接命令，强制色彩明显，甚至对不到者，予以严惩：“有不到者，皆以乏军兴论。”措施由临时性逐渐制度化。(3）迁往之地，也即军队集中屯驻处，因当时具体军事形势的需要而进行调整。初始为与度辽将军营关涉的朔方、五原郡，后及敦煌、冯翊、扶风、陇西、北地、上郡、安定等多个西北边郡。方向上呈现由北向西的扩展趋势。减罪刑兵开始广布帝国的北界西疆。(4）妻子自随、著籍边县，开始时尚可由其他亲属代行：“父母同产欲相代者，恣听之。”但很快便成为固定性配套措施，相关规定调整为：“父母同产欲求从者，恣听之。”对于后种，政府并规定“女子勿输”，也即“女子嫁为人妻，

[1] 《后汉书》卷6《冲帝纪》“令郡国中都官系囚减死罪一等，徙边；谋反大逆，不用此令”，第276页。
[2] 《后汉书》卷7《桓帝纪》“减天下死罪一等，戍边”，第291页。
[3] 《后汉书》卷7《桓帝纪》“冬十一月辛巳，减天下死罪一等，徙边戍”，第296页。
[4] 《后汉书》卷7《桓帝纪》“十一月丁丑，诏减天下死罪一等，徙边戍”，第298页。
[5] 《后汉书》卷7《桓帝纪》“减天下死罪一等，徙边戍”，第300页。

勿与俱"，指犯人女儿已出嫁者，则不强制前往。前后的具体规定都保护了相关各个体家庭的完整性。(5) 政府对从边妻子的安置及生活保障会有更进一步规定。仅从留存的节录诏书即知，如妻子不幸亡于边地，妻父或同产兄弟可有一人终身免除赋役。而如妻子无父兄独有老母者，政府则予亡妻之母 6 万钱，并免纳算钱。

两汉边地屯戍中军人与亲属共处之情形，在战事频繁、屯驻广布的三国时期进一步扩大与普遍化。除曹魏因北方人口锐减、地域广大，不得不特行"人役户居各在一方"，"兵士须和他的室家所在的地方隔开"[1]外，孙吴、蜀汉的军人亲属，多随军屯驻。[2]这背后实际凸显的是两汉至三国军队形态的变化。两汉于边地屯兵，至三国时扩大为全国境内军队组织的主要形式之一。

《华阳国志·巴志》有则有趣的记载，桓帝永兴二年（154）"又有女服贼千有余人，布散千里"。对"女服贼"的理解，可参考更始入长安相关史料。《后汉书》卷 1 上《光武帝纪上》记"三辅吏士东迎更始，见诸将过，皆冠帻，而服妇人衣，诸于绣镼，莫不笑之"。李贤注引《前书音义》"诸于，大掖衣也，如妇人之袿衣"。《东观汉记》作"衣妇人衣，诸于绣拥䙅，大为长安笑"。《东观汉记》并提到更始时骑都尉期会，"被服威仪，不似衣冠，或绣面衣、锦袴、诸于、襜褕，骂詈道路，为百姓之所贱"[3]。前两则记更始军入长安，将

[1] 参见周一良：《魏晋兵制上的一个问题》，收入氏著《魏晋南北朝史论集》，北京大学出版社 1997 年版，第 3—9 页；高敏：《论曹魏士家制度的形成与演变》（初刊《历史研究》1989 年第 5 期），收入氏著《魏晋南北朝兵制研究》，大象出版社 1998 年版，第 44—67 页。

[2] 周一良：《魏晋兵制上的一个问题》，《魏晋南北朝史论集》，第 10—12 页。高敏：《孙吴世袭领兵制度探讨》，《北朝研究》1990 年上半年刊；《三国兵志杂考》，《河南大学学报》（哲学社会科学版）1990 年第 1 期。以上两文均收入氏著《魏晋南北朝兵制研究》，第 68—120 页。

[3] 刘珍等撰，吴树平校注：《东观汉纪校注》卷 1、卷 8，中华书局 2008 年版，第 5、262 页。

吏多着妇女衣裳，大为京城守卒及百姓所笑。后一则记更始骑都尉日常“期会”时，仍然衣着搭配凌乱、妇人之衣未卸，“为百姓之所贱”。这些除说明更始军容不整、军纪不肃外，更反映更始将帅出身低微，进而对从官为吏的规范素养全然无知。他们往日穷困常着妇人衣，以致见到富家丝绸绣衣，也就不分男女服装而一概穿上。故所谓“女服贼”，非指女性，而是生活困厄以致日常着“妇人衣”的底层民众。

三、军人家属的连坐变化

军人立功疆场或犯法受刑，直接关系亲属成员的境遇变化。国家对军人亲属在施与恩泽、特加恤抚之外，又往往通过律令中的连坐规定，对军人进行制约。文献中，除《汉书》卷2《惠帝纪》“故吏尝佩将军都尉印将兵及佩二千石官印者，家唯给军赋，他无有所与”，《三国志》卷1《魏书·武帝纪》“死者家无基业不能自存者，县官勿绝廪，长吏存恤抚循”等规定外，军人违法对家属的牵连，尤其值得注意。

先看时代稍早的有关规定：

表1 战国城守犯罪连坐表

	违犯事由	连坐及量刑	出处
1	有罪自死罪以上	逮父母、妻子、同产	《墨子·旗帜》
2	反城弃父母去者	父母、妻子、〔同产皆断〕[1]	《墨子·旗帜》
3	归敌者	父母、妻子、同产皆车裂；先觉之，除	《墨子·号令》
4	诈为自贼伤以辟事者	族之	《墨子·号令》

续表

	违犯事由	连坐及量刑	出处
5	欲以城为外谋者	父母、妻子、同产皆断； 左右知，不捕告，皆与同罪； 有能捕告之者封之以千家之邑； 若非其左右及他伍捕告者，封之二千家之邑	《墨子·号令》
6	举矢书若以书射寇，身枭城上	父母、妻子皆断； 有能捕告之者，赏之黄金二十斤； 非时而行者，唯守及掺太守之节而使者	《墨子·号令》
7	以私怨害城若吏事者	父母、妻子皆断	《墨子·号令》
8	以城为外谋者，	三族； 有能得若捕告者，以其所守邑小大封之； 守还授其印，尊宠官之，令吏大夫及卒民皆明知之	《墨子·号令》
9	去其署者，身斩 2	父母妻子罪……	《守法守令十三篇》简七八七

注：1. 此句有脱漏，补字据岑仲勉：《墨子城守各篇简注》，第 109 页。

2. 整理者注引《墨子·号令》"擅离署，戮"。银雀山汉墓竹简整理小组编：《银雀山汉墓竹简〔壹〕》，释文 130 页。

从中可见规定的细致及连坐的普遍化。其中，第 5、8 条情况接近，"父母、妻子、同产皆断"与"三族"对应。这对聚讼不已的"三族"认识或有帮助。[1] 据上表，连坐如分层级，先涉及父母、妻子；扩展则至同产。家庭之外，主要涉及守城时左右同伍之人。本人及家属量刑，从斩首、枭首以至车裂，刑罚严酷。但对能"先觉"、"捕告"者，则不予论罪，反行奖赐。法令量刑的悬殊差别，意在使"公义"凌驾私情之上，实现对军中人员的有效管理与统辖。

[1] 研究述评参见拙文《走马楼简"吏民簿"所见孙吴家庭结构研究》，卜宪群、杨振红主编：《简帛研究 2007》，广西师范大学出版社 2010 年版，第 258—260 页。

汉代律令对守城违反者及家属的惩处规定，则见有：

以城邑亭障反，降诸侯，及守乘城亭障，诸侯人来攻盗，不坚守而弃去之，若降之，及谋反者，皆要（腰）斩。其父母、妻子、同产，无少长皆弃市。其坐谋反者，能偏（徧）捕，若先告吏，皆除坐者罪。(一、二) [1]

●捕律亡入匈奴外蛮夷守弃亭鄣逢隧者不坚守降之及从塞徼外来绛而贼杀之皆要斩=妻子耐为司寇作如（九八三）[2]

前则属《二年律令·贼律》，区分为两种情形：一是主动行为，又分"反"、"降"两种；二是应对性被动行为，分"不坚守弃去之"、"（不坚守）降之"二种。触犯者皆腰斩，而父母、妻子、同产不论年纪，皆处弃市。后则出自敦煌马圈湾汉代烽隧遗址，据探方编号(T12)，大体属宣帝时期。[3] 简文《捕律》，内容则可与《贼律》相参照。它提到"亡入"、"弃亭鄣逢（烽）隧者"、"不坚守降之"、"从塞徼外来绛（降）而贼杀之"，同样皆处腰斩。不过西汉后期，连坐范围已经收缩，对亲属的责罚只及妻子，且量刑也相对较轻。所谓"耐为司寇作如"，应指耐为司寇、作如司寇。[4] 从父母、妻子、同产到只及妻子，从弃市到徒刑，军人亲属的境遇相应有所改变。

东汉末年动乱，相关规定复出现新变化：

---

[1] 彭浩、陈伟、〔日〕工藤元男主编：《二年律令与奏谳书——张家山二四七号汉墓出土法律文献释读》，上海古籍出版社 2007 年版，第 88 页。

[2] 甘肃省文物考古研究所编：《敦煌汉简》，下册，中华书局 1991 年版，第 257 页。

[3] 甘肃省文物考古研究所编：《敦煌汉简》"附录二敦煌马圈湾汉代烽燧遗址发掘报告"，下册，第 54 页。

[4] 《汉书》卷 23《刑法志》，第 1099 页。

> 时天下草创，多逋逃，故重士亡法，罪及妻子。亡士妻白等，始适夫家数日，未与夫相见，大理奏弃市。毓驳之曰……太祖曰："毓执之是也。又引经典有意，使孤叹息。"[1]
>
> 鼓吹宋金等在合肥亡逃。旧法，军征士亡，考竟其妻子。太祖患犹不息，更重其刑。金有母妻及二弟皆给官，主者奏尽杀之。柔启曰："……柔恐自今在军之士，见一人亡逃，诛将及已，亦且相随而走，不可复得杀也。此重刑非所以止亡，乃所以益走耳。"太祖曰："善。"即止不杀金母、弟，蒙活者甚众。[2]

有学者据此指出"军队士卒逃亡，事连其妻。西汉时是否有此项法令，尚难断言。东汉后期，曹操对'军征士亡，考竟其妻子'的士亡法，'更重其刑'，强化了对军队的控制"[3]，深化了相关认识。程树德将此内容归入汉律"从军逃亡"条，并提示"按唐律，从军征讨亡，在捕亡"。[4]而在此基础上，下列问题也值得注意。

首先，士亡连及妻子一类法令，实际早在西汉之前的战国已出现。前引《尉缭子·兵令下》"兵戍边一岁，遂亡不候代者，法比亡军。父母妻子知之，与同罪；弗知，赦之"，"卒后将吏而至大将所一日，父母妻子尽同罪。卒逃归至家一日，父母妻子弗捕执及不言，亦同罪"，即可为证。上述谈到四种情形："亡军"；"戍边一岁，遂亡不候代者"；"卒后将吏而至大将所一日"；"卒逃归至家一日"。且第二种及第四种对亲属行为又分为知与不知，及执捕检举与否。当时不仅连及妻子，父母亦须连坐。

---

[1] 《三国志》卷22《魏书·卢毓传》，第650页。

[2] 《三国志》卷24《魏书·高柔传》，第684页。

[3] 彭卫：《汉代婚姻形态》第7章，第267页。

[4] 程树德：《九朝律考》卷1《汉律考五》，中华书局2003年版，第124—125页。

其次，曹操对士亡法的“更重其刑”，并不仅仅指在“考竟其妻子”基础上的处罚加重。因为前条《卢毓传》表述作“故重士亡法，罪及妻子”，并举逃亡兵士之妻，即便刚入嫁、尚未与丈夫见面，亦须连坐为例。而且，此处罚最终因卢毓的积极干预得到了制止。这说明，对士妻执行严格连坐，当是在加重刑罚之后。而在调整前，相应规定曾经较轻。

至于后则《高柔传》“旧法，军征士亡，考竟其妻子”，应是曹操“重士亡法”后的情况，即恢复了旧法。此则紧接说“太祖患犹不息，更重其刑”。也就是说，在罪及妻子情况下，曹魏依然无法遏止兵士逋逃，于是进一步加重刑罚。这一次，量刑调整涉及两个方面。一是亲属。逃亡的鼓吹宋金的妻子不仅因而连坐，对供役官府的“母”与“二弟”，“主者奏尽杀之”，与末尾“止不杀金母、弟”语相对应。这是在妻子基础上，连及父母、同产。二是同伍兵士。高柔就此上书时，除建言“宜贷其妻子”外，还特别表达“柔恐自今在军之士，见一人亡逃，诛将及己，亦且相随而走，不可复得杀也”的担心。而对“更重其刑”的举措，高柔亦恐出现事与愿违的结果：“此重刑非所以止亡，乃所以益走耳。”末尾在“止不杀金母、弟”后，复有“蒙活者甚众”语，亦可对应。得“蒙活者”，应主要指连坐的同伍兵士。曹魏加重“士亡”处罚后，虽然较东汉末年原本的规定严苛许多，但与《墨子·号令》、《尉缭子·兵令》对照来看，它的多次加重不过接近战国规定罢了。这些调整仍然遭到大臣的明确反对，体现出当时观念、风气的转移。

《高柔传》“金有母妻及二弟皆给官”的记述，固然显示曹魏时期对兵士家庭成员人身役使的加深。然而，从战国、秦汉时期的整个发展趋势看，有关连坐的法律规定，无论在范围还是量刑上，都在向转轻的一面发展。在曹魏士家制度下，兵士亲属身份上的依附关系增强；但在连带责任方面，规定整体上的松弛确是存在。它与人身役使的发展并不完全同步。

（附记：本文修订承王子今、蒋非非先生，凌文超、徐畅学友提出宝贵意见，谨此致谢）

论董卓集团的兴亡及其控制下的东汉政局

范鹏伟（科学出版社历史分社）

汉中平六年四月，灵帝驾崩，皇子辩即位。同年八月，大将军何进被宦官所杀，朝中大乱，皇帝出奔。之后，并州牧董卓进入洛阳，开始掌控东汉王朝的中央政局，直到建安元年七月，献帝东归洛阳，脱离李傕、郭汜等人的控制为止，其时虽然董卓已身死人手，但这期间东汉中央朝廷一直是处于董卓集团控制之下，形成一段完全有别于前此的政局，对东汉王朝的命运走向影响深远。

学界对董卓集团的研究并不少见。试举几例，方诗铭《董卓对东汉政权的控制及其失败》旨在“较为全面地对董卓控制东汉政权的成功和失败加以考察”，认为不能据“凶恣”简单否定，其文细致分析了董卓集团兴败的若干因素。[1] 陈勇《董卓进京述论》一文则关注皇权嬗替，通过对董卓掌权时期若干事件的分析，来揭示魏晋之际剧变的背景。[2] 此外，单鹏、李文才的《从地域角度看董卓兴起与失败的原因》一文则注重地域差异这一因素，认为地域因素贯穿董卓兴起和失败的始终，整个过程显示出不同地域之间冲突的影响，其实质则是特有文化的冲突。[3] 以上几篇文章，虽侧重点不同，却都

[1] 方诗铭：《董卓对东汉政权的控制及其失败》，《史林》1992 年第 2 期。

[2] 陈勇：《董卓进京述论》，《中国史研究》1995 年第 4 期。

[3] 单鹏、李文才：《从地域角度看董卓兴起与失败的原因》，《陕西师范大学继续教育学报》2005 年第 3 期。

注意到了凉、并两州冲突等问题。另外，张征群《浅谈汉末士庶之争——以董卓为个案》则将董卓之乱看作是以董卓为代表的庶族武人与士族门阀争夺中央权力的政治斗争。[1] 总体来看，以往的研究注意到了与董卓集团兴亡相关的凉州集团、羌胡问题、凉并矛盾等问题，具有启发意义，但前贤之文对董卓集团兴亡与东汉政局的深层变动关系皆留意较少。本文试图将董卓集团及其控制下的政局放在东汉政治发展的大背景下，来审视其影响，或可有助于更加清晰地理顺东汉政局的发展脉络。

一、关陇宗族在两汉的传承及董卓集团的兴起

（一）关陇宗族的传承

两汉的西北地区，豪强林立，出身于关陇地区的宗族，在政治、军事舞台上扮演了重要角色。《汉书》赞有云："秦汉以来，山东出相，山西出将。秦将军白起，郿人；王翦，频阳人。汉兴，郁郅王围、甘延寿，义渠公孙贺、傅介子，成纪李广、李蔡，杜陵苏建、苏武，上邽上官桀、赵充国，襄武廉褒，狄道辛武贤、庆忌，皆以勇武显闻……其余不可胜数。"[2] 出现这一现象的原因，《汉书》主要归因于"处势迫近羌胡，民俗修习战备，高上勇力鞍马骑射"[3] 的地域风俗。地域风俗固然是先天的客观条件，但出现上述现象其实也是两汉制度使然。《汉书·地理志》载："后世世徙吏二千石、高訾

[1] 张征群：《浅谈汉末士庶之争——以董卓为个案》，《河北北方学院学报》（社会科学版）2015 年第 4 期。

[2] 《汉书》卷 69《赵充国辛庆忌传》，中华书局 1962 年版，第 2998 页。

[3] 同上书，第 2998—2999 页。

富人及豪杰并兼之家于诸陵，盖亦以强干弱枝，非独为奉山园也。”[1]

东汉窦氏家族著籍扶风的渊源就是一个例证，《窦融传》载：“窦融字周公，扶风平陵人也”，“融高祖父，宣帝时以吏两千石自常山徙焉”[2]。窦氏的西迁并非个例，这种普遍且持续的强干弱枝政策造成了关中地区的豪强遍布。当然，关陇宗族势力虽在西汉时期就已逐渐显现，但就势力及政治影响力而言，并不甚大。关陇宗族的真正崛起开始于西汉末东汉初这段时间。

两汉之际，盘踞于陇右、河西的强宗大致分为两种，一种是以隗嚣等为代表的土著，他们以一强宗为核心，联合众多较小豪强形成一个实力集团。第二种以窦氏、梁氏为代表，西汉时期从关东迁入关中，后西进至陇右、河西地区，取得当地土著居民及小宗的承认，从而转变为强宗大族。[3] 这些宗族在两汉之际控制了陇右与河西，在东汉建国的过程中，成为光武帝的政治盟友和支持者。西北之马、窦、梁等大族之所以能够交替成为东汉外戚之家，长期执掌东汉政局，渊源也正在于此。

东汉中后期，外戚豪族的政治、军事能力逐渐弱化，外戚豪族的继任者“生长京师，不乐本土”[4]，难以保持其家族的旧有门风，对“本土”尤其是边地事务不再娴熟和关心。东汉后期，在处理西北边地事务时，朝廷往往不得不借助于关陇地区其他的地方宗族。如《皇甫规传》载：“羌遂大合，朝廷为忧。三公举规为中郎将，持节监关西兵，讨零吾等。”[5]《张奂传》载：“鲜卑复率八九千骑入塞，诱

---

[1] 《汉书》卷 28 下《地理志下》，第 1642 页。

[2] 《后汉书》卷 23《窦融传》，中华书局 1965 年版，第 796 页。

[3] 范鹏伟、施建雄：《隗嚣二题》，《青岛大学师范学院学报》2011 年第 4 期。

[4] 《后汉书》卷 34《梁统传附梁松传》，第 1172 页。

[5] 《后汉书》卷 65《皇甫规传》，第 2133 页。

引东羌与共盟诅。于是上郡沈氏、安定先零诸种共寇武威、张掖，缘边大被其毒。朝廷以为忧，复拜奂为护匈奴中郎将，以九卿秩督幽、并、凉三州及度辽、乌桓二营。”[1]这些出身地方的宗族，长期生活于关陇地区，对当地社会及边地民俗了解更多，与贵族化而脱离地方社会的外戚豪族相比，文治武功的能力保持得更加纯正。《后汉书·段颎传》言“颎少便习弓马，尚游侠”[2]，说明其继承了关陇宗族的优秀素质。皇甫规更是在上书中说道：“土地山谷，臣所晓习；兵埶巧便，臣已更之。”[3]其对自身能力的自信，可见一斑。这大致是东汉后期皇甫、张、段等在军事和政治上崛起的原因之一。《后汉书·皇甫嵩传》载：“本朝失政，天下倒悬，能安危定倾者，唯大人与董卓耳。”[4]虽是劝谏者之辞，但也说明了关陇宗族在东汉后期举足轻重之地位。

（二）董卓集团的兴起

董卓本人继承了六郡地区民俗质木、善骑射的风气，“膂力过人，双带两鞬左右驰射，为羌胡所畏”[5]。又有“健侠”之名。其发迹于以六郡良家子为羽林郎，从中郎将张奂为军司马，讨伐汉阳羌乱。“良家”一词在两汉时期多有家世身份的意味，指的是基层社会中的较大宗族。董卓为良家子，则其家族在当地应该算是大族。一定的家世背景，加上“健侠”的威名，“性粗猛有谋”的董卓既能得羌胡豪杰的欢心，又有西北地区宗族的基础，这是董卓起家的保证。

中平元年，董卓代卢植讨黄巾，及二年讨边章、韩遂之乱，但

[1]《后汉书》卷65《张奂传》，第2139页。
[2]《后汉书》卷65《段颎传》，第2145页。
[3]《后汉书》卷65《皇甫规传》，第2130页。
[4]《后汉书》卷71《皇甫嵩传》，第2306页。
[5]《后汉书》卷72《董卓传》，第2319页。

皆未取得胜利。中平五年，以将军与皇甫嵩讨韩遂，破之。此时，董卓已建立起自己的私人部曲。虽然《皇甫嵩传》言董卓“凶戾无亲，将士不附”[1]，其所指的，或许只是东汉政府分调给董卓的兵力或者是皇甫嵩所领的军队。中平六年，朝廷征董卓为少府，其不肯就，在上书中言：“所将湟中义从及秦胡兵皆诣臣曰：‘牢直不毕，禀赐断绝，妻子饥冻。’牵挽臣车，使不得行。羌胡敞肠狗态，臣不能禁止，辄将顺安慰，增异复上。”[2]这虽是不肯就征的托词，但也反映出其所领士兵主要以湟中义从和秦胡兵为主，出身西北，“豪帅感其意”的董卓，对这些士兵应该是有相当的控制能力的。董卓上书中即提到：“士卒大小相狎弥久，恋臣畜养之恩，为臣奋一旦之命。乞将之北州，效力边垂。”[3]拥有这样一支以少数民族部众为主力的军队，是董卓日后称雄的关键。

此外，如前所述，东汉的外戚豪族多来自地方大族，西北豪族之马、窦、梁氏之所以能够长期掌权，很大程度上与这些宗族来自基层，熟悉地方事务，具备“文治”与“武功”两方面能力有关。《后汉书·马援传》即载：“来歙奏言陇西侵残，非马援莫能定。”[4]《马防传》又载：“数言政事，多见采用。”[5]河西窦氏“累世在河西，知其土俗”，“抚结雄杰，怀辑羌虏，甚得其欢心，河西翕然归之”[6]。窦固“明习边事”，“在边数年，羌胡服其恩幸”[7]。但是，随着

---

[1]　《后汉书》卷 71《皇甫嵩传》，第 2306 页。

[2]　《后汉书》卷 72《董卓传》，第 2322 页。

[3]　同上。

[4]　《后汉书》卷 24《马援传》，第 835 页。

[5]　《后汉书》卷 24《马援传附马防传》，第 856 页。

[6]　《后汉书》卷 23《窦融传》，第 796 页。

[7]　《后汉书》卷 23《窦融传附窦固传》，第 810 页。

时间推移，外戚豪族们“生长京师，不乐本土”[1]，文治武功的能力逐渐弱化，尤其武功，不得不借重其他地方宗族。外戚豪族门风不再，给了其他宗族脱颖而出的机遇，董卓集团能够崛起与此也不无关系。

灵帝驾崩后，何进召董卓率兵入京以逼胁太后，而何进自己旋即身死宦官之手，洛阳大乱。董卓以清奸秽之名，拥兵进京，奉迎少帝，并成功兼并了何进、何苗及丁原所领之众。随即开始了董卓控制下的东汉政治。

董卓能够主持东汉中央政局，凭借的当然不是正常的仕途升迁，而是依靠个人武力，暴得大位。这在东汉历史上史无前例，董卓本人又素有凶戾之名，所以，从一开始，其在中央的立足就有相当的阻力。武力虽能确保其掌握政局，但终究无法服众。这或许是董卓依伊尹、霍光故事废立以立威的原因之一。以当时的形势来看，董卓此举虽有轻率之嫌，但也不失为一个有效的手段。

废立是把双刃剑，董卓也因此背上了谋篡的罪名，但董卓是否如史家所记，有夺位的野心，恐怕尚有可讨论之处。控制洛阳期间是董卓的权势巅峰，其时董卓尚未有谋篡之行，至于迁都长安后，为关东及时局所迫，当更难有此念。《三国志·董卓传》载：“又筑坞于郿，高厚七丈，号曰‘万岁坞’，积谷为三十年储。自云：‘事成，雄据天下；不成，守此足以毕老。’”[2]董卓之“事”为何？是否即废帝自立呢？成王败寇，若董卓篡位之事不成，则为逆反叛乱，求生尚不可得，如何能求毕老？所以，此语或可另做解读。观《后汉书》、《三国志》董卓本传，郿坞是在董卓与关东军交战失利，引还长安后所筑，同时进行的工程还有结垒于长安城东以自居。从时

[1]《后汉书》卷34《梁统传附梁松传》，第1172页。
[2]《后汉书》卷72《董卓传》，第2329页。

间和当时的形势来看，这些都是被动的自守措施。

此前董卓称太师时，《三国志》裴松之注引《献帝纪》曰："卓既为太师，复欲称尚父，以问蔡邕。邕曰：'昔武王受命，太公为师，辅佐周室，以伐无道，是以天下尊之，称为尚父。今公之功德诚为巍巍，宜须关东悉定，车驾东还，然后议之。'乃止。京师地震，卓又问邕，邕对曰：'地动阴盛，大臣逾制之所致也。公乘青盖车，远近以为非宜。'卓从之。"[1]董卓虽然跋扈，但并未敬畏之心全无。

所以，董卓与关东军交战失利，而退守长安，结垒筑坞，皆是自守之策。从蔡邕"宜须关东悉定"之言观之，董卓想成之事恐怕是更多的平定关东、称雄诸侯。就《后汉书》、《三国志》的记载来看，董卓虽飞扬跋扈，但篡位的心思可能不大。其行废立、专杀伐主要目的当仍是立威以控制时局。

二、政治变革与董卓集团的覆亡

初平三年，权力如日中天的董卓，在毫无戒备的情况下遇刺身亡，朝政在经过王允等官僚的短暂过渡后，再次被董卓部曲们所掌控。就性质而言，李傕、郭汜等人掌权时期与董卓掌权时期并无二致。但董卓死后，其旧部失去权力核心，政治上既显得盲目，又彼此攻战，及至献帝成功东归，其集团失去了权力源泉和政治资本，迅速成为被征讨的对象，最终走向灭亡。那么，董卓集团何以会迅速覆亡呢？

（一）部曲集团的结构缺陷

董卓集团以凉州豪强和羌胡兵为基础力量，他们以部曲的形式

---

[1]　《三国志》卷6《董二袁刘传》，中华书局1959年版，第178页。

隶属于董卓，互相之间并无绝对的统属。就《董卓传》的记载来看，除董卓之外，似乎难以找到优秀的继任核心。《后汉书·董卓传》载："卓以牛辅子婿，素所亲信，使以兵屯陕。"[1] 但牛辅其人似乎难堪大任，"其后牛辅营中无故大惊，辅惧，乃赍金宝逾城走。左右利其货，斩辅，送首长安"[2]。牛辅既死，更无可以统帅部众者，于是"众无所依，欲各散去"[3]。由此可见其集团的结构缺陷，核心缺乏便容易出现"诸将各相疑异"[4]。

牛辅死后，凉州兵虽攻占长安，重新掌控中央政局，但"诸将争权，遂杀稠，并其众。汜与傕转相疑，战斗长安中"[5]。在生死存亡之时，李傕且有"郭多，盗马虏耳，何敢欲与我同邪！必诛之"[6] 的想法，其集团内部的混乱，由此可见一斑。这是导致董卓死后，其集团难以为继，迅速分散瓦解的重要原因。

（二）谋求合作的失败

董卓集团虽然有烧杀掳掠的暴行，但以董卓"有谋"的性格，其对东汉中央的官僚是有一段谋求合作时期的。《后汉书》载："卓乃与司徒黄琬、司空杨彪，俱带铁锧诣阙上书，追理陈蕃、窦武及诸党人，以从人望。于是悉复蕃等爵位，擢用子孙。"[7] 大抵董卓掌权之初，对洛阳的官僚是礼遇而谋求合作的。故范晔在《后汉书》也说："卓素闻天下同疾阉官诛杀忠良，及其在事，虽行无道，而犹忍性矫情，擢用群士。乃任吏部尚书汉阳周珌、侍中汝南伍琼、尚

[1]　《后汉书》卷72《董卓传》，第2332页。
[2]　同上书，第2332页。
[3]　同上书，第2333页。
[4]　同上书，第2336页。
[5]　《三国志》卷6《董二袁刘传》，第126页。
[6]　《后汉书》卷72《董卓传》，第2337页。
[7]　同上书，第2325页。

书郑公业、长史何颙等。以处士荀爽为司空。其染党锢者陈纪、韩融之徒，皆为列卿。幽滞之士，多所显拔。以尚书韩馥为冀州刺史，侍中刘岱为兖州刺史，陈留孔伷为豫州刺史，颍川张咨为南阳太守。卓所亲爱，并不处显职，但将校而已。"[1] 可以说，董卓谋求与官僚群体合作的心情是迫切的，但实际结果却与董卓的意愿相反，受董卓提拔的官僚群体脱离控制后，"各兴义兵，同盟讨卓"[2]。

洛阳官僚群体与董卓的不合作可分为几种：其一，弃官出奔。《后汉书·朱儁传》载："卓后入关，留儁守洛阳，而儁与山东诸将通谋为内应。既而惧为卓所袭，乃弃官奔荆州。"[3] 此类官僚中，最显著的例子当为袁绍、袁术兄弟，二人都是诛灭宦官的功臣，而决意不与董卓合作，绍"悬节于上东门，而奔冀州"，"时董卓将废立，以术为后将军。术畏卓之祸，出奔南阳"。其二，受其官而背其意。即如上述之韩馥、刘岱、孔伷、张咨等人，既受刺史、郡守之职，又旋即背叛，倒戈相向。其三，矫情屈意，每相承附而阴谋反叛。留守朝廷的官僚大抵都属此类，以王允、郑公业、黄琬、周珌、伍琼等为代表。而不论哪一类型，其目的都是摧毁董卓集团。

此外，董卓也对王允等人推心置腹。"卓亦推心，不生乖疑"，"时董卓尚留洛阳，朝政大小，悉委之于允"。[4] 王允等人表面上合作，私下却阴谋图卓。伍琼、周珌被杀后，董卓言"二君卖卓，卓何用相负"，反映出其谋求合作而不得的恼怒。伍琼、周珌被杀进一步激化了董卓集团与官僚群体的矛盾，使其更加孤立。董卓对此似乎也有察觉，"卓既杀琼、珌，旋亦悔之，故表彪、琬为光禄大夫"。

---

[1] 《后汉书》卷 72《董卓传》，第 2326 页。

[2] 同上。

[3] 《后汉书》卷 71《朱儁传》，第 2312 页。

[4] 《后汉书》卷 66《王允传》，第 2174 页。

纵观《董卓传》，其与官僚群体谋求合作的手段大致有二：第一种是推心结交，擢用群士。当这种怀柔手段得不到回应时，就走上第二种——暴力恐吓。《后汉书·董卓传》："尝至郿行坞，公卿已下祖道于横门外。卓施帐幔饮设，诱降北地反者数百人，于坐中杀之。先断其舌，次斩手足，次凿其眼目，以镬煮之。未及得死，偃转杯案间。会者战栗，亡失匕箸。"[1] 董卓诛宦官、拔名士，推心结交的策略当与其"有谋"的性格有关，而其以威压的手段逼迫官僚群体就范，就应是其性格的另一面——"粗猛"了。两者相较，"粗猛"或许在对待羌胡部曲时能够发挥作用，使其畏服。但在与朝廷的名士官僚的交往中，"有谋"或许更为重要。久经战阵，与羌胡为伍的董卓，在掌控中央政局后，粗猛的一面显然运用得过多，且时机、场合都不合适。这就令官僚群体们更加厌恶，"群僚内外，莫能自固"[2]。

（三）凉州人、并州人之争

董卓集团得不到汉廷官僚的信任，恐怕还与长久以来地域文化的差异有关。西北地近羌胡，董卓集团本身又是以羌胡为基础。这在洛阳的士族官僚看来，大概是"夷狄视之"的。如《三国志》裴松之注引《献帝起居注》侍中杨琦言："傕，边鄙之人，习于夷风。"[3] 裴松之注又引《九州岛春秋》曰："傕等在陕，皆恐怖，急拥兵自守。胡文才、杨整修皆凉州大人，而司徒王允素所不善也。及李傕之叛，允乃文才、整修使东解释之，不假借以温颜，谓曰：'关东鼠子欲何为邪？卿往呼之。'于是二人往，实召兵而还。"[4] 王允对身为凉州大人的胡、杨二人尚且"不善"，"不假借以温颜"，对于其

[1] 《后汉书》卷 72《董卓传》，第 2329—2330 页。
[2] 同上书，第 2325 页。
[3] 《三国志》卷 6《董二袁刘传》，第 184 页。
[4] 同上书，第 181—182 页。

目为国之大贼的董卓等人，就更加难以接受了。《后汉书·王允传》载董卓死后，“时百姓讹言，当悉诛凉州人，遂转相恐动”[1]，这虽是因董卓集团在长安的暴行所致，但反映了当时人们对凉州兵的普遍心理。

而作为凉州兵的李傕、郭汜，也“以王允、吕布杀董卓，故忿怒并州人，并州人其在军者男女数百人，皆诛杀之”[2]。凉州人、并州人之争，并不是简单的仇怨所致，这反映了当时汉廷官僚与董卓集团之间的心理隔阂和认同分歧。

（四）政治体制转变造成的认同困难

地方宗族的支持是东汉建国的重要基石。自建国之初，外戚往往来自于地方大族。光武、明帝朝，外戚虽贵显用事，但彼时皇权强盛，外戚豪族在政局上的地位还不甚明显。章帝以后，皇权式微，外戚—豪族结合体制开始在政局上发挥越来越重要的作用。这一体制虽有外戚干政的表现，长期以来遭受“擅权”的诟病，但是在章帝以后诸帝多年幼即位、难以主政的情况下，外戚—豪族凭借其政治经验和宗族势力，代替皇帝主持政局，既维持了东汉皇权的权威，又保持了东汉政局的稳定，对于东汉一朝政局的稳固，作用不可谓不大。《后汉书·皇甫规传》载：“今大将军梁冀、河南尹不疑，处周、邵之任，为社稷之镇，加与王室世为姻族，今日立号虽尊可也。”虽是皇甫规为后文刺讽梁冀做铺垫，但也说明这一制度被接受，成为一种政治传统。往往新帝即位，豪族外戚即受擢用，辅佐皇帝、太后主政，从东汉政治的实际发展来看，也的确不无好处。《窦固传》载：“帝以其晓习边事，每被访及。”[3]《窦宪传》载：“和帝

[1] 《后汉书》卷66《王允传》，第2176页。
[2] 《后汉书》卷72《董卓传》，第2333页。
[3] 《后汉书》卷23《窦固传》，第811页。

即位，太后临朝，宪以侍中，内干机密，出宣诰命。肃宗遗诏以笃为虎贲中郎将，笃弟景、瑰并中常侍，于是兄弟皆在亲要之地。宪以前太尉邓彪有义让。先帝所敬，而仁厚委随，故尊崇之，以为太傅，令百官总己以听。其所施为，辄外令彪奏，内白太后，事无不从。……所以内外协附，莫生疑异。”[1]《梁商传》载：“自以戚属居大位，每存谦柔，虚已进贤，……于是京师翕然，称为良辅，帝委重焉。”[2]上述诸例，皆可以看出出身地方豪族的外戚，有其“晓习边事”等突出能力，在中央政治上也具备一定的执政能力，能够成为皇权的“良辅”。外戚—豪族结合体制的重要作用不容否认，[3]实为东汉政治之特有体制与传统。

自窦武死后，东汉传统的外戚—豪族结合体制崩溃，政权为宦官所把持。何进在官僚群体的支持下争权成功，部分地恢复了旧有体制，何进能以卑微出身而主政，说明外戚政治在东汉政治文化中有着根深蒂固的认同。而董卓以军阀暴得大位，其所建立的政局，颠覆了东汉建国以来的传统政治模式，甚至为秦汉以来所未有。这种新的军阀政治在洛阳官僚群体看来是悖逆、凶残和有违常制的。政治文化认同上的困难，使董卓尽管推心置腹地笼络官僚群体，想要谋求合作，但终于失败。

[1]《后汉书》卷23《窦宪传》，第813页。

[2]《后汉书》卷34《梁商传》，第1175页。

[3] 外戚—豪族结合体制是东汉政治体制之一，可以视为皇帝年幼时期皇权的一种过渡和代理形式。其表现为由出身豪族的外戚代替皇帝和太后主持中央政局，而国家政权也承认外戚掌权的合法性。新帝即位，即由外戚之族来控制和主导中央政局。由于来自地方豪族，外戚之族一般具有一定的势力和影响力，在政治和军事上具有相当的处置能力，能够起到辅政的作用。外戚—豪族结合体制有维护皇权权威、稳固统治的重要作用。当然也存在部分跋扈外戚“擅权”的情况。综合来看，外戚—豪族结合体制是东汉政治发展的制度保障，也成为东汉政治文化的一种传统。详见笔者未刊稿《论东汉的外戚—豪族结合体政治》。

三、小结

董卓受西北地区风气的影响，有谋而粗猛，建立起以羌胡为主力的军阀武装。在东汉后期外戚豪族脱离地方社会，文治武功能力弱化，不得不借助地方其他宗族力量的大背景下，董卓集团开始崛起，并成为能“安危定倾者”。其入京掌控东汉中央政局，则标志着东汉长期以来的外戚—豪族结合体制的终结，开始了前所未有的军阀统治。

其集团的覆亡，有自身的结构缺陷和汉廷官僚群体不合作的因素，但更为重要的是无法得到官僚群体的认同。这种不认同，一方面由于长期以来文化差异造成的心理隔阂和认同分歧，另一方面则由于汉廷官僚群体所接受的是东汉长期以来形成的外戚—豪族结合体制，随着窦武、何进二人意外地被杀，这一体制迅速崩溃，在宦官被尽诛之后，填补权力真空的董卓所能建立的是前所未有的军阀政治，这在所有官僚群体看来，是陌生且悖逆的。因此，失道寡助的董卓集团得不到长久的支持，在献帝东归、失去政治资本之后，迅速覆亡。

董卓集团的兴亡与东汉政局变迁的大背景关系密切，其控制东汉政局的前后，实是东汉政局的两种不同模式。

新见“劝农掾料核军吏父兄子弟木牍文书”补释

凌文超（中国社会科学院历史研究所；出土文献与中国古代文明研究协同创新中心）

走马楼吴简出土后，较早公布了三件嘉禾四年八月廿六日东、广成、都乡劝农掾殷连、区光、郭宋分别条列州、军吏父兄子弟等情况的木牍文书，引起了中外学界的广泛关注和讨论[1]，其文义已不难理解。近来，《长沙东吴简牍书法特辑（续）》新公布了“劝农掾区光料核军吏父兄子弟文书”的图版和释文。[2] 兹将其释文试加标点，胪列如下：

‖× 广成乡劝农掾区光言：被书，条列军吏父兄子弟状、处、人名、年纪为簿。辄料核乡界，军吏

×‖ 五人，父兄子弟合十七人。其四人老钝刑盲踵病，一人官限佃客，一人为□□□周□，一人给郡吏，九人

×‖ 细小，一人给限佃客下户民代。隐核人名、年［纪］相应，无有遗脱。若后为他官所觉，光自坐。嘉禾四年八月廿六

×‖ 日破莂保据。（编号不详）

[1] 学术史回顾请参见王素：《长沙吴简劝农掾条列军州吏等人名年纪三文书新探》，载《魏晋南北朝隋唐史资料》第 25 辑，《武汉大学文科学报》编辑部 2009 年版，第 1—18 页。

[2] 《长沙东吴简牍书法特辑（续）》，《中国书法》2014 年第 10 期，第 91 页。

其中，“劝农掾”一职，学界争议颇大；释文“一人为□□□周□”多有缺漏，不便理解。兹将这两个问题考释如下。

劝农掾一职，笔者在前人研究的基础上[1]，指出吴简中的“乡劝农掾是由县廷临时因事派驻各乡的县吏，其主要职责是农月劝农（以至于史籍的编撰者会认为劝农掾是因时而设的‘春夏为劝农掾’），有时也被派遣去隐核州军吏父兄子弟、陂塘田亩、新占民，以及协助审实私学等”[2]。最近，安部聪一郎先生经伊藤敏雄先生提示，指出吴简中不仅典田掾，劝农掾也兼理二乡，如广成乡劝农掾区光兼理广成、平乡事务。[3] 徐畅先生对此做了进一步讨论，她指出：“嘉禾二年四月，蔡忠为平乡劝农掾，但事务兼及小武陵乡及桑乡。”“嘉禾四年六月，郭宋兼南乡、都乡两乡劝农掾。”[4] 这一发现，对于认识汉魏之际县乡之分部以及乡政运作的形态具有重要的意义。

不过，值得指出的是，徐畅所依据的简例，其释文可能存在问题。相关简例如下：

---

[1] 学术史回顾请参见徐畅：《走马楼简所见孙吴“乡劝农掾”的再研究——对汉晋之际乡级政权的再思考》，《文史》2016 年第 1 辑，第 23—26 页。

[2] 参见拙作《走马楼吴简“隐核波田簿”复原整理与研究》，《中华文史论丛》2012 年第 1 期，收入拙著《走马楼吴简采集簿书整理与研究》，广西师范大学出版社 2015 年版，第 442—443 页；拙作《走马楼吴简隐核新占民簿整理与研究——兼论孙吴户籍的基本体例》，载北京大学中国古代史研究中心编：《田余庆先生九十华诞颂寿论文集》，中华书局 2014 年版，第 176 页。

[3] 〔日〕安部聡一郎：《典田掾·勧農掾の職掌と乡——长沙呉简中所见「户品出钱」简よりみる》，〔日〕伊藤敏雄、洼添庆文、关尾史郎编：《湖南出土简牍とその社会》，汲古书院 2015 年版，第 135 页。中文稿《典田掾、劝农掾的职掌与乡——对长沙吴简中所见“户品出钱”简的分析》，载杨振红、邬文玲编：《简帛研究 2015》秋冬卷，广西师范大学出版社 2015 年版，第 253 页。

[4] 徐畅：《走马楼简所见孙吴“乡劝农掾”的再研究——对汉晋之际乡级政权的再思考》，《文史》2016 年第 1 辑，第 27、29 页。

1. 出小武陵乡嘉禾元年吏限米十一斛一斗‖嘉禾二年四月一日劝农掾蔡忠付木氐丘岁伍□守录若□☒（肆・4331）

2. 入桑乡元年限米六十二斛‖嘉禾二年四月廿一日劝农蔡忠付仓吏□□朱刘□□宋□若□☒（肆・4877）【注】“农”下脱“掾”字。

3. 嘉禾四年六月戊申朔七日甲寅，南、都乡劝农掾郭宋叩头死罪敢言之（柒・3242）

核对图版，简 1“劝农掾”下一字为“文”（），该简所记小武陵乡劝农掾是文腾，而不是蔡忠。简 2 乡名字迹漫漶（），字形近似“平”字。简 3，核对图版“”，“甲寅”二字之间留空，并无“南”字。此时，南乡劝农掾不是“郭宋”，而是“谢韶”，如：

4. 嘉禾四年六月戊申朔十一日戊午南乡劝农掾谢韶叩头死罪敢言之（柒・2262）

由此看来，平乡劝农掾蔡忠兼理小武陵乡、桑乡事务缺乏确切的证据，郭宋也未兼任南乡、都乡两乡劝农掾。

不过，劝农掾兼理二乡事务，应当是孙吴乡政运作的常态。我们还能为此说增加三大证据。其一，广成乡劝农掾区光兼理二乡事务，吴简中有确证：

5. 广成乡劝农掾区光叩头死罪白，前被制（？），绞促二乡粢租米有入上道言（柒・2629）

其二，小武陵乡劝农掾文腾在小武陵、西乡隐核私学。据“小武陵乡白私学烝阳是政户民”牍记录：

小武陵乡劝农掾文腾叩头死罪白：戊戌记曰：各以何日被壬寅书，发遣州所

召私学烝阳诣廷，并□□著户籍与不，从来积久，素无到者，隐核知有户籍，

皆会月十五日言。案文书，辄部岁伍谢䠒隐核阳，今䠒关言：阳，本乡政户民，单

身，与妻汝俱居乡亿、坪丘，素不遗脱，当录阳送诣廷，阳为家私使，度

所负税米诣州中仓输入未还，尽力绞促。䠒须阳还送诣廷，复言。腾诚

惶诚恐，叩头死罪死罪

诣功曹

十一月廿八日甲寅白（J22-2616）

小武陵乡劝农掾文腾安排岁伍谢䠒隐核居住在“亿、坪丘”上的烝阳及其妻子。“亿、坪丘”，吴简中未见其他简例，但“亿丘”“坪丘”常见，如：

6. 入西乡亿丘谢□二年布一匹三丈八尺嘉⧄（壹·6994）

7. 入西乡亿丘谢蒋二年财用钱⧄（叁·1161）

8. 入西乡还二年贷食嘉禾元年私学限米十二斛嘉禾二年十月三日亿丘烝纹关邸阁李嵩付仓吏黄讳潘虑受（柒·4218）

9. 入西乡嘉禾二年子弟限米廿七斛嘉禾二年九月四日亿丘男子烝勋关邸阁李⧄（捌·2850）

10. 入小武陵乡私学限米十一斛三斗五升胄毕‖嘉禾元年十一月八日坪丘张仲付三州仓吏谷汉受中（肆·1013）【注】“中”为朱笔迹。

11. 入小武陵乡私学限米五斛胄毕‖嘉禾元年十一月一日坪丘男子吴平付三州仓吏谷汉受中（肆·1014）【注】“中”为朱笔迹。

“亿丘”属西乡（简5—8），“坪丘”属小武陵乡（简9、10）。小武陵乡劝农掾应在分属于西乡、小武陵乡的“亿丘”、“坪丘”对私学烝阳进行了审核。

其三，吴简中常见二乡编连为簿，如：

12. 广成、平二乡谨列所领嘉禾四年粢租米已入未毕要簿（柒·3254）

13. □集凡小武陵、西二乡新住限佃客卅四户口食卌一人故户中□（贰·35）

14. 小武陵、西二乡领☒（叁·4173）

15. 小武陵、西二乡谨列嘉禾四年粢租米已入未毕要簿（柒·3131）

16. 桑[1]、乐二乡谨列嘉禾四年吏民田家莂如牒（4·2）

17. 入桑、乐二乡嘉禾二年布九十七匹一丈一尺（贰·6226）

18. 桑、乐二乡谨列嘉禾四年租税杂米已入未毕要簿

[1] “桑”，原释作“环”，吴简中无“环乡”的记录，核对图版，字迹较为模糊，疑作“桑”。

（柒・2990）

19. 都、中二乡领粢租米……斛□斗（柒・2991）

由此看来，劝农掾不会随机兼理任意二乡事务，也应当不会兼任三乡以上的事务，劝农掾管理的两个乡当是位置相邻的固定组合。总之，我们认为，孙吴时期一人兼任二乡劝农掾应是常见的现象，且二乡的组合一般是稳定的。

原释文“□□□周□”，核对图1，其字迹比较清晰，兹截取如右。此五字当释作“獝狩所害杀”。“獝狩”二字不难辨认，惟“犭”旁、“禽”部的写法稍显特殊。不过，吴简中“犭”旁这种写法比较常见，如“狗”（壹・560、2598，贰・6733、6787）；而“禽”部相同的写法可参简贰・5570、《张迁碑》“禽”字形（表1）[1]。故“獝狩”的移写是没有问题的。

图1“獝狩所害杀”简

表1“犭”旁、“禽”同类字形

		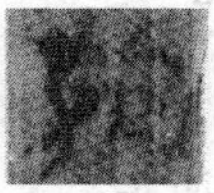	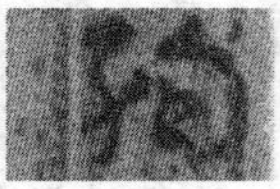	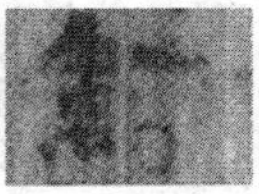	
壹・560	壹・2598	贰・6733	贰・6787	贰・5570	张迁碑

“害杀”之“害”原释作“周”。吴简中“害”、“周”的写法比较接近，二字的区别在于，“周”（如壹・2238、贰・2890）的构件

[1]《张迁碑》图版及释文参见〔日〕永田英正编：《汉代石刻集成》（图版・释文篇），同朋舍1994年版，第252—253页。

“土”，其“丨”画不出头，而“害”字“丨”画出头。如吴简“许迪割米案”文书，“割”字最早移写作“剮”，因该字左部“丨”画出头，侯旭东先生改释作“割”[1]，可从。比对图1，“害杀”之“害”的写法与“割”（J22—2540、肆·3567）左侧构件相同。“害”下一字笔迹清晰，为“杀”的异体字，如《北齐高睿造定国寺颂》“去杀胜残”之“杀”[2]，尤其是著名的唐欧阳询书《皇甫诞碑》“素秋萧杀”之“杀”[3]。其字形与此基本上相同（表2）。据此，“周□”应改，补为“害杀”。

表 2“周”、“割”、“杀”字形

壹·2238	贰·2890	J22—2540	肆·3567	齐高睿修寺碑	唐皇甫诞碑

“一人为貐狩所害杀”具体该如何理解，其关键在于“貐狩”的释读。“貐”，《龙龛手镜》犬部：“俗，丑知反。”[4]《集韵》：“鸷兽，或从豸。平声，五支，抽知切。”[5]《正字通》犬部：“离字之讹。”[6]《汉语大字典》犬部：“同‘獳’。《集韵·支韵》：‘貐，鸷兽。’按：

[1] 侯旭东：《长沙走马楼三国吴简释文补正》，《中国文物报》1999 年 7 月 21 日第 3 版。
[2] 北京图书馆金石组编：《北京图书馆藏中国历代石刻拓本汇编》第 7 册《北齐高睿造定国寺颂》，中州古籍出版社 1989 年版，第 61 页。
[3] 《初榻皇甫君碑》，甲辰夏日墨池题签，济南图书馆藏。
[4] （辽）释行均编：《龙龛手镜》，中华书局 1985 年版，第 317 页。
[5] （宋）丁度等编：《宋刻集韵》，中华书局 2005 年版第 2 版，第 9 页。
[6] （明）张自烈、（清）廖文英编，董琨整理：《正字通》，中国工人出版社 1996 年版，第 666 页。

《类篇》犬部作‘猸’。”[1] 历代字书认为“獱”为“猸”的俗字，可通作“魑”、“螭”、“离”，解作“鸷兽”、“猛兽”，如《史记·周本纪》“尚桓桓，如虎如罴，如豺如离”[2]。

然而，在我们看来，这里“獱狩”，当即“禽兽”，试辨析如下。首先，“獱”也为“禽”之别体，字书失收。如东魏《廉富等造义井颂》“仳獱振翼而来翔，猛狩群队而玩赴”，其字形为“”[3]，此“獱”指飞禽。

其次，“禽狩”一词文献中比较常见，如前引《张迁碑》载：

> 文景之间，有张释之建忠弼之谟。帝游上林，问禽狩所有，苑令不对，更问啬夫，啬夫事对。[4]

这一事件在《史记·张释之列传》中也有记载：

> 释之从行，登虎圈。上问上林尉诸禽兽簿，十余问，尉左右视，尽不能对。虎圈啬夫从旁代尉对上所问禽兽簿甚悉，欲以观其能口对响应无穷者。[5]

《张迁碑》“禽狩”即《史记·张释之列传》之“禽兽”。“狩”假借为“兽”，又见于《石门颂》“恶虫蔽狩，虵蛭毒蟳”[6]。《诗·小

---

[1] 汉语大字典编辑委员会编纂：《汉语大字典》，湖北辞书出版社、四川辞书出版社 1990 年版，第 1369 页。

[2] 《史记》卷 4《周本纪》，中华书局 1982 年第 2 版，第 123 页。

[3] 北京图书馆金石组编：《北京图书馆藏中国历代石刻拓本汇编》第 6 册《廉富等造义井颂》，第 166 页。

[4] 〔日〕永田英正编：《汉代石刻集成》《图版·释文篇》，第 252—253 页。

[5] 《史记》卷 102《张释之列传》，第 2752 页。

[6] 〔日〕永田英正编：《汉代石刻集成》《图版·释文篇》，第 104—105 页。

雅·车攻》作“搏兽于敖”[1]，东汉张衡《东京赋》作“薄狩于敖”[2]，也是其例。“禽狩”这一用法，还见于《出三藏记集·安般守意经序第四》：“于时俊乂归宗，释华崇实者，若禽狩之从麟凤，鳞介之赴虬蔡矣。”[3]《续高僧传·释昙延》：“初延康日，告门人曰：吾亡后，以我此身且施禽狩，余骸依法焚扬，无留残骨以累看守弟子。”[4]兹不赘举。

吴简“獈狩”不过是为“禽”字增加了义符“犭”，其实就是“禽狩”、“禽兽”。值得留意的是，“獈狩”在佛经抄写、刊刻中也时有出现，佛经音义也常出条目，但解释有所不同。如慧琳《一切经音义·苏悉地经》音义：“禽兽，……经文作獈狩，非也。”[5]此条音义存在问题。而《可洪音义·大楼炭经》第4卷：“獈狩，上巨金反，尸咒反，正作禽兽”[6]，显然更为可取。

“害杀”一词，汉魏之际典籍中常见。如《太平经·病归天有费诀》：“且慎所言，天致爱人，欲使人生，何时欲害杀人。”[7]《国

[1] 《诗》卷10《小雅·车攻》，（清）阮元校刻：《十三经注疏》，中华书局1980年版，第428页。

[2] （东汉）张衡：《东京赋》，（梁）萧统编、（唐）李善注：《文选》卷3，中华书局1977年版，第63页。

[3] 日本大正一切经刊行会编：《大正新修大藏经》第55册《出三藏记集》卷6《安般守意经序第四》，台湾新文丰出版股份有限公司1994—1996年影印本，第44页。碛砂藏本则改作“禽兽”，参见（梁）释僧佑著、苏晋仁、萧錬子点校：《出三藏记集》，中华书局1995年版，第247页。

[4] 日本大正一切经刊行会编：《大正新修大藏经》第61册《续高僧传》卷8《隋京师延兴寺释昙延传》，第617页。碛砂藏本则改作“禽兽”，参见（唐）释道宣撰、郭绍林点校：《续高僧传》，中华书局2014年版，第278页。

[5] 日本大正一切经刊行会编：《大正新修大藏经》第54册《一切经音义》卷35《苏悉地经》，第543页。高丽藏本作“獈”，参见徐时仪校注：《一切经音义三种校本合刊》，上海古籍出版社2008年版，第1131页。

[6] 中华大藏经编辑局编：《中华大藏经》第60册《可洪音义》卷17《大楼炭经》，中华书局1984—1996年版，第50页。

[7] 王明编：《太平经合校》卷114《病归天有费诀》，中华书局1960年版，第621页。

语·越语下》“逆节萌生”，韦昭注：“害杀忠正，故为逆节。”[1]《后汉书·光武帝纪》：“郡国大姓及兵长、群盗处处并起，攻劫在所，害杀长吏。”[2]“害杀”，即杀害。

“一人为獝狩所害杀”旨在说明，广成乡军吏父兄子弟中一人被禽兽杀害了。吴简劝农掾料核军、州吏父兄子弟文书，记录了各乡军、州吏男性家庭成员身状、所在、生死、人名、年纪等基本情况[3]，所记的内容大同小异。而这件文书记录的“一人为獝狩所害杀”，不见于此前公布的其他文书。这例新简文，表明孙吴时期临湘侯国吏民在生产、生活中，仍面临着禽兽的威胁，也为了解孙吴时期长沙地区的生态环境提供了新材料。

[1]《国语》卷21《越语下》，上海古籍出版社1998年版，第650页。

[2]《后汉书》卷1下《光武帝纪下》，中华书局1965年版，第67页。

[3] 参见拙作：《走马楼吴简隐核州、军吏父兄子弟簿整理与研究——兼论孙吴吏、民分籍及在籍人口》，北京吴简研讨班讨论稿，2014年9月14日。

汉赵封国与天下秩序的建构*

王安泰（南开大学历史学院）

一、前言

自汉武帝奠定天下秩序以后，天子领有九州、治理天下，开始被形塑为中国古代政治体系的基本原理。[1] 九州之内，皆属天子统辖；而在九州边境之外的地区，则为不受皇帝恩泽的偏荒地带。九州之内设有郡县，凡是在郡县之内的人民，都是天子德化所及的对象。而中国古代的天下亦有广狭二义，广义的天下就是包含四夷的整体世界，狭义的天下就是皇帝德化所及的范围，也就是设置郡县的区域；[2] 而位于郡县体系最外围的边郡，就成为区隔内外的界

---

* 本文原题为“汉・赵の封国と天下秩序について”，载《中央大学アジア史研究》第38卷，2014年，第31—74页。

[1] 《尚书・禹贡》云禹所划定的范围“东渐于海，西被于流沙，朔南暨声教”，秦始皇所立《琅邪刻石》亦云“六合之内，皇帝之土，西涉流沙，南尽北户，东有东海，北过大夏”，显示早在战国与秦平定天下之际，已刻画出天子治理天下的范围。参见《尚书・禹贡》，收入中华书局编辑部编：《汉魏古注十三经》，中华书局1998年版，第18页；《史记・秦始皇本纪》，中华书局1982年版，第245页。

[2] 邢义田指出，战国以降，“天下”一词具有广义与狭义两种性格，并由此构成“天下一家”与“夷夏之防”的二元结构。渡边信一郎则认为，从中国古代的天下观来看，可分为同一语言文化区的九州岛=中国体系，及涵盖中国与夷狄的复合型体系。参见邢义田：《从古代天下观看秦汉长城的象征意义》，《燕京学报》2002年新13期，收入氏著：《天下一家——皇帝、官僚与社会》，中华书局2011年版，第84—135页。

线。[1] 因此狭义天下相当于王朝实际的统治疆域（九州），在狭义天下以内者属于内臣，其外则为外臣。[2]

然而，上述划分明确的天下秩序，未必全然适用于魏晋南北朝时期。自东汉灭亡伊始，除西晋曾短暂平定天下外，魏晋南北朝的所有政权都无法掌握汉代的全部疆域。为了彰显自身统治的正统性与有效性，各政权均须宣称拥有“天下”，其实践有赖制度的运作。各政权建国时，多会进行郊祀、立宗庙等固定的即位礼仪，向上天、先祖与世间宣告自己是天下唯一共主[3]，并透过礼制、法制、官制等手段，对内臣与外臣进行管理[4]。在外臣方面，各政权借由授予周边势力领袖官爵，建立册封体系，以证明自己是天下的

（接上页）渡边信一郎：《中国古代的王权与天下秩序——从日中比较史的视角出发》，徐冲译，中华书局 2008 年版，第 43—76 页。

[1] 参见余英时：《汉代贸易与扩张：汉胡经济关系结构研究》，邬文玲等译，上海古籍出版社 2005 年版，第 60—64 页。

[2] 过往学者已对汉代内臣与外臣的意涵进行分析，栗原朋信认为，自汉初开始已有内臣、外臣之别，凡非汉诸侯王与列侯爵号的君长皆属外臣。其后，堀敏一提出修正观点，认为汉代内臣形式多元，滇王、西南夷君长等亦应归类为内臣。阿部幸信则认为，西汉前期诸侯王亦具有“外臣”的特质，直至汉武帝时期方逐渐转化为“内臣”。参见〔日〕栗原朋信：《文献にあらわれたる秦汉玺印の研究》，收入氏著：《秦汉史の研究》，吉川弘文馆 1960 年版，第 160—228 页。〔日〕堀敏一：《汉代の异民族支配における郡县と册封》，收入氏著：《东アジア世界の形成——中国と周边国家》，汲古书院 2006 年版，第 39—94 页。〔日〕阿部幸信：《前汉时代における内外观の变迁——印制の观点から》，《中国史学》第 18 卷，2008 年，第 121—140 页。

[3] 川本芳昭认为，十六国时期诸胡族政权已逐渐跳脱以汉人为重心的正统观，建构新的中华意识。参见〔日〕川本芳昭：《魏晋南北朝时代の民族问题》，汲古书院 1998 年版，第 89—95 页。本文强调的正统性，则为“天无二日、民无二主”的单一正统观，以胡人为核心的新正统性与天下只有一个天子的唯一正统性，两者并不冲突。

[4] 关于国家礼法制度与天子治天下理念间的关系，可参见高明士：《天下秩序原理的探讨》，收入高明士：《东亚古代的政治与教育》，台湾大学出版中心 2004 年版，第 1—16 页。甘怀真：《秦汉的“天下”政体——以郊祀礼改革为中心》，《新史学》第 16 卷第 4 期，2005 年，第 13—56 页。

共主；[1] 对于辖境内的内臣，则是将诸侯王分封至天下各地，以象征王者领有九州。此外，魏晋南北朝各政权并非只有称帝或称天王的选项，而是依据自身势力的大小强弱，权宜选择是否成为天子，或是与其他政权“共有”天下，亦即当时的“天下”选项实多元而复杂。[2] 因此要理解中国古代天下秩序定型化的过程，除了关注秦汉与隋唐等统一王朝以外，亦须留心魏晋南北朝的变化，尤其是夹杂政治、民族等复杂因素的十六国时期，更须再加分析。

十六国各政权授予宗室与大臣的封国，经常位于辖境以外，过往学者将这类封爵归为虚封，空有名号而无实际意义。[3] 然而，十六国时期各政权将诸侯“分封”于各地的举动，除了虚封的方面以外，

[1] 西嶋定生以中国、朝鲜半岛、日本等地区合称为古代东亚世界，在此范围以内具有汉字、儒教、律令、佛教等共通要素，并以中国王朝的册封体制作为国际秩序的基准。其后谷川道雄、堀敏一、洼添庆文等学者进一步分析册封体系，认为各王朝是以将军号、都督诸军事等官职作为区别周边民族地位高低的基准。〔日〕谷川道雄：《东アジア世界形成期の史的构造——册封体制を中心として》，收入唐代史研究会编：《隋唐帝国と东アジア》，汲古书院1979年版，第102—103页。〔日〕堀敏一：《中国と古代东アジア世界——中华的世界と诸民族》，岩波书店1993年版，第158—161页。〔日〕洼添庆文：《四世紀における东アジアの国际关系——官爵号を中心として》，载《历史公论》第77卷，1982年，收入氏著：《魏晋南北朝官僚制研究》，汲古书院2003年版，第357—358页。

[2] 甘怀真认为魏晋南北朝的天下型态有三类，分别是“一个天下”型、“并立天下”型与“王国”型，孙吴与蜀汉的结盟，即属承认其他天子存在的“并立天下”型。甘怀真：《从天下国家的观点论中国中古的朝代》，《中国中古史研究：中国中古史青年学者联谊会会刊》（第二辑），中华书局2011年版，第3—22页。

[3] 例如田村实造认为，刘渊建国后分封诸王，明显是没有实际封国食邑的虚封，且为刘渊统治所不及之处，其意义只是为了满足统治者自身的虚荣心。张金龙分析北燕封国，提出北燕封臣下于汲郡、阳平、陈留、上党等地区，皆非北燕的控制范围，而属过往西燕、后燕的统治区，反映北燕冯氏尊崇西燕、后燕的倾向。且这种封爵并非实封，仅有名号，目的仅是为了提高受封者的地位。参见〔日〕田村实造：《中國史上の民族移動期——五胡・北魏時代の政治と社會》，创文社1985年版，第27—28页。张金龙：《北燕政治史四题》，《南都学坛》1997年第4期，收入氏著：《北魏政治与制度论稿》，甘肃教育出版社2003年版，第429—433页。

理应具备现实上的象征意义。[1]要探讨此一课题，可向前追溯至同为天下分裂的三国时期。

随着东汉政权的衰亡，汉代的天下秩序也随之土崩瓦解，逐渐转为三国鼎立之势。魏蜀吴三国皆致力于重建天下秩序，不过三国各自面临不同的难题。简要来说，获得东汉皇帝禅让的曹魏，有接受前朝禅让的正当性，又掌握天下的中心洛阳等地，在各项制度上足以宣告自身为天下正统。因此曹魏的天下秩序显然延续东汉，以汉代曾经设置的郡县空间作为曹魏理应拥有的（狭义）天下范围，并以此作为授命地方官员与册封诸侯的原则。[2]蜀汉亦以继承东汉正统自居，那么东汉统治的疆域，自然也是蜀汉继受的部分，蜀汉统治者将诸王封于曹魏领域内，是为了证明自身的正统性，宣示这些地区是原属东汉的疆域，应归蜀汉统治。[3]而孙吴既非接受东汉禅让，也非继承东汉正统，孙权为了建构孙氏为天下主的论述，在册封宗室为王时，常以曹魏领地为封国，以宣示天下是孙氏的天下。[4]而孙

[1] 顾颉刚、史念海已提出遥领与虚封是三国时期的两种特殊制度，遥领是设立版图以外的刺史与太守，虚封则是有封爵而无实土之意。胡阿祥认为，三国时期的遥领、虚封情形，以吴国最为频繁。永嘉之乱以后，各政权也经常册命大臣担任境外的官职，并以此区分内臣、外臣。但过往学者多关注遥领、虚封现象本身，并未着墨于十六国封国的详细分布。参见顾颉刚、史念海：《中国疆域沿革史》，商务印书馆2000年版，第100—101页。胡阿祥：《魏晋南北朝之遥领与虚封述论》，《南京师范大学学报》（社会科学版）2011年第5期，第47—53页。

[2] 关于曹魏诸侯的分布情形，参见王安泰：《开建五等——西晋五等爵制成立的历史考察》，花木兰出版社2009年版，第54—57页。

[3] 宗亮、张敏：《蜀汉封爵制度考论》，《中华文化论坛》2008年第2期，第5—10页。

[4] 高敏认为，建安二十四年（219）以前，孙吴尚未自行授爵，而是以东汉朝廷授予的爵位为准。到了孙权称吴王（222）与称帝改元（229）时，才出现两次大规模的封侯举动。沈刚分析孙吴封国，认为孙吴多数侯国分布在丹阳、吴郡，江东士族多封于本籍地，随孙氏南渡的北人则多封于丹阳郡。高敏：《孙吴封爵制的创始年代考略》，《许昌师专学报》1992年第2期，收入氏著：《魏晋南北朝史发微》，中华书局2005年版，第94—105页。沈刚：《孙吴蜀汉封侯问题探讨》，收入殷宪主编：《北朝史研究——中国魏晋南北朝史国际学术研讨会论文集》，商务印书馆2004年版，第1—9页。

吴与蜀汉缔结同盟，“约交分天下”[1]，也就是约定共灭曹魏后平分天下，将原本交错的诸侯封国与刺史疆域，各自调整至自己那一半的天下之内。[2]无论天下是否可以平分，显然吴蜀二国都认定有一个完整的天下，而由吴蜀二国平分。三国时期为了建构天下秩序，经常安排封国于辖境之外，使爵位具有虚封的性质[3]，其目的是为了宣示领有天下、恢复天下秩序。因此西晋平吴之举，被视为从“天下三分”到“天下一统”的功业，而西晋“恢复”天下、“一统”天下的参考依据，就是汉代的天下。

西晋平吴一事，不仅证明自身是奉天承运的正统王朝，更重要的是，西晋证明了汉代的天下秩序确有恢复的可能性。因此西晋崩解之际，不仅是偏安江东的东晋宣示要恢复天下秩序[4]，位居华北的各胡族政权，也面临如何重建天下体系的课题。笔者先前已探讨前后秦时期封国位置与天下秩序的关系，发现前后秦的封国位于长江以南的比例较低，应与前后秦当时的政治外交情势相关。[5]本文将以爵位制度为出发点，探讨汉国与前后赵时期封国的空间分布，并分析其原因，借此观察当时统治阶层如何安排天下秩序。

---

[1] 《三国志·蜀书·后主传》，中华书局 1964 年版，第 896 页。

[2] 胡阿祥：《六朝疆域与政区研究》，学苑出版社 2005 年版，第 208—213 页。

[3] 学者指出，虚封是三国时期的特殊制度，意指有封爵而无实土，其中以吴国最为频繁。参顾颉刚、史念海：《中国疆域沿革史》，第 100—101 页。胡阿祥：《魏晋南北朝之遥领与虚封述论》，《南京师范大学学报》（社会科学版）2011 年第 5 期，第 47—53 页。

[4] 户川贵行认为，东晋时期仍设定洛阳为天下中心，直至刘宋以后，方确立以建康为天下中心的格局。参见〔日〕户川贵行：《东晋南朝における天下观について——王畿、神州の理解をめぐって》，《六朝学术会报》第 10 卷，2009 年，第 35—49 页。

[5] 参见王安泰：《前后秦的封国分布与天下秩序》，《中国中古史研究》第 12 卷，2012 年，第 55—88 页。

二、刘渊对天下秩序的奠基

西晋后期，因贾后专政与诸王权力过大引发八王之乱，诸王不仅相互攻伐，又引入各地胡族作为后援，导致各地胡人势力坐大，西晋也随之崩解。西晋末年胡族的代表人物，首推汉国的建立者刘渊。

刘渊自称南匈奴王室后裔[1]，自魏末咸熙年间即以侍子身份长居洛阳，接受《毛诗》、《尚书》、《左传》、《史记》、《汉书》等经史学问。咸熙年间正值魏晋交替之际，以司马氏为核心的政治集团积极进行礼法、官制等方面的变革，当中也包含了王爵与五等爵的分封。[2] 刘渊亲身体验西晋的各项制度与学术知识，对于汉晋的政治体系与天下秩序，必然有相当程度的理解。

西晋后期，由于宗室互相攻击引发八王之乱，位于并州的南匈奴诸部趁机起兵反抗西晋，并推举刘渊为领导者。刘渊建国之初，不仅面临着政权正统的课题，尚须处理胡汉民族关系，使得刘渊必须在复杂的政治与民族课题中进行抉择。由于匈奴长期受到汉人压迫，众人因而建议刘渊为大单于，希望刘渊能“复呼韩邪之业”，刘

[1] 内田吟风与唐长孺皆认为刘渊出自屠各，但内田吟风指屠各为匈奴王族后裔，唐长孺则认为屠各属匈奴别种，并非南匈奴单于之族。参见〔日〕内田吟风：《后汉末期より五胡乱勃发に至る匈奴五部の状势に就いて》，《史林》第19卷第2期，1934年；后改题为“魏晋時代の五部匈奴”，收入氏著：《北アジア史研究（匈奴篇）》，同朋舍1988年版，第263—305页。唐长孺：《魏晋杂胡考》，收入氏著：《魏晋南北朝史论丛》，河北教育出版社2000年版，第381—388页。

[2] 关于魏晋之际的爵制变革，参见〔日〕越智重明：《刘宋の五等开国爵と貴族》，《东洋史学》第16卷，1956年；〔日〕越智重明：《晋爵と宋爵 —— 再び《刘宋の五等国爵爵と貴族》について》，《史渊》第85卷，1961年；这两篇文章后增补改订为《五等爵制》，收入氏著：《魏晋南朝の政治と社会》，吉川弘文馆1963年版，第249—353页。杨光辉：《汉唐封爵制度》，学苑出版社2002年版，第28—32页。王安泰：《开建五等 —— 西晋五等爵制成立的历史考察》，第35—47页。

渊对此有不同的想法：

> 大禹生于西戎，文王生于东夷，顾惟德所授耳：今见众十余万，皆一当晋十，鼓行而摧乱晋，如拉枯耳。上可成汉高之业，下不失为魏武，何呼韩邪足道哉。虽然，晋人未必同我。汉有天下世长，恩德结于民心，是以昭烈崎岖于一州之地，而能抗衡于天下。吾又汉氏之甥，约为兄弟。兄亡弟绍，不亦可乎？且可称汉，追尊后主，以怀人望。[1]

刘渊说呼韩邪何足道哉，意指呼韩邪只是接受汉代册命的游牧民族领袖，不足以号令以汉人为中心的天下。因此刘渊认为，与其称大单于之号，不如继承汉王朝的正统，作为平定天下的号召。且匈奴过往与汉王朝有和亲关系，约为兄弟之国，故可以此血缘关系来建构恢复汉朝的主轴。因此刘渊于 304 年称汉王，“追尊安乐公禅为孝怀皇帝，立汉高以下三祖五宗之神主而祭之”，一如刘秀、刘备以恢复汉室为名的举措，俨然以汉朝的继承人自居。[2] 然而刘渊具有匈奴的身份，仍须强调匈奴本身的正统性，在延续汉晋官爵体制的同时，也采用匈奴原有的部落制度，造就以胡统胡、以汉统汉的策略。[3]

---

[1] 《晋书·刘元海载记》，中华书局 1974 年版，第 2649 页。

[2] 学者认为，刘渊以汉与匈奴为兄弟为名，并以“复呼韩邪之业”作为号召，是利用匈奴族群的历史记忆，强化匈奴核心集团内部的凝聚力。参见陈勇：《汉赵史论稿——匈奴屠各建国的政治史考察》，商务印书馆 2009 年版，第 1—6 页。

[3] 参〔日〕谷川道雄：《南匈奴の国家前后两赵政权の性格について》，《名古屋大学文学部研究论集》第 35 卷，1965 年；后改题为“南匈奴的自立及其国家”，收入氏著：《隋唐帝国形成史论》，李济沧译，上海古籍出版社 2004 年版，第 30—41 页。周伟洲：《十六国时期的“胡汉分治”》，收入氏著：《西北民族史研究》，中州古籍出版社 1994 年版，第 173—184 页。雷家骥：《汉赵国策及其一国两制下的单于体制》，《中正大学学报》（人文分册）第 3 卷第 1 期，1992 年，第 51—94 页。

刘渊自称匈奴单于嫡系，可能是假托伪造的世系[1]，其目的是为了争取匈奴贵族支持。与此同时，刘渊也希望能获得汉人的认同，因此他必须强化天命与正统的各项论述，以争取人心，巩固自身统治。从刘渊于永兴元年即汉王位之际所下之令，亦可见其端倪：

> 昔我太祖高皇帝以神武应期，廓开大业。……而元成多僻，哀平短祚，贼臣王莽，滔天篡逆。我世祖光武皇帝诞资圣武，恢复鸿基，祀汉配天，不失旧物，俾三光晦而复明，神器幽而复显。……黄巾海沸于九州岛，群阉毒流于四海，董卓因之肆其猖勃，曹操父子凶逆相寻。故孝愍委弃万国，昭烈播越岷蜀，冀否终有泰，旋轸旧京。何图天未悔祸，后帝窘辱。自社稷（蜀汉）沦丧，宗庙之不血食四十年于兹矣。今天诱其衷，悔祸皇汉，使司马氏父子兄弟迭相残灭。黎庶涂炭，靡所控告。孤今猥为群公所推，绍修三祖之业。[2]

从上文可见，刘渊自云承继汉高祖刘邦以来的祖先世系，中间一度遭到王莽断绝，但光武帝刘秀随即“恢复”原有规模；东汉末年，董卓、曹操相继把持朝政，刘备奠基的蜀汉则继承汉正统，并致力于光复旧都。因此刘渊的起兵，是为了“绍修三祖之业”，也就是再次恢复祖先的基业。刘渊自称汉朝的正统继承者，继承祖先基业的内容除了祭天、郊祀、宗庙等各项礼制规范外，显然也包含汉代的统治疆域与天下秩序。那么哪些地方属于汉朝的统治疆域？就

[1] 唐长孺认为，西晋末年已不存在严格意义的匈奴部族，而以屠各、羯胡、卢水胡三大类为主，因此原匈奴贵族刘宣等人为了恢复匈奴旧业，遂以屠各酋长刘渊假南单于后裔之名起事。参见氏著：《魏晋杂胡考》，《魏晋南北朝史论丛》，第381—388页。

[2] 《晋书·刘元海载记》，第2649—2650页。

制度方面来看，凡是汉代设立郡县、派遣官员统理的地方，都属于汉朝的疆域，也是刘渊必须“恢复”的部分。

308年，刘渊进而称帝，并进行第一次的大规模分封，除以宗子为王外，“宗室以亲疏为等，悉封郡县王。异姓以勋谋为差，悉封郡县公侯”[1]，之后又陆续册命宗室为王。刘渊建国初期尚未扩张版图，刘渊册命的封国位置，几乎都在刘渊统辖范围之外，也就是全为西晋的疆域。从图1“刘渊时期册封示意图”可看出，刘渊时期的封国多集中于黄河下游与淮水流域一带，亦有部分封国位于长江以南，如始安王（刘曜）与西昌王（刘锐）等，而幽州、平州、益州等地区则不见封国。刘渊建国时，尚无法得知晋元帝将立国于江东，因此在分封诸侯时，并未刻意回避长江以南一带。

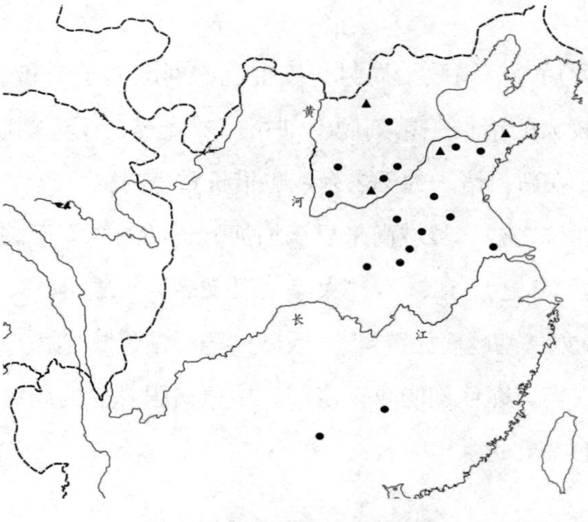

图1　刘渊时期册封示意图

图例说明：■＝首都　●＝同姓宗室封国　▲＝异姓大臣封国

资料来源：本图依据附表内容，并以谭其骧《中国历史地图集》第三册《西晋疆域图》为底图标示而成。后图资料来源同此。

---

[1] 《晋书·刘元海载记》，第2650—2651页。

由于现有史料不足，无法明确判断刘渊时期封于江南诸侯的数量，但至少可以确定，刘渊的分封不仅限于江淮以北地区，而是以整个天下为基准。

由此观之，刘渊册命的用意，实为宣告自己即将代表汉朝正统、恢复汉朝疆域，所以预先将诸侯分封于各地，表示天下皆属汉国所有。此一作法同时也否定了西晋的正当性，与刘渊的建国策略并无二致，可说是刘渊“恢复”汉室的具体行动。然而直至刘渊过世为止，仍无法攻克洛阳，西晋皇帝依然健在，进一步“恢复”天下秩序的举措，遂由刘聪完成。

三、刘聪对封国的特殊安排

刘渊死后，汉国政治局势一度混乱，刘渊太子刘和继位，密谋除去权力较大的诸侯王弟刘聪、刘裕、刘隆等，反为刘聪所害。刘聪称帝后，在新封诸子为王之余，也借机重整封国。

刘聪即位之初，疆域尚未显著增加。正如刘聪大臣陈元达所言，“陛下（刘聪）之所有，不过太宗（汉文帝）二郡地耳，战守之备者，岂仅匈奴、南越而已哉”[1]，反映刘聪所领疆域有限、周边又有许多势力的现实。即使刘聪攻克洛阳，中原诸强林立的局势仍未改变。当时汉国的太史令康相即云：

> 今虹达东西者，许洛以南不可图也。一歧南彻者，李氏当仍跨巴蜀，司马叡终据全吴之象，天下其三分乎！……石勒鸱

[1]《晋书·刘聪载记》，第2664页。

视赵魏，曹嶷狼顾东齐，鲜卑之众星布燕代，齐、代、燕、赵皆有将大之气。愿陛下以东夏为虑，勿顾西南。吴蜀之不能北侵，犹大汉之不能南向也。[1]

康相借由天象分析当时局势，南方有晋元帝与成汉李氏，与刘聪成三足鼎立之势；而汉国以东有石勒、曹嶷、鲜卑等势力，亦不可轻忽。从而康相建议刘聪先致力黄河下游周边，暂时不必考虑南方问题。也就是说，刘聪当时仅是名义上主控华北，与东晋、成汉鼎立，实际的控制力仍显薄弱。

刘聪于310年即位之初，已小规模地册命宗室；至312年，刘聪派军平定洛阳、俘虏晋怀帝，遂大举册命诸子为王。此次册命的特殊之处，是刘聪以其六子为燕王（刘鸾）、楚王（刘鸿）、齐王（刘劢）、秦王（刘权）、魏王（刘操）、赵王（刘持），其名称已包含韩国以外的所有战国七雄。[2]之所以独缺韩国，除了史料阙漏的因素，亦可能是因刘聪定都平阳，即是战国时期韩国之境，汉晋以来王畿周边大抵不作宗室封国[3]，正如鲁徽建言，“今（晋愍帝）司马邺君臣自以逼僭王畿，雄劣不同，必致死距我”[4]，晋愍帝都于长安，与

[1] 《晋书·刘聪载记》，第2674页。

[2] 参见《资治通鉴·晋纪十·永嘉六年》，第2778页。现存屠本《十六国春秋》的内容尚有疑虑，因此本文征引十六国史料时，优先参考正史与《资治通鉴》，其次方为《十六国春秋》。对于屠本《十六国春秋》的研究整理，参见刘国石：《清代以来屠本〈十六国春秋〉研究综述》，《中国史研究动态》2008年第8期，第10—15页。〔日〕梶山智史：《屠本〈十六国春秋〉考——明代における五胡十六国史研究の一斑》，《史学杂志》第119卷第7期，2010年，第40—64页。

[3] 如孔融曾上奏提到西周王畿不以分封诸侯，又云“圣汉因循，未之匡改，犹依古法。颍川、南阳、陈留、上党，三河近郡，不封爵诸侯”。因而请求恢复周汉旧制，王畿之内不封诸侯。参见（汉）孔融等撰，俞绍初辑校：《建安七子集》卷1《上书请准古王畿制》，中华书局1989年版，第6页。

[4] 《晋书·刘聪载记》，第2666页。

平阳距离甚近，鲁徽所言王畿显然是指以平阳为中心、延伸至长安、洛阳的区域。因此刘聪分封时刻意避过韩国，应是遵循王畿不封的原则。[1]

此外，刘聪还册封诸子为吴王（刘逞）、代王（刘恒）、蜀王（刘京）。其中代王刘恒姓名与西汉文帝相同，汉文帝在即位以前亦受封代王，以刘恒为代王似有比附汉文帝的意味。吴、蜀则是三国时期与曹魏对峙的二国，正可对应前引康相所言与汉国鼎立的东晋与成汉，刘聪封二子为吴王、蜀王，应是期待这两个区域将成为汉国辖地。

刘聪攻克西晋首都洛阳后，已达成“恢复”汉朝天下秩序的第一步，下一阶段则是扫平其他势力，完成“平定”天下的使命。因此刘聪策略性地采用战国七雄国号与三国时期的吴、蜀国名，作为诸子的封国，显然不仅是为了虚名。[2] 从图2“刘聪册封诸子示意图”看来，战国群雄的国号分布于华北与长江中游，搭配长江上、下游的蜀、吴二国，以及北方的代国，刘聪诸子的封国已遍及各个重要区域。如果诸王是如同战国群雄般的地方大国，那么在诸王之上的刘聪，当然就成为统领天下之主，具有西周天子般的地位。再配合上述以外的渤海、济南等王爵，刘聪宣示为天下之主的企图可谓昭然若揭。因此，刘聪借由册封诸子，构筑以诸子为中心的“天下”内部秩序，具备强烈的象征意义。

---

[1] 自汉武帝以降，诸侯王国大多仅有数郡甚至一郡，统辖范围亦无法与战国七雄相提并论。所以此处所探讨的战国七雄国号，意为诸王仿若战国群雄分治天下，仅具象征意义，非指刘聪给予诸侯王等同战国群雄的国土。

[2] 不仅是刘聪册命诸侯有比附战国群雄的目的，连十六国的国号本身，也多是延续战国秦汉所在地封国或地区而来。参见靳润成：《十六国国号与地域的关系》，《历史教学》1988 年第 5 期，第 25—28 页。

图 2　刘聪册封诸子示意图

注：本图是依照战国与三国时期（以及汉初之代国）列国中心进行标示，并非封国的实际位置。举例来说，汉晋时期的楚国中心位于彭城而非江陵，魏国中心位于邺城而非大梁，因而在图 3 中，仍按照汉晋时期封国位置标示。

再参考图 3“刘聪时期册封示意图”，相较于刘渊时期仅见 2 个封国位于长江以南，刘聪时期的江南封国至少已见 8 国，比例虽不及华北地区，仍足已显示刘聪比刘渊更积极将封国拓展至江南。位于黄河下游的冀州、青州、兖州、豫州等地，在汉晋时期就是封国的集中地带[1]，封国数较多自是在情理之中；至于刘聪册封于扬州的诸侯，除了宗室以外，另为俘虏的晋怀帝司马炽与晋愍帝司马邺。由此可知，刘聪进一步拓展封国分布范围，在宣示汉国统有天下之余，也有招安东晋官民之意。

[1]　参见王恢：《汉王国与侯国之演变》，台湾“国立编译馆中华丛书编审委员会”1984 年版，第 205—206 页。王安泰：《开建五等 —— 西晋五等爵制成立的历史考察》，第 54—57 页。

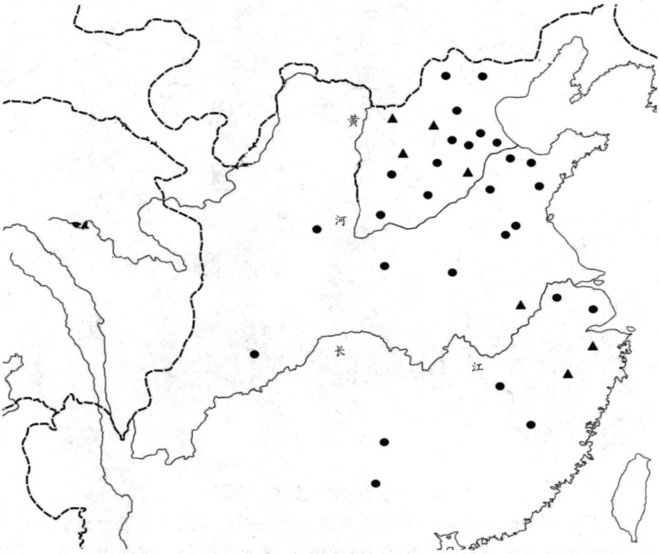

图 3　刘聪时期册封示意图

图例说明：■ = 首都　● = 同姓宗室封国　▲ = 异姓大臣封国

四、前后赵时期封国的集中化

刘聪死后，子刘粲继位，大臣靳准发动政变，诛杀刘粲与刘氏宗族，并自立为帝，汉国首都平阳陷入混乱中。当时驻扎于长安的宗室刘曜派兵至平阳平乱，并继承皇位。刘曜将首都移至长安，并听从大臣建议，改国号为赵，以水德继承西晋的金德，又以冒顿单于配天，以刘渊配上帝。[1] 刘曜的改革，放弃了刘渊以两汉为尊的号召，而是在改以祭祀匈奴体系先祖的同时，承认西晋的正统性，并以继承西晋自居。也就是说，刘渊的天下是继承汉朝，而刘曜的天下则是继承西晋，从刘聪到刘曜的“天下”，经历一次由汉到赵的变

[1] 《晋书·刘曜载记》，第 2685 页。

化，继承名目由承汉转为承晋，五德次序也发生变化。[1] 不过如前所述，西晋的天下秩序同样继承汉代，承晋与承汉仅为历史论述与五德服色的差异，追根究底仍是相同的天下空间。尽管前赵与汉国继受的正朔不同，但汉与西晋的疆域范围大抵接近，因此前赵建构的天下范围实与汉国雷同。

从另一个角度观察，刘曜虽然曾经更改国号与正朔继承对象，但在统治权上仍然继承刘聪，也就是名义上拥有对华北多数势力的统治权。刘曜即位之初，亦曾册命石勒为赵王，尽管随即取消成命，仍可看出刘曜认为石勒是自己的臣下，此一认知也影响刘曜在册封诸侯时的策略。

刘曜即位之初，许多宗室诸侯已死于靳准之乱，刘曜“征诸宗室皆进封郡王”[2]，反映刘曜即位之际宗室人数较少的现实。因此刘曜册封诸侯之际，继承刘聪时期诸侯的比例甚低，等同重新安排封国的分布范围，建立以诸子为中心的封国体系。职此之故，刘曜诸子的封爵并不限于战国国名，也包括汉晋郡名，两者比例近 1:2（详见附表 3“前赵时期封爵表”），显然刘曜已不执着于战国国号，而是采用汉晋时期常见的以郡为国方式进行册命。刘曜时期不仅是更改了国号与五德次序等部分，对于爵制体系与天下秩序的方针也有所调整。究其原因，应是刘曜称帝之际，华北政治情势与疆域范围已趋于稳定，刘曜不需再借助将诸子册封以战国国号的方式，确立自身天子的威信所致。

---

[1] 学者指出，前赵时期国势已趋稳定，从而在五德次序上由崇汉改为绍晋，以水德继承晋的金德，借此宣告晋朝已经灭亡，并否定东晋的法统。参见罗新：《十六国北朝的五德历运问题》，《中国史研究》2004 年第 3 期，第 47—56 页。〔日〕三崎良章：《五胡十六国基础的研究》，汲古书院 2006 年版，第 226—231 页。

[2] 《晋书 · 刘曜载记》，第 2685 页。

不仅如此，对照图 4“前赵时期册封示意图”，前赵封国位于东晋疆域的比例远小于汉国时期，位于前赵疆域内的封国数也不多，多数封国集中于黄河中下游地区，也就是后赵的疆域之内。石勒原为汉国属臣，曾接受刘渊、刘聪授予的官爵；而刘曜的皇位是承继刘聪而来，对刘曜来说，石勒理应继续向其尽藩臣之礼。刘曜弭平靳准政变后，曾册命石勒为赵王，石勒也同意接受此一册命，后因刘曜反悔，以致两方反目。这代表石勒原将成为刘曜名义上的藩臣，刘曜也希望与石勒缔结君臣关系。尽管前赵的国力不如后赵，且两国自始至终的关系都非常紧张，但既然石勒原为刘曜之臣，那么石勒所统辖的区域，理论上也属于前赵的疆域。因此刘曜大量册命宗室与大臣于后赵疆域，除了继续宣示对天下的所有权外，也包括黄河下游为前赵属地的观念，以及刘曜将优先平定后赵的想法。

图 4　前赵时期册封示意图

图例说明：■＝首都　●＝同姓宗室封国　▲＝异姓大臣封国

至于在后赵方面，如前所述，后赵的建立者石勒原本长期为汉国属臣，名义上并未自立。亦即石勒与刘渊的发展方向不同，刘渊从起兵之初，就以南匈奴王室、汉代刘氏之甥的名义建国，并以此为天下之主的号召；而石勒则是长期臣属于刘渊与刘聪，最初并未建构自身的天下体系。由于石勒掌握河北一带，刘渊、刘聪皆陆续册命石勒官爵，刘聪甚至曾册命石勒为陕东伯，“得专征伐，拜封刺史将军守宰列侯，岁尽集上”[1]，可说是对现状的追认。[2]尽管如此，由于石勒的爵为郡公，所以石勒授予臣下爵位时，最高只能到达侯爵，而不能有等同石勒的公爵存在。职此之故，石勒在称赵王以前，并未大规模地册封臣下，目前较确切的信息，是石勒于 314 年封张敬等 11 人为“伯子侯”，开始授予自己的臣下爵位。[3]其后，刘曜继位，原已遣使封石勒为赵王，旋即反悔，并诛杀石勒使者，石勒遂与刘曜反目，并言“赵王、赵帝，孤自取之，名号大小，岂其所节邪”[4]，遂自称赵王，建立与前赵抗衡的后赵政权。

石勒最初仅称赵王，在礼仪、官制等各个方面，都尚未到达等同皇帝或天王的高度。例如在纪元方面，是“依春秋列国、汉初侯王每世称元，改称赵王元年”[5]；石勒又立社稷、宗庙，而未祭天郊

---

[1] 《十六国春秋辑补·后赵录二》，第 92 页。所谓陕东伯的“伯”，乃指诸侯之长，而非五等爵的伯爵。

[2] 石勒在建兴二年以前所获得的爵位，有汲桑授予的忠明亭侯，刘渊授予的汲郡公、刘聪授予的上党郡公等。此外刘渊建国之初，曾同时给予石勒汲郡公、平晋王的爵称。但如前所述，刘渊受魏晋制度影响，遵循“异姓不王”的原则，所以平晋王可能较接近异族王爵，而非诸侯王的概念。因此刘聪改授石勒陕东伯，除了追认现状外，也借机收回原来平晋王的称号，在名实上都做到“异姓不王”。

[3] 此处所云“伯子侯”，是伯子男之误，或是指伯子男与列侯等爵，目前无法确知。《十六国春秋辑补·后赵录二》，第 91 页。

[4] 《晋书·石勒载记上》，第 2729 页。

[5] 《晋书·石勒载记下》，第 2735 页。

祀等。若就制度层面来说，石勒称赵王时期，可归类为不臣属于任何势力的诸侯国。而石勒与刘曜同样以赵为国号，两国又反目成仇，因而石勒同样也将诸侯册命于前赵疆域之内，以象征前赵所辖区域也将为后赵所有。

直到330年，石勒派兵平定前赵，获得前赵的传国玺等礼器，石勒才正式改称赵天王、行皇帝事，并“论功封爵，开国郡公文武二十一人，侯二十四人，县公二十六人，侯二十二人，其余文武各有差”[1]，进行大规模的分封，可谓正式确立了后赵的天下秩序。

石勒过世后，子石弘继位，宗室石虎大权在握，遂废石弘为诸侯，自立为天王。当时的诸侯虽然没有实际封国，但是名义上的制度依旧井然有序。例如石虎即位后称大赵天王，原本的亲王贬封为郡公，藩王贬封为县侯，百官爵位也随之调整。[2]石虎在死前数月即位为皇帝，再次将诸子晋爵为郡王，群臣的爵位也随之提升。[3]而石虎在345年的时候增置女官，“公侯七十余国皆九等”，可知当时的公侯国即有超过70国，再加上伯子男，数量应超过100国乃至200国。由此可见，石虎时期的诸侯并非仅属缘饰，而是拥有实际的意义。

石虎死后，后赵因继承问题引发内战，石鉴、石遵、石祇陆续称帝，最后的胜利者则为石虎的养子石闵（即冉闵）。石闵原为汉人，继位后采取排除胡人的举措，遂再度引发内战，并为前燕慕容氏所灭，后赵政权就此完结。石闵为了笼络禁军，大量授予殿中员

[1] 《晋书·石勒载记下》，第2746页。

[2] 《晋书·石季龙载记上》，第2765页。《晋书·石季龙载记下》，第2785—2786页。《十六国春秋辑补·后赵录九》，第145页。《资治通鉴·晋纪十七》，中华书局1956年版，第3010页。

[3] 《晋书·石勒载记下》，第2746页。

外将军与关外侯等官爵；及至石闵即位，为了酬谢功臣李农，乃超封李农为齐王，又以李农四子为郡公。这些举措都不是后赵常规的制度，显示后赵末年的紊乱局势也反映在爵制之上。

综观整个后赵时期的封国分布，大致以黄河中下游以及淮北为主，几乎没有长江以南的封国，相关资料可见附表 4“后赵石勒、石弘时期封爵表”、附表 5“后赵石虎时期封爵表”、附表 6“后赵末年封爵表”，以及图 5“后赵时期册封示意图”。如前所述，黄河中下游与淮北自汉晋以来就是封国的集中处，又为后赵立国以来的核心地区，后赵的统辖范围，包含传统封国集中的冀、青等州，可以说后赵在一开始就有地利之便，使封君与封国契合的比例大增，因此后赵封国位于辖境以外的比例远低于前赵。而后赵封于较南方的封国，皆位于后赵与东晋的边界[1]，显示后赵较前赵更彻底地避开东晋的疆域，将封国全数安置于后赵可控制的范围以内。

后赵在册封诸侯时，改以自身支配范围为封国，不再出现吴、楚之类的南方封国名称。这可能是肇因于后赵建立之初，即已拥有较稳定的政治体系与疆域；其后攻灭前赵，更领有大部分华北地区，国势明显优于刘渊、刘聪时期。因此后赵不须再利用诸王名号宣称对“天下”的所有权，遂改以实际统治范围来决定封王封国。

---

[1] 根据图 5，后赵部分封国实位于赵晋边界以南，然而后赵与东晋边境时常爆发大小规模战役，边界南北移动为常见之事，不需过于拘泥。相较之下，确切为东晋疆域的长江沿岸，则全无后赵安置的封国，更显示后赵的册封刻意回避东晋疆域。

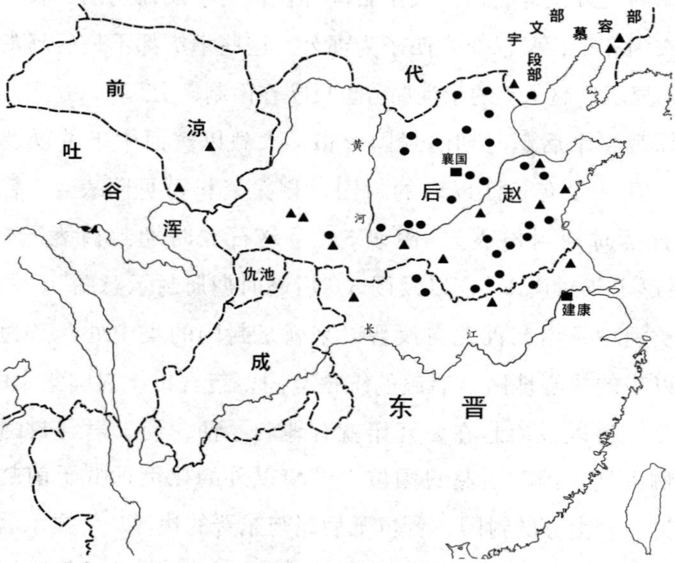

图5　后赵时期册封示意图

图例说明：■=首都　●=同姓宗室封国　▲=异姓大臣封国

五、汉赵时期的虚封、实封与刺史

以上对于汉赵时期的政治局势与封国概况进行简要分析，接下来要进一步探讨汉赵时期其他与封国相关的具体课题。刘渊起兵之初，虽然打着“恢复汉室”的大旗，但刘渊面对的是以司马氏为中心的西晋朝廷，自身势力完全无法相提并论，刘渊为了争取天命与人心，借由推动各项礼、法、官制，作为自身拥有天命的象征。职此之故，刘渊在建国之初就大封诸侯于各地，但诸侯王无法与封国建立直接关系，只能实行虚封之制，以因应理想天下秩序与现实政治环境脱节的矛盾。至刘聪继位，汉国已逐渐控制华北地区，后赵更是华北的主要支配者，已可让大部分的宗室诸侯获得衣食租税。

但前后赵似未借此推行实封之制，应有其他原因。

西晋时期，地方大员多由宗室诸王与重臣担任，在爵位以外已同时有都督诸军事、将军号与刺史等官职，晋武帝甚至一度将诸王的封国与都督区对应至同一地区。[1] 诸王有封地，有食邑，有国官，有时甚至与封国内的士族建立良好关系。[2] 但这种诸王与封国间的密切关系，至十六国时期出现了本质上的改变。

十六国前期的统治模式，主要是少数民族以部落统治的方式，将各地人民迁徙至首都附近，分配给同部落的贵族。在汉人聚集之处，另设立郡县统治汉人，也就是所谓的胡汉分治。[3] 然而汉国与前后赵宗室贵族的主要经济收益，不是仰赖郡县征收租税，而是以实际掌握的人口进行生产劳动，并获得收入。汉晋爵制中的封国与食邑理念，需要官僚体系执行繁复的行政文书作业；而在兵荒马乱的十六国初期，不仅许多封国位于汉赵辖境之外，地方行政的运作恐怕也无法提供诸侯食邑租税，完整的实封制几乎没有付诸实践的空间。即使后赵已大抵平定华北，想推行实封制仍非易事，因此前后

[1] 参见唐长孺：《西晋分封与宗王出镇》，收入氏著：《魏晋南北朝史论拾遗》，中华书局 2011 年版，第 124—141 页。

[2] 如司马睿为琅邪王时，与王导往来密切，遂有日后王导佐司马睿立足江东之事。参见田余庆：《释“王与马共天下”》，收入氏著：《东晋门阀政治》，北京大学出版社 2005 年版，第 1—14 页。

[3] 陈寅恪对胡汉分治的解释是，胡族部落系统以大单于统治，主要用于作战；汉族编户则以皇帝治下的州郡系统统治，主要负责耕织。唐长孺指出，汉与前后赵时期，从各地强制迁移人民至首都周边，并以军事组织为单位管理分配人口，与游牧部落以落为单位相近。谷川道雄认为，五胡的统治者让宗室分掌军权，可说是部落联盟政体的延续；而统治者利用汉人士大夫阶层构筑官制与礼法等体系，则是为了要确立自身统治的正当性。参见万绳楠整理：《陈寅恪魏晋南北朝史讲演录》，黄山书社 1987 年版，第 108—113 页。唐长孺：《晋代北境各族“变乱”的性质及五胡政权在中国的统治》，收入氏著：《魏晋南北朝史论丛》，第 151—155 页。〔日〕谷川道雄：《南匈奴的自立及其国家》，收入氏著：《隋唐帝国形成史论》，李济沧译，上海古籍出版社 2004 年版，第 41—48 页。

赵的封爵仍为有其名而无其实的虚封。

尽管如此，汉赵时期的封爵制度在礼制等规范方面，仍有相当的影响力。在前引史料中，石勒册命群臣为开国郡公、开国郡侯，石虎命公侯七十余国皆置女官等，显然当时存在名义上的诸侯之“国”，不能仅以虚封一词带过。[1]前赵时刘曜下诏追赠崔岳等人官爵，并云“有司其速班访岳等子孙，授以茅土，称朕意焉”[2]，此处的茅土即为封国代称，亦是册封礼仪时的必要道具，显示前赵的诸侯仍有相应礼仪。而后赵石虎之子石宣谋杀兄弟石韬之际，告诉其所幸者云“汝能杀之，吾入西宫，当尽以韬之国邑分封汝等”[3]，石韬当时的爵位为秦公，目前无法确定石韬的国邑租税是否由其封国秦国而来，或是由其他地区征收，但至少可以确定，石韬的秦公爵位拥有食邑。凡此种种，都显示汉赵时期的封国在制度上确有其事，不仅仅为单纯的虚封。由此亦可理解，汉赵时期的册封安排，应有其背后的意义。

在汉国时期，政治情势尚未稳定，刘渊为了建构自身兴汉灭晋的正当性，遂将封国分布于天下各地，以强调自己是天下之主。刘聪攻克洛阳后，更自认已成为独一无二的天子，进一步将诸子分封于各地，并冠以战国诸侯名号，作为平定天下的进一步宣示。至前后赵时期，西晋已宣告灭亡，东晋不足以构成威胁，因此前后赵在安排封国时，原则上不干涉南方的东晋，但也不仅限于前后赵的辖境，而是涵盖辽东、凉州等地。前凉张氏曾先后接受前后赵的册命官爵，与前后赵有着名义上的君臣关系，对前赵与后赵来说，凉州

[1]　参见王安泰：《再造封建——魏晋南北朝的爵制与政治秩序》，第172—176页。

[2]　《晋书·刘曜载记》，第2688页。

[3]　《晋书·石季龙载记下》，第2783页。

亦属自身所统辖的疆域。而前燕慕容氏长期与后赵为敌，名义上仅为臣属东晋的诸侯，并非与后赵分庭抗礼的对等敌国。因此与汉国相比，前后赵的统治者在册封诸侯时只回避了东晋（严格来说应为长江以南）的疆域，而对于华北的所有区域则同等对待，既设置刺史进行管理，也将其作为封地授予臣下。由此可知，前后赵所追求的优先目标是彻底平定华北，之后再解决东晋的问题，或许这也是前后赵策略性回避东晋疆域的主因。

既然汉赵封国分布的情形与国力成反比，那么汉赵设置刺史时是否也依循相似的原则呢？根据清代以来学者考证，刘渊时期已置雍（镇平阳）、幽（镇离石）、冀（镇广宗）、青4州，其中青州刺史王弥仅与刘渊建立名义君臣关系，其余三州皆位于刘渊的辖地之内，且与原本州郡无涉。至刘聪时期增至12州（包括司隶校尉），扣除新设的殷、卫、东梁、西河阳、北兖等州，目前可见刘聪时期沿用的汉晋州名共有司隶、雍、豫、并、冀、荆等7州，几乎全数位于华北，仅荆州原属长江流域。[1]前已论及，刘渊时期疆域尚小，所设州郡比例明显较少；至刘聪时直辖与名义臣属之地日增，因而在增设诸州的同时，名实也较为相符。而刘聪荆州治所位于洛阳，与汉晋荆州并无直接关系，可能是要象征王畿南方亦有州郡，以构筑完整的四方空间。

刘曜称帝之际，实际辖境仅有太行山以西地区[2]，且与石勒已无名义君臣关系。不过刘曜时期所设诸州，不仅限于疆域之内，包含

---

[1] （清）洪亮吉：《十六国疆域志》，收入《二十五史补编》，中华书局1956年版，第4084页。

[2] 相关整理参见顾颉刚、史念海：《中国疆域沿革史》，第108—109页。

雍、秦、凉、朔、幽、益、并等州，在名称上遍布华北。[1] 现有史料未见前赵有设冀、兖、豫、青、徐等位于后赵核心区域之州，除了史料不全的因素外，也可能是刘曜仍认为石勒为其臣属，因而刻意未于前赵境内置州，以免刺史“重迭”。与此同时，刘曜时期也未置荆州而改设益州（镇仇池），显示刘曜是为了在王畿长安以南设置州郡而置，与之前刘聪正可对照，加上北方新置的朔州，构成了以王畿长安为中心的四方。

后赵共设 15 州刺史，除了华北诸州外，也设置扬州与荆州刺史，设置范围较汉及前赵时期更为扩展。[2] 后赵已控制扬州与荆州的部分郡县，因而在该区域设置治所。相较之下，后赵没有掌控地处悬远的交州与广州，与位居益州的成汉无君臣关系，因而未置交、广、益等州刺史。由此可知，后赵的设置郡县原则，亦是因应现实政治局势与疆域位置而定。

根据以上整理，汉赵时期设置州刺史的特色，是普遍设置华北诸州，而尽量回避荆、扬、益、交、广等南方之州，且设州总数随着国力的加强而增加，与前述封国分布的情形相异。其原因在于，汉赵设置州刺史的同时，必须要设置刺史的治所，安排州之下的郡县，而无法任意设置。与刺史相较，汉赵时期的封爵仅有名号而无实际封国，不受实际疆域的限制，自刘渊开始，便陆续册命宗室大臣于南方郡县。至前后赵时期，国势相对较强，册命于南方的倾向反而有降低趋势，后赵国势最强，却几乎不见南方的封国，显示汉赵国势与封国分布呈现反向发展。

在汉国时期，刘渊与刘聪对抗的对象是以洛阳（后转移至长安）

[1]（清）洪亮吉：《十六国疆域志》，第 4084 页。

[2] 同上书，第 4095 页。

为中心的晋朝，且汉国疆域较小，册封的诸侯几乎都位于辖境以外，因此当时封国分布不须特别限制位置。至前后赵时期，东晋朝廷已然建立规模，与前后赵处于对峙局面。前赵与后赵已不须借由表面性的普封诸侯，来确立自身的正当性，因而不再重视册封诸侯于江南。而刺史在实质地方行政的意义较强，所以会随着国势的增强而增加，清楚显现了州与封国两种不同属性的地方政体，在现实政治上扮演了不同的角色。

六、小结

本文以汉国与前后赵为主体，分析此时期封国分布的发展与变化，简单归纳如下。

西晋末年，刘渊以南匈奴单于后裔的身份，起兵反抗西晋，建立汉国。刘渊身为匈奴后裔，为了争取人心，更为了宣示拥有天下的必要性与急切性，因而以匈奴与汉曾约为兄弟为名，立国号为汉，以汉王朝正统继承人自居。在天无二日的原则下，汉代设置的郡县当然属于汉国，只是尚未“收复”，日后仍将成为汉国领土。因此刘渊将宗室与大臣分封至汉代的疆域内（也就是曾设郡县之处），一方面宣示自己接续汉的天命、否定西晋的存在，另一方面也是王者领有九州的象征，如此对天对人都有交代。亦即汉国设定的天下范围，在最初就是完整而全面的汉代疆域。正由于刘渊建国之初无法施行实封制，反而造就了将封国安置于天下各处的可能性。

刘聪攻克洛阳，瓦解西晋政权的核心，向平定天下之路迈进了一大步。刘聪在平定洛阳后，大规模册命诸子为王，其中包含除韩国外所有的战国群雄国号，以及三国时期的吴蜀。从名称与象征意义来看，刘聪诸子封国已遍及汉代各主要区域，显然是刘聪有意之举。也就是说，刘聪利用诸子的封国位置，构筑“天下”内部秩序，建立自身为天下主的地位，具有强烈的政治宣示效果。不仅如此，刘聪时期扬州的封国比重显著增加，应有招安东晋官民的用意。

刘聪死后，刘曜与石勒因故反目，遂形成前后赵对峙。两国皆接续晋朝金德，而为尚黑的水德，册封的策略也随之调整。前赵已少有安置于南方的封国，后赵封国更是完全集中于华北，与汉国时期大相径庭。究其原因，应由于前后赵时期，晋朝已不再构成主要威胁，刘曜与石勒不必再借由册封诸侯于南方宣示自身正统。与此同时，前后赵皆将对方视作心腹之患，因而双方都将封国安置于对方的辖境以内，从而展现对对方的支配权，以及优先平定对方的意图。

综上所述，汉国国力未稳，为宣示自身领有天下，刻意将封国安排于各处；至前后赵时期，国势趋于稳定，遂不再执着将诸侯普封于天下四境。亦即汉赵时期的封国分布范围，与国势呈反比趋向。相较之下，汉赵时期未积极设置南方诸州，且设州总数随着国力的强化而增加。封爵与刺史的差异，表现出天下秩序与实质统治的相异倾向，也凸显两者在汉赵政治结构中扮演不同角色。

十六国时期的各政权，力图在一元的天下理念与复杂的内外局势中取得平衡，既能在礼法官制等方面对上天与官民有所交代，又能维系内政与外交的优势。汉赵政权以分封的形式展现对天下的支配权，尽管仅具虚名，诸侯与封国未有真正的联结，然而这样的封国空间分布，仍然在当时的政治秩序中具有重要意义。

附表 1 汉国刘渊时期封爵表[1]

姓名	封爵	封国位置[2]	公元[3]	出处（书/卷/页）[4]
刘和	梁王	豫州	308	《晋书》/101/2651
刘聪	楚王	徐州	308	《魏书》/95/2045
刘乂	北海王	青州	308	《晋书》/101/2652
刘曜	始安王	广州	308	《十六国春秋》/1/322
刘欢乐	陈留王	兖州	308	《晋书》/101/2651
刘景	汝阴王	豫州	308	《十六国春秋》/1/322
刘延年	江都王	徐州广陵	308	《十六国春秋》/1/322
刘洋	长乐王	司州魏郡	308	《十六国春秋》/1/322
刘贤	曲阳王[5]	冀州	308	《十六国春秋》/1/322
刘裕	齐王	青州	309	《晋书》/101/2651
刘隆	鲁王	兖州	309	《晋书》/101/2651
刘厉	安阳王	司州魏郡	309	《十六国春秋》/1/323#[6]
刘安国	永安王	司州平阳	310	《资治通鉴》/87/2749#
刘盛	安昌王	荆州义阳	310	《资治通鉴》/87/2749#
刘钦	安邑王	司州河东	310	《资治通鉴》/87/2749#
刘璇	西阳王	豫州弋阳	310	《资治通鉴》/87/2749#
刘锐	西昌王	扬州庐陵	308—310	《晋书》/101/2652#
王弥	东莱郡公	青州	307	《晋书》/100/2610
呼延翼	雁门郡公	并州	308	《晋书》/101/2651
石勒	汲郡公	司州	309	《晋书》/104/2711
李景年	梁邹侯	青州济南	308—310	《十六国春秋》/10/381

注：1. 本表先列同姓宗室，后列异姓大臣。凡封爵未显示郡县名称者，如北部王、亲汉王、列侯、关内侯等，皆不列入本表。又子孙继承同一爵位时，则不另列出。附表 2 至表 6 皆同。

2. 本表所记封国位置，以西晋州郡县划分为原则，并参照当时行政区划而成。若仅有州名则为郡级爵位，州郡名皆有则为县级爵位。附表2至表6皆同。

3. 本表所列年代，未必为受封年，亦包含该年时所拥有的爵位，后表同。

4. 表1至表4出处征引书目：（北魏）崔鸿撰：《十六国春秋》，收入《文渊阁四库全书》第463册，台湾商务印书馆1986年版。《魏书》，中华书局1974年版。《晋书》，中华书局1974年版。（宋）李昉编：《太平御览》，中华书局1960年版。（宋）司马光编著，（元）胡三省音注：《资治通鉴》，中华书局1956年版。（宋）赵明诚撰，金文明校注：《金石录校证》，广西师范大学出版社2005年版。（宋）陈彭年等重修：《宋本广韵》，张氏泽存堂本，中国书店1982年版。（清）胡聘之：《山右石刻丛编》，清光绪辛丑年（1901）刊本，收入国家图书馆善本金石组编：《历代石刻史料汇编》第1册，北京图书馆出版社2000年版。

5. 西晋曲阳县有两处，一为赵国的下曲阳，一为常山郡的上曲阳，两地皆位于冀州。

6. 标示#者，表示该年曾记有此一爵位，可能在该年以前即已受封。

附表2 汉国刘聪、刘粲时期封爵表

姓名	封爵	封国位置	公元	备注
刘粲	河内王	司州	310	《晋书》/102/2658
刘易	河间王	冀州	310	《晋书》/102/2658
刘翼	彭城王	徐州	310	《晋书》/102/2658
刘悝	高平王	兖州	310	《晋书》/102/2658
刘曜	中山王	冀州	311	《晋书》/102/2659
刘鸾	燕王	幽州	312	《资治通鉴》/88/2778
刘鸿	楚王	徐州	312	《资治通鉴》/88/2778
刘劢	齐王	青州	312	《资治通鉴》/88/2778
刘权	秦王	雍州	312	《资治通鉴》/88/2778
刘操	魏王	司州	312	《资治通鉴》/88/2778
刘持	赵王	冀州	312	《资治通鉴》/88/2778
刘恒	代王	幽州	312	《资治通鉴》/88/2784
刘逞	吴王	扬州	312	《资治通鉴》/88/2784
刘京	蜀王	益州	312	《资治通鉴》/88/2784
刘敷	渤海王	冀州	312	《资治通鉴》/88/2778

续表

姓名	封爵	封国位置	公元	备注
刘骥	济南王	青州	312	《资治通鉴》/88/2778
刘朗	颍川王	豫州	312	《资治通鉴》/88/2784
刘皐	零陵王	荆州	312	《资治通鉴》/88/2784
刘旭	丹阳王	扬州	312	《资治通鉴》/88/2784
刘坦	九江王	扬州	312	《资治通鉴》/88/2784
刘晃	临川王	扬州	312	《资治通鉴》/88/2784
刘摅	襄陵王	司州平阳	312	《晋书》/102/2661#
刘粲	始安王	广州	314	《十六国春秋》/3/336#
	晋王	并州	314	《晋书》/102/2665
刘翼光	贝丘王	冀州清河	314	《晋书》/102/2666#
刘雄	魏王	司州	315	《金石录校证》/20/348#
刘曜	秦王	雍州	316	《十六国春秋》/3/344
刘景	上洛王	司州	318	《晋书》/102/2678#
刘顗	昌国公	青州齐国	318	《晋书》/102/2678#
刘衷	会稽王	扬州	310—318	《晋书》/102/2676
刘虎	楼烦公	并州鴈门	310	《晋书》/130/3201
王弥	齐公	青州	311	《晋书》/102/2659
司马炽	平阿公	扬州淮南	311	《晋书》/102/2659
	会稽郡公	扬州	312	《晋书》/102/2660
石勒	上党郡公	并州	312	《晋书》/104/2718
靳陵	望都公	冀州中山	312	《晋书》/102/2661#
司马邺	怀安侯	扬州宣城	316	《晋书》/102/2673
任顗	昌国公	青州齐国	318	《十六国春秋》/4/350#
石虎	繁阳侯	司州顿丘	310—318	《魏书》/95/2051

附表3　前赵时期封爵表

姓名	封爵	封国位置	公元	备注
刘敞	齐王	青州	319	《晋书》/103/2685
刘高	鲁王	兖州	319	《晋书》/103/2685
刘徽	楚王	徐州	319	《晋书》/103/2685
刘袭	长乐王	司州魏郡	319	《晋书》/103/2685
刘阐	太原王	并州	319	《晋书》/103/2685
刘冲	淮南王	扬州	319	《晋书》/103/2685
刘岳	广平王	司州	319	《晋书》/103/2685#
刘雅	中山王	冀州	320	《十六国春秋》/5/352#
刘策	安定王	雍州	321	《十六国春秋》/6/357#
刘岳	中山王	冀州	324	《晋书》/103/2695
刘胤	永安王	司州平阳	324	《晋书》/103/2697
	南阳王	荆州	326	《晋书》/103/2698
刘咸	汝南王	豫州	327	《晋书》/103/2698
刘厚	汝阴王	豫州	330	《十六国春秋》/7/364#
刘俭	临海王	扬州	319—330	《晋书》/103/2686
刘述	河间王	冀州	319—330	《晋书》/103/2700
石勒	赵公	冀州	318	《晋书》/104/2728
苻洪	略阳公	秦州	318	《晋书》/112/2867
石勒	赵王	冀州	319	《晋书》/104/2728
崔岳	辽东公	平州	320	《晋书》/103/2688
曹恂	南郡公	荆州	320	《晋书》/103/2688
刘绥	平昌公	青州	320	《晋书》/103/2688
乔豫	安昌子	荆州义阳	320	《资治通鉴》/91/2881

续表

姓名	封爵	封国位置	公元	备注
和苞	平舆子	豫州汝南	320	《资治通鉴》/91/2881
虚除权渠	秦王	雍州	320	《资治通鉴》/91/2881
石武	酒泉王	凉州	322	《晋书》/103/2692
杨难敌	武都王	秦州	322	《晋书》/103/2691
蔡定	河北县侯	司州河东	322	《山右石刻丛编》/1/262#
姚弋仲	平襄公	秦州略阳	324	《晋书》/116/2959
张茂	凉王	凉州	324	《晋书》/103/2695
张骏	凉王	凉州	325	《晋书》/86/2233
刘昶	河南郡公	司州	327	《晋书》/103/2699

附表4　后赵石勒、石弘时期封爵表

姓名	封爵	封国位置	公元	备注
石虎	中山公	冀州	319	《晋书》/105/2746
	中山王	冀州	330	《晋书》/105/2746
石宏	秦王	雍州	330	《晋书》/105/2746
石邃	齐王	青州	330	《晋书》/105/2746
石挺	梁王	豫州	330	《晋书》/105/2746
石斌	太原王	并州	330	《晋书》/105/2746
石恢	南阳王	荆州	330	《晋书》/105/2746
石生	河东王	司州	330	《晋书》/105/2746
石堪	彭城王	徐州	330	《晋书》/105/2746
石宣	东海王	徐州	319—332	《十六国春秋》/20/479
石虎	魏王	司州	333	《晋书》/105/2754
石鉴	代王	幽州	333	《晋书》/105/2754

续表

姓名	封爵	封国位置	公元	备注
石遵	齐王	青州	333	《晋书》/105/2754
石宣	河间王	冀州	333	《晋书》/105/2754
石韬	乐安王	青州	333	《晋书》/105/2754
石斌	章武王	冀州	333	《晋书》/105/2754
石苞	乐平王	并州	333	《晋书》/105/2754
段末波	北平公	冀州中山	312	《晋书》/104/2719
李回	弋阳子	豫州弋阳	316	《晋书》/104/2726
曹嶷	广饶侯	青州齐国	317	《晋书》/6/145#
	琅邪公	徐州	318	《晋书》/104/2727
张宾	濮阳侯	兖州	322	《晋书》/105/2756
张骏	武威郡公	凉州	331	《晋书》/105/2748
苻洪	泾阳伯	雍州安定	331	《魏书》/95/2073
姚弋仲	襄平县公	平州辽东	334	《晋书》/116/2960

附表 5　后赵石虎时期封爵表

姓名	封爵	封国位置	公元	备注
石弘	海阳王	幽州辽西	334	《晋书》/105/2755
石宣	河间郡公	冀州	337	《晋书》/106/2765
石韬	乐安郡公	青州	337	《晋书》/106/2765
石遵	彭城郡公	徐州	337	《晋书》/106/2765
石鉴	义阳郡公	荆州	337	《晋书》/106/2765
石斌	章武公	冀州	337	《晋书》/106/2765
	燕郡公	幽州	337	《十六国春秋》/20/477
石世	齐公	青州	337	《晋书》/107/2785
石苞	乐平郡公	并州	337	《晋书》/106/2765

续表

姓名	封爵	封国位置	公元	备注
石韬	蔡公	豫州汝南[1]	337	《太平御览》/765/3397 引《邺中记》
石韬	秦公	雍州	342	《资治通鉴》/98/3081#
石斌	燕王	幽州	349	《晋书》/107/2786
石苞	乐平王	并州	349	《晋书》/107/2786
石鉴	义阳郡王	荆州	349	《晋书》/107/2786
石遵	彭城郡王	徐州	349	《晋书》/107/2786
石世	齐郡王	青州	349	《晋书》/107/2786
石闵	修成侯	司隶河内修武	330—349	《晋书》/107/2793
	兰陵公	徐州东海	330—349	《晋书》/107/2792
	西华王	豫州汝南	330—349	《染华墓志》[2]
苻洪	泾阳侯	雍州安定	338	《魏书》/95/2073#
涉归	襄城公	豫州	338	《晋书》/106/2769#
日归	上庸公	荆州	338	《晋书》/106/2769#
苻洪	西平郡公	凉州	338	《晋书》/112/2867
	略阳郡公	秦州	349	《魏书》/95/2073
姚弋仲	西平郡公	凉州	349	《晋书》/116/2961
陈逵	广陵公	徐州广陵	330—349	《太平御览》/381/1758 引《邺中记》
裴宪	安定郡公	雍州	330—349	《晋书》/35/1051
员暖吨	平昌伯	青州城阳	330—349	《员标墓志》[3]
石瞻	西华侯	豫州汝南	330—349	《晋书》/107/2793
韦謏	京兆公	雍州	330—349	《晋书》/91/2361
素和明	宜阳公	司州弘农	319—351	《广韵》/4/349 引《后赵录》

注：1. 汉晋县名无单称蔡者，县名带蔡者有五，包括豫州汝南上蔡县、豫州汝阴新蔡县、扬州淮南下蔡县、扬州豫章望蔡县、荆州义阳蔡阳县，今暂以豫州汝南上蔡县为准。

2.《染华墓志》作"染闵"，亦即"冉闵（石闵）"，参见偃师商城博物馆：《河南省偃师两座北魏墓发掘简报》，《考古》1993年第5期，第414—425页。释文与考证可参见罗新、叶炜：《新出魏晋南北朝墓志疏证》，中华书局2005年版，第124—127页。

3.《员标墓志》的出土情形，参见杨宁国：《宁夏彭阳出土北魏员标墓志砖》，载《考古与文物》2001年第5期，第91—92页。释文参见罗新、叶炜：《新出魏晋南北朝墓志疏证》，第55页。

附表6　后赵末年封爵表

姓名	封爵	封国位置	公元	备注
石世	谯王	豫州	349	《晋书》/107/2788
石冲	沛王	豫州	349	《资治通鉴》/98/3090
石琨	汝阴王	豫州	349	《资治通鉴》/98/3091
石昭	淮南王	扬州	349	《资治通鉴》/98/3097
石闵	武兴郡公	徐州	349	《晋书》/107/2792
	武德王[1]	司隶河内	349	《晋书》/107/2790
石祗	新兴王	并州	349	《资治通鉴》/98/309
石胤	太原王	并州	350	《晋书》/107/2793
石明	彭城王	徐州	350	《晋书》/107/2793
石裕	武兴王	徐州	350	《晋书》/107/2793
石祗	赵王	冀州	351	《资治通鉴》/98/3098#
石炳	乐安王	青州	351	《资治通鉴》/99/3118
石宁	清河王	冀州	351	《资治通鉴》/99/3118
姚襄	新昌公	平州辽东[2]	349	《资治通鉴》/98/3106
李农	齐王	青州	350	《晋书》/107/2793

注：1."武德王"，《染华墓志》作"武信王"。参见偃师商城博物馆：《河南省偃师两座北魏墓发掘简报》，第414—425页。

2.据《晋书·地理志》，平州辽东郡有新昌县，交州亦有新昌郡，从后赵的封国趋向推断，新昌国位于平州辽东郡的可能性较高。

疫病爆发时的东晋南朝社会：从太元五年的事件说起

肖荣（深圳大学历史系）

一、导言

晋孝武帝太元五年，即380年，对于南方东晋政府来说，乃极度紧张之后稍得平息后的年份。事起于两年之前。西北氐族政权的苻坚终于灭亡前燕，气意非凡，并迫不及待发动南征。春二月，他令二路大军南下，彭城、襄阳两座重镇应声而破，晋南中郎将、梁州刺史朱序被虏，南方一时举国震恐，仓皇不知所为。幸好新组成的北府军表现优异，于自三阿、盱眙、淮阴一路胜利，将南北交锋的战线推回至淮北，逼迫苻坚叫停攻势，使南北之间进入暂时休战。此时，已入太元四年的年份（379）。大战之后的东晋社会，平和以至于有些黯淡。《资治通鉴》载太元四年事，已趋简略，至五年，二月封谢安、桓冲仪同；六月大赦，以司马道子为司徒；九月定后崩；十月李逊据交州反；十二月置东豫州。终年事件凡六，字数不过百。如此语焉不详的记载，或源于事务实在平淡，无可记录，或因年份夹在两次秦晋大战（淝水之战3年后打响）中间，史官顾此失彼，疏于着墨，然无论事情原委如何，太元五年很难被以历史关键者的角色成为古代史家的着眼处。然而，年份的关键与否，还要看何等标准来衡量，看似无可叙述的太元五年完全可能在某些领域波澜迭起，变动异常，令现代史学研究者不得不加以关注。

《宋书》云："晋孝武帝太元五年五月，自冬大疫，至于此夏，多绝户者"[1]，文辞简要，容易从读者的眼下溜走。如读之至此，稍作一会停留，考量何谓"多绝户者"，则一番历史场景必然出现。参照他处记载，"绝户"的现象并非一时骤起。一年以前，南方瘟疫已经出现，如《晋书》云，太元四年（379）三月发生"大疫"，根源又可再次追踪到当年一月的郡县遭水旱以及前年（378）六月的大水。看来伴着北边边境的抗秦战争，东晋国内水、旱、疫一时并起，战后的太元五年更达到事态的高潮。今日区别瘟疫的程度，总的来说，可分为流行（epidemic）与大流行（pandemic）两个等级。"大疫"与"多绝户者"应归入哪一个？古今社会不同，难做对等比附，直觉告诉我们，再大规模的瘟疫也难用"多绝户"来形容。更为甚者，疫情发生在人口最为密集的都下，造成死亡病伤之甚，丝毫不逊色于前后两场秦晋大战，年景如此，不管出于情感还是理智，都很难让人将它当作一万方无事的太平年，而作为专业的研究者，我们更没有理由任古代史家语焉不详的流水账一笔带过，不去做任何思考与回述。

二、朝廷的作为

相比于我们愤愤难安的读史情感，真正经受疫病的历史人物似乎从容许多。太元四年三月孝武下诏云："狡寇纵逸，藩守倾没，疆埸之虞，事兼平日。其内外众官，各悉心戮力，以康庶事。又年谷不登，百姓多匮。其诏御所供，事从俭约，九亲供给，众官廪俸，

[1] 《宋书》卷 34《五行志五》，中华书局 1974 年版，第 1010 页。

权可减半。凡诸役费，自非军国事要，皆宜停省，以周时务。”[1]关注点在北方战事，都下的水、疫灾害，全然不在他的眼里。至太元五年，史官甚至没有录到朝廷诏令原文，《晋书·孝武帝纪》载云：“自太元三年以前逋租宿债皆蠲除之，其鳏寡穷独孤老不能自存者，人赐米五斛”[2]，此时战事已停，朝廷依然不正面处置，所谓蠲除租债、赐米鳏寡，针对的仍是战争遗务，并非近在咫尺的都城的灾情。执政者的冷漠让人惊讶，也让人不解。那么，朝廷因何不作为?

按照惯例，我们需要从朝廷医疗制度及组织医疗的能力讲起。东晋时期，见诸书面的医官设置为：“宗正，统皇族宗人图谍，又统太医令史，又有司牧掾员。及渡江，哀帝省并太常，太医以给门下省。”[3]“太医令，一人。丞，一人。《周官》为医师，秦为太医令，至二汉属少府。”[4]两个文段分别见于《晋书》、《宋书》的《职官志》，如再扩展到文化、制度先后袭承的南朝，有《南齐书·百官志》云：“大医令一人，丞一人。”[5]

太元五年疫情横肆时，医官的作为全然无闻。如《宋书·文帝纪》载元嘉四年（427）夏天京师建康大疫，宋文帝“遣使存问，给医药；死者若无家属，赐以棺器”[6]，同书《孝武帝纪》载大明元年（457）夏季之时，京口地区疾疫，朝廷“遣使按行，赐给医药，死而无收敛者，官为敛霾”[7]。后来的南朝政府能体察到民间疫情，曾派有特使前往灾区进行救恤，只是被派往疫区的特使姓名、职官皆不

[1] 《晋书》卷9《孝武帝纪》，中华书局1974年版，第229页。
[2] 同上书，第230页。
[3] 《晋书》卷24《职官志》，第737页。
[4] 《宋书》卷40《百官志》，第1244页。
[5] 《南齐书》卷16《百官志》，中华书局1972年版，第322页。
[6] 《宋书》卷5《文帝纪》，第76页。
[7] 《宋书》卷6《孝武帝纪》，第119页。

明，养于中央朝廷的太医令、丞是否前往参与，未能得知。如杜佑《通典·职官典》云："周官有医师、上士、下士，掌医之政令。秦、两汉有太医令、丞，亦主医药，属少府。魏因之。晋铜印墨绶，进贤一梁冠，绛朝服，而属宗正；过江省宗正，而属门下省。宋、齐隶侍中，梁、陈因之。"[1] 何谓"医之政令"？是颁发医书，采集医案，制定医法，还是培植新秀？如是举措，皆未曾闻于魏晋的时代。医者，本依靠治病才得以存在，政令云云，并非所能，朝廷如真需要颁布医学的政令，太令品位极低，何能担当，因而医官设置的目的，即是为了日常之用，对此朝廷典章恰恰没有清楚说明。事实上，由太医之统属宗正、门下、侍中可知，他们服务对象为宫廷，他们所受的陟罚臧否，来自医疗个案，以萧梁时姚僧垣为例：

> 大通六年，解褐临川嗣王国左常侍。大同五年，除骠骑庐陵王府田曹参军。九年，还领殿中医师。时武陵王所生葛修华，宿患积时，方术莫效。梁武帝乃令僧垣视之。还，具说其状，并记增损时候。梁武帝叹曰："卿用意绵密，乃至于此，以此候疾，何疾可逃。朕常以前代名人，多好此术，是以每恒留情，颇识治体。今闻卿说，益开人意。"十一年，转领太医正，加文德主帅、直阁将军。[2]

王国常侍、王府参军到殿中医师、太医正，有专业上的差异，为藩王、府主、皇室尽己所能则相同，姚僧垣得到梁武帝垂顾，仕途通达，治葛修华一案甚为关键。"掌医之政令"的说法来自《周

[1]　杜佑撰，王文锦等点校：《通典》卷 25《职官典七》，中华书局 1988 年版，第 696 页。
[2]　《周书》卷 47《姚僧垣传》，中华书局 1971 年版，第 840 页。

礼》，早先或名实相符，此时不过伪饰太医令品官的美名而已，从性质上讲，太医令即是高级医工，本职在宫廷日常驱使，缺乏其他品官的尊贵地位。当然，需要说明的是，姚僧垣属特例，因为他受梁武帝尊宠，故多了一个直閤将军的加官。

太医令、丞职在内府，没有向社会民众施展医术的义务，但他们毕竟是术业专攻者的代表，条件允许的话，是可被派遣到地方施救的。如汉安帝元初五年（111）夏季，会稽大疫，朝廷“遣光禄大夫将太医循行疾病，赐棺木，除田租、口赋”[1]，魏晋没有派遣医官前去救灾的记载，需从其他途径来考证。建安年间，有“长沙太守”张仲景著《伤寒论》，为医疗疫病的名作。“长沙太守”官称，唐代始为流行，尽管有学者信之不疑。[2] 终究不能定为确论，更不能据之推论汉末魏初政权体制内的官员直接参与地方疫病救治。时代去张仲景不远的皇甫谧云：

> 仲景见侍中王仲宣时年二十余。谓曰：“君有病，四十当眉落，眉落半年而死。”令含服五石汤可免。仲宣嫌其言忤，受汤勿服。居三日，仲景见仲宣谓曰：“服汤否？”仲宣曰：“已服。”仲景曰：“色候固非服汤之诊，君何轻命也！”仲宣犹不信。后二十年果眉落，后一百八十七日而死，终如其言。[3]

---

[1] 《后汉书》卷 5《孝安帝纪》，中华书局 1965 年版，第 230 页。司马彪《后汉书·百官志》云：“太医令一人，六百石。本注曰：掌诸医。药丞、方丞各一人。本注曰：药丞主药。方丞主药方。”李贤注“太医令”引《汉官》云：“员医二百九十三人，员吏十九人。”（《后汉书志》，第 3592 页）作为掌管医药的最高官职，太医令秩六百石，下有员吏近三百人，汉时宫廷医疗、大臣治病的案例，多有太医官署人员参与。

[2] 如章太炎著《张仲景事状考》（收于《章太炎全集·八》，上海人民出版社 1994 年版，第 312—314 页），即以长沙太守之任为重要线索。

[3] 皇甫谧撰，张璨玾、徐国仟主编：《针灸甲乙经校注·序》，人民卫生出版社 1996 年版，第 16 页。

王仲宣即王粲，因名列“建安七子”，声名籍甚。他早先随献帝入长安，初平四年（193）往投刘表，建安十三年（208）刘表死，没入曹操，开始与邺下诸子交游，遂成文学场的赫赫名声。王粲与张仲景交往故事，甚有可能发生他居留荆州的16年间，据此推之，张仲景亦非草间游医之辈，况且张仲景出自南阳张氏，自称“宗族素多，向余二百”[1]，乃旧族子弟。他可能也曾在刘表府中供事，获得与名士交游的机会，又曾以治疗疫病立功，得到“长沙太守”之授。张仲景之后，有西晋太医令王叔和。他整理张仲景旧籍，云：

> 今搜采仲景旧论，录其证候、诊脉声色，对病真方有神验者，拟防世急也。又土地温凉，高下不同；物性刚柔，飡居亦异。是黄帝兴四方之问，岐伯举四治之能，以训后贤，开其未悟者。临病之工，宜须两审也。[2]

文中多医家话语，可稍加解说，“土地温凉、高下不同”是医家治病时的一类原则，即医者治病之时，须先对疾病发生的地域、水土、季候做一通透的考察，之后在切脉观病时，将考察得到的观点融汇其中，给出相应的方药。这类方法见于《黄帝内经》，故王叔和云“黄帝兴四方之问”。王叔和之所以推举张仲景，重申随地应变的原则，一者为传承与自己身份颇为近似的张仲景的学术，另一者恐怕也与他救治各方民众的初衷有关。西晋医官直接或间接参与救治疫病，不容怀疑。

---

[1] 刘渡舟主编：《伤寒论校注·伤寒卒病论集》，人民卫生出版社1991年版，第20页。
[2] 《伤寒论校注》卷2《伤寒例》，第32—34页。

东晋立国于永嘉乱局，国家疲惫，皇权不振，中央朝廷所能仰赖者，会稽五郡而已。刘裕称帝后思有所改过，故着力重张宗王体制，结果既不能减弱士族阶层的影响力，也解决不了地方军府尾大不掉的格局，是终江东五朝，国家行政不能重回中央高度集权的正常轨道。遇到灾疫的时期，朝廷一味发文，无能于积极营救，颇切合皇权卑弱的事实。一般而论，朝廷出面救助疫区，乃汉魏以来的成法，也是稳定社会局势的现实需要，弃疫情于不顾，不合常理，东晋朝廷的冷漠举措，当从官方医疗资源分配的层面分析。按《晋书》、《宋书》记载，江左历代中央朝廷都设有太医机构，令为之长，丞为之辅，其余掾属或无定员，史籍不载。以前代为参照，东汉太医令以下有300人员吏可为驱使；在王国，如第五伦“建武二十七年，举孝廉，补淮阳国医工长，随王之国”[1]，有医工为配备。在州郡，如《三国志·华佗传》所载医案云：“督邮徐毅得病，佗往省之。毅谓佗曰：“昨使医曹吏刘租针胃管讫，便苦欬嗽，欲卧不安。”[2]亦设有“医曹”。中朝时期，如《晋书·范粲传》载云：“武帝践阼，泰始中，粲同郡孙和时为太子中庶子，表荐粲，称其操行高洁，久婴疾病，可使郡县舆致京师，加以圣恩，赐其医药，若遂瘳除，必有益于政。乃诏郡县给医药，又以二千石禄养病，岁以为常，加赐帛百匹。”[3]郡县给医药，则地方州郡应有医药资源可为调用。江东朝廷得汉魏正统，体制沿袭洛阳，内部资源调配亦有旧法可依。如《晋书·应詹传》云：

都督可课佃二十顷，州十顷，郡五顷，县三顷。皆取文武

[1] 《后汉书》卷41《第五伦传》，第1396页。

[2] 《三国志》卷29《华佗传》，中华书局1964年版，第800页。

[3] 《晋书》卷94《范粲传》，第2431页。

吏、医、卜，不得挠乱百姓。[1]

所谓“吏”，或释为依附政府的人口，或释为特殊户籍，[2]而无论如何医、卜乃吏的一种，特情况下可从事调配农业生产。反而言之，正常情况下他们分布于王府、州郡各级机构，以医疗、占卜为专业供职，加上其他共事的吏员，他们至少可耕二十顷、十顷、五顷、三顷的土地。按晋武帝泰始八年（272）的规定，一成年男子占田七十亩，二十顷官田，至少需要30人，依次类推，州至少需15人，郡至少需7人，县至少需5人。这30至5的浮动名额中，不同类别之“吏”如何派出，无标准可言，如按照书面上文、武、医、卜各占一份的机械方式推算，则府州至县可派出的医吏是7到1人逐层递减。

“文武吏”为统称，医、卜以分职专名，《应詹传》又泛泛说及，四分推算府州的医者人数，当然无史实依据。尽管如此，7到1的计算结果又似能说明问题，因为最低的县一级，可耕田之“吏”既然包括医者，数目则不能少于1人，以此类推，到军府也就有了7人之多。应詹时刺江州，建议非仅限本州，东晋朝廷各政区之设有医者，据此颇可推知。如行政级别再往上推一级，至中央朝廷，则太医令之下的员吏，亦必须在7人以上。这些医吏的活动，史籍记载

[1] 《晋书》卷70《应詹传》，第1860页。

[2] 吏本为国家官僚体系中的流外人员，此处行文，则所谓“文武吏”似为服劳役或特殊“吏”户者，对此，学者有辨析，观点不一。如唐长孺：《魏晋南北朝时期的吏役》，氏著《山居存稿续编》，中华书局2011年版，第133—152页；张泽咸：《魏晋北朝的徭役制度》，氏著《晋唐史论集》，中华书局2008年版，第1—42页。颇认为是一般服徭役者。再如黎虎：《魏晋南北朝“吏户”问题再献疑——“吏”与“军吏”辨析》，《史学月刊》2007年第3期，第19—27页。则提出用军吏籍贯来理解。无论如何，这些服役者，都从军府管辖的人口里调出，所谓医、卜，具有专业性，必须从普通人口中按一定比例析出，至于编籍与否，实无法根据现有史料坐实判断。

颇多，《南齐书·谢灊传》云“灊又使典药吏煮汤，失火，烧郡外斋南厢屋五间”；[1]《陈书·长沙王叔坚传》云“叔陵阴有异志，乃命典药吏曰‘切药刀甚钝，可砺之’”[2]，前者谢灊守吴兴，后者陈叔陵在宫廷，不同层级机构之的典药吏皆为长官奔走。典药吏所以成立，还因为各级机构中皆有药物储备。如《太平御览》引《集异记》云：

广陵士甲市得一宅，但闻中有摇铃声，夜辄止。后遂见其真形，乃是其故人，问曰：“何以常摇铃？”答曰：“我典使君药物，故夜持时耳。”问曰：“昼日何以不持时？”曰：“白日是死道之夜。”因别而去。[3]

故事依托的时间不明，江东各朝之镇广陵者，多领青、兖、徐等北方诸州军事，不知名的“士甲”，为府下的军户，而他的故友为典药吏，同样以军府的情实设定。典药吏夜间摇铃“持时”，乃看守军府药物时的行为。当然，能典药者未必尚于治病，朝廷各级机构中，太医令、丞术业必然高尚，州府以下，亦不乏能人。《刘涓子鬼遗方·序》云：

昔刘涓子，晋末于丹阳郊外照射，忽见一物，高二丈许，射而中之，如雷电，声若风雨。其夜不敢前追，诘旦，率门徒子弟数人，寻踪至山下，见一小儿提罐，问何往？为我主被刘涓子所射，取水洗疮。而问小儿曰：主人是谁人？云：黄父鬼。仍将小儿相随，还来至门，闻捣药之声。比及遥见三人，一人

[1] 《南齐书》卷 43《谢灊传》，第 763 页。

[2] 《陈书》卷 28《长沙王叔坚传》，中华书局 1972 年版，第 366 页。

[3] 李昉等撰：《太平御览》卷 338，中华书局 1960 年版，第 1552 页。

开书，一人捣药，一人卧尔。乃齐唱叫突，三人并走，遗一卷《痈疽方》并药一臼。时从宋武北征，有被疮者，以药涂之即愈。论者云：圣人所作，天必助之，以此天授武王也。于是用方为治，千无一失。[1]

刘涓子历史上实有其人，得黄父鬼遗方的传言，正是他借医术立功的另一番证明。药、医之外，官方藏有图书，乃医学知识的渊薮所在。《小品方》云：

寻古之处方，皆当明审经禁，不应合其相反畏恶也。恐特是野间山郡官典，医辈相传，以意增损，故有犯禁药耳。……亦相承见经方是官典医所执传，便谓仍决必是施教，教民治病，非但慈于疾苦，亦以以强于国也。[2]

《小品方》作者陈延之乃南朝医学之翘楚，眼界高超，论断在常人之上，视官方收藏的医典为糟粕，以"山郡官典"作为不能实用之医书的蔑称，他的话语，仅能作为高尚者的批评意见，不能作为南朝社会的写实。对于一般府州官吏及民众而言，官藏的医学典籍，乃学习与治病的重要依据，迫切之时能转为实用。《世说新语》载：

殷中军妙解经脉，中年都废。有常所给使，忽叩头流血。浩问其故？云："有死事，终不可说。"诘问良久，乃云："小人母年垂百岁，抱疾来久，若蒙官一脉，便有活理。讫就屠戮无

[1] 刘涓子撰，龚庆宣编，于文忠点校：《刘涓子鬼遗方·序》，人民卫生出版社 1986 年版，第 7 页。

[2] 陈延之撰，高文铸辑校注释：《小品方》，中国中医药出版社 1995 年版，第 3 页。

恨。”浩感其至性，遂令舁来，为诊脉处方。始服一剂汤，便愈。于是悉焚经方。[1]

殷中军即殷浩，穆帝永和间为建武将军、扬州刺史，府望极高，其所焚之书，应为自己所收藏者。从他的举动可知，经方典籍乃医学的代表，存亡与否，关系医疗之开展。州府医书或不能尽其传学、实践的最大功用，有实物存在，即意味着官方层面医疗得以展开。

经此梳理，东晋朝廷对疫情之“冷漠”态度，多了书面之外的另一层理解，即从中央到县一级的行政机构中，原本树立有一套医疗系统，如果现实需要，自皇帝到县令、长，都能做出相应的调动，使系统之内的人、物与知识储备活动起来，共同应对眼前的疫情。至于效果如何，难免有高下之分，原因在于古代医学玄奥深邃，学之不易，卓然成家者更为难得。疫区民众遇张仲景、王叔和者，保命有望，遇庸碌之徒，唯有听之任之，寄希望于渺茫，此乃技术的历史局限性使然，不可归咎于人事、制度的设置及执政者的冷漠寡恩。当然，人事、制度既有，医者的编员是否完整，药物储备是否充足，执政者是否勇于承担因时、因地、因人而异，朝廷应有的救延受此异动的牵制，极容易变成毫无作为的旁观者。太元五年之大疫，中央朝廷未发令紧急处理，不代表医官部门未曾被调动起来处置疫情，也不代表朝廷无任何药物、知识的储备可应对，况且当年疫情爆发于京辇，医药人事皆易于抽调，朝廷会主动施以救治，并非不可能。只是如我们所分析，朝廷依赖的专业者的人数技能，主导政事的官员，国家医药储备等因素左右着朝廷的救灾活动，诸多

[1] 刘义庆著，刘孝标注，余嘉锡笺疏，周祖谟、余淑宜、周士琦整理：《世说新语笺疏·术解》，上海古籍出版社 1993 版，第 710 页。

环节中如有一者不通，则即使疫情近与皇宫仅一墙之隔，仍有可能得不到朝廷的一毫帮助。因此，朝廷执政者的组合及行政风格，对朝廷医疗资源之激活与调动起关键性作用。太元五年，孝武帝司马曜已经15岁，初具执政能力，史籍云：

> 简文之崩也，时年十岁，至晡不临，左右进谏，答曰："哀至则哭，何常之有？"谢安尝叹以为精理不减先帝。既威权己出，雅有人主之量。既而溺于酒色，殆为长夜之饮。[1]

司马曜之真正取得朝廷主导权，要在淝水之战后，此时朝廷由谢安、郗愔、王坦之、王蕴等大员联合执政，特别是极具人望的司徒谢安影响力独为翘首。而文中所云孝武帝养成的"溺于酒色"、"长夜之饮"亦明显透露朝廷行政的某些特征，盖江左草创以来，士族强盛，大员林立，王、庾、桓、谢轮番执政又相互掣肘，王导"愦愦之政"非为晋初的局面而成立，乃普遍适合于以后百余年间的政治生态。孝武帝后来之"溺于酒色"，可谓"愦愦之政"的极端回应，作为太元年前期的执政者的谢安，又有何表现？史云：

> 时强敌寇境，边书续至，梁益不守，樊邓陷没，安每镇以和靖，御以长算。德政既行，文武用命，不存小察，弘以大纲，威怀外著，人皆比之王导，谓文雅过之。[2]

同时代人已取之与王导相比，即以沉静的态度应付多变的局势。

---

[1]《晋书》卷9《孝武帝纪》，第241—242页。

[2]《晋书》卷79《谢安传》，第2074页。

谢安的沉静，又可从另一件事来观察：

尝往临安山中，坐石室，临浚谷，悠然叹曰："此去伯夷何远！"尝与孙绰等泛海，风起浪涌，诸人并惧，安吟啸自若。舟人以安为悦，犹去不止。风转急，安徐曰："如此将何归邪？"舟人承言即回。众咸服其雅量。[1]

众人称许他的"雅量"正如与王导相比之后的"文雅"，皆可见谢安异于常人之镇定的行事作风。以此作风应对东晋后期波诡云谲的局势，谢安取得政治、军事伟绩，如稳住孝武帝帝位、阻碍苻坚南进，即是有力说明。然以沉静的作风来处置民间重大疫情，难免会产生弊端。本传云：

尝与王羲之登冶城，悠然遐想，有高世之志。羲之谓曰："夏禹勤王，手足胼胝；文王旰食，日不暇给。今四郊多垒，宜思自效，而虚谈废务，浮文妨要，恐非当今所宜。"安曰："秦任商鞅，二世而亡，岂清言致患邪？"[2]

夏禹、文王乃勤于政务的代表，王羲之取之为例告诫谢安，想必他早已发觉谢安沉静之风格带来"废务"的后果，谢安用秦二世亡国事例反唇相讥，立场十分坚决。分析二人对话，王羲之所言乃行政态度，指出执政者需为社会问题付出努力，谢安答复的是政治原则，表明他不走商鞅一样振兴皇权的路线，二者立论不同，本不

[1] 《晋书》卷79《谢安传》，第2072页。
[2] 同上书，第2074页。

能形成批判与反驳的对应关系。然东晋时期执政者往往以坚守政治原则为基准，忽略行政职能的必要担当，他们不行实务的态度获得士族集团的支持，却因“废务”丧失其他社会阶层的认可度。如王羲之看来，太元五年疫情造成的“多绝户者”，显然就是朝廷“废务”的一种表现，谢安则坚持以维系政治现状为第一要务，社会发生再大的变故，雅量镇之。太元三年春，北方战事危急，太元四年三月秦军攻破三阿，距广陵不足百里，此时建康大震，谢安则处事不惊，从容指示北府军反攻，遂取得难得的胜利。战后总结，襄阳、彭城陷落，朱序被俘，作为宰首的谢安没有受内外军政的巨大压力而焦急难安，仍然“镇之以和静”。太元五年之疫情，既无关战事，又非朝廷派系斗争，何能引起谢安之垂顾？因此，我们可以看到，事态以富有谢安性格的“静”的方式走去。经他处理，“多绝户者”的残败局面仅停留在事故的表层，也没有引起不利朝政的社会事件。他的手段是善邪？是恶邪？难可评价，以政治家的手腕论，他总是高明的。接续其后的王恭、司马道子等，超越的态度颇如谢安，手腕则远远不如，当隆安年间“乐属”事起，水、疫灾害等危机再次肆虐之时，孙恩、卢循为首的士族之外的势力遂集结为一，兵锋遂几至建康，原本不健全的东晋政权，再一次减损筋骨，存亡仅在一线之间。当然，这是后话。

三、雅士之疫

以上我们肯定东晋朝廷自上至下配有相应的医官、药储，又说明贵族政治之下执政者疏于担当的风气，或者给人以国家医、药体系实力雄厚，掌握政治权力的士族群体不愿施医药于民间，自己独享医药之便利的印象。事实上，国家医药系统实力单薄，士族群体也没有超乎常情的医疗资源。

首先可看朝廷的医药体系。前文推算军镇大府至少有医吏7人，进而指出建康宫闱之中的医员在7人之上，如配额员满，似能形成一定的规模，满足府员、皇庭治病的需要。只是朝廷医官的职位等同役吏，出身尊贵的次等士族都不愿意为之，更何况一等豪门。南朝东海徐氏的活动，具有代表性。《南史·徐文伯传》云：

> （文伯）濮阳太守熙曾孙也。熙好黄、老，隐于秦望山，有道士过求饮，留一瓠𤬛与之，曰："君子孙宜以道术救世，当得二千石。"熙开之，乃《扁鹊镜经》一卷，因精心学之，遂名震海内。生子秋夫，弥工其术，仕至射阳令。……秋夫生道度、叔向，皆能精其业。道度有脚疾不能行，宋文帝令乘小舆入殿，为诸皇子疗疾，无不绝验。位兰陵太守。宋文帝云："天下有五绝，而皆出钱唐。"谓杜道鞠弹棋，范悦诗，褚欣远楷书，褚胤围棋，徐道度疗疾也。道度生文伯，叔向生嗣伯。[1]

徐家的名望从徐熙开始，之后有医书传为家学，术业精深，三世不绝，本应得到其他人的尊崇，而仔细辨析其家族发展史，可知名位来源颇为微妙。第一代的徐熙隐居秦望山，本无可非议，所谓获得《扁鹊镜经》者，真假难辨，亦不必纠结，最能说明问题的是，徐熙医术著世，同时也奠定了家族的性格。子徐秋夫得射阳令，孙徐道度为兰陵太守，颇应验子孙"当得二千石"，但他们的名位都起源"以道术救世"的事业，既无缘于诗书玄学，更不可能以清贵的出身起家二品，所谓县令、太守之职授，不过是他们精通"道术"

[1] 《南史》卷32《徐文伯传》，中华书局1975年版，第838页。

的奖励品，不足贵也。因此，徐文伯常对此愤愤不平：

文伯亦精其业，兼有学行，倜傥不屈意于公卿，不以医自业。（张）融谓文伯、嗣伯曰："昔王微、嵇叔夜并学而不能，殷仲堪之徒故所不论。得之者由神明洞彻，然后可至，故非吾徒所及。且褚侍中澄当贵亦能救人疾，卿此更成不达。"答曰："唯达者知此可崇，不达者多以为深累，既鄙之何能不耻之。"[1]

徐文伯的愤怒，又何助于现实？终他一生所能够称道的事迹，都与医学有关，"屈意于公卿"的医学是他挥之不去的身份魔咒。徐嗣伯故事类似，史载："嗣伯字叔绍，亦有孝行，善清言。位正员郎，诸府佐，弥为临川王映所重。"[2]"善清言"的素质与徐文伯"有学行"同，任南齐诸府府佐也就是"屈意于公卿"的有力证明。《千金方》还记有徐嗣伯一封书启：

余少承家业，颇习经方，名医要治，备闻之矣，自谓风眩多途，诸家未能必验，至于此术，鄙意偏所究也，少来用之，百无遗策，今年将衰暮，恐奄忽不追，故显明证论，以贻于后云尔。[3]

寄往的对象或是临川王萧映。徐嗣伯年老希望道术传世，竟以启书权贵的方式写作，医业之卑贱，昭然可见。徐家医业传至文伯、

[1]　《南史》卷32《徐文伯传》，第838—839页。

[2]　同上书，第839页。

[3]　孙思邈撰，李景荣等校释：《备急千金要方校释》卷14，人民卫生出版社1998年版，第307页。

嗣伯，声名达到顶点，但二人传中全无医官记录，反而留下一段徐文伯服侍宋后废帝刘昱的“佳话”：

宋后废帝出乐游苑门，逢一妇人有娠，帝亦善诊，诊之曰：“此腹是女也。”问文伯，曰：“腹有两子，一男一女，男左边，青黑，形小于女。”帝性急，便欲使剖。文伯恻然曰：“若刀斧恐其变异，请针之立落。”便写足太阴，补手阳明，胎便应针而落。两儿相续出，如其言。[1]

徐文伯奉事刘昱时职事不明，盖吏员而已，无品级可称道。总而言之，徐家一连四代人，俊秀辈出，或为“二千石”，或“屈意于公卿”，始终与朝廷的医官无缘。这究竟是徐家睥睨朝廷医职，还是贵族体制之下的朝廷医官难容纳专精者？恐怕二者兼有之。正如后来医正的姚僧垣，梁武帝为稳固其位，只有特授文德主帅、直阁将军。

南朝朝廷中医官善于医学者不多，但活跃于朝廷的公卿士大夫的近处，尚有徐、姚之类的名家，如将时间往上挪动到东晋一朝，朝廷宫廷内外，可以称道的医者寥寥无几。因而，当遇到太元五年一类的重大灾疫时，所谓的医官和所谓医疗体系，形同摆设。南朝萧梁时，简文帝萧纲曾感于医风堕落，作《劝医文》云：

《周礼》疾医，掌万民之疾。凡民之有病者，分而治之，岁终则各书其所治，而入于医师，知其愈与不愈，以为后法之戒也。至如研精玄理，考核儒宗，尽日清谈，终夜讲习，始学则负墟尚谀，积功则为师乃著，日就月将，方称硕学，专经之后，

[1] 《南史》卷32《徐文伯传》，第839页。

犹须剧谈，网罗愈广，钩深理见，厌饫不寤，惟日不足。[1]

以“《周礼》疾医”作为第一例，萧纲首先针对的就是医官。医官本“掌万民之疾”，善于医学乃份内要求，之所以要特意“劝”之，只能归咎贵族政治之下国家体制架构的弊端，在这方面，东晋朝廷更甚于萧梁。

其次再看贵族群体的医疗途径。贵群群体与朝廷关系较为密切，但朝廷败窳不堪的医官体系属皇室及地方守令私有，不在其位，故不能得，朝廷曾有施恩与臣子的举动，并非常制，不可依赖，他们要获得医药资源，还需靠自身积聚。总的说来，医疗资源可分为医与药两个部分。医的部分，假如徐文伯、徐嗣伯之类的人物时代辈出，人数众多，贵胜家中多有此等门客游走，则可无忧，只是二徐仅此一例，况且他们不乐作为，与之交者寥寥无几，士族之求医，需其他途径解决。一者，他们可向外迎人，如《晋书》张夔例：

夔妻有疾，将迎医于数百里。时正寒雪，诸纲纪皆难之，侃独曰：“资于事父以事君。小君，犹母也，安有父母之疾而不尽心乎！”乃请行。[2]

张夔能数百里外迎医，源于他身为庐江太守的权势，陶侃倾身奉事之，行事如同恩义门生。贵族能获官任，不乏门生，有向外寻医的资本。另一者，可向内求己，如东晋后期殷仲堪例：

[1] 严可均校辑：《全上古三代秦汉三国六朝文·全梁文》卷7，中华书局1958年版，第3013页。

[2] 《晋书》卷66《陶侃传》，第1768页。

> 父病积年，仲堪衣不解带，躬学医术，究其精妙，执药挥泪，遂眇一目。[1]

东晋南朝士族多有奉事道教者，兼习医学，并非难事，殷仲堪躬学医术为父治病，另一方面也由殷家奉习道教使然。[2] 药的部分，王公贵族以至普通民众，都有储药以备时需的习惯。贵族之上等者有庄园自产药草，下等者亦不乏财力以市药材。南朝陶弘景云："又王公贵胜，合药之日，悉付群下。其中好药贵石，无不窃遣。乃言紫石、丹砂吞出洗取，一片经数十过卖。"[3] 贵胜家不仅有药，还合之充备用。药之获得，比医稍易。

能向外、向内寻找医学，且有一定药物储备为依靠，贵族群体看似医疗无忧，遇到疫病之年，似能从容应对。事实是否真如推理，还是要看实践的验证。因此，请让我们再次回到疫病爆发的场景上。唐代王焘编著的《外台秘要》云：

> 又其年时行四五日，大下后或不下，皆患心中结满，两胁痞塞，胸中气急，厥逆欲绝，心胸高起，手不得近，不过二三日，辄便死殁，诸医用泻心汤，余用大小陷胸汤，并不得疗。重思此或者下后虚逆，而气已不理，而毒复上攻，毒气相搏，结于胸中，纵不下者，毒已入胃，胃中不通，毒还冲上，复搏于气，气毒相激，故致此病。疗之当先理其气，次下诸疾，思

[1] 《晋书》卷 84《殷仲堪传》，第 2194 页。

[2] 因此，也有学者据此推出中古时代存在门阀医学与山林医学两股潮流，参范行准：《中国医学史略》，中医古籍出版社 1986 年版，第 57 页。

[3] 尚志钧、尚元胜辑校：《本草经集注（辑校本）》卷 1，人民卫生出版社 1994 年，第 33 页。

与增损理中丸方。……余时用此，效的神速，下喉即折，续复与之，不过服五六丸，胸中豁然矣，用药之速，未尝见此。然渴者当加栝蒌，不渴除之；下者当加牡蛎，不下勿用。余因以告领军韩康伯，右卫毛仲祖，光禄王道豫，灵台郎顾君苗，著作商仲堪诸人，并悉用之，咸叹其应速。于时枳实乃为之贵，难者曰：伤寒热病，理中温药，今不解之以冷，而救之以温，其可论乎？余应之曰：夫今诊时行，始于项强敕色，次于失眠发热，中于烦躁思水，终于生疮下痢，大齐于此耳。[1]

文中提及的人物凡五，分别为韩康伯、毛仲祖、王道豫、顾君苗、商仲堪。韩康伯名韩伯，毛仲祖即毛安之，商仲堪为殷仲堪[2]，三人《晋书》有传，皆有重名于世，同属一等士族。王道豫、顾君苗无传，既与三人交游，必非凡类，再看二人官职，王道豫任光禄大夫，位居三品，顾君苗为灵台郎，职隶太常，皆清途官，二人亦士族耳。最有意思的是，谁是这段文字的作者？查考史籍，我们有十足的理由认定是王珉。其一，王珉有名为《伤寒身验方》的遗著[3]，题旨与上述文字之亲身经受时行疾病的过程完全吻合。其二，王珉为王导孙，乃太元间政坛的活跃分子，《晋书》本传："辟州主簿，举秀才，不行。后历著作、散骑郎、国子博士、黄门侍郎、侍中，代王献之为长兼中书令。"[4]一路通达，所任皆清显，书法史上

[1] 高文铸校注：《外台秘要方》卷2，华夏出版社1993年版，第44—45页。

[2] 《外台》成书于唐，整理翻刻于宋，故文中避宋太祖父讳，改殷为商。

[3] 《伤寒身验方》一书早佚，《隋书·经籍志》录为《疗伤寒身验方》一卷，不记著者姓名。宋代医官《证类本草》"桦木皮"条记为"晋中书令王珉《伤寒身验方》"，始知该书出自王珉。最早做出考证者，乃日本江户时期汉医名家丹波元胤，见丹波元胤编：《中国医籍考》卷29，人民卫生出版社1956年版，第483页。

[4] 《晋书》卷65《王珉传》，第1758页。

“二令”之“小令”，即是他本人。他的身家，切合与韩、毛、殷、王、顾交游的基本条件。其三，殷仲康娶东阳太守王临之女，[1] 王临之字辈与王珉同，二人有差辈的姻戚关系，且如《晋书·王珣传》云：“时帝雅好典籍，珣与殷仲堪、徐邈、王恭、郗恢等并以才学文章见昵于帝。及王国宝自媚于会稽王道子，而与珣等不协，帝虑晏驾后怨隙必生，故出恭、恢为方伯，而委珣端右。”[2] 王珉兄王珣与殷仲堪同为孝武帝党羽，二人于姻戚之上，还有政治结盟的情好关系。其四，王珉与韩、毛、殷于太元前期皆非谢氏嫡系，没有得到重用。韩康伯本传云：“陈郡周勰为谢安主簿，居丧废礼，崇尚庄老，脱落名教。伯领中正，不通勰，议曰：‘拜下之敬，犹违众从礼。情理之极，不宜以多比为通。’时人惮焉。”[3] 对于周勰事件，谢安不知道做何感想，随后韩康伯仕进丹阳尹、吏部尚书、领军将军，太元初病死太常，或曾受谢安排挤。《世说新语·方正》云：“韩康伯病，拄杖前庭消摇。见诸谢皆富贵，轰隐交路，叹曰：‘此复何异王莽时？’”康伯比谢安为王莽，对谢家专权愤愤不满。毛安之乃简文帝死党，简文死后尽忠新君，秦晋大战时受谢玄节制，然兵溃堂邑，无功于谢安朝班，至死不得调官。殷仲堪则被谢玄征为长史，本传有受谢玄重用一说，《世说新语》注引《晋安帝纪》：

> 仲堪，陈郡人，太常融孙也。车骑将军谢玄请为长史，孝武说之，俄为黄门侍郎。自杀袁悦之后，上深为晏驾后计，故

---

[1] 如《世说新语》注引《殷氏谱》曰：“仲堪娶琅邪王临之女，字英彦。”（《世说新语笺疏·文学》，第 241 页）王临之父王彪之，为王导从子。

[2] 《晋书》卷 65《王珣传》，第 1765 页。

[3] 《晋书》卷 75《韩伯传》，第 1993 页。

先出王恭为北蕃。荆州刺史王忱死，乃中诏用仲堪代焉。[1]

他似乎没有应谢玄之情，留守京师，政治立场一直在孝武帝一边。王珉与兄王珣皆谢安婿，谢安疑珣党附桓温，与二人绝婚，王、谢二族遂同仇衅。韩、毛、殷、王四人既不能进入谢安权贵集团核心，相互提点，引为密友，生活中遇有恶疾，于情于理都会互相通报。[2]

接下来，要确定文本的写作时间。行文始云“其年时行四五日”，具体年份原本著于文首，可惜被后来抄录者省去，从行文语气来看，当是王珉事后的回述。他描述泻心汤、陷胸汤、理中丸云云，皆极尽细节，人员、药物也精求往事的原貌，所以可以借考证之功将“其”字还原回来。文称韩康伯领军、毛安之右卫，殷仲堪著作。韩康伯本传云：“转丹阳尹、吏部尚书、领军将军。既疾病，占候者云：‘不宜此官。’朝廷改授太常，未拜，卒，时年四十九，即赠太常。”[3] 领军为疾病之后所授，时间在太元初，具体年份不明。《北堂书钞》卷六十四引《晋起居注》云：

武帝太始四年诏曰：“尚书韩伯陈疾解职，领军闲，无上直

[1] 《世说新语笺疏·德行》，第 42 页

[2] 由王、韩、毛、殷的人脉网络，我们甚至可以推导事迹不明之顾君苗的出身。按韩康伯乃殷浩甥，殷仲堪为殷浩族子，毛安之与殷浩同为简文帝倚重，《世说新语》刘注引《中兴书》云：“悦字君叔，晋陵人。初为殷浩扬州别驾。浩卒，上疏理浩。或谏以浩为太宗所废，必不依许，悦固争之，浩果得申，物论称之。后至尚书左丞。”（《世说新语笺疏·言语》，第 117 页）顾悦即顾悦之，为殷浩别驾，深感殷浩厚恩者也。顾君苗字与顾君叔相类，又同于殷浩的亲故深交，甚有可能是顾悦之的同族行辈。

[3] 《晋书》卷 75《韩伯传》，第 1994 页。

之劳，可得从容养病，更以伯为领军，进丹阳尹。”[1]

太始为太元之误，韩康伯领军之授在太元四年。《建康实录》卷九孝武帝太元五年条目又云：“八月，太常韩伯卒。……累迁位至吏部尚书，改授太常。卒，时年四十九。”[2] 韩康伯认为领军将军于病情不宜，希望朝廷改授，死后遂获赠太常，故王珉写作时韩康伯仍在世，不然需改笔称太常。王珉所述的时间只能在太元四年到五年八月间。按太元四年、五年都发生疫情，王珉究竟写作于何年？可考之于毛、殷二人的经历。《晋书》毛安之本传云：

> 孝武即位，妖贼卢悚突入殿廷。安之闻难，率众直入云龙门，手自奋击。既而左卫将军殷康、领军将军桓秘等至，与安之并力，悚因剿灭。迁右卫将军。定后崩，领将作大匠。卒官。[3]

卢悚突宫事件在咸安二年（372）十一月，毛安之拱卫有功，事后迁右卫将军，至定后死，兼将作大匠，不久卒官。王珉称毛安之右卫，似不能助于考订太元四年抑或五年的写作时间。其实不然，《建康实录》太元三年条下云：“二月，始工内外，日役六千人。（谢）安与大匠毛安之决意修定，皆仰模玄象，体合辰极，并新置制省阁堂宇名署时政。”[4] 毛安之于两年前曾兼领大匠，定后九月崩后，再次被授于修陵的重任。如前文提及，秦晋大战爆发时，毛安之授

---

[1] 虞世南：《北堂书钞》卷 64，中国书店 1989 年版，第 230 页。

[2] 许嵩撰，张忱石点校：《建康实录》卷 9，中华书局 1986 版，第 267 页。

[3] 《晋书》卷 81《毛安之传》，第 2128 页。

[4] 《建康实录》卷 9，第 265 页。

谢玄节度，兵溃堂邑，无功不得迁官。《资治通鉴》载其事云：

（太元四年，五月）右卫将军毛安之等帅众四万屯堂邑。秦毛当、毛盛帅骑二万袭堂邑，安之等惊溃。兖州刺史谢玄自广陵救三阿。丙子，难、超战败，退保盱眙。[1]

六月谢玄亲自率兵反攻。毛安之与京师王珉、韩康伯发生交集，只能在太元四年五月到五年九月这段时间，王珉写作时间之推定，又进了一步。最后看殷仲堪的“著作”官衔。《晋书》殷仲堪本传云：

其谈理与韩康伯齐名，士咸爱慕之。调补佐著作郎。冠军谢玄镇京口，请为参军。除尚书郎，不拜。玄以为长史，厚任遇之。[2]

他的起家官不明，后调补著作佐郎。谢玄镇京口在太元四年六月反攻秦军之后，如殷仲堪果真应谢玄之请，王珉写作时间又在太元四年六月左右，以谢玄军府府望之炽盛，王珉没有理由放弃长史的称谓而采用著作佐郎的旧衔。本传又云：

领晋陵太守……服阕，孝武帝召为太子中庶子，甚相亲爱。仲堪父尝患耳聪，闻床下蚁动，谓之牛斗。帝素闻之而不知其人。至是，从容问仲堪曰：“患此者为谁？”仲堪流涕而起

[1] 《资治通鉴》卷104，中华书局1956年版，第3291页。
[2] 《晋书》卷84《殷仲堪传》，第2192页。

曰："臣进退惟谷。"帝有愧焉。复领黄门郎，宠任转隆。[1]

晋陵太守隶属扬州，如按晋中朝的"先治百姓，然后授用"的甲午旧制[2]，殷仲堪之任晋陵太守，不过孝武帝重用他的程序性举动，不久即被召回。殷仲堪著作的任官，极有可能发生在他回京以后、父死服丧以前的短暂时段。此时段不可能在太元四年六月以前，也不可能在太元五年八月以后，故合理的过程应是：太元四年六月，殷仲堪不应谢玄之请，由著作佐郎出为晋陵太守；第二年，太守任期未半旋被召回，迁大著作；其后不久，转黄门侍郎；父死服阕，为太子中庶子，复领黄门侍郎。他与王珉、韩康伯、毛安之的交集，在太元五年。王珉文本中的"其年"，可重新改回"太元五年"。

太元五年上半年的京师，疫情不断升级，贵胜之家亦不能免。王珉通医术，有《伤寒身验方》、《王季琰药方》传世[3]，于疫病肆虐之时留下记录，弥为珍贵。文中王珉说得疫之后"大下后或不下"，"不过二三日，辄便死殁"，正好与史书"多绝户者"的描述相呼应。他说自己不同意一般医者用泻心汤，转用大小陷胸汤，无效，进而用增损理中丸，始得大用，随后通报韩、毛、阴、王、顾诸人，同获良效，方中包含的一味枳实因此价贵。前文我们所推导的贵族享

[1] 《晋书》卷 84《殷仲堪传》，第 2194 页。

[2] 见《晋书·王戎传》云："戎始为甲午制，凡选举皆先治百姓，然后授用。司隶傅咸奏戎，曰：《书》称'三载考绩，三考黜陟幽明'。今内外群官，居职未期而戎奏还，既未定其优劣，且送故迎新，相望道路，巧诈由生，伤农害政。戎不仰依尧舜典谟，而驱动浮华，亏败风俗，非徒无益，乃有大损。宜免戎官，以敦风俗。"（《晋书》卷 43《王戎传》，第 1233 页）

[3] 《伤寒身验方》前注已说明。《王季琰药方》一卷，《隋书·经籍志》有录。《隋书·经籍志》且录《王季璞本草经》三卷。王季璞人物不可考，字形相近，当是王季琰所讹。由此说来，王珉传世医方、本草著作，份量远过于《法书要录》所记的他的书法作品。

有医疗资源说，在王珉的笔下得到圆融的验证，理由可简要概括为两点：其一，疾病发生的阶段，贵族之所谓向外向内寻获医术的优势并未立刻发生作用，王珉获得理中丸的结论，有侥幸的因素，途径则归于向内探求；其二，贵族群体获知有效药方后，得以广泛效仿，建康时常的相关药材价格随之涨价，同是贵族群体有力购买的说明。作为事件花絮的，又如殷仲堪的事例。史载他为了父亲医病，躬学医术，遂眇一目，此时的他尚未经历父亲之病危，医学的精妙之处，亦未领悟，故临时不知所为，惟听王珉先行获得的经验处置病情。不久他经历父亲病危死亡，医学术业获得重大进步，他习医的契机，或许也与这场疫病时寻医无门所经历的心态有关。数年以后，殷仲堪向内自求的功夫已深，遇到同样的医疾困境，可不必向外听取他人的意见，结果或如王珉得理中丸方的过程一样，既自救，且救人。《晋书》本传说他任荆州刺史，“善取人情，病者自为诊脉分药”[1]，当再次经历疫病时，他大概不会自矜士族之崇高，拒绝为他人施展技能。

因疫情凶猛，贵胜士人之未精术业者，往往如同殷仲堪。王珉说“诸医用泻心汤”，符合士人群体遇病求医的一般举措，后来实践证明，泻心汤无助病情，只能徒增对医者技术不精者的失望感情，王珉时年已三十，颇习医术，自起而用陷胸汤，又不能得，疫情几不能控制。后经层层实验，才得出赠损理中丸的解决途径。王珉记有人难之，“伤寒热病，理中温药，今不解之以冷，而救之以温，其可论乎”，对他的怀疑，只能是那些施方不灵的专业医者，结果王珉不得不花费大量口实为理中丸取得的效果辩护。从家中染病到医疗无效，再从治病有效到遭受质疑，太元五年王珉家中悲喜起落，与

[1] 《晋书》卷 84《殷仲堪传》，第 2299 页。

同在建康的某些家族已“绝户”的事实相伴前行，他们内心惶恐不安的程度，不知是否更甚于一年前的秦军兵临淮南呢？如王珉言，与他同遭疫病的还包括颜、毛、殷、顾、王等权贵豪门，推衍之，则建康城中诸权贵家，皆共同承受，当听闻王珉以增损理中丸获效，一时效仿，导致枳实价贵。

王珉用药取得不错的效果，至于波及面有多大，仅能作最为保守的估计。一者，疫病自古以来都是医家的难题，王珉非扁鹊、华佗之类的神人，不可能于三言两语之间获得医病的真理，况且太元五年疫病尤其凶毒，他又何堪此造福人类的重任？另一者，可从同时期医者的怀疑态度以及后来医家边缘化《伤寒身验方》的举动推断，他的方法有违医病的常识，不能作为推而广之的法典，之所以获得效果，有偶然中之的幸运因素。事实上，他匆忙告知的四位友人中，韩康伯死于当年八月，毛安之九月领大匠，旋死，亦当年事。二人之死，史不言原因，以当年疫情之炽，必受直接或间接影响，王珉的药方，于病情无力焉。因此，我们可立下一断论，即太元五年上半年的疫病中，贵族群体同样受到极大冲击，死亡无数，流毒深远，虽有王珉等知医的人士起而希望拯救，效果整体不佳，其情节谙合永和间故事：

> 永和末，多疾疫。旧制，朝臣家有时疾，染易三人以上者，身虽无病，百日不得入宫。至是，百官多列家疾，不入。(王)彪之又言：“疾疫之年，家无不染。若以之不复入宫，则直侍顿阙，王者宫省空矣。”朝廷从之。[1]

[1] 《晋书》卷76《王廙传》，第2009页。

太元五年时，孝武如责求朝臣有疫情嫌疑者不能入宫理政，执政的谢安，恐怕只能仿效王彪之上书言明实情，并且还要重加申明，当年的疫情比三十年前更加严重，“王者宫省空矣”势在必然。医家典籍称疫病有雅士与田舍之异，看来雅士之疫并不文雅，如长时间不得消减，不仅“王者宫省空矣”，贵胜之家同样也有“空”的危险。

四、田舍之疫

疫病有雅士、田间之别，来自南朝人的总结。陶弘景曾云：

> 伤寒，时行，温疫，三名同一种耳，而源本小异。其冬月伤于寒，或疾行力作，汗出得风冷，至夏发，名为伤寒；其冬月不甚寒，多暖气，及西风使人骨节缓堕受病，至春发，名为时行；其年岁中有疠气兼挟鬼毒相注，名为温病。如此诊候相似，又贵胜雅言，总名伤寒，世俗因号为时行，道术符刻，言五温亦复殊，大归终止，是共途也。[1]

陶的描述颇受医学史研究人员的重视，因为他提到的温病与伤寒的差别能证明温病在较早时期已有脱离伤寒学的迹象，但本文重心不在医学思想，反而关注看似无关紧要的陶所说的“贵胜雅言”

[1] 见尚志钧辑校：《补辑肘后方（修订版）》卷2，安徽科学技术出版社1996年版，第61—62页。《肘后方》原初是葛洪写成，传抄中错误颇多，实用价值逐渐丧失。百余年后的陶弘景认为该书仍有价值，重做修订，补入不少内容，流传至今日，已经很难分清何为葛洪旧本，何为陶弘景新加，然而有一点可以确定，书中凡有如同上面引文之介入道教教义、方术的内容者，都是陶弘景所为。

与“世俗因号”的现象。为引证之便，我们有必要把另一个医家的相似论述同时引出：

> 古今相传，称伤寒为难治之病，天行温疫是毒病之气，而论治者，不别伤寒与天行温疫为异气耳。云伤寒是雅士之辞，云天行温疫是田舍间号耳，不说病之异同也。考之众经，其实殊矣。……《阴阳大论》云：春气温和，夏气暑热，秋气清凉，冬气冰洌，此则四时正气之序也。冬时严寒，万类深藏，君子周密，则不伤于寒。触冒之者，乃名伤寒耳。其伤于四时之气，皆能为病，以伤寒为毒者，以其最成杀疠之气也。中而即病者，名曰伤寒；不即病者，寒毒藏于肌肤中，至春变为温病，至夏变为暑病。暑病者，热极重于温也。是以辛苦之人，春夏多温热病者，皆由冬时触冒寒冷之所致，非时行之气也。凡时行者，春时应暖而反大寒，夏时应热而反大冷，秋时应凉反而大热，冬时应寒而反大温，此非其时而有其气。是以一岁之中，长幼之病多相似者，此则时行之气也。[1]

这出自前面提过的成书刘宋的《小品方》。陶弘景与陈延之的观点有同有异，同的一面，如二人认为伤寒与温病分属不同的疾病；异的一面，如陶指出医疗途径类似，陈则以为“其实殊矣”。此外，二人还有不少共同立论的前提，如传染疾病有雅士、田舍的称谓，如伤寒病得自之前一年冬天的寒气，时行则一时间莫名骤起、传染无度形成。雅士与田舍之分别对应伤寒与时行，最值得注意。按陶弘景言，“贵胜雅言，总名伤寒，世俗因号为时行”，陈延之则

[1] 《小品方》卷6，第108—109页。

说“古今相传”，莫知来源，可见对于一年之中时而产生的疫病，一直存在两种称谓，一种来自贵族阶层，较“雅”，称“伤寒”，一种来自普罗大众，较“俗”，为“时行”。平心而论，“伤寒”之被称为“雅”，真不知能雅在何处，“时行”之“俗”，也不知何俗在何方，前文引述王珉的著述，即清楚指称太元五年之疫病为“时行”。以王珉出身琅琊王氏之清，而立之年官拜中书令之贵，与王献之并称“二王”之雅，可谓“雅士”中的至雅，如连他都出言称“时行”，疫病有雅士、田舍称谓之区别，断然不能成立。

然陶、陈二位名士言之凿凿，又将做何理解？只要将两者重新的言论拉回到历史的当下，冲撞立刻化为乌有。伤寒一词，来自高深难懂的《黄帝内经》和《伤寒论》，确与士大夫阶层属性相符，至于草莽间不知伤寒的古典含义，用贴切现实的时行代称，也颇为妥当。问题在于，伤寒的称谓早见于《肘后方》、《本草经》等普及面较高的典籍，也可能早已推广到民间，雅、俗之二分，不能仅从不同社会阶层的文化程度的层面推论，需要从时代语言之形成的逻辑思考。《黄帝内经》、《伤寒论》两部经典的伤寒理论前后相承，奠定了后世学术的根基。如《内经·阴阳应象大论》云：

> 天有四时五行，以生长收藏，以生寒暑燥湿风。人有五藏，化五气，以生喜怒悲忧恐。故喜怒伤气，寒暑伤形。暴怒伤阴，暴喜伤阳。厥气上行，满脉去形。喜怒不节，寒暑过度，生乃不固。故重阴必阳，重阳必阴。故曰：冬伤于寒，春必温病；春伤于风，夏生飧泄；夏伤于暑，秋必痎疟；秋伤于湿，冬生咳嗽。[1]

[1] 郭霭春主编：《黄帝内经素问校注》卷2，人民卫生出版社1992年版，第80—81页。

首先指出天地自然的外在气化运动既在人体之外，也在人体之内，又指出人体与自然气化相合则健康，不合则疾病生，接着文本话锋一转，说“冬伤于寒，春必温病”，语气突兀，且没有做相应说明。《内经》成书久远，论断的依据和逻辑已不可考，然其成书后，受历代医者重视，文段或见于唐、或见于宋，重叠交错，给人以医史停滞不前的印象。事实上，历代医者之延续《内经》旧说，多在知识体系重新树立的基础上进行，引述经文的途径历代不变，表达的意思却相去甚远。如辽金以后，刘完素、张元素造立新说，已然将伤寒学的重心彻底引向疾病症状、医疗的总结上，[1] 他们的著述或长篇累牍使用《内经》原文，却不可谓延续《内经》旧旨，犹如对于对待“冬伤于寒，春必温病”之全然忽略伤寒传染性的理论，他们看似毫无批判的加以继承，其实于新体系下，传染与否的病因学说沦入次等话题，也即是说，他们重视病症背后的辩证方式及用药的合理性，至于传染与否，模棱两可，并不着重。《内经》宣扬的冬寒春病的病因思想，唯有汉唐的医界尚能守其旧论。如隋朝成书的《诸病源候论·伤寒候》云：

> 经言：春气温和，夏气暑热，秋气清凉，冬气冰寒，此则四时正气之序也。冬时严寒，万类深藏，君子固密，则不伤于寒。夫触冒之者，乃为伤寒耳。[2]

“经言”，可指《伤寒论》之言，亦可指《伤寒论》引述的《阴

[1] 叶发正：《伤寒学术史》，华中师范大学出版社 1995 年版，第 78—79 页。

[2] 巢元方撰，南京中医学院校释：《诸病源候论》卷 7，人民卫生出版社 1980 年版，第 222—223 页。

阳大论》之言，“君子固密，则不伤于寒”，则道出《伤寒论》下到《诸病源候论》的传承特征。《内经》不言传染，《伤寒论》、《阴阳大论》亦不言之，隋朝医者宗《内经》而引《伤寒》。《伤寒》成书之汉末，至《诸病》之隋朝，正处贵族大行其道的时代，除了《伤寒》、《诸病》一前一后的代表性著作外，皇甫谧《针灸甲乙经》、《小品方》、《肘后方》等时代前后相承的医籍都不乏论及“君子”。他们笔下的“君子”与“居室”的生存条件相联，又“搢绅”合称，无一不代指高于常人的社会群体。在伤寒学的领域，“君子”、“雅士”、“冬寒春病”、不传染等相捆绑，从医学内部论，乃疾病阶层说的又一处解释，从社会背景衡量，则“君子”的生活环境有关。按当时贵族士子以占领田地作为经济能力的后盾，生活多崇尚庄园，即便居于都城之内，宅内也多造立庭榭，极尽舒适与审美之能事，从而与肮脏虫蚊，污水浊气的茅屋居住者的生活情景形成鲜明的对立。医者曾观察，条件优尚的“君子”于疫病普降时，能借着良好生活条件断绝疫虐，即靠个人之“固密”抵抗疫情的不利影响，他们之所以患有热病，要追踪到前一年冬季。与他们相对立的普罗大众，物质条件落后，所居住区域既为疾病的滋生地，也是疫情的传播地，适应《内经》“一岁之中，长幼之病多相似者”特点，所以才有田舍称时行的说法。

陶、陈二人的论断，既蕴含深厚的医学理论基础，又来自社会现实的深刻观察，卓然有识，可作为医学社会的史料重点引用。他们言“雅士”的疫病，前文已有论证，指出的是疫情重大之如太元五年，贵族群体与凡庶无别，无法独善其身，接下来可考察他们所言“一岁之中，长幼之病多相似者”之带有浓厚传染色彩的时行病的破坏力度。想来贵族尚且不乏染病的年份，普通人又何能经受恶性传染病的侵袭？“多绝户者”的描述，可谓下层民众的形象写照。

由于缺乏王珉文段之类的一手资料，我们只能从年代相近的疫病过程进行推导。

首先，是疫情来临或传言来临时的恐慌。《肘后方》云：“比岁有病时行发斑疮，头面及身，须臾周匝，状如火疮，皆戴白浆，随决随生，不即治，剧者数日必死，治得瘥后，疮瘢紫黯，弥岁方灭。此恶毒之气也。世人云：元徽四年，此疮从西东流，遍于海中，煮葵菜，以蒜齑啖之，即止。初患急食之，少饭下菜亦得，以建武中于南阳击虏所得，仍呼为虏疮，诸医参详作治，用之有效。”[1]《肘后方》中葛洪撰写部分行文皆从简略，此处事由、名称、病状、治法详细备至，乃陶弘景后来补充者。陶弘景于“太岁庚辰”年著述，为齐东昏侯永元二年（500），去“南阳击虏”的齐明帝建武元年（494）仅为六年，他说“比岁有病时行发斑疮”，似乎建武年的这类时行病历年传染，从未间断。如陶交代，前一次相同时行的流行在宋后废帝元徽四年（476），时间相隔不远，“世人”记忆尤深，有“煮葵菜，以蒜齑啖之”的医疗方法为前代经验。斑疮也好，恶气也罢，其兴也勃，其亡也忽，其真实的病况有待医学工作者的考证才能明知，对此我们无发表见解的能力，我们要考虑的是“从西东流，遍于海中”、“以建武中于南阳击虏所得”的传言。元徽四年秋七月，宋后废帝政权发生一起宗室宗室叛乱的骚动，《宋书》载云：

元徽四年七月，垣祗祖率数百人奔景素，云京邑已溃乱，

[1]《补辑肘后方（修订版）》卷2，第59页。如《南齐书·孝义传》云“建武二年，剡县有小儿，年八岁，与母俱得赤斑病。母死，家人以小儿犹恶，不令其知。小儿疑之，问云：“母尝数问我病，昨来觉声羸，今不复闻，何谓也？”因自投下床，匍匐至母尸侧，顿绝而死。乡邻告之县令宗善才，求表庐，事竟不行。”（《南齐书》卷55《孝义传》，第966页）建武间，赤斑病的确曾流行。现代医史考证之，认为可能是“痘疹”，见范行准：《中国预防医学思想》，华东医务生活出版社1953年版，第107页。

> 劝令速入。景素信之，即便举兵，负戈至者数千人。运长等常疑景素有异志，及闻祗祖叛走，便纂严备办。齐王出屯玄武湖，冠军将军任农夫、黄回、左军将军李安民各领步军，右军将军张保率水军，并北讨。[1]

刘景素时年在弱冠，无领兵威略，又事起仓促，叛乱旋而被台军扑灭，其自身则为右卫殿中将军张倪奴生擒，受死于京口，行年二十五。此次叛乱规模不大，但事起南徐州，与建康近在咫尺，台城中又不乏景素死党，因此京师戒严，有齐王（即后来的齐高帝萧道成）出屯玄武湖，冠军将军齐王世子（后来的齐武帝萧赜）镇东府城的布置。尽管如此，仍数以千计的人自带兵器主动建康向京口靠拢，意为叛军效力，建康及附近地区之仓皇动乱，可以知之。景素在京口日浅，所依靠的军事人员，多为之前荆州刺史任上的旧部，起兵时真正为他效死的，即有他左右的数十个“荆楚快手”。因此我们有理由怀疑这数以千计的赴京口人员也与“荆楚”之武装力量有深厚渊源，他们赴京口，有地缘认可的因素在鼓动；同时我们也有理由怀疑，同年爆发“斑疮”之时行病的“从西东流，遍于海中”的病症描述，也与荆楚地区兵士之自西东祸乱扬州建康、京口区域的政治事件有关。再看南齐建武年的“击虏”事件。众所周知，北魏太和十七年（493）孝文帝拓跋弘宏以南征萧齐的名号胁迫朝廷南移，九月至洛阳，成就迁都的事业。尽管北魏南征为假，迁都为实，但初到洛阳的北魏政府一直对南齐进行军事震慑，迁都第二年冬，局部战争已打响，《资治通鉴》载其事云：

[1]《宋书》卷72《刘景素传》，第1862页。

> 魏主命卢渊攻南阳。渊以军中乏粮，请先攻赭阳以取叶仓，魏主许之。乃与征南大将军城阳王鸾、安南将军李佐、荆州刺史韦珍共攻赭阳。佐，宝之子也。北襄城太守成公期闭城拒守。薛真度军于沙堨，南阳太守房伯玉、新野太守刘思忌拒之。[1]

拓跋宏本以为用优势兵力可以在较短世间内攻下以南阳为首的南齐雍州据点，没想到战事自开始即进入僵局，北魏发动的数次进攻都被南齐守将拒之于城下，双方你来我往，拉锯长达五年。南齐永泰元年（498）春，拓跋宏进入南阳，标志北魏取得这场战争的胜利。此战争对于南齐牵制极大，建武纪年的四年时间里，南齐疲于备战，社会扰动不安，国家疲惫。伴随战事的，还包括连绵不绝的“虏疮”疾病。我们实无法确定此斑疮的时行病真由南阳的战争得来，因为二十余年前的相同病症，则被概述为“从西东流，遍于海中”，战争局势下的疫病难以得到相对公平的、客观的观察与总结，情形即如元徽四年之内战的斑疮不可能被称为“虏疮”、建武年间的“虏疮”不会被冠以“从西东流，遍于海中”的名号一样。战争和疫病同时爆发时，民众对于二者之恐惧及憎恶的情绪往往融合为一，流言遍起，从而出现将疫病病因归咎于恐惧与憎恶的对象，借之抒发愤然难平之心态的现象。与之类似的例证甚多，如《宋书·五行志》载：

> 永昌二年，大将军王敦下据姑熟。百姓讹言行虫病，食人大孔，数日入腹，入腹则死。治之有方，当得白犬胆以为药。自淮、泗遂及京都，数日之间，百姓惊扰，人人皆自云已

[1]《资治通鉴》卷139，第4372—4373页。

得虫病。又云，始在外时，当烧铁以灼之。于是翕然被烧灼者十七八矣。而白犬暴贵，至相请夺，其价十倍。或有自云能行烧铁者。赁灼百姓，日得五六万，惫而后已。四五日渐静。[1]

永昌二年（323）即太宁元年，时王敦第二起兵围攻京师，大战一触即发，建康朝廷危矣，同年的时行“虫病”，亦由流言塑造。这次时行病，病因之“虫”不带地域、政治色彩，然“虫”之食人、入腹则死与地方州牧之起兵叛乱、意图僭越之王敦事件有无可否认的隐喻关系，起因也只能从“百姓惊扰”的事实寻找。再如隆安元年（397）的王恭起兵事件，《晋书》云：

王恭镇京口，举兵诛王国宝。百姓谣云：“昔年食白饭，今年食麦麸。天公诛谪汝，教汝捻咙喉。咙喉喝复喝，京口败复败。”识者曰：“昔年食白饭，言得志也。今年食麦麸，麸粗秽，其精已去，明将败也，天公将加谴谪而诛之也。捻咙喉，气不通，死之祥也。败复败，丁宁之辞也。”恭寻死，京都又大行咳疾，而喉并喝焉。[2]

王恭起兵凡二次。第一在隆安元年，以逼迫司马道子诛王国宝之胜利休战，次年八月他再次起兵，以病败身亡的结局告终。因隆安二年（398）的时行“咳疾”与民间先前流传的谣言契合，病情被界定为“喉并喝焉”。

诸多事件表明，社会动荡频繁的东晋南朝的疫病，与战争及政

---

[1] 《宋书》卷31《五行志二》，第902页。

[2] 《晋书》卷28《五行志中》，第848页。

局变化存在复杂的牵扯关系。其一，战争给予疫病之概括与想象提供依据，且成为病源描述的一部分，如元徽四年之疮病案例；其二，战争产生实质的病源，于物理的层面激起疫病流行，如建武间齐魏之战可能带来的“斑疮”；其三，战争带来的无形的社会压力导致时行疫病凭空降临，如永昌二年的虫病；其四，战争及引起政治动乱预示疫情之爆发，并最终得到印证，如隆安初年的大行咳病。凡是种种，因时空的差异而情况不同，呈现出各自的差别色彩，然各者之间仍有昭然可见的联系性，比如大战之后疫病随之出现的必然因果，又比如战争、疫情与流言互相激荡而造成社会恐慌，社会恐慌形成后，又转回来重新制造战争、疾病与流言之间的逻辑关系。我们关注的太元五年的疫病，发生于大战之后，限于史料，其间二者相互影响的复杂关系以及过程的特殊性，已然不可知，真实情况仅能从类似事态的普遍性里推导。太元三年，秦军一度进至淮水，去广陵仅为百里之遥，史云东晋朝廷大震，临江列戍，做好放弃江北，在长江边上与敌人决战的最坏准备。朝廷悲观至极，民间的震恐更不难想象。刘宋元嘉二十七年（450），拓跋焘绕过淮南，驻兵瓜步，建康百姓荷担而立，准备随时逃亡，太元年情况危机不及如此，但前线节节败退的消息传回，惊恐引起的骚动在所难免，与之并发的疫病，或曾被想象为“击虏”引起，或曾归咎于异物造成。王珉概括的“毒气”说，仅代表懂得医学之人的理性，田间言时行，则有恐惧难安的另一层意思。

大疫之年不可避免恐慌心理，乃社会各阶层所共有，不独田舍间而然，至于社会不同阶层的生存小环境不一，疫病造成的后果则实实在在有所差别。此乃我们讨论田舍之疫的第二个话题。建安二十二年（217）北方大疫，文学巨子曹植亲历该过程，记云：

疠气流行，家家有僵尸之痛，室室有号泣之哀，或阖门而殪，或覆族而丧。或以为疫者鬼神所作。罹此者悉被褐茹藿之子，荆室蓬户之人耳；若夫殿处鼎食之家，重貂累蓐之门，若是者鲜焉。此乃阴阳失位，寒暑错时，是故生疫，而愚民悬符厌之，亦可笑也。[1]

曹植此文题为《说疫气》，中心不明，前后文逻辑跳跃巨大，可能是由某篇文章截取而成，因此没有必要刻意考察他的立论主旨，由具体的字句提取信息即可。他嘲笑大疫之时愚民悬符辟疫鬼的作法，说疫病的降临在阴阳失位的客观时变，非人力所能为，又指出受疫病之害的多为底层百姓，殿处鼎食之家染之极少，概括起来，前一组文字是说平民恐惧与无助，后者证明贫贱者往往独为受害者。曹植描述的疫病景象，在往后的百余年的南方社会，又做何等表现呢？正史“大疫”、“绝户”等词语乃第一手的记录，过于模糊，且没有社会分等情况的一层意思，不能清楚说明问题，需考之其他典籍。《太平御览》卷441引的《述异记》一则：

晋元兴末，魏郡民陈氏女名琬，家在查浦，年十六；饥疫之岁，父母相继死没，唯有一兄，佣赁自活。女容色甚艳，邻中士庶，见其贫弱，竞以金帛招要之。女立操贞，概未尝有许。后值卢循之乱，贼众将加陵逼，女厉然不回，遂以被害。[2]

《述异记》有祖冲之、任昉两种，此则文字明确标祖冲之，作

[1] 曹植撰，赵幼文校注：《曹植集校注》卷1《说疫气》，人民文学出版社1998年版，第177—178页。

[2] 《太平御览》卷441，第2031页。

者、出处俱无疑义。比较于同名书籍的其他故事，此则故事平铺直叙，无鬼异事物出现，发生年代又与祖冲之接近，可信度较高。故事中，元兴为安帝年号，魏郡侨置京城，查浦在石头城南，时、地与太元年的“绝户”疫病相近。如故事所云，饥荒疫病的年代，老者死之，壮者活之，太元五年的建康地区，情形应相去不远。

曹植将建安疫情归为“寒暑错时”，源于前文我们分析的阶级立场，在百余年南方社会，还是其他途径了解“荆室蓬户”的死亡原因。医者云：“今东间诸山县，无不病溪毒，每春月多得，亦如京都伤寒之状，呼为溪温，未必是射工辈，亦尽患疮痢，但寒热烦疼不解，便致死耳”、“江南有射工毒虫，一名短狐，一名蜮，常在山间水中，人行及水浴，此虫口中横骨角弩，唧以射人形影则病”。[1] 或有夸张想象的成分，他们指出的水流众多，水毒病源每每中人行病的情况为地理环境所决定，非人力所能干预，他们说的“东间诸山县”及“江南”，或可规定在三吴、会稽一带，然整长江下游水道穿凿曲流，人口众多，都适用于他们概括的病情。都城建康的具体情形，如《世说新语》云：

> 宣武移镇南州，制街衢平直。人谓王东亭曰：“丞相初营建康，无所因承，而制置纡曲，方此为劣。”东亭曰：“此丞相乃所以为巧。江左地促，不如中国；若使阡陌条畅，则一览而尽。故纡余委曲，若不可测。”[2]

---

[1] 《补辑肘后方（修订版）》卷7，第388—391页。中古时期南方的水道、环境，参胡阿祥：《魏晋南北朝时期的生态环境》，《南京晓庄学院学报》2001年第3期，第45—52页；王利华主编：《中国农业通史（魏晋南北朝卷）》，中国农业出版社2009年版，第90—95页；何德章：《魏晋南北朝时期南北水路交通的拓展》，《魏晋南北朝史丛稿》，商务印书馆2010年版，第137—155页等。

[2] 《世说新语笺疏·言语》，第156页。关于六朝建康城市的布置，可参〔日〕中村圭爾：《六朝江南地域史研究》，汲古书院2006年版，第453—554页。

街道迂回委曲，房屋高低错落，加上多条水道支流贯穿其间，“溪毒”、“射工”之类的病源（pathogen）有较好滋生环境，史籍记载的疾疫多数发生都下，此为必要原因。出于本能，人们都愿意居住于优美环境，坐卧不洁，佛教头陀不为也，何况玄学流行的时代，审美之情趣追求，也促使王公士大争夺水明山秀的处所。他们或在此造立庄园，或经营之以为祖产，豪奢者如谢灵运，其《山居赋》云：

其居也，左湖右江，往渚还汀。……近东则上田、下湖，西溪、南谷，石埭、石滂、闵硎、黄竹，决飞泉于百仞，森高薄于千麓，写长源于远江，沠深毖于近渎；近南则会以双流，萦以三洲，表里回游，离合山川，崿崩飞于东峭，盘傍薄于西阡，拂青林而激波，挥白沙而生涟。[1]

按照庄园布局的比例衡量，谢灵运此赋应为“水居赋”而非“山居赋”，他描绘的生活，还有“毖温泉于春流，驰寒波而秋徂”、“风生浪于兰渚，日倒景于椒涂”、“华映水而增光，气结风而回敷”。他的庄园水质清澈，草木油润，景色华美，我们绝不会取之与“溪毒”、“射工”的穷山恶水相比对，医者描绘的是与谢灵运庄园相对立的另一种生存环境。《全宋文》辑有乔道元《与天公笺》云：

道元居在城南，接水近塘，草木幽郁，蚊虻所藏，茅茨陋宇，才容数床，无有高门大户，来风致凉，积污累熏，体

[1] 《宋书》卷67《谢灵运传》，第1754—1772页

貌萎黄。[1]

乔道元人事无考，城南云云，如《南齐书·五行志》言“京师民间相惊云当行火灾，南岸人家往往于篱间得布火缠者，云公家以此禳之”[2]，描述的是建康城南的秦淮河南岸贫者聚集的环境，二者比对，或能推断乔道元故事发生于建康。即使乔道元说的“城南”非就建康论，他描述的水污蚊虻、积污累燻的居所，同样是建康城南居住者所不能免。疫病发生，半由天灾，半由生活资源分配极端不公的人祸。

太平无事的年份，贵族群体或可窃喜于自身的娇贵，一旦大疫降临，普天同受，亦无处可遁，当然，田舍间的处境还是远比他们困顿。田舍无较好的条件决断病源，染疾后又无医疗资源可为依靠，生活其间的民众之恋生本能与必死的处境一时冲突，容易走向宗教指引的思想与活动。此乃我们讨论田舍之疫的第三个话题。前文分析伤寒、时行概念时，指出伤寒与雅士同质的社会根源，时行称谓，同样与历史情景有关。所谓时行，直观理解为一时盛行的疾病，再如《阴阳大论》、《伤寒》“一岁之中，长幼之病多相似”的印证，似乎暗示疫病天地气化无差别的流行，与人事无关，其实稍加思考，可知“长幼之病多相似”不过医者对于疫病过程的客观描述，既非病源判断，又非社会情景之有力概括，用以称谓，既不同医者命名疾病名称的常例，又显得肤浅。考之于古籍，《汉书》云：

（哀帝）四年春，大旱。关东民传行西王母筹，经历郡国，

[1]　《全上古三代秦汉三国六朝文·全宋文》卷 57，第 2747 页。

[2]　《南齐书》卷 19《五行志》，第 375 页。

西入关至京师。民又会聚祠西王母，或夜持火上屋，击鼓号呼相惊恐。[1]

“行筹”，颜师古注为“言执国家筹策行于天下”，鉴于该年汉帝国摇摇欲坠之政局以及大旱的灾害，民间自关东到关中出现“行西王母筹”的狂热活动。同年谏大夫鲍宣上书言民有“七亡七死”：

凡民有七亡：阴阳不和，水旱为灾，一亡也；县官重责更赋租税，二亡也；贪吏并公，受取不已，三亡也；豪强大姓蚕食亡厌，四亡也；苛吏繇役，失农桑时，五亡也；部落鼓鸣，男女遮迣，六亡也；盗贼劫略，取民财物，七亡也。七亡尚可，又有七死：酷吏殴杀，一死也；治狱深刻，二死也；冤陷亡辜，三死也；盗贼横发，四死也；怨雠相残，五死也；岁恶饥饿，六死也；时气疾疫，七死也。[2]

可见“时气”之发病杀人的名称与现象，西汉已流行。“行”可释为天地客观存在之六气的自然流行，也可释为政令颁行或任务执行，与“时”结合，则出现自然气化之无意志流动与神秘力量之有意志执行两种含义。前者与“时气”的原意基本一致，可相互通用，后者与民间宗教思想接近，传达出“时”为主，民为奴，“时”裁决，民服从的另一层关系。很显然，普通民众说言之“行”更倾向于后者。“行西王母筹”为一例，其余如长期流传的疫鬼、逐疫说，东汉王充曾概括云：

[1]　《汉书》卷11《哀帝纪》，中华书局1964年版，第342页。

[2]　《汉书》卷72《鲍宣传》，第3088页。

天地之间，毒气流行，人当其冲，则面肿疾，世人谓之火流所刺也。人见鬼者，言其色赤，太阳妖气，自如其色也。鬼为烈毒，犯人辄死，故杜伯射，周宣立崩。鬼所赍物，阳火之类，杜伯弓矢，其色皆赤。南道名毒曰短狐。杜伯之象，执弓而射。[1]

王充目的在批驳鬼神观念，故用无生命之气作为物质存在的标准，强调鬼神不过气之恶的性质的现实表现，耸人听闻的鬼神流行天地，犯人使病，都缺乏合理性。我们考察的普遍民众的信念，恰好正是王充批驳的对象，经由王充之口，我们更能了解当时人认为疫出于鬼神祸害的普遍性。《风俗通》且记有一事：

又永建中，京师大疫，云厉鬼字野重、游光。亦但流言，无指见之者。其后岁岁有病，人情愁怖，复增题之，冀以脱祸。今家人织新缣，皆取着后缣二寸许，系户上，此其验也。[2]

永建（126—132）为顺帝年号，《后汉书》载永建元年（126）前一年延光三年（125）“京师大疫”，永建元年正月，朝廷因疫罢免司徒李合，冬十月称疫疠水潦，令田租减半，《风俗通》所言厉鬼野重、游光应是元年事。此事件可为王充所批判之信鬼行疫现象的实例。

至汉末，鬼神疫病的说法趋于定势，经过道教典籍的采用和发挥，几乎成为疫病解说的固定模式。早期道经《太平经》云：“其害

[1]　黄晖撰：《论衡校释·言毒篇》卷 23，中华书局 1990 年版，第 951 页。

[2]　应劭撰，王利器校注：《风俗通义校注·佚文》，中华书局 1981 年版，第 605 页。

使阴气胜阳，下欺其上，鬼神邪物大兴，共乘人道，多昼行不避人也。今使疾病不得绝，列鬼行不止也。”[1]《太平经》中类似表述俯拾皆是，可不必再引，其词义简单，亦不必再做解释。如此思想终魏晋南北朝之世，未曾被人冷落，如成书于晋宋间的《太上洞渊神咒经》云：

> 道言：自庚辰、辛巳、壬午、癸未年，近于甲申之岁，天下乃有九十二种疫病，病杀恶人。自非有道之者，难免此疫。此疫令人寒热，头痛目眩，五脏不调，心下切切，鼻口咽喉，謦欬腹满，气上刺心，手足拘急，胸背彻脑，耳又不聪，黄疸痈肿，身体赤黑，五种下痢。复有霍乱吐血，鼻钮痈脓，四肢碎痛，节节疼酸，气热惊走，悲思恍惚，中宵不眠，四肢反复，口语无端，妄见神鬼，阴肿下腹，手足不整，卒死失性。如此之徒，悉是疫鬼来杀恶人。[2]

其他道教经典也多言神鬼与疫病的关系，观点光怪陆离，思维模式则保留汉魏之旧。经此，我们清楚知道，东晋南朝田舍间的时行名号，不仅要从病症、传染、人群等角度理解，而且还要关注宗教思想的潜在作用。在普天大疫之年，田舍间绝户者众，孤立无援的底层人群，恐怕也只能通过“行”之类词语的病因概括来表达自身的“高明”、怨怒与无奈。《南齐书·孝义传》载：

---

[1] 王明编：《太平经合校》卷36，中华书局1960年版，第49页。

[2] 《太上洞渊神咒经》卷2，《正统道藏》第6册，文物出版社、上海书店、天津古籍出版社1987年版，第6页。

诸暨东洿里屠氏女，父失明，母痼疾，亲戚相弃，乡里不容。女移父母远住苎罗，昼樵采，夜纺绩，以供养。父母俱卒，亲营殡葬，负土成坟。忽闻空中有声云："汝至性可重，山神欲相驱使。汝可为人治病，必得大富。"女谓是魅魅，弗敢从，遂得病。积时，邻舍人有中溪蜮毒者，女试治之，自觉病便差，遂以巫道为人治疾，无不愈。家产日益，乡里多欲娶之，以无兄弟，誓守坟墓不肯嫁，为山贼劫杀。[1]

事迹与疫病无关，叙述的是一个饱受缺医少药之苦的下层女子成为巫医，走上为他人治病的完整故事。处于大疫病情景的田舍民众，有鬼疫时行的思想为基础，身边又不乏屠氏之类的女巫，向之求助，势在必然。《高僧传·竺法旷传》云：

晋兴宁中，东游禹穴，观瞩山水。始投若耶之孤潭，欲依岩傍岭，栖闲养志。郄超、谢庆绪并结居尘外。时东土多遇疫疾，旷既少习慈悲，兼善神咒，遂游行村里，拯救危急。乃出邑止昌原寺，百姓疾者，多祈之致效。有见鬼者，言旷之行住，常有鬼神数十，卫其前后。[2]

兴宁（363—365）间疫病，正史阙录，范围估计仅限东土。被认为有鬼神数十护卫的竺法旷，同样寄托了村里民众的希望，他用神咒游行村里，拯人危急，仁义的精神值得肯定，僧传所称的"多祈之致效"，可理解为他的活动得到极高的推崇。太元五年"多绝

[1] 《南齐书》卷55《孝义传》，第960页。

[2] 释慧皎撰，汤用彤校注，汤一介整理：《高僧传》卷5《竺法旷传》，中华书局1992年版，第205—206页。

户”大疫中，雅士如殷仲康笃信道教，王家贵公子王珉精于佛理，对于病情，多围绕病症、医方、药物等展开讨论，宗教情感没有左右他们对岐黄医学的理性信赖，缺乏知识、物质基础的田舍民众，或根据经验展开医疗自救，此外向巫师佛道求助，也不失为解脱的途径，至于效果如何，不好评论，“多绝户”依然是事态的结局。苦于史料不全，我们难以探知该年民众如何求助道术，也不能知晓当时道术闻者何人，《晋书·孙恩传》载杜子恭死后，孙泰绍承其学，“（泰）浮狡有小才，诳诱百姓，愚者敬之如神，皆竭财产，进子女，以祈福庆”，[1]经历即在太元间，然不能考实也。

五、疫病的频繁程度

贵族群体不明病因，坐拥医药而无处着力，下层民众无医药可依靠，唯诉于神鬼最为可行，大疫之年的中古社会，以时行命名比伤寒更恰当。时行亦即天行，即天之视万物为刍狗，不以化生为喜，不以剪灭为忧，天之所行的疫病使人群大面积死亡，不能抵消其生化万物之功，天行疫病过后，人群依然赓续生存，亦不能弥补其残杀之过，乐观来看，大疫消减之后，社会复入正轨，历史的发展又一次充满生机。太元三年到五年，天之肃杀的表现远过生长，至太元六年（381），疫病无闻，东晋社会真正转入平静期。因而，我们有必要再引申另一论题，即天行的规律，具体说来，即东晋南朝时期大疫之如太元五年者，是否常见？大疫出现是否有一定规律性？

要回答之，最近乎科学的方法，即穷尽传世史料相关记载，考察记录疫病出现的年份及病情。目前看来，“大疫”年份，有永昌元

[1]《晋书》卷100《孙恩传》，第2632页。

年（322）、永和五年（349）、永和六年（350）、永和九年（353）、太和四年（369）、太元四年（379）、太元四年至五年（379-380）、隆安五年（401）、义熙元年（405）、义熙四年（408）、义熙七年（411）、大明六年（462）、泰始四年（468）、永元三年（501）、515（天监十四年）、中大通元年（529）；普通疫病者，有咸和五年（330）、隆安二年（398）、元嘉三年（426）、元嘉四年（427）、元嘉七年（430）、元嘉二十四年（447）、元嘉二十八年（451）、大明元年（457）、大明四年（460）、天监二年（503）、天监三年（504）、太清二年（549）。其外还有简单记为“晋兴宁间”、“晋末”、“宋末”。这些记录来自多部正史及《高僧传》，共31处，如或有未被搜罗的，相信仅为极少数。仔细考察这些记录，我们深感预期之研究方法之深不可行。首先，著史者记载或详或略，非出于长期做有系统的观察得来，时间的严格性不足；其次，疫病或在江扬，或者在东土，某些记录泛泛言之，不知所在，地域的严格性不足；再次，史籍或言疫、或言大疫，或言绝户，万分复杂的疫情，仅用一二字概括之，程度的严格性不足。如此多的不足，说明诸多记载不能作为统计数据来源，如强而为之，可信程度，亦只能存疑。要破解这一难题，需在史籍记录之外寻求突破，我们要提出的，还是医书的史料性，尤其是医书之中极为冷门的五运六气学说。

最早将五运六气学说引入中古史研究领域的是景蜀慧先生。她解析皇甫谧之“废疾”的事实，不仅着手于皇甫谧生活之小环境，还关注魏晋之际复杂的政治环境可能造成的社会压力，最见发明的，是她引入五运六气理论进行推论，指出正始九至十年（248—249）遭受“大风”对皇甫谧“病风加苦聋百日”之病症所造成的伤害。[1]

---

[1]　景蜀慧：《魏晋政局与皇甫谧之废疾》，《文史》2001年第2辑，总第55辑，第53—74页。

景先生的推论严格遵循医理进行，这里我们提出五运六气，则更看重该理论的时代适用度。五运六气理论基于《素问》最后的七篇《大论》。[1] 这七篇《大论》非汉魏旧本所有，至唐时才被收入，成书年代存疑。对此，我们无意争论，于七篇《大论》的成书时间不发表任何见解，谨取五运六气之唐代已经成熟的事实，指出《大论》的作者必然通透彻中古数百年间的天地气运、地域人群、疾病时节的一般规律，著之成文，亦依据自身所观察疫病之各种情态来说明。如原本是汉魏形成，至唐代收录，足说明其理论在魏晋南北朝间得到有效验证；如唐代形成，则必然取材于之前的魏晋南北朝发生的事实；如魏晋南北朝成书，则正是原有理论与现实相激荡后的结果。五运六气学说概述的天行疫病的规律，无论如何都绕不开中古时代的社会现实，反而言之，中古时代疫病的规律，即集中体现于五运六气的学说。

根据七篇《大论》，全年整体的流行疾病以及一年之中各季节的可能发生疾病都与该年的天干地支的五行属性有关。年中季节疾病的推算繁复琐碎，暂且不论，全年整体情况，可根据当年天干地支上下加临的情况判断。如上下不相合者，为太过，为不及；上下能相互弥补，为平气；前后两年的交接之际辰、时、日的天干相合，亦为平气。平气之年季候变化平缓合乎正常状态，疫病较少发作，太过与不及气运的年份季候异端，乃疫病多发年。以 60 年作为一个周期，运与气之间被抑与得助，共有 15 年，为平气；交运时辰、时、日的天干相合而导致平气如以 0.1（天干机率）× 0.1（天干机

[1] 七篇《大论》指《素问》中的《天元纪大论》、《五运行大论》等七篇论文。七篇《大论》的来源及成书时间，学界争论激烈，然唐代时已正式附入《素问》，可见其文本在中古时代的巨大影响力。关于七篇《大论》成书、理论架构及计算方法的一般介绍，可参任应秋：《五运六气》，上海科学技术出版社 1959 年版，第 1—60 页。

率）×60（周期）×3（辰、时、日）算，大约为1.8次。60年中剩余的43.2年，则属于过与不及。三者之间的百分比分别为25%，3%和72%。数据看起来过于刻板，如换为简单明了的话语，即是平均每两年，至少会有一次规模显著的疾疫发生。进而到年份内部，无论平气或者非平气之年，当年各季候的时段也会出现天运与地气不相合，也是流行性疾病产生的契机，因此，我们可以据之推断，东晋南朝疫病出现的频率，平均应超过一半年份。

五运六气的推论，当然也存在地域所指不明的弊端，比起违背常识的动辄数十年未见疫病的史籍统计，则至少提醒我们，中古时代病疫的频繁程度，远远超过正史《五行传》中那些干枯文字所悬挂的年份系列。如按五运六气学说，太元五年（庚辰）上为庚之阳金，昭示该年金运太过的整体特征。一年之内，初运（一月至三月中）、三运（五月下旬至八月初）、四运（八月初至十月中旬）气候正常，不会发生疫病，二运（三月中至五月下旬）、五运（十月中旬至十二月底）则为异端。结合地气的加临，可以概括出上半年以寒气主事，下半年以湿气主事，全年总体由燥、寒、湿的过分的气候主宰，病害也相应生焉。或者源于巧合，前文引述的王珉论当年疫情，认为增损理中丸最为有效，面对他人的质疑，他有“夫今诊时行，始于项强敕色，次于失眠发热，中于烦躁思水，终于生疮下痢”的辩解。他观察到的“烦躁”病症，正与五运六气所推出来的金运太过的特征相吻合。

如此刻板推论，并不代表我们迷信五运六气理论真有预测疫病的能力，也不代表我们确认王珉的药方与五运六气理论有关，我们仅借以说明，东晋南朝疫病的频繁程度，不可通过一般史籍做直接推导，其次数之多、情况之复杂，可从专业医学者的视角去探视。

六、余论：东晋南朝社会的差别与无差别

从“多绝户”之太元五年开始，不经意间，我们引出凝结于疫病之上的国家制度、医疗资源、阶层人群、宗教思想、环境卫生等话题。概言之，南方地多水源，疫病频发，毒害深广，贵族阶层有一定健康资源，却不足以抵抗重大疫情，贫贱人群无外在条件做保障，或只能听天由命，容易发出功利性的宗教诉求。如此众多的以疫病组成的历史情景，似乎映射出东晋南朝的发展过程中，存在着一个较为独立的医疗社会的面度。这个层面显现的社会变迁与地域、物候紧密相关；人群阶层分类的标准，与政治、经济、文化稍有不同；人群之间的差别，也异于政治地位、经济能力的标准。

一般而论，东晋南朝绍承中朝传统，乃魏晋贵族制社会的进一步延伸，其阶级秩序井然，汉代以来乡里机制泛化而为国家权力结构的特征，仍得到较为完整的保存。无论基于马克思主义的阶级理论，还是马克斯·韦伯的“生活方式”的阶层分等方法[1]，其士族之贵，寒门、编民、吏兵之逐次为贱的既定现实，不会有大幅度的变动。然而，在我们提出的医疗社会的维度下，人群的差别，首先不是由生产资源的占有来定位，也不是由区域共同体中德望、宗亲、乡里之不同层级来辨析，而是其他因素有关。事例又可举谢安。穆帝升平（357—361）中，他出为吴兴太守，得知支遁有意到会稽剡县隐居，他致书云：

思君日积，计辰倾迟，知欲还剡自治，甚以怅然。人生如

[1]　马克斯·韦伯，林荣远译：《经济与社会》，商务印书馆 1997 年版，第 333—342 页。

> 寄耳，顷风流得意之事，殆为都尽。终日，触事惆怅，唯迟君来，以晤言消之，一日当千载耳。此多山县，闲静，差可养疾，事不异剡，而医药不同，必思此缘，副其积想也。[1]

剡县地处偏远，吴兴郡治则在乌程。乌程交通便利，经济相对发达，谢安让支遁前往乌程，提出的是另一个支遁不慎重考虑的问题——“医药不同”。东晋时期，南方开发的尚未深入，偏远郡县在疆域之内，奉国家政令，户口财税能为国家所用，但文化上仍处落后，更不论条件要求更为苛刻的医药水平。在乌程，能得医药的方便，如在剡县，疾病一时发动，名医难延，急需的药物无处获得，景况必然窘迫，任由支遁名望再崇高，地位再显赫，病痛死亡，视比一介平民。可再举一南朝例证。《宋书·戴颙传》云：

> 桐庐县又多名山，兄弟复共游之，因留居止。勃疾患，医药不给，颙谓勃曰：“颙随兄得闲，非有心于默语。兄今疾笃，无可营疗，颙当干禄以自济耳。”乃告时求海虞令，事垂行而勃卒，乃止。桐庐僻远，难以养疾，乃出居吴下。吴下士人共为筑室，聚石引水，植林开涧，少时繁密，有若自然。[2]

戴勃、戴颙世居剡县，爱桐庐县的名山，结果导致戴勃“无可营疗”而死。受此刺激，戴颙出居吴下，隐于市也。可见，医疗社

[1] 《高僧传》卷4《支遁传》，第160页。《全陈文》且录有陈后主给释智头的一篇敕文，云：“得使人赵君卿启，并省来答表，志存林野，兼有疾病，愿停山寺，不欲出都，不具一二。岩壑高深，乃幽人之节，佛法示现，未必如此。且京师甚有医药，在疾弥是所宜，故遣前主书朱亩迎接，想便相随出都，唯迟法流不滞，会言在近。”（《全上古三代秦汉三国六朝文·全陈文》卷4，第3423页）理由与谢安奉劝支遁相似。

[2] 《宋书》卷93《戴颙传》，第2276—2277页。

会视野之下的人群，首先应该做中心地域与偏远地区的区分，居于中心地域者，尽管文化、经济地位卑下，但起码可以搭乘医、药易得的便利，染病得救的几率比偏远地区那些与他们同为一社会阶层、甚至地方豪贵要更高一些。

出于深厚的社会责任感，不少精于医术者，都希望向偏远地区贯彻医学，拉齐不同地区医疗水平的高下差异。最著名者，莫如葛洪。他说：

> 余今采其要约以为《肘后救卒》三卷，率多易得之药，其不获已须买之者，亦皆贱价，草石所在皆有，兼之以灸，灸但言其分寸，不名孔穴。凡人览之，可了其所用，或不出乎垣篱之内，顾眄可具。[1]

《肘后救卒》简称《肘后方》，乃葛洪经精心选择，收录都是简易方药，而且考虑用灸的穴位非一般能辨认，葛洪不称穴名，改用分寸来辨认位置。他的尝试既受肯定，也获批评。如陶弘景云：

> 葛序云，可以施于贫家野居，然亦不止如是。今搢绅君子，若常处闲佚，乃可披检方书，或从禄外邑，将命遐征；或宿直禁门，晨宵隔绝；或急速戎阵，城闸极严阻，忽遇疾仓卒，唯拱手相看，曷若探之囊笥，则可庸竖成医。故备论证候，使晓然不滞，一披条领，无使过差也。[2]

---

[1]　《补辑肘后方（修订版）·葛洪〈肘后备急方〉序》，第7页。

[2]　《补辑肘后方（修订版）·华阳隐居〈补阙肘后百一方〉序》，第8页。

陶希望简易更为彻底，推广更为透彻，以至于达到“庸竖成医”的境地。他们的愿望如此宏大，现实中如真有一、二成之落实，必然功业满满，惠泽万民。谨慎起见，我们必须考察同时代其他医者的看法。《小品方·序》云：

今先记述上古已来旧方，卷录多少采取可承案者，为《小品》成法焉。《华佗方》有十卷。《张仲景辨伤寒并方》有九卷，而世上有不啻九卷，未测定几卷，今且以目录为正。《张仲景杂方》有八卷。《黄素方》有二十五卷。《葛氏所撰方》有四卷。《阮河南所撰方》有十五卷。《辽东都尉广所撰备急方》、《中古备急》并合为二卷。《杨氏所撰方》有九卷。有《杂撰方》七卷。有《治下汤丸散方》十卷。有《治妇人方》十三卷。有《治少小杂撰方》三十卷。有《治眼方》五卷。有《杂膏方》十卷。《范东阳所撰方》有一百九卷，是范安北过江后撰集也。上十六件，皆是《秘阁四部书目录》所载录者也。《羊中散所撰方》有三十卷，是元嘉中于新安郡所集，皆是江东得效者，于世乃可即用。《秦承祖所撰要方》二十卷，多是范东阳集中单省者耳。且首数又少，于次第治不得周悉，不足传也。上二件，并是元嘉中撰也。一切诸贵家皆各自撰集服药方也，终归是大集中事及术士所增损耳，不可悉录也。[1]

陈延之所见，有《华佗》、《张仲景》之经典，有《黄素》、《阮河南》之中朝名著，有江东以后的现代作品，乃当日最为常见医籍之总和，颇具代表性。葛洪的《肘后方》，当是文中《葛氏所撰方》

[1]　《小品方·自序》，第1—2页。

四卷者，对此，陈延之无一语评论，而且如陈延之所列，类似《葛氏所撰方》之类的单省方，社会流行者众，《杨氏所撰方》九卷、《杂撰方》七卷、《治下汤丸散方》十卷等，无不是也。这类药方的出现，渊源有自，陈延之且云：

> 历代撰集，文迹皆悉存，而术有神人真气，药有游仙所饵，方有延年益寿，法有民间救急，自古至今，去圣久远，虽有其文，无有传授之者。[1]

看来葛、陶之“肘后”，不过是医者著述立说的一种模式，当中的方药来自民间救急，广而推之，也适用于民间，他们序言“可以施于贫家野居”的宣告，绝不能作为《肘后方》走向民间、极大提升民间的自救能力的证明。想来医学精通极难，民间依据一些经验进行医疗，或效或无效，家中即使传抄有《肘后方》，一时紧急，又何敢贸贸然以药方上的死文字来应对人间的活病情？最可能的结果，即是民间之能治者自能治之，不能者亦不能之，期待通过若干纸片取得“贫家野居”的医疗水准的进展，无异于希望书若干朱砂文字于黄纸，得鬼兵上阵御敌的道教上章。

“贫家野居”的人群提升无门，贵族不乏建立庄园于“东土”者，其情况又将如何？《小品方》云：“一切诸贵家皆各自撰集服药方也，终归是大集中事及术士所增损耳，不可悉录也”，[2] 富贵之家各自撰集药方，关键在于他们有着较高的文化素养，此外，他们有多种途径取得药物。谢灵运《山居赋》云：

---

[1]　《小品方·自序》，第2—3页。

[2]　同上书，第2页。

《本草》所载，山泽不一。雷、桐是别，和、缓是悉。参核六根，五华九实。二冬并称而殊性，三建异形而同出。水香送秋而擢茜，林兰近雪而扬猗。卷柏万代而不殒，伏苓千岁而方知。映红葩于绿蒂，茂素蕤于紫枝。既住年而增灵，亦驱妖而斥疵。[1]

为说明文义，他且自注六根、五华、九实、二冬、三建等药物名称，总而统计之，一共30种。当然，这些只是为造文意趣之清简而列出，性质亦有意表现"住年而增灵"的一面，实际上，谢家庄园中可充为药用的植物、动物、矿物，应不止30。陶弘景概述当时药物存在的局面，云：

秦、汉以前，当言列国。今郡县之名，后人所改耳。自江东以来，小小杂药，多出近道，气势理，不及本邦。假令荆、益不通，则令用历阳当归，钱唐三建，岂得相似。所以治病不及往人者，亦当缘此故也。蜀药及北药，虽有去来，亦复非精者，又市人不解药性，唯尚形饰。[2]

陶延续汉魏《神农本草经》365种之旧，增以一倍数量，常用的药物共730种。以谢家庄园之广，物种之多，30的数量，不过占常用者的4%，实不合常理。如《宋书·徐湛之传》云："城北有陂泽，水物丰盛。湛之更起风亭、月观，吹台、琴室，果竹繁茂，花药成

[1] 《宋书》卷67《谢灵运传》，第1761页。
[2] 《本草经集注（辑校本）》卷1，第32页。

行，招集文士，尽游玩之适，一时之盛也。”[1]花药既然成行，足见经营者有意为之，南北隔绝的格局导致常见药物在“近道”寻找代替品，于庄园所有者而言，不正意味家中寻获吗？至于难得之药，可在市场购买。陶云：

> 众医睹不识药，唯听市人，市人又不辨究，皆委采送之家。采送之家，传习治拙，真伪好恶莫测，所以有钟乳酢煮令白，细辛水渍使直，黄蜜蒸为甜，当归酒洒取润，螵蛸胶着桑枝，蜈蚣朱足令赤。诸有此等，皆非事实，世用既久，转以成法，非复可改，末如之何，又依方分药，不量剥治。[2]

陶本意在药物辨伪，然亦可见当时钟乳、细辛、黄蜜、当归、螵蛸、蜈蚣等有专门的采送者和销售者，商品交易环节完整，为有能力购买者提供方便。富贵之家居于东土，医药条件或不比建康，然可借以地力、财力的优势，使医疗自成规模。他们受地域影响的高下落差，不如贫困者严重。

自京都向地方、自先进城市向落后乡村形成医疗条件的等级秩序，历代皆然，似不必花大气力加以说明，然而，古代想而可及的社会现象从来都不是焦点，而仅是我们探取医疗社会现象的线索之一。经此梳理，我们可以看出人群医疗条件的高低秩序，地域、阶级的因素都起重要作用，广而论之，宗教信仰、民族来源、家族传统等等，也无不是起着关键作用。当然，地域、阶层、宗教、民族等都是从人的群体性处归纳，接下来，我们还要提出个体行为的历

[1]　《宋书》卷71《徐湛之传》，第1847页。

[2]　《本草经集注（辑校本）》卷1，第33页。

史表现。

颜之推《家训》曾告诫子孙，要“爱养神明，调护气息，慎节起卧，均适寒暄，禁忌食饮，将饵药物，遂其所禀”，他所说的“养生”，颇类似今日学者提出的健康行为（health behavior）。他还说：

> 养生者先须虑祸，全身保性，有此生然后养之，勿徒养其无生也。单豹养于内而丧外，张毅养于外而丧内，前贤所戒也。夫生不可不惜，不可苟惜。涉险畏之途，干祸难之事，贪欲以伤生，谗慝而致死，此君子之所惜哉；行诚孝而见贼，履仁义而得罪，丧身以全家，泯躯而济国，君子不咎也。[1]

更将养生从身心健康提升到处事气节方面，可用“全面的健康行为”来理解。颜氏的观点并无新发明，先秦以来道家人物的论述更深更广，颜氏将其转为可行的日常规范，希望子孙后代遵循。他的家规，来源他所处的萧梁时代：

> 梁世士大夫，皆尚褒衣博带，大冠高履，出则车舆，入则扶侍，郊郭之内，无乘马者。周弘正为宣城王所爱，给一果下马，常服御之，举朝以为放达。至乃尚书郎乘马，则纠劾之。及侯景之乱，肤脆骨柔，不堪行步，体羸气弱，不耐寒暑，坐死仓猝者，往往而然。建康令王复性既儒雅，未尝乘骑，见马嘶歕陆梁，莫不震慑，乃谓人曰：“正是虎，何故名为马乎？”其风俗至此。[2]

---

[1] 王利器：《颜氏家训集解》（增补本）卷5《养生》，中华书局1993年版，第356—361页。

[2] 《颜氏家训集解》（增补本）卷4《涉务》，第322页。

这些贵族子弟除了安逸过度导致身体孱弱外，学问、行止又做何表现呢？云：

> 梁朝全盛之时，贵游子弟，多无学术，至于谚云："上车不落则著作，体中何如则秘书。"无不熏衣剃面，傅粉施朱，驾长檐车，跟高齿屐，坐棋子方褥，凭斑丝隐囊，列器玩于左右，从容出入，望若神仙。"[1]

颜之推目睹之，心念之，何能不有所触动？盖自江东以后，士大夫的行为方式保留中朝的旧习，乃无德而折巾者，早期如荆州刺史王澄为主，胡毋辅之、光逸、王尼、谢鲲、阮放、毕卓、羊曼、桓彝、阮孚为附和的名仕集团。他们的任诞罕为当时人贬斥，反而被誉为风流[2]，至晋末，大名士王恭还将这类行为升华为："名士不必须奇才，但使常得无事，痛饮酒，熟读离骚，便可称名士"[3]。王恭的说法有坚实的历史基础，在他之前清谈领袖刘惔即得到"居官无官官之事，处事无事事之心"的褒扬诔文。[4]

优逸虚浮、无德放纵，江东士族健康行为可以称道者不多，反面形象不少。如痛饮。史籍记载的嗜酒之徒，有刘邕、檀韶、刘康祖、王忱、范泰、刘义真、刘义季、沈勃、刘敬弘、鲁爽、范晔、颜延之、柳元景、刘袆、孔顗、殷孝祖、袁粲、陶潜、朱百年。最

[1]《颜氏家训集解》（增补本）卷3《勉学》，第148—157页。

[2]《晋书》载王敦有不臣之迹，谢鲲不与之同谋，"每与毕卓、王尼、阮放、羊曼、桓彝、阮孚等纵酒，敦以其名高，雅相宾礼"（《晋书》卷49《谢鲲传》，第1377—1378页）。连英雄气概之王敦也没有鄙视谢鲲的荒淫行为，反而顾虑谢鲲纵酒驰骋得来的虚名，不敢轻易诛杀。

[3]《世说新语笺疏·任诞》，第763页。

[4]《晋书》卷75《刘惔传》，第1992页。

为奇特属颜延之，他的《庭诰》指示后辈："酒酌之设，可乐而不可嗜，嗜而非病者希，病而遂眚者几。既眚既病，将蔑其正。若存其正性，纾其妄发，其唯善戒乎？"自己纵酒偏激，本传云"好骑马，遨游里巷，遇知旧辄据鞍索酒，得酒必颓然自得"。[1] 受酒风影响，士人以酒入诗者，不可计数。孔欣《置酒高堂上》，鲍照《酒后》，庾信《有喜致醉》、《聘齐晚秋馆中饮酒》、《就蒲州使君乞酒》、《暮秋野与赋得顷壶酒》、《对酒》、《春日极饮》，范云《当对酒》，王僧孺《在王晋安酒席数韵诗》，张率《对酒》，刘孝威《九日酌菊酒诗》，江总《在陈旦解酲共哭顾舍人诗》，都可谓"酒诗"。

除饮酒外，行走、坐卧、房室等，也都存在不合理的行为。这些行为或有助于自我标榜，却又实实在在拉低他们的身心健康。我们可考察若干家族人物的行为变化（见附表）。声望、官宦、玄学化的同时，嗜酒、闲适、骄奢的行为也一代一代加深，表中列的陈郡谢氏，可谓典型。谢安之后，谢家跃入江左一等高门，至谢弘微已超过 3 代人。谢弘微出自谢万一支，祖孙三代仕宦显达无比，文学、书法闻明于世，却无不被疾病困扰。谢庄曾自诉"家世无年"，高祖谢万 40，曾祖谢 32，祖父谢恩 47，父亲谢弘微 42，自己已过 35，时常预感到生命的终结。谢庄后 46 岁而终，也为自家"无年"增加一证。士族群体经多代人的繁衍生息，不断走向梁全盛时贵族子弟的模样。而如颜氏云，这些士族子弟遭遇侯景之乱，肤脆骨柔，不堪行步，坐死仓猝者，不在少数。侯景之乱，正如太元五年的普天大疫，其紧急逃亡之仓皇与大疫来临时之无处逃匿，将人群的生命质量（quality of life）彻底解剖开来。在这里，尊贵贫贱的社会身份、圣贤愚昧的精神境度沦为其次，生命之能否能够保存，只能由

---

[1] 《宋书》卷 73《颜延之传》，第 1897 页。

地域、阶层、宗教、民族、家族之外部因素及个人行为的内在作用决定。

最后，请让我们再次回到太元五年的场景上。沈约抱着“式规万叶，作鉴于后”的目的撰写《宋书》[1]，确实不必花过多笔墨在“多绝户者”的年景上，因为大疫乃天行之灾，世间的政事于此鲜有表现，他即使想有意言之，文献不足征也。他的寥寥数语，经医学文献的扩充补证，再经时代的上下连贯，意义丰腴不少。如疫病的由来，既可归咎于天灾之“伤寒”，又可确定为社会健康资源分配不同带来的“时行”，疫病的戕害，平民草庐必不能免之，王谢楼阁同样深受其害。将太元五年的个案泛化，以医疗社会的角度做综合评述，则大疫如太元五年的东晋南朝社会，既有差别，也无差别：有差别者，仍在一般所言的门阀、权位之天然分等造带来雅士与田舍之疫的说法；无差别者，则是贵贱分等之转“伤寒”为“时行”后，普天大疫中同为草芥的无差别的死亡。

[1]　《宋书》卷100《自序》，第2467页。

附表

家族	第一代	第二代	第三代
太原王氏	王述：安贫守约，不求闻达，性沈静。	王坦之：有风格，尤非时俗放荡，不敦儒教，颇尚刑名学。	王忱：性任达不拘，末年尤嗜酒，一饮连月不醒，或裸体而游，每叹三日不饮，便觉形神不相亲。
谯国桓氏	桓彝：少孤贫，虽箪瓢，处之晏如。……（苏峻之乱）将士多劝彝伪降，更思后举。彝不从，辞气壮烈，志节不挠。	桓温：豪爽有风概，姿貌甚伟。	桓玄：自篡盗之后，骄奢荒侈，游猎无度，以夜继昼。
顺阳范氏	范宁：时以浮虚相扇，儒雅日替，宁以为其源始于王弼、何晏，二人之罪深于桀纣。	范泰：泰好酒，不拘小节，通率任心，虽在公坐，不异私室。	范晔：晔与司徒左西属王深宿广渊许，夜中酣饮，开北牖听挽歌为乐。
陈郡谢氏	谢弘微：慧琳曰："檀越素既多疾，顷者肌色微损，即吉之后，犹未复膳。若以无益伤生，岂所望于得理。"	谢庄：禀生多病，天下所悉，两胁癖疾，殆与生俱，一月发动，不减两三。	谢朏：素惮烦，及居台铉，兼掌内台，职事多不览，以此颇失众望。
庐江何氏	何尚之：少时颇轻薄，好摴蒱，既长折节蹈道，以操立见称。……家贫，起为临津令。	何偃：素好谈玄，注《庄子·逍遥篇》传于世。	何戢：家业富盛，性又华侈，衣被服饰，极为奢丽。
吴郡张氏	张永：少便驱驰，志在宣力，年虽已老，志气未衰。	张瑰：居室豪富，伎妾盈房。	张率：虽历居职务，未尝留心簿领……率嗜酒，事事宽恕，于家务尤忘怀。

注：以上文字，均录自中华书局版《晋书》、《宋书》、《梁书》、《南史》。

刘孝标《辩命论》写作年代新证

赵灿鹏（暨南大学古籍研究所）

南朝梁刘孝标（名峻，字孝标，462—521）撰《辩命论》一文，是中古文学史、思想史上的名篇。关于此文写作年代，学术界的看法颇多歧异，据笔者见闻所及，主要有以下五种观点：

甲、天监四年（505）前后。[1]

乙、天监初至七年（508）以前。[2]

丙、天监八年（509）或稍后。[3]

丁、天监十一年（512）。[4]

戊、天监十五年（516）以后。[5]

---

[1] 侯外庐等：《中国思想通史》第3卷，人民出版社1957年版，第377页，此部分撰者赵纪彬。又见赵纪彬：《赵纪彬文集3》，河南人民出版社1991年版，第459页。

[2] 曹道衡：《关于〈文选〉中六篇作品的写作年代》，《文学遗产》1996年第2期，第27页。

[3] 罗国威：《书〈梁书·刘峻传〉后》，载《古籍整理与研究》第4期，中华书局1989年版，第277页。哲学卷编委会编，潘富恩主编：《中国学术名著提要·哲学卷》，复旦大学出版社1992年版，第311页，撰者潘良桢。陈文新主编，汪春泓分册主编：《中国文学编年史·两晋南北朝卷》，湖南人民出版社2006年版，第442页。

[4] 曹道衡、沈玉成编撰：《中国文学家大辞典·先秦汉魏晋南北朝卷》，中华书局1996年版，第128页，“刘峻”条。曹道衡、沈玉成：《中古文学史料丛考》卷4，中华书局2003年版，第525—526页。

[5] 何融：《〈文选〉编撰时期及编者考略》，《国文月刊》1949年第76期，第26页。林聪明：《昭明文选研究》，台湾文史哲出版社1986年版，第5页。王玫、王江玉：《刘

在文学史研究中，《辩命论》的写作年代问题，与《文选》收录作品时间下限、编序原则、成书年代等问题有密切关联，因而特别受到学者的重视。

关于《辩命论》写作年代问题，学者观点互歧，主要原因在于《梁书》和《南史》关于《刘峻传》记载的差异。

《梁书》卷50《文学下·刘峻传》云："高祖招文学之士，有高才者，多被引进，擢以不次。峻率性而动，不能随众沉浮，高祖颇嫌之，故不任用。峻乃著《辩命论》以寄其怀……"刘孝标引起梁武帝嫌恶的情形，《南史》卷49《刘峻传》有载："武帝每集文士策经史事，时范云、沈约之徒皆引短推长，帝乃悦，加其赏赉。会策锦被事，咸言已罄，帝试呼问峻，峻时贫悴冗散，忽请纸笔，疏十余事，坐客皆惊，帝不觉失色。自是恶之，不复引见。"据《梁书》卷2《武帝纪中》，范云卒于天监二年五月，知此策锦被事在天监二年之前；安成王秀于天监七年五月为荆州刺史，引刘孝标出任户曹参军，乙说《辩命论》撰于天监初至七年以前，理由如是。乙说颇有见地，但稍欠精确。

又《梁书·武帝纪中》载安成王秀于天监十一年十二月征为中卫将军，学者认为刘孝标随安成王秀入朝，得闻梁武帝有关管辂之议，乃作《辩命论》，丁说立论出此。按《梁书·刘峻传》云："安成王秀好峻学，及迁荆州，引为户曹参军，给其书籍，使抄录事类，名曰《类苑》，未及成，复以疾去，因游东阳紫岩山，筑室居焉。"

（接上页）孝标年谱简编》，《文献》1998年第3期，第14页。曹道衡、刘跃进：《南北朝文学编年史》，人民文学出版社2000年版，第411—412页。韩晖：《〈文选〉编辑及作品系年考证》，群言出版社2005年版，第362—363页。力之：《〈文选〉刘孝标徐悱作品之作时辨》，《广西师范大学学报》2009年第3期，第6—8页。宋华礼：《刘峻研究》，山东师范大学硕士学位论文，2009年，第23—26页。

据此，知刘孝标在荆州撰《类苑》未成，即以疾去，隐居东阳，传中并未言随安成王秀入朝。丁说根据不足，难以征信。

《南史·刘峻传》下文又云："及峻《类苑》成，凡一百二十卷，帝即命诸学士撰《华林遍略》以高之，竟不见用。乃著《辩命论》以寄其怀。"学者因此认为《辩命论》的写作，在《类苑》成书之后。至于《类苑》的成书年代，又有天监八年[1]、天监十五年之前[2]等不同的观点。丙说、戊说认为《辨命论》写成于天监八年或天监十五年以后，原因即此。而《梁书·刘峻传》的记述，则先言刘孝标天监初入西省典校秘书；省视兄青州刺史刘孝庆，坐罪免官；安成王秀迁荆州引为参军，编撰《类苑》未成而去，隐居东阳为《山栖志》；继又言梁武帝招文学之士，刘孝标率性而动为帝所嫌，乃著《辩命论》云云。《梁书》和《南史》关于《刘峻传》的叙事顺序颇有不同，丙说、戊说只据后出之《南史》立论，似略嫌拘泥。

根据我们粗浅的考察，上述五种观点之中，以甲说为是，《辨命论》当写于天监四年前后。唯前贤持此说者未作考辨，不知根据云何，今梳理相关史传，为补新证如次。

《梁书·刘峻传》载：刘孝标《辩命论》写成之后，当时学者刘沼曾与他反复论难，"论成，中山刘沼致书以难之，凡再反，峻并为申析

[1] 萧艾：《刘孝标及其〈世说注〉》，《湘潭大学学报》（语言文学）增刊1985年第52期，第22—23页。罗国威：《书〈梁书·刘峻传〉后》，载《古籍整理与研究》第4期，第277页。范子烨：《〈世说新语〉研究》，黑龙江教育出版社1998年版，第116页。

[2] 刘汝霖：《东晋南北朝学术编年》，华东师范大学出版社2010年版，第331页。王玫、王江玉：《刘孝标年谱简编》，《文献》1998年第3期，第14—15页。王玫：《刘孝标生平事迹三考》，《文献》2000年第4期，第52—53页。曹道衡、刘跃进：《南北朝文学编年史》，第411页。韩晖：《〈文选〉编辑及作品系年考证》，第362—363页。吴光兴：《萧纲萧绎年谱》，社会科学文献出版社2006年版，第60页。宋华礼：《刘峻研究》，第25—26页。按刘汝霖、吴光兴系于天监十四年。

以答之。会沼卒，不见峻后报者……”（《南史·刘峻传》略同）可知在刘沼去世之前，《辩命论》已经写成。刘沼的卒年，《梁书》、《南史》的《刘沼传》皆未明言[1]，但我们可以通过考察其职官履历而获得答案。

《梁书》卷50《文学下·刘沼传》云：“天监初，拜后军临川王记室参军，秣陵令，卒。”《南史》卷49《刘沼传》云：“位终秣陵令。”[2]据《梁书》卷2《武帝纪中》、卷22《太祖五王·临川靖惠王宏传》，天监元年，临川王宏为后将军，三年正月一日戊申，进号中军将军。刘沼任后军临川王记室参军，当在天监元年至二年之间。刘沼任秣陵令的时间，我们在宋李昉等编《太平广记》中发现有记载，该书卷118引《续异记》云：

> 秣陵令中山刘沼，梁天监三年，为建康监。与门生作食次，灶里得一龟，长尺许，在灰中，了不以燔炙为弊。刘为设斋会，放之于娄湖。刘俄迁秣陵令。[3]

据此，知刘沼于天监三年任建康监，既云“俄迁秣陵令”，他任秣陵令的时间大约也在天监三年。按两晋至南朝宋前期，郡县守宰任期为六年，宋后期至齐梁陈，以三周年为秩满。[4]刘沼卒官秣陵令，

---

[1] 李金星《梁书文学传疏证》（台湾东海大学中文研究所硕士论文，1975年，第110页）说：“刘沼卒年失考。疑或在天监四、五年间。”但未作考证。

[2] 初唐失撰人名《文选注》云：“刘沼为秣陵令，孝标从兄。”参见罗国威：《天津艺术博物馆藏敦煌本〈文选注〉笺证》，《敦煌本〈文选注〉笺证》，巴蜀书社2000年版，第30页。据《梁书》、《南史》刘峻及刘沼传，刘孝标为平原平原人，刘沼中山魏昌人，二人郡望不同，“从兄”之说疑误。

[3] （宋）李昉等编：《太平广记》卷118，中华书局1961年版，第826页。按《续异记》撰人不详，李剑国著《唐前志怪小说辑释》（上海古籍出版社1986年版，第642页）谓作者当是梁、陈间人。

[4] 参见严耕望：《中国地方行政制度史·魏晋南北朝地方行政制度》（上册），上海古籍出版社2007年版，第380—381页。

当未出三年之期限[1]，故知其卒年应在天监六年之前。

刘沼卒后，《梁书·刘峻传》记，刘孝标为书云："刘侯既有斯难，值余有天伦之戚，竟未之致也。寻而此君长逝，化为异物……"此书又载梁昭明太子编《文选》卷43，题作《重答刘秣陵沼书》。书中所云"天伦之戚"，唐李善注："《穀梁传》曰：'兄弟，天伦也。'何休曰：'兄先弟后，天之伦次。'"吕向注："天伦之戚，谓兄弟死也。"初唐失撰人名注："秣陵尝与标书，兄死，遂未及报。"[2]"'天伦'，标兄死，不得报之书。"[3]清人何焯亦云："当是其兄孝庆云亡。"可从。[4]刘孝标书"余有天伦之戚"后云"寻而此君长逝"，可知刘孝庆、刘沼二人去世的时间接近。

《梁书·刘峻传》云："天监初……峻兄孝庆，时为青州刺史，峻请假省之……"上文已言刘沼卒年在天监六年之前，刘孝庆又先于刘沼去世，则其任青州刺史当不晚于天监六年。按宋明帝泰始年间失淮北，侨立青、冀二州，"二州共一刺史"，治郁洲，齐梁承之。[5]唐欧阳询撰《艺文类聚》卷8载刘孝标诗《登郁洲山望海》应即作于省视兄长之际。据《魏书》卷8《世宗纪》、《梁书》卷2

---

[1] 参见曹道衡：《关于〈文选〉中六篇作品的写作年代》，《文学遗产》1996年第2期，第27页。唯曹先生考察较为简略。

[2] "秣陵尝"，原作"尚秝陵"，此据罗国威校本。罗国威：《天津艺术博物馆藏敦煌本〈文选注〉笺证》，《敦煌本〈文选注〉笺证》，第30页。

[3] 罗国威：《天津艺术博物馆藏敦煌本〈文选注〉笺证》，载《敦煌本〈文选注〉笺证》，第32页。

[4] （清）何焯撰，崔高维点校：《义门读书记》卷49，中华书局1987年版，第958页。（清）余萧客辑注《文选音义》（清乾隆间刻本，卷7，第30叶下）引刘孝标《自序》："余祸同伯道，永无血胤。"则解为丧子；袁世硕主编《山东古代文学家评传·刘峻》（山东人民出版社1983年版，上册，第301页）亦解作"儿子死去"。按丧子解晚出，前无所承，似不可信。

[5] 参见《宋书》卷36《州郡志二》，《南齐书》卷14《州郡志上》。王仲荦：《北周地理志》，中华书局1980年版，第719—720页。胡阿祥：《宋书州郡志汇释》，安徽教育出版社2006年版，第135—136、145页。

《武帝纪中》及卷18《昌义之传》，梁天监五年至六年青冀二州刺史为桓和。[1]而《梁书》卷16《张稷传》云："……寻迁领军将军，中正、侯如故。时魏寇青州，诏假节、行州事。"[2]《梁书·武帝纪中》云：天监四年十一月辛未，"以都官尚书张稷为领军将军"。知张稷行青州事在天监四年。既以张稷行州事处理州务，必是刺史有缺，则刘孝庆任青州刺史，当在天监四年之前[3]，且天监四年刘孝庆已卒。故而刘沼的死亡时间，亦当在天监四年前后，与前述卒官秣陵令时间相合。

综而言之，在刘孝庆、刘沼二人去世之前，刘孝标《辩命论》已经写成，并与刘沼展开论难，《梁书》和《南史》的《刘峻传》对此记载相同，学者都能承认。我们以此作为讨论的基点，研究结果表明，刘孝庆、刘沼二人卒于天监四年前后，由此可以推断，刘孝标《辩命论》的写作年代，当在天监四年前后。

[1]《魏书》卷8《世宗纪》云：正始三年正月，"萧衍冀州刺史桓和入寇南青州"。《梁书》卷2《武帝纪中》云：天监五年六月庚子，"青、冀二州刺史桓和前军克朐山城"。魏正始三年即梁天监五年（506）。又《梁书》卷18《昌义之传》云："六年四月……以功进号军师将军，增封二百户，迁持节、督青冀二州诸军事、征虏将军、青冀二州刺史。未拜，改督南兖兖徐青冀五州诸军事、辅国将军、南兖州刺史。"天监六年四月昌义之迁青冀二州刺史未拜，改授南兖州刺史，疑仍以桓和为青冀二州刺史。

[2]《梁书·武帝纪中》载天监五年三月，"辅国将军刘思效破魏青州刺史元系于胶水"。曹道衡、沈玉成《中古文学史料丛考》（卷4，第635页）谓即《梁书·张稷传》所言"魏寇青州……魏军退"之事，按魏青州地域与梁青州不同，《张稷传》魏所寇者梁之青州，二者并非一事，曹、沈说误。

[3]吴廷燮：《宋齐梁陈方镇年表》，载张舜徽主编：《二十五史三编》，岳麓书社1994年版，第664页，云：青冀二州刺史，天监元年至五年为桓和，六年至七年为刘孝庆，前者根据为《梁书·武帝纪中》天监五年六月庚子，"青、冀二州刺史桓和前军克朐山城"，后者为《梁书·刘峻传》"天监初，召入西省……峻兄孝庆，时为青州刺史"。按吴表多有讹误漏略，此条疏于考证，不足据。

译经与元魏齐周隋佛学演进之关系探析

苏小华（陕西师范大学历史文化学院）

后秦之后、北魏迁洛之前的北方佛学在繁荣程度上与东晋、刘宋颇有距离，但在北魏洛阳时代，这一差距迅速被缩小，南北佛教并驾齐驱，各擅胜场，在某种程度上北朝佛学或有超越南朝的态势。北朝佛学的迅速崛起与北朝译经事业的发达有密切关系。这一点，以笔者涉猎所及尚未见有专门论说，因此不揣浅陋，就这个问题提几点看法，以就正于治中古史的诸位学者。

一、元魏唯识学佛典的译传兼与真谛译经的比较

元魏时期，从勒那摩提到瞿昙流支是一个传承有序的译经团队，因而比较系统地翻译了唯识学经典，而元魏译经后不久，在岭南由真谛主导的译场也系统地翻译了唯识学的一些经典[1]，耐人寻味的是二者所译的唯识学佛典无论从整体上还是侧重点上都有较大的不同，这是一个值得关注的问题。下面拟从“唯识学译作”及与此相关的“如来藏、净土、俱舍、中观学译作”、“其他性质译经”三个方面来比较元魏团队与南朝真谛译经的差异。

---

[1] 按，真谛所译经参见赖永海主编：《中国佛教通史》第2卷第4章第4节，江苏人民出版社2010年版第440页。

（一）唯识学译作（表1）

表1　唯识学译作比较表

	其他唯识大师的著作	无著的著作	世亲的著作	支撑唯识学的资料
元魏译经僧	安慧著《大宝积经论》（勒那与菩提流支同译）	1. 佛陀扇多译《摄大乘论》 2. 毗目智仙、瞿昙流支译《顺中论》	1. 菩提流支译《楞伽经唯识论》（《唯识论》） 2.《无量寿经优波提舍愿生偈》 3. 勒那与菩提流支同译《妙法莲华经》 4.《金刚般若波罗蜜经论》 5.《弥勒菩萨所问经论》 6. 勒那与菩提流支同译《十地经论》 7.《文殊师利菩萨问菩提经论》 8.《胜思惟梵天所问经论》 9. 毗目智仙、瞿昙流支译《唯识论》 10. 毗目智仙、瞿昙流支译《业成就论》 11. 毗目智仙、瞿昙流支译《转法轮经论》 12. 毗目智仙、瞿昙流支译《宝髻菩萨四法经论》。毗目智仙、瞿昙流支译《三具足经论》	1.《解深密经》 2.《入楞伽经》 3.《十二因缘论》 4.《金刚仙论》
真谛	《中边分别论》，此论传为弥勒著	1.《十七地论》 2.《决定藏论》（仅有一品，为《心地品》，乃《瑜伽师地论·五识身相应地意地品》之异译 3.《摄大乘论》 4.《无相论》，此论相当于玄奘翻译的《显扬圣教论·无性品》	1.《摄大乘论释》 2.《如实论》 3.《涅槃经》本有《今无偈论》 4.《大乘唯识论》 5.《佛性论》 6.《金刚般若波罗蜜经论》 7.《遗教经论》	1.《摄大乘论疏》 2.《大乘唯识论义疏》 3.《大乘唯识论注记》 4.《如实论疏》 5.《九识义记》 6.《中边分别论疏》 7.《转法轮义记》 8.《十二因缘经》 9.《大空论》 10.《正论道理论》 11.《无相思尘论》 12.《解节经》（与《解深密经》中之《胜义谛相品》同本） 13.《金刚经》《十八空论》 14.《婆籔盘豆法师传》

在元魏译经僧中间，唯有菩提流支的译作在性质与数量上能与真谛相比，故而先将二人做一对比，然后再对比真谛与元魏五僧所译唯识经的异同。[1]

菩提流支和真谛的区别还是很明显的，真谛翻译了唯识学前中后期多位大师的著作，而菩提流支仅仅翻译了世亲的作品。这就说明，菩提流支翻译的目的在于传布世亲的著作，而真谛在于传播唯识学。

若是将真谛所译与元魏译经五僧所译唯识学相关经典比较，真谛译经的特点就是，以无著的学说为核心。为了更好地支持无著学说的传播，真谛还翻译了世亲对于《摄大乘论》的注解《摄大乘论释》，并且亲自为《摄大乘论》作注，即《摄大乘论疏》。反观元魏，佛陀扇多翻译的《摄大乘论》不仅译文晦涩而且没有配套的解释，对于号称难读的《摄大乘论》来说就注定了在北方难以流传的命运。无著最重要的著作多达一百卷的《瑜伽师地论》在元魏被彻底忽略，而真谛在来到梁朝之初就翻译了《十七地论》和《决定藏论》，相当于《瑜伽师地论》中六卷的内容，由于侯景之乱，真谛失去了译完《瑜伽师地论》的机缘，但是从其一开始就着手翻译《瑜伽师地论》亦能说明真谛更重视无著的学说。

从上表所反映的翻译唯识学佛典的类别来比较，值得关注的是

---

[1] 在 508 年及之前，洛阳的译场是以勒那摩提为主导的，从上表看《大宝积经论》、《十地经论》、《妙法莲华经优波提舍》为勒那摩提与菩提流支同译，据此推测，这个目录可能出于勒那摩提的提议。如此则说明，是勒那摩提奠定了北朝唯识学翻译的格局，尤其是对《十地经论》的翻译，形成了与源于岭南的摄论学不同的地论学。其次，要谈谈所谓的勒那、留支与扇多之间的分歧。有学者认为，见于隋唐经录所记载的三人在翻译《十地论》中的分歧出于地论学后学的杜撰，本文不同意这种观点。因为，很明显早在 521 年，也就是《十地论》翻译完成之后的第十年，佛陀扇多独立翻译了《摄大乘论》，而在勒那摩提、菩提流支的译作中没有见到无著的著作，显然佛陀扇多在唯识学里面更看重无著的学说。

二者所译唯识学经典较少重合的现象。再审查南北二方不同译经的内容，发现元魏译经僧所译唯识学大师的著作多非唯识学经典。为了更清楚地了解这一点，有必要将元魏译经僧与真谛的其他佛学译作列表对比。

（二）如来藏、净土、俱舍、中观学译作（表 2）

表 2　如来藏、净土、俱舍、中观学译作比较表

	如来藏学	净土学	俱舍学	中观学
元魏译经僧	1. 勒那摩提译《宝性论》 2. 菩提流支译《入楞伽经》 3. 菩提流支译《不增不减经》	1. 菩提流支译《弥勒菩萨所问经论》 2. 菩提流支译《无量寿经论》 3. 菩提流支译《阿弥陀佛根本秘密神咒经》 4. 菩提流支译《无字宝箧经》（佛陀扇多同本异译，今佚）		1. 菩提流支译《提婆菩萨破楞伽经中外小乘四宗论》 2. 菩提流支译《提婆菩萨破楞伽经中外小乘涅槃论》 3. 菩提流支译《百字论》 4. 瞿昙流支译《壹输卢迦论》 5. 瞿昙流支译《顺中论》 6. 毗目智仙、瞿昙流支译《回诤论》
真谛	1.《无上依经》 2.《大乘起信论》 3.《佛性论》	《弥勒下生经》	1.《俱舍论偈》、《俱舍论》 2.《求那摩底随相论卷》 3.《立世阿毗昙》 4.《三世分别论》	1.《中论》 2.《宝行王正论》

如上表所示，南北译经有高度的一致性，同时差异又非常明显。

一致性表现为，作为唯识学的补充，如来藏经论、净土经论、中观论都有译传。如来藏学说早于唯识学，唯识学吸收了如来藏思

想的部分内容，如来藏思想对于成熟的唯识学又有纠偏的作用。菩提流支和真谛等人在唯识学创立百年之后，对于唯识学的不足或许有所认识，故翻译如来藏经典对于认识唯识学的源流和理论的演进是较为周到的考虑。净土经论涉及佛教的终极关怀理论，无著、世亲都以西方净土为终极归宿，故而唯识学派僧侣在终极关怀方面也以净土经论为主。中观学说大致和如来藏思想一样，是促使唯识学形成的原因，中观学对于正量部的批评使得一部分高僧创立唯识学以应对，所以中观学不仅仅是大乘佛学核心的思想方法，也是认识唯识论的重要途径。虽然在学理上南北有如此的一致性，但差异性也是非常明显，表现在两个方面：

首先，二者在如来藏经论、净土经论、中观论的翻译方面没有重合的经典。对此问题要进行严谨讨论，由于涉及艰深的理论问题，非本篇所能涵盖，故本文将此问题的要害略做演示。以如来藏为例，上述经典按成书时间、学理演进顺序罗列如次：《不增不减经》→《宝性论》→《入楞伽经》→《佛性论》→《大乘起信论》。可知元魏译经僧介绍的是比较早期的如来藏经论，真谛介绍的是比较后期的如来藏思想。

中观学方面，鸠摩罗什已经将最重要的四论介绍到中国，给后来者预留的空间不大。真谛之翻译《中论》有可能是他刚到南朝还不了解罗什的译著，也可能是他对罗什的译作并不满意。从后来再没有译此类经论来看，他可能觉得罗什的译作已经可以辅助解释唯识学，所以将精力放到二论及其体系的建立中去了。这方面，元魏的译经僧很是执着，对于四论之外的中观学著作翻译了六种之多，虽然影响力不大，但是在保存文化方面功不可没。这可以看出，真谛译经是以唯识学体系的建立为核心的，元魏译经僧则是满足于数目上的齐备。

其次，南北译经最显著的区别可能是俱舍学经典的翻译。《俱舍论》是世亲站在经量部的立场对于一切有部经典的总结，即《俱舍论》是一切有部的小百科全书，有其独立的意义。俱舍学又是从毗昙学通往唯识学的桥梁，对于小乘学者了解唯识学有重要的参考价值。这么重要的书，元魏诸僧为何不曾翻译？这是本文特意要提出的问题。最为便捷的解答是元魏没有《俱舍论》的梵文原本，但此说似不妥。

从表1中可知，菩提流支以翻译世亲的著作为目的，那么，作为世亲最重要的作品之一的《俱舍论》会没有带来底本？这种可能性应该不大，回答此问题还是应该从经典本身的性质和社会背景来考虑。《俱舍论》过于艰深，是元魏译经僧未曾翻译此经的主要原因。藏传佛教格鲁派以《俱舍论》为五部大论之一，这五大论书是藏传佛教最为繁难的部分，据洲塔所著《佛学原理研究：论藏传佛教显宗五部大论》，《俱舍论》之难在于分析法相名目繁多。在格鲁派教学体系中，《俱舍论》的教学用时有二年到五年的规定，据此也可以看出《俱舍论》的难度。[1] 藏传佛教学习《俱舍论》是在学习了因明之后，所以还算用时不多。据《续高僧传》的释道岳传，道岳学习《俱舍论》费时五年，得到真谛论疏后又花费数年研究，之后为删改真谛论疏又花费十数年。[2] 玄奘法师翻译三十卷《俱舍论》，费时三年。由此可知，《俱舍论》相较于《大毗婆沙论》，已经大大简化，但是对于初学者来说仍然头绪过于繁复。而汉传佛学对于细致的逻辑推演、繁复的名相分析缺乏兴趣。又据《魏书·释老志》，元魏洛阳时期的佛学以禅学和华严学为重心，毗昙学的基

[1] 塔洲：《佛学原理研究：论藏传佛教显宗五部大论》，青海人民出版社2001年版，第287—320页。

[2]（唐）释道宣撰：《续高僧传》卷13，中华书局2014年版，第453、454页。

础薄弱，而欠缺毗昙学的基础，就会对理解俱舍学无从谈起，这是元魏诸僧不译《俱舍论》的社会背景。

所以，从南北译经的类目看，都是按照印度唯识学的体系来翻译的，既有翻译唯识学经典，也有重点地翻译便于理解唯识学的辅助经典。从是否翻译《俱舍论》来观照，元魏译经僧主要考虑汉地佛教的现实基础，真谛着眼于建立比较完备的唯识学体系而基本不考虑汉地的佛学基础，这是二者比较明显的区别。

二、隋代三大译经僧与密教汉传的滥觞

隋代的译经僧那连提黎耶舍和阇那崛多曾分别是北齐和北周的译经僧，入隋之后接续了他们被周武废佛所中断的译经事业，和达磨笈多一起成为隋代三大译经僧。此三僧的译经从总体来看以密教经典为大宗，先将其列表3如下，因元魏周齐与隋代译经关系密切，故将所译咒经也附表，以便于比较。

表3　元魏、周、齐、隋译经僧及译经情况比较表

元魏			周、齐、隋			真谛
菩提流支	佛陀扇多	瞿昙流支	那连提黎耶舍	阇那耶舍、阇那崛多	达磨笈多	
《六字大陀罗尼咒经》	《金刚上味陀罗尼经》	《八佛名经》	《百佛名经》	《十一面观音咒并功能》	《药师如来本愿经》	
《佛说佛名经》	《佛说阿难陀目佉尼呵离陀邻尼经》		《大云轮请雨经》	《佛顶尊胜陀罗尼经》		
《佛说护诸陀罗尼咒童子经》				《八佛名号经》		
				《如来方便善巧咒经》		

续表

元魏			周、齐、隋			真谛
菩提流支	佛陀扇多	瞿昙流支	那连提黎耶舍	阇那耶舍、阇那崛多	达磨笈多	
				《虚空孕菩萨经》		
				《不空羂索咒经》		
				《十二佛名神咒校量功德除障灭罪经》		
				《金刚场陀罗尼经》		
				《大法炬陀罗尼经》		
				《五千五百佛名经》		
				《贤护菩萨经》（又是《大集经》零种）		
				《大威德陀罗尼经》		
				《一向出生菩萨经》		
				《东方最胜灯王如来助护持世间神咒经》		

佛典中的咒经可能源于巫术，所蕴含的理论价值颇为微薄。诵读佛名的诵经可能是咒经的一种变形，由念诵神鬼名转而念诵佛、菩萨名，故其中的理论价值也较为稀薄。真谛以传译唯识学为重心，所以对于咒经、诵经这类与唯识学的理论联系不紧密的佛典采取了忽略的态度。元魏诸僧之所以翻译多达六种经咒和佛名经，说明在北方此类经典有相当大的需求。据汤用彤先生的说法，北朝佛教偏重于实践（南朝侧重于义理），注重经咒、佛名经从一个侧面证明了

汤先生的观点。[1] 这些咒经与密典应该有本质的区别。

与此前各期的译经相较，周隋译经的特征是密教经典的大量译出。早在三国吴、东晋，支谦、帛尸梨蜜多罗、竺昙无兰已经译出了三十种左右的咒经，学界也有一种说法，说这些咒经就是密教经典。如此说来，周隋所译是密典在中国的第二次密集传译。但是，印度密教是在6世纪中期出现，密教是大乘佛教的最后阶段，咒经只是其比较边缘的部分，其核心是与前期大乘佛学关系密切的理论，所以吴晋的翻译应该是咒术的性质更为明显，而周隋的翻译是在密教出现之后，可以看作是唐宋密教传译中国的先声。[2] 密教是印度佛教发展的最后阶段，中国在引入唯识学之后又开始引入密教，从学理上保持了与印度佛教的对应关系。

三、四大部经的补译

般若经、涅槃经、大集经和宝积经都是带有丛书性质的佛经集成，也是前期大乘佛典的主体部分。汉传佛教一开始就选择了前期大乘佛学而且对于大乘佛学的接受也限于前期，对后期的唯识学和密教持排斥态度。值此之故，唯识学与密教的译介其主导是译经僧，而对于四大部经持续不断地补译其动力则来自于汉地高僧。

---

[1] 据《续高僧传》卷20《释道绰传》，净土宗以念诵佛名经作为修道的重要手段，第761页。

[2] 与大多数佛教史研究学者不同，黄心川先生认为：第一，密教出现于6到7世纪，也就是说，早于6世纪的咒术、礼仪并非密教；第二，密教是大乘佛教、印度教和印度民间宗教的混合物；第三，口诵真言、手结契印、心作观想，三者合一才是密教。参见黄心川：《中国密教史序》，吕建福：《中国密教史》，中国社会科学出版社2011年版，第11页。

（一）元魏译经僧、真谛的补译（表 4）

表 4　真谛及元魏译经僧补译四大部经情况表

	真谛	元魏译经僧			
		勒那摩提	菩提流支	佛陀扇多	瞿昙流支
应景译经	1.《金光明经》 2.《仁王般若经》			1. **《无畏德女经》** 2. **《银色女经》**	1. **《一切法高王经》** 2. **《金色王经》** 3. **《奋迅王经》** 4. **《无垢女经》**
戒律	《律二十二明了论》			《佛说正恭敬经》	《解脱戒本》
菩萨行经		**《毗耶婆问经》**	1.《大萨遮尼干子受记经》 2.《佛说法集经》 3.《大方等修多罗王经》 4.《伽耶山顶经》 5.《佛说文殊师利巡行经》 6.《谤佛经》	1.《十法经》 2. **《无畏德女经》** 3. **《银色女经》** 4.《佛说转有经》 5.《如来师子吼经》 6.《佛说正恭敬经》	1. **《一切法高王经》** 2. **《金色王经》** 3. **《奋迅王经》** 4. **《无垢女经》** 5. **《毗耶婆问经》** 6.《不必定入定入印经》 7.《第一义法胜经》
其他	1.《广义法门经》 2.《金七十论》	《龙树菩萨合香方》			《正法念处经》
备注：一经二译及两属的经典用黑体字标识。					

如上表所示：第一，真谛所译与唯识学无关的佛经非常有限，元魏译经僧所译则有一半的译经与唯识学无关。这更加印证了本文反复强调的观点，元魏译经根据当时的需要而翻译佛典的所有分支；真谛一心想传译唯识学的精粹。第二，有两类佛典是真谛所忽略而为元魏译经僧所重视的，即念诵经（经咒、佛名经）和菩萨行经。

元魏译经僧对于菩萨修行类佛经的大量翻译，可能是《大宝积经》翻译传统的继续，也是北方对《华严经》逐渐重视的一个结果。

菩提流支之前，《大宝积经》的汉译情况如下：[1]

曹魏康僧铠译第十九会：《郁伽长者会》
西晋聂道真译第三三会：《无垢施菩萨应辩会》
晋法护译第二会：《密迹金刚力士会》
晋法护译第三会：《净居天子会》
西晋竺法护译第四七会：《宝髻菩萨会》
东晋竺难提译第三八会：《大乘方便会》
后秦鸠摩罗什译第十七会：《富楼那会》
后秦鸠摩罗什译第第二六会：《善臂菩萨会》
秦失译者，译第四三会：《普明菩萨会》
北凉道龚译四四会：《宝梁聚会》

此一时期，翻译了《大宝积经》片段的尚有多家。除过第四、七、八、九、十一、十四、十五、二十、二二、二三、三一、三四、三九、四十、四五、四六、四九这17会外，其余32会不同程度都有了译介，元魏翻译《大宝积经》的片段是这一场接力赛的中间一段。元魏诸僧翻译的《大宝积经》片段为：勒那摩提所译第四九会片段之《毗耶娑问经》，此译不存，今存为瞿昙流支所译本；菩提流支所译第四一会《弥勒菩萨问八法会》；佛陀扇多所译第九会《大乘十法会》、第三二会《无畏德菩萨会》；月婆首那译第二三会《摩诃迦叶会》；毗目智仙和瞿昙流支所译第三六会《圣善住意天子所问经》。这几会之间并没有学理上的关联，《大乘十法会》应该是与《华严经》有关系的。《华严经》的论证体系以十为圆融，《大乘十法会》虽未收入《华严经》，佛陀扇多的翻译可以看成是对《华严经》的一种辅助。

[1] 周叔迦：《周叔迦佛学论著全集》第3册《佛学研究法》，中华书局2006年版，第1327—1332页。

鉴于《大宝积经》只是菩萨行佛经的散乱集合，那么元魏所译《大宝积经》片段的用意实际上在于辅助《华严经》的学习。

《华严经》为多种论述菩萨修行的经典所构成，这点与《大宝积经》类似，不过在《华严经》中菩萨修行被系统化，融为理论上较为严密的体系，因此《大宝积经》作为资料集可以辅助《华严经》的学习，反之则不行，以其无理论也。在论述菩萨修行的时候，《华严经》分为两个层次，即文殊修行和普贤修行，以普贤为菩萨修行的最高层次。元魏所翻译的菩萨修行类经典多为文殊类，这可能与五台山为文殊道场相关[1]，正是因为这样的群众基础，勒那摩提和菩提流支在翻译唯识学经典时，首先选择了《十地经论》而非《摄大乘论》。勒那摩提本人对于《华严经》深有研究，“魏宣武帝请讲华严，词义开悟”（依据此点，笔者认为，勒那摩提可能是元魏后期译经体系的创立者）。在《十地经论》的基础上创立的地论学与《华严经》有千丝万缕的联系。总而言之，《华严经》在北朝后期得到特别重视，这是该经被翻译以来的首次；而翻译菩萨修行类佛经，可以看作是对研习《华严经》和地论学的一种辅助。[2]

不管是传承翻译《大宝积经》的传统还是作为辅助研究《华严经》的一种手段，元魏译经僧对于菩萨行类佛经的翻译呈现出那个时代那个地域的显著特点，并因此与真谛的译经有明显的区别。[3]

---

[1] 按，再雕高丽藏本《续高僧传》卷28《释志湛传》附“代京阉官”条说，“大代之国《花严》一经，因斯转盛”。其时在“太和初年”。此条出自侯君素《旌异记》，故未可轻信，但仍可作为参考。

[2] 按，菩提流支所译《大萨遮尼干子受记经》之《王论品》与《华严经·十地品》中说“十不善业道”基本相同，可以看作是对于《十地品》的一种辅助。

[3] 从刘宋到萧梁末年，南朝也翻译了咒经、佛名经和菩萨行经典，与元魏五僧所译只是数量上的区别，这就说明了对于南北朝时期的普通信仰者而言，其实南北区别不是特别大，只是程度上的区别。《十地经论》的翻译可能是南北佛教义学走向差异加大的原因之一。南朝义学的发展趋势是：成实学向三论学转化，同时形成了以禅学和《法华经》为基础的天台学。而北朝的义学发展趋势为：从地论学到摄论学再到法相学的演进；其次，形成了净土学；再次，菩萨行经影响下的华严学。南北义学的比较，可以看出，北朝义学的演进受新译佛经的影响较大，而南朝则更多的表现为本土创新。

元魏译经中的念诵经、菩萨修行类经典，看似与唯识学无关，实际上却迎合了北方佛教发展的需要。菩萨修行类佛经是为了辅助理解《华严经》而翻译，而《华严经》在地论学中的地位似乎还在《十地经论》之上。

（二）周齐隋的补译

外籍译经僧传译佛典是以印度和自身佛学为本位，但汉地社会的接受又是另外一回事。密教经典的翻译品类不少，但只有《佛顶尊胜陀罗尼经》在汉地比较流行，所以在此时期佛典的传译方面，译经僧的主导地位可能被辅助译经的中国高僧所取代，所以对于大集经、大宝积经、般若经典的补译工作一直在持续进行（表5）。

表5　周齐隋译经僧补译四大部经情况表

	禅观经典	大集经	大宝积经	般若经典	唯识经典
那连提黎耶舍	《月灯三昧经》	《须弥藏经》	《菩萨见实三昧经》		
	《力庄严三昧经》	《月藏经》			
		《大方等日藏经》			
阇那耶舍、阇那崛多	《入如来智不可思议经》	《大集譬喻王经》	《移识经》	《佛语法门经》	
	《大乘同性经》		《贤善住天子所问经》	《诸法本无经》	
	《大威灯光仙人问疑经》		《发觉净心经》		
			《护国菩萨经》		
达摩笈多		《大方等大集菩萨念佛三昧经》	《大方等善住意天子所问经》	《菩提资粮论》	《金刚般若论》
					《摄大乘论释》

据圣凯博士的研究，《大集经》在北朝后期的地论学南道系受到重视，其中的一个支派在其判教体系中将《大集经》放在了核心地位。[1] 显然，那连提黎耶舍将《大集经》译全的努力，是呼应北朝佛教的需求。

据上表，齐周隋译经僧翻译了禅观方面的佛典五种，从数量上来说不可谓不多，事实上那连提黎耶舍、阇那崛多都是禅僧，并非以义学见长，这是他们译介禅观佛典的主因。此外，六种大宝积经零种的译传、三种般若经典的译传、两种唯识经典的译传，其实都是对之前此类佛典翻译的继续。虽然继续翻译菩萨行经典在学理上已经没有必要，但是北朝译经界这种持续的努力，表现了宗教本身那种虔诚的态度。

小结

真谛在佛经翻译史上的地位，一般被认为高于元魏五僧。不过以元魏五僧共同的成绩与真谛相比，两方的贡献应该是不相上下。若加上齐、周、隋的译经成绩，则北朝后期诸僧译经的贡献可能还在真谛译经之上。

首先，真谛译经以无著学说为主，元魏五僧以世亲的著作为翻译重点，这就形成了北朝唯识学为地论学而真谛所传为摄论学的差异。[2] 其次，元魏五僧翻译了《入楞伽经》、《无量寿经论》、经咒、佛名经、菩萨行经，从而直接或者间接刺激了禅学、净土学、华严学质的推进，这都是真谛译经所未措意的领域。再次，元魏五僧译

[1] 圣凯：《〈大集经〉与地论学派——以判教为中心》，《法音》2008年第2期，第6页。

[2] 真谛与元魏的译经均以唯识学为核心，所译唯识学的辅助经典的类别也类同，说明二者严格按照印度唯识学教授的规范来传授的。

经注意结合北朝佛教发展的实际，所译佛典落地生根，迅速传播，使得北朝的佛教义学逐渐赶上和超越南朝；真谛译经不曾考虑南朝佛学的实际水平，其译经在当时未能发扬，直到隋代才在彭城和两京成为显学。据以上三个方面的比较可知，元魏五僧译经有鲜明的特征，其贡献与真谛大体相当。

齐、周、隋三代的译经是元魏译经的延续，所译《大集经》、《摄大乘论释》分别对应于地论学和摄论学学说的新进展，对于密典的翻译保持了与印度佛教同步演进的态势。所以，北朝译经界在跟进域外佛学最新进展、保持译经的连续性方面，是南朝译经所未能及的。

自北魏迁洛之后，北朝在译经的连续性和丰富性方面为南朝所不及，这是北方佛教发展追赶上南朝的第一推动力。

唐代墓葬中的胡人与骆驼形象及其意义

杨瑾（陕西历史博物馆）

从动物学角度看，骆驼作为陪葬品最早出现于公元前四千年左右的西亚、阿拉伯南部、北非、中亚一带，例如伊朗东北部和土库曼斯坦的考匹特塔克山脉地区考古遗址中就发现骆驼骨骸。[1] 据《山海经》、《逸周书》、《穆天子传》、《战国策》和汉代《史记》等文献记载，骆驼最早于战国时期传入中国，作为牺牲陪葬最早见于战国至西汉时期交河故城北墓地和东黑沟遗址，咸阳西汉昭帝平陵2号从葬坑也发现陪葬的33峰骆驼骨架和4峰木制双峰骆驼驾车模型。而作为艺术品的骆驼形象随之出现，例如河北燕下都辛庄头M30战国晚期墓出土的骆驼纹牌饰。人与骆驼组合形象最早例证是宁夏彭阳县草苗乡张街村出土的春秋战国胡人骑驼纹铜牌饰，江陵望山M2和荆门后港楚墓亦出土战国中期的人骑骆驼铜灯。

魏晋南北朝，胡人骆驼组合形象渐多，至唐代成为墓葬中颇为流行的一类陪葬品。截至目前，陕西、河南、甘肃、宁夏、新疆等地考古发掘的唐代墓葬已有数千座，60%以上可见骆驼俑或图像，

---

[1] 张小云、罗运兵：《中国骆驼驯化起源的考古学观察》，《农业考古》2014年第1期；罗运兵：《我国骆驼的早期驯养与扩散》，载《中国〈活兽慈舟〉学术研讨会论文集》，2013年7月。

胡人与骆驼组合形象更是常见。[1]与数量庞大的存世品相比，学者们对这类图像的研究并不够，不仅研究成果数量少，而且出现同质化的现象。[2]本文力图在较为全面地梳理唐墓考古资料基础上，在唐代丧葬理念和墓葬整体环境下考察这类墓葬品在造型、寓意和功能上的流变过程，探讨这种变化背后的社会观念与丧葬理念的嬗变。

一、唐墓中的胡人骆驼形象

梳理陕西、河南、山西、甘肃等地大量唐代墓葬清理或发掘报告，胡人与骆驼属唐墓陪葬明器中常见的偶人与动物类，按照特定的顺序在墓葬空间中有规律地分布，表现某种理念，并承担着特定的礼仪功能，主要分为以下三种情况：

（1）人与骆驼的平行关系，即牵驼场景。位置关系上表现为牵引与被牵引状态。骆驼在形态上分为单峰驼和双峰驼，姿态上分为站立状、俯卧状和行进状，功能上也有驮载货物和无驮载物之分。

---

[1] 参考《流失海外的中国珍宝》（上海文化出版社 2001 年版）、《海外藏中国历代雕塑》（江西美术出版社 2006 年版）等图录。美国索罗蒙先生的《从宫廷到驼队》在美国大都会博物馆等巡展。2004 年故宫从郑振铎先生捐献的 600 余件陶俑中选取 107 件从两汉到北宋各个时代的珍贵陶俑文物在故宫展出，展览名称“郑振铎先生捐献陶俑特展”。

[2] 夏鼐：《一件唐三彩》，收入氏著：《考古学论文集》，北京科学出版社 1961 年版。杨泓：《骆驼艺术》，载孙机、杨泓编：《文物丛谈》，北京文物出版社 1991 年版，第 316 页。齐东方：《丝绸之路的象征符号——骆驼》，《故宫博物院院刊》2001 年第 6 期。冉万里：《丝绸之路”视野中的一件三彩骆驼俑》，《乾陵文化研究》（四）三秦出版社 2008 年版。杜远东：《唐代骆驼研究》，浙江大学 2012 年硕士论文。刘昭佚：《从北朝及隋唐骆驼俑之演变看唐代西域社会文化之发展》，《河南广播电视大学学报》2014 年第 3 期。〔美〕谢佛：《唐代的外来文明》，吴玉贵译，中国社会科学出版社 1995 年版。〔瑞士〕克瑙尔：《骆驼的生死载驮——汉唐陶俑的图像和观念及其与丝路贸易的关系》，AKANTHVS 出版社。杨瑾编译：《从宫廷到驼队——浅论 A. M. 所罗蒙先生陶俑藏品的历史价值》，载《陕西历史博物馆馆刊》第 17 辑，三秦出版社 2010 年版。

例如，陕西西安金乡县主墓（图 1—1）、裴氏小娘子墓（图 1—2）、陕棉十厂唐墓墓、中堡村唐墓（图1—3）[1]、韩森寨唐墓等，礼泉郑仁泰墓（图 1—4）、咸阳契苾明墓（图 1—5）；甘肃秦安县杨家沟 1 号唐景龙年间墓、庆城县唐开元十八年（730）穆泰墓（图 2—1）和敦煌佛爷庙湾唐墓（图 2—2）等；河南洛阳一带唐墓也发现很多。此外，国内外一些博物馆或研究机构与个人也有收藏，例如洛阳博物馆（图 3—1）、故宫博物院（图 3—2）、山西博物院等。

1　2　3　4　5

图1　1. 金乡县主墓 2. 裴氏小娘子墓 3. 中堡村 4. 郑仁泰墓 5. 契苾明墓

6　7

6. 西安博物院藏 7. 陕西历史博物馆藏

1　2

图 2　1. 穆泰墓 2. 敦煌佛爷庙湾唐墓

---

[1] 在中堡村唐墓清理简报中，载物骆驼俑在墓中原来是与牵驼俑组合在一起的，入藏博物馆后被人为地分开保管，此后我们在展览和图录中看到的只是单个骆驼或牵驼俑。展览中甚至出现了不同墓葬的骆驼与胡人错误组合的情况，墓葬环境感的缺失给研究带来很多困难。

1　　2

图 3　1. 洛阳博物馆藏 2. 故宫博物院藏

除了陶俑外，唐墓壁画中也有胡人牵驼图像。例如陕西礼泉阿史那忠墓（653—675）和郑仁泰墓（664），富平李凤墓（675，图 4—1），西安东郊金乡县主墓（690，第二天井东壁两幅和第三过洞东壁三幅连续的胡人牵驼出行图），西安南郊韦君夫人胡氏墓（742）、张仲晖墓（753，连续三幅驼夫与骆驼图）和吴韩氏墓（765），山西太原金胜村 7 号墓（699，图 4—2）以及河南洛阳唐安国相王孺人墓（706，图 4—3）等。这类图像与山东益都北齐石室墓线刻“商旅驼运图”和山西北齐娄睿墓、徐显秀墓、忻州北原岗和朔州水泉梁等墓壁画中胡人牵驼图似乎有渊源关系。

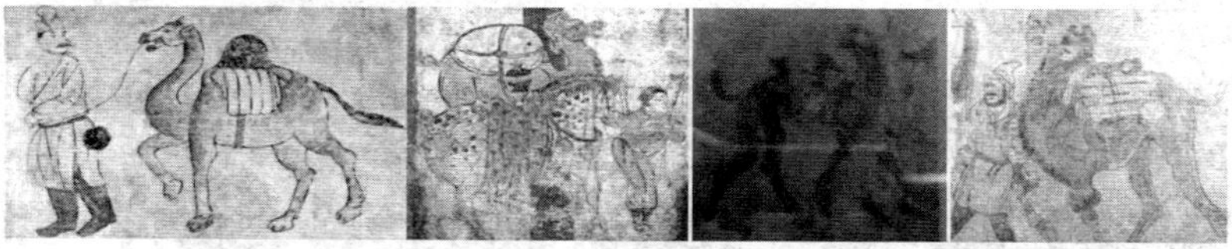

1　　2　　3

图 4　1. 陕西李凤墓墓道第二过洞西壁壁画 2. 山西金胜村唐墓壁画
3. 河南洛阳唐安国相王孺人墓壁画

这些骆驼俑或图像与唐诗中有关骆驼描述相互印证，但前者并未表现出杜甫、刘禹锡、韩愈等诗人笔下那种神秘性、外来性、侵略与战争的悲凉肃杀，也忽略了贸易与赏赐、战争与掠夺的政治性，强调的是骆驼作为运输驮载的主要功能。在齐东方看来，“骆驼通常由胡人牵引，满载货物、用具，它们的形态、组合、驮载的物品等，暗示着当时社会的变迁和人们观念的更新，其图像成为'丝绸之路'的象征符号。'胡人'与骆驼载货的组合反映出不同国家和地区的商品的交流、信仰观念的传播、不同文明的碰撞融合，孕育出了以'胡汉'相融为特色的唐文化”[1]。

（2）人与骆驼的上下垂直关系，即骑骆驼场景，分骑立驼和卧驼、骑在驮囊与骑在背毯上、直接坐于驼背上等。立驼又分站立状和行进状，胡人骑在卧驼背上做驾驭状或休憩状。例如，李宪墓出土三件（K4:95、K5:24、K6:4）胡人骑卧驼俑（图5—1、2，胡人分别戴幞头、四角毡帽、圆形尖顶帽）、西安东郊红旗电机厂唐墓（约为玄宗开元时期）墓室东壁两件男女骑驼俑；金乡县主墓（开元十年，722）墓室有骑立驼俑1件（图5—3）、墓道西龛有骑卧驼俑一件（图6—4）；西安南郊紫薇田园都市唐墓墓室东侧有一件骆驼俑和一件骑驼俑。

1　2　3　4

图5　1. 陕西省考古研究院藏 2. 蒲城县博物馆藏 3. 金乡县主墓出土骑驼俑 4. 陕西历史博物馆藏

1　2　3　4

图6　1. 国家博物馆藏 2. 2002年苏士比第55号拍卖品 3. 山西隋斛里彻墓 4. 金乡县主墓

[1] 齐东方：《丝绸之路的象征符号——骆驼》，《故宫博物院院刊》2001年第6期。

5 6 7 8

5. 昭陵博物馆藏 6. 陕西省考古研究院藏 7. 洛阳博物馆藏 8. 金乡县主墓

9 10 11 12 13

9. 独孤思敬墓 10. 陕西历史博物馆藏 11. 河南博物院藏 12. 故宫博物院藏
13. 洛阳博物馆藏

此外，故宫博物院藏一件胡人骑骆驼俑，据说出自洛阳地区。

从造型上看，胡人高高骑在骆驼背上，视野特别高。攀登到骆驼背上这一连贯动作的完成也实现了胡人对骆驼的制动，以及骆驼对这种主从关系的认可。山西斛律彻墓出土陶俑刻画了高大健壮、昂首嘶鸣的骆驼背驮丝绢，末端挂饰虎头的皮囊和一个胡人。驮载货物的骆驼与牵驼人二者形态独立，组合在一起。从实物资料来看，牵驼人和骆驼是引导与被引导、驾驭与被驾驭的关系，牵驼人须仰视，才能实现牵引的目的。骆驼是高大的，牵驼人以小制大，显示出胡人高超的驾驭技巧。人物＋货物（动物、器具）＋骆驼，反映出人与自然抗争、艰苦创业的精神。

如前文所述，胡人骑骆驼形象最早见于战国时期的宁夏彭阳文管所藏一件骑驼纹铜牌饰（图 7—1）、湖北荆门和江陵战国楚墓人骑骆驼铜灯（图 7—2，湖北省博物馆藏），汉代画像石中亦有此类图像（图 7—3），这种装饰母题似乎可以在萨珊波斯找到渊源（图 7—4、5），有学者认为具有袄教色彩（图 7—6、7）。唐以后历代亦频见各类图像。[1]

1　2　3

图 7　1. 骑驼纹铜牌饰　2. 战国（楚）人骑骆驼铜灯　3. 南阳汉代画像石

4　5　6　7

4、5. 萨珊人物骑驼纹银盘　6、7. 虞弘墓石刻中的骑驼斗狮图

（3）载乐骆驼。骆驼站立嘶鸣状，背上伎乐正在进行乐舞演出，骆驼与表演者融为一体，通过艺术化处理，创造出一整幅连贯的表演场景。我们现在看到的只是骆驼载乐俑，其实在原来墓葬环境中，这个组合中还有牵驼胡人。

[1] 例如山西博物院藏元代壁画中胡人牵驼、《中国历代古玉纹饰图录》中元胡人牵驼纹玉带銙等。

在骆驼背上进行演出，一是高高在上的演出会让很远的人们也可以看到，二是显示出表演者娴熟的技艺和敢于冒险的勇气与精神，三是流动的乐团在游走过程中实现了冲击力极强的视觉效果。

图8　成都市新都区马家乡东汉画像石上的载乐骆驼

目前主要发现有：四川新都东汉画像石中的骆驼形象（图8）。骆驼身上裹带，背上两峰之间有一建鼓，鼓上饰羽葆，两侧各有一击鼓人（左面击鼓人残损），挥槌擂鼓，当为官吏出行时仪仗队之成员。被定名为“鼓吹”。

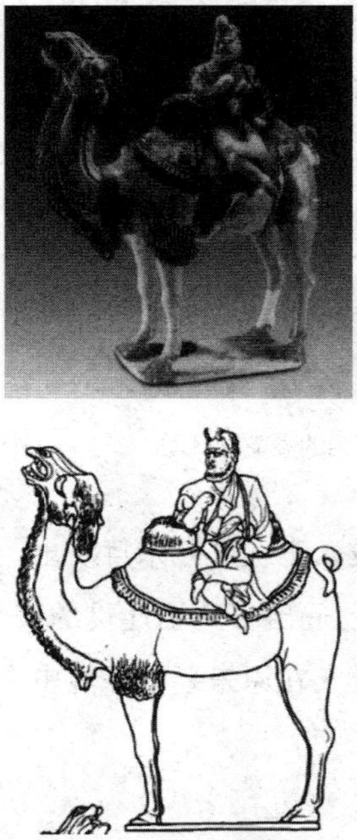

图9　三彩骑驼奏乐俑照片及线描图

三彩骑驼奏乐俑（图9）：西安南郊唐墓（M31）出土，西安博物院藏。骆驼双目圆睁，昂首嘶鸣，尾上卷。背上垫一椭圆形毡，毡四周有打褶花边。双峰间侧坐一胡人，左腿搭在右腿之上。胡人深目高鼻，络腮胡，目视前方，头戴幞头，身着窄袖翻领长袍，腰间系带，右手抬起，左手握拳做持物状，胸前挂一鼓，似在做敲鼓状。同墓还出土一组杂技俑（七人，顶杆力士为胡人）、胡人武官俑、胡人牵马俑、胡人俑。

三彩载乐骆驼俑（图10）：西安唐鲜于庭诲墓出土，中国国家博物馆藏。骆驼呈站立状，背挂长方形条纹毯，左右两侧各坐两个乐俑，中央为一着绿袍起舞的男性胡俑。四方乐手神情专注，正在演奏胡乐。与三彩载乐骆驼俑一起出土的还有骑卧驼俑。

图 10 三彩载乐骆驼俑、骑卧驼俑

三彩载乐骆驼俑（图 11）：1959 年西安中堡村出土，陕西历史博物馆藏。骆驼背方格纹长条毯上围坐男乐俑七人。一人捧笙，一人吹箫，两人弹琵琶，一人弹竖琴，一人持笛，一人拿拍板。中间站立一个女舞俑，右手前举，左臂后扬，作歌舞状。与前两例相比，该组乐舞俑基本上胡汉交融，且男女混合，应该是玄宗开元天宝时期唐代乐籍制度下以技艺水平作为选拔伎乐标准、乐舞演出小型化、胡汉乐舞融合大背景下符合社会风尚的新气象。

图 11 三彩载乐骆驼：细部、出土时骆驼与前驼俑组合关系

这种小型胡汉混合乐舞演出团队表演场景也见于唐代玉带銙、金银器、壁画和陶瓷器图像中平面的或立体的，单点的或连续的方式表现。天水石棺床墓的胡人鼓吹俑（其实也是乐舞俑），胡人伎乐与骆驼造型既有具象化的场景再现，也有唐代社会对胡人与骆驼这两种外来现象的总体概念，而汉人伎乐与骆驼组合则展现出唐代社会对骆驼作为遥远西域象征逐渐普通化、日常生活化这一动态演变过程的认知、提炼与总结。骆驼与牵驼人、骑驼者组合作为一种程式化符号，表现其在转运贸易中的驮载功能与象征意义。

牵驼俑→骑驼俑→骆驼载乐俑，三种组合造型呈现出不断演变的轨迹，也表现出唐代人对丝绸之路繁盛时期这种特殊外来现象由表及里的认识过程，以及对人与驼二者关系的理解从陌生地描摹到娴熟自如地合二为一，这种境界高、立意远、表现准确而富有想象力的生活化艺术形式成为唐代墓葬品中最引人注目的现象。将胡人与骆驼这两种最常见的外来事物进行造型化或形象化描摹，并作为陪葬品出现在人们的灵魂世界中，既是对墓主人或相关人员的时代观念和社会文化信息的一种记忆，也反映了产生这种文化意象的社会环境，包括政治制度、对外关系、社会风尚、精神文化追求等不同层面。作为丝绸之路上通使、进贡、贸易、文化交流的重要驮载媒介和唐对外战争的主要掠获品，胡人与骆驼组合形象被赋予了具象和抽象等多种认知框架。由于政府倡导，官办和民间蓄养骆驼颇成规模，骆驼除了作为一般驮载工具外，也具有军事上的重要意义。对唐朝社会而言，这两种符号化的外来事物也成为文学作品，乃至街巷俚语常见的某种比喻或象征，具有精神层面的意义。

二、胡人骆驼俑或图像的功能与意义

从胡人骆驼俑或图像在墓葬中的位置和造型来看，应该是有某种明确的目的和寓意。胡人骆驼俑与墓葬之中的仆从俑和其他普通家畜俑一起按照某种礼仪秩序罗列于墓中，说明这两种外来符号已经与中国传统融为一体。

胡人骆驼俑作为陪葬品具有怎样的功能？一是墓主人生前社会生活的纪念、描摹与升华，希望墓主人继续享受生前的荣光。二是基于生前生活对永恒冥间的重新构架，即对灵魂世界的希冀与描绘（灵魂不灭说前提下的整个宇宙），包含着政治权力关系的影响、等级制度的彰显和社会价值观的显现等。巫鸿认为："受到家庭本位的社会结构以及以孝道为中心的伦理道德的支持，为死者提供一个永恒家园的期望激发了无穷无尽的艺术创造力和技术革新。……贵族墓葬从不批量生产，它们的设计和修建总是基于漫长的决策过程和各种社会单位之间的错综复杂的协商。这些墓中的很多器物是专为来世而生产的'明器'，特殊的绘画和雕刻也是专为死者无声的需要而作，其功能或是保护死者，或是提供地下世界中的享乐，或是使之重获生机、上升仙界。"[1] 程义从体量和位置分析出胡人骆驼俑与马俑、牛俑一样，具有出行工具和财富象征两种性质，体量高大并和出行仪仗较为接近的为出行工具俑类，反之则为财富象征俑类。[2] 而克瑙尔指出明器也并非反映现实生活。骆驼驮载的物品并非丝路

[1] 巫鸿：《黄泉下的美术丝绸之路的象征符号——宏观中国古代墓葬》，生活·读书·新知三联书店 2010 年版，第 4 页。

[2] 程义：《关中地区唐代墓葬初步研究——以纪年墓为中心》，西北大学 2007 年博士论文。

贸易中真实物品的写照，而是表示富有和舶来品的一些有限的概念，符合并满足死者的精神需要，比如丝束、棉布、死动物和面具等，成为墓主人精神供品的驮载者，驮载的丝可能是为了攀天而用的，而面具有可能是地神的化身。[1]

笔者认为：(1) 胡人骆驼形象是唐墓中的普遍陪葬品，除了数量多少、质量优劣、规格大小等反映着墓主身份不同外，其极强的象征意义却是一致的。这种形象生动的描摹方式寓意着生死两世的财富、身份与地位，以及家畜兴旺的富裕生活，这种富足生活被固化在另一个永恒的世界里。陕西、河南、甘肃、山西、新疆等地高等级墓葬中骆驼俑形态最为丰富，一些无官品的士族或富人也大量随葬骆驼，例如兵部常选（无品级）孙承嗣夫妇墓出土 15 件陶骆驼俑（单峰的、双峰的；直立行走状、俯首觅食状、昂首站立状），从侧面反映了骆驼俑已从普通的交通工具变为富贵阶层私产的象征，与本土的其他陪葬俑地位一样重要。

(2) 从人与动物关系看，除了商业价值很高的跨境远距离和长时段贸易价值外，胡人骆驼组合形象不仅仅是人、运输工具、驮载货物这三种显性关系，可能暗指更多更复杂的多层人际等级关系。首先人的身份可能有数种——驼夫、骆驼主人、雇佣人员、养驼人，也可能是其他身份（官员、驿使、将士、普通百姓）。[2] 骆驼所载货物的性质与归属可能也很复杂——政府供给、西域各国贡奉物

---

[1] 〔瑞士〕克瑙尔：《骆驼的生死载驮——汉唐陶俑的图像和观念及其与丝路贸易的关系》（*The Camel's Load in Life and Death. Iconography and Ideology of Chinese Pottery Figurines from Han to Tang and their Relevance to Trade along the Silk Routes*, by Elfriede Regina Knauer, Zurich: AKANTHVS. Verlag fur Archaologie, 1998, p. 159）。克瑙尔为 1999 年法国儒莲奖获得者。

[2] 张婧：《鄯善国骆驼用途归类初探》，《西北农林科技大学学报》（社会科学版）2012 年第 2 期，第 137—140 页。

或唐代皇帝的赏赐品、唐代使节的礼物、华商或胡商人货物或商品，或者是驼队首领的私有物。是否能理清这些纷繁错杂的多层关系对理解胡人骆驼图像的意义颇为重要。

（3）胡人骆驼俑是驮载或引导墓主人灵魂及滋养物升腾到另一个无垠宇宙的载体，其超凡的承载与飞奔能量成为隐喻沟通与跨越的超自然神力。因为胡人、骆驼被视为具有神秘力量的域外事物，唐段成式《酉阳杂俎》中用神化的理解或歌颂，描述骆驼的快速、抗寒、耐高温等超凡的力量与神秘的气质，不是简单的形象再现，而是升华至勇敢坚韧精神的表现，是战胜困难、执着抗争精神的缩影，还隐含反映着热情赞美、神秘故事和宗教信仰等。《艺文类聚》卷94引《博物志》和《异苑》也记载了骆驼创造生存和驮载奇迹的故事，但骆驼故事的背后必然隐含着看不见的胡人驼夫。

（4）胡人骆驼形象也表现出动物的动物性和动物与人之间在情感与行为方面的互动关系，蕴含着一些形而上的概念与心理。陈怀宇认为，人与动物关系并非总是主宰者与被主宰者，以人为中心的，将动物看作拟人化的认识与处理对象，尽管动物并不能反过来认识和处理人类。“宗教史中人与动物相遇经验常常是物理的、现实的真实存在，但也常常以譬喻式的、想象的、象征的方式出现，即动物在人的宗教生活中作为譬喻、想象、象征出现。”[1] 动物的动物性具有神性、力量、权力、正义等象征意义，隐含人性对野性、文化对自然的关系。在胡人与骆驼形象中，祆教语境下的骆驼具有强大的神性，例如波斯银瓶和瓦拉赫沙宫殿壁画等处出现的有翼骆驼被认为是祆教的表现符号。唐代诗人视野中的胡人骆驼形象——杜甫《寓

[1] 陈怀宇：《动物与中古政治秩序》，上海古籍出版社2012年版，第8页。

目》“胡儿掣骆驼”，不仅仅是遥远西域的象征，也是对胡风胡化深刻理解后的复杂心态。

（5）唐墓中的胡人骆驼显然少了很多宗教关联性，即所谓的神性。与中亚地区公元前 3—5 世纪骆驼作为装饰母题和北周时期陕西、山西、河南、甘肃等地发现的带有祆教色彩的图像或器物中神性骆驼的宗教符号不同，唐代墓葬中的各种骆驼造型已经具有完全不同的意义。所谓的“胡儿掣骆驼”从形态、组合、驮载物品等方面暗示当时社会的变迁和时人观念的更新，并以概念化、符号化的方式，在丝绸之路的宏大历史时空中进行形象或图像叙事，表现唐朝与外部世界的广泛联系。

（6）唐墓中的胡人骆驼还表现了唐代中央集权下丧葬制度的等级性、礼仪性与秩序性。据《通典》卷 107《开元礼纂类二》“群官卤簿”规定“三品以上九十事，五品以上六十事，九品以上四十事，四神驼马及人不得尺余，音乐卤簿不过七寸”，从初唐到盛唐，贵族官僚墓葬中的壁画，一般是墓道前部两壁，各绘青龙、白虎，墓室顶部绘日月星辰，其他则有鞍马、明驼（善走的骆驼）、列戟、仪卫、属吏、侍者及舞伎等。其内容和规格，视墓主人的身份而有所区别。例如，阿史那贞墓墓道东壁最前面画龙（头和背部残），其次为马、骆驼（各有一人牵引，人头残）和十一人组成的仪仗队。河南洛阳王孺人唐氏、崔氏墓墓道东西壁青龙、白虎之后就是胡人牵马、牵驼图像。《通典》卷 107《开元礼纂类二》“群官卤簿”中规定：三品以上官员卤簿中有诞马，但无骆驼和犊车，阿史那氏（二品）和郑氏（三品）墓仪仗队中都有诞马、骆驼和犊车（郑氏墓壁画中车已剥落，只剩部分车轮等），这点可以补史书记载之不足。

（7）骆驼与人物结合的最高超表达形式——载乐骆驼，表现的是二者合二为一的状态。齐东方认为：“载乐骆驼是现实生活的反映，但并非真实地再现。长安街头或丝绸之路上的热闹景象可以从中得到体会，却不可能是现实的翻版。骆驼高大而结实，负重170公斤左右，不能多人乘坐又载歌载舞，从驼背的面积和人的重量来看，载乐骆驼的创作完全是艺术家'源于生活、高于生活'的艺术作品。但这两件骆驼形态相近，出于不同墓葬中，说明也不是个别人的喜好或某位艺术家独到的作品，应该是表现丝绸之路旅途中的娱乐情景，不过在域外歌舞漫长传播，直至唐代宫廷乐舞对外来文化之吸收的途中，这些乐舞之人和骆驼也发挥了作用。"[1] 荣新江先生曾提出骆驼陪葬品出现在墓葬中，特别是数量较多者，似乎与墓主人特殊身份、职业、嗜好等有关，如粟特后裔安元寿墓，随葬有19件骆驼俑，较其他墓葬独多，敦煌人张仲晖墓中所绘皆为骆驼，都值得加以说明。[2] 其实，从目前发掘的墓葬材料来看，骆驼的出现或数量的多寡似乎与墓主没有太大关系，与时代潮流、身份等级、隐匿原因等有关。

本文讨论的胡人骆驼形象因具有自身历时性的发展脉络而表现出明显的时代特征。这种形象于战国时期自外域传入，丝绸之路的开通与胡人骆驼持续的远距离流动提供了有利条件，像很多外来事物一样，这种极富象征意义的外来元素结合起来成为北魏至隋唐社会表达"事死如生"两世观念的纪念性符号：从神秘的外来动物到社会生活中司空见惯的普通家畜，骆驼的外来性、神秘性和神性随着人们认识观念的变化而逐渐消退，被人们当作生死两世宇宙中已经被驯化、接受、使用的众多动物中的一员。宋元以后，随着政治军事局势的变化及其所带来的葬俗变异，胡人骆驼俑或图像在陪葬

---

[1] 齐东方：《丝绸之路的象征符号——骆驼》，《故宫博物院院刊》2001年第6期。

[2] 荣新江：《评〈骆驼的生死驮载——汉唐陶俑的图像和观念及其与丝路贸易的关系〉》，《唐研究》第5卷，北京大学出版社1999年版，第533—536页。

品中逐渐减少。就像诸多外来物品和文化现象一样，从骆驼→胡人与骆驼组合形象的流传过程同样经历了长时段、多空间、持续不断的更迭反复，最终定格为与沙漠有关的、具有特定区域局限的文化现象。

甘州回鹘建国前史钩沉 *
——以甘州回鹘的渊源为中心

李军（西北大学历史学院）

唐文宗开成五年（840），在黠戛斯的军事打击下，漠北回鹘汗国破灭。回鹘部众或南下附唐，最终在会昌及大中初年被彻底击溃；或西奔“葛罗禄”，并于宣宗大中年间在天山地区建立起了安西回鹘政权。除此之外，在晚唐中央政府及归义军势力衰落之际，曾有回鹘部族在河西地区建立起了甘州回鹘政权，从而对唐宋之际河陇地区的政治走向产生了重要的影响。对于甘州回鹘的立国时间、可汗世系、对外关系等问题，学者已经进行过深入的研究。[1] 但由于传世史书的记载甚为简略且抵牾之处颇多，所以对于甘州回鹘建国前的历史，尤其是在其渊源问题上尚存在一定的争论。本文希望在结合传世文献及敦煌文献的基础上，主要对甘州回鹘的来源问题进行探讨。不当之处，敬请学者批评指正。

---

* 本文属于国家社科基金青年项目“唐宋之际河陇地区政治形态演变研究”（项目编号：14CZS013）的阶段性成果。

[1] 详情可参朱悦梅、杨富学：《甘州回鹘史·绪论》，中国社会科学出版社 2013 年版，第 1—14 页。

一

敦煌文献 S.2589《中和四年（884）十一月一日肃州防戍都营田康汉君等状》及 S.389《肃州防戍都状》记载中和四年左右有回鹘持续围攻甘州，并最终迫使此前占据甘州的吐蕃、吐谷浑、龙家等部族撤出甘州。此外，P.2927《光启三年酒司判凭》附断片一（Piece 1）中记载曾有“甘州回鹘一人”在光启三年（887）十一月六日左右停驻于沙州。据此，学者指出甘州回鹘政权建立的时间应在中和四年（884）至光启三年（887）之间。[1]

对于晚唐之际在甘州建立政权的回鹘之渊源，段连勤、高自厚等学者认为最早可追溯到原活动于漠北地区，后于 1 世纪左右就迁居甘、凉地区的丁零人；[2] 孙楷第先生认为 7 世纪左右进入河西的回纥部族才是甘州回鹘政权的建立者；[3] 陈炳应先生则认为丁零人不宜作为甘州回鹘的渊源，甘州回鹘主要应由唐初迁入河西的回鹘部落、回鹘汗国灭亡后西迁及南迁回鹘中被吐蕃安置于甘州者、安西回鹘东迁甘州者等四部分经过数百年积聚发展而来。[4] 丁零人生活的时代距离甘州回鹘政权建立的时间相隔过远，可暂且不论。此外，虽然甘州地区之有回纥部众，可以上溯到唐朝前期包括回纥在内的铁勒

---

[1] 荣新江：《甘州回鹘成立史论》，《历史研究》1993 年第 5 期，第 32—39 页。对于甘州回鹘政权建立的时间，学术界尚存在不同看法。但由于该问题对甘州回鹘来源的探讨影响不大，故在此不赘。

[2] 段连勤：《河西回鹘政权的迨立与瓦解》，《西北大学学报》1978 年第 1 期，第 77—82 页；高自厚：《甘州回鹘渊源考》，《西北民族学院学报》1982 年第 1 期，第 10—17 页。

[3] 孙楷第：《敦煌写本〈张淮深变文〉跋》，载《中央研究院历史语言所集刊》第 7 本第 3 分，1937 年。（此据周绍良、白化文编：《敦煌变文论文录》（下册），上海古籍出版社 1982 年版，第 723—749 页）

[4] 陈炳应：《也谈甘州回鹘》，《敦煌学辑刊》1990 年第 2 期，第 36—42 页。

各部入居河西之时，但据荣新江先生研究，这些回纥部族经过唐朝和吐蕃百年以上的统治，至西迁回鹘到来的9世纪中叶，早已被同化，所以他们不能构成甘州回鹘的来源之一。[1] 所以，我们可以首先可以明确甘州回鹘政权的建立应与西迁回鹘进入河西走廊密切相关。

漠北回鹘汗国灭亡后，除近可汗牙帐的十三部南下附唐外，另有十五部在庞特勤等人的率领下西迁。对于回鹘西迁的情况，《旧唐书·回纥传》、《新唐书·回鹘传》、《旧五代史·回鹘传》、《新五代史·四夷附录三》等书皆有记载。其中，《旧唐书》卷195《回纥传》载：

> 有回鹘相驳职者，拥外甥庞特勤及男鹿并遏粉等兄弟五人、一十五部西奔葛逻禄，一支投吐蕃，一支投安西……（大中二年）庞勒已自称可汗，有碛西诸城。其后嗣君弱臣强，居甘州，无复昔时之盛。到今时遣使入朝，进玉马二物及本土所产，交易而返。[2]

《新唐书》卷217下《回鹘传下》则载：

> 其相驳职与庞特勒十五部西奔葛逻禄，残众入吐蕃、安西……是时（大中初），特勒已自称可汗，居甘州，有碛西诸城。宣宗务绥柔荒远，遣使者抵灵州省其酋长，回鹘因遣人随使者来京师，帝即拜嗢禄登里逻汨没蜜施合俱录毗伽怀建可汗。后十余年，一再献方物。懿宗时，大酋仆固俊自北庭击吐蕃，斩论尚热尽取西州、轮台等城，使达干米怀玉入朝，且献俘，

[1] 相关内容可参荣新江：《唐代河西地区铁勒部族的入居及其消亡》，费孝通主编：《中华民族研究新探索》，中国社会科学出版社1991年版，第281—304页。

[2] 《旧唐书》，中华书局1975年版，第5213、5215页。

因请命，诏可。其后王室乱，贡会不常，史亡其传。[1]

对于庞特勤等人所西奔的“葛逻禄”，学者目前倾向于认为是指这些回鹘西迁的目的地是北庭杭爱山间的葛逻禄地区，而非中亚七河地区。为了躲避黠戛斯的继续攻击，西迁回鹘除大部分留在天山以北与黠戛斯周旋外，还有一部分越过天山至焉耆、库车一带，最终建立起了以庞特勤为可汗的安西回鹘政权。[2] 虽然两《唐书》的记述不尽相同，但都认为安西回鹘与甘州有着密切的联系。对于史书中庞特勤或其后嗣曾由安西移居甘州的记载，以桑田六郎和王日蔚为代表的前辈学者多直接予以采信。[3] 但此后学者多认为两《唐书》

[1]《新唐书》，中华书局 1975 年版，第 6131、6133、6134 页。

[2] 苏北海、李秀梅：《回纥汗国的统治疆域及漠北回纥族的西迁》，《敦煌学辑刊》1990 年第 2 期。此外，李树辉认为东部天山地区（包括天山北麓伊塞克湖以东地区）为回鹘统治集团亦即九姓乌古斯的世居之地，因而亦是回鹘西迁的目的地和最终落脚点，否认了回鹘西迁目的地是中亚地区的说法。见李树辉：《回鹘西迁及其相关问题考辨（上、下）——乌古斯和回鹘研究系列之五》，《喀什师范学院学报》2001 年第 2、3 期。贾丛江认为漠北回鹘汗国自保义可汗（808—821 年在位）时期直到 840 年，一直控制着东部天山北麓和塔里木盆地西北地区；840 年前，部分葛逻禄人迁居于今焉耆至喀什一带，并臣服于漠北回鹘；840 年回鹘投奔之葛逻禄，乃此地之葛逻禄，而非七河之葛逻禄。见贾丛江：《回鹘西迁诸事考》，《西域研究》2001 年第 4 期。

[3] 桑田六郎《回纥衰亡考》（《东洋学报》1928 年第 17 卷 1 号，第 115—116 页）认为庞特勤的后继者先由安西迁移至合罗川（额济纳河），并在乾符（874—879 年）之后占领甘州。王日蔚《唐后回鹘考》（《史学集刊》1936 年第 1 期；此据杨富学、杨铭主编《中国敦煌学百年文库·民族卷》，甘肃文化出版社 1999 年版，第 193—226 页）将庞特勤视为甘州回鹘的首任可汗。羽田亨则进一步推测追随庞特勤西迁至安西及北庭一带的回鹘，由于不堪黠戛斯的追击，故庞特勤之后裔率领已经迁徙至安西的回鹘东迁甘州；（〔日〕羽田亨：《唐代回鶻史の研究》第 3 期第二章《安西甘州高昌地方の回鶻》，收入《羽田博士史学論文集》上卷《历史篇》，京都同朋舍 1975 年版，第 265—271 页）〔日〕安部健夫《西回鹘国史的研究》（京都汇文堂书店 1955 年版；此据宋肃瀛、刘美崧、徐伯夫汉译，新疆人民出版社 1985 年版，第 188—190 页）认为：“安西回鹘，即使不是全部，也应是一部分真的再次进入甘州，这并非完全不可能的事。”〔日〕前田正名《河西历史地理学研究》（东京吉川弘文馆 1964 年版。此据陈俊谋汉译，中国藏学出版社 1993 年版，第 228—229 页）认为庞特勤或其后裔率领安西方面

的相关记载舛误颇多，尤其是庞特勤“居甘州，有碛西诸城”的说法与史实相悖，且认同庞特勤或其后嗣率众东迁甘州说法的学者并没有举出坚实的证据，故对于庞特勤或其后裔居甘州的记载持完全否定的态度。[1]

对于甘州回鹘的来源，新旧《五代史》的记载与两《唐书》的记载完全不同。《旧五代史》卷138《回鹘传》载：

> 回鹘，其先匈奴之种也……会昌初，其国为黠戛斯所侵，部落扰乱，乃移帐至天德、振武间。时为石雄、刘沔所袭，破之，复为幽州节度使张仲武所攻，余众西奔，归于吐蕃，吐蕃处之甘州，由是族帐微弱。其后时通中国，世以中国为舅，朝廷每赐书诏，亦常以甥呼之。[2]

《新五代史》卷74《四夷附录三》亦载：

（接上页）的一支回鹘移居甘州，大约是在大中十年至乾符元年之间。汤开建认为在大中十一年左右安西回鹘内部发生动乱，由此导致庞特勤的后代从安西转徙河西而入甘州。（汤开建：《“庞特勤居甘州”辩》，《西北民族学院学报》1983年第1期，第117—122页）对于安西回鹘发生动乱的时间，汤开建所依据的乃《张议潮变文》中记载大中十一年有“背逆回鹘一千余骑”，劫夺册立庞特勤的“国册”和“敕信”，且之后归义军曾屡败回鹘。但我们知道劫夺唐政府册封庞特勤使团的回鹘应该属于此时占据西州一带的回鹘，而非追随庞特勤迁居安西之回鹘。

[1] 如孙楷第《敦煌写本〈张淮深变文〉跋》（《中央研究院历史语言所集刊》第7本第3分，1937年；此据周绍良、白化文编《敦煌变文论文录》（下册），上海古籍出版社1982年版，第728页）即言：“据甘州者疑非安西回鹘，而系回鹘夙居河西境内者……则《旧唐书》甘州回鹘为安西庞特勤后裔之说，实属文字之偶疏，不可信也。”黄盛璋《敦煌于阗文P.2741、ch00296、P.2790号文书疏证》（《西北民族研究》1989年第2期，第41页）也认为刘昫所言“并无史料根据，只好笼统隐约说其如此”、“安西据考证实在焉耆城，与甘州回鹘风马牛不相及，已居安西称可汗，如何能居甘州称可汗？居甘州又如何能有碛西诸城？显皆违背事实与情理”。

[2] 《旧五代史》，中华书局1976年版，第1841页。

> 回鹘，为唐患尤甚……其国本在娑陵水上、后为黠戛斯所侵，徙天德、振武之间，又为石雄、张仲武所破，其余众西徙，役属吐蕃。是时吐蕃已陷河西、陇右，乃以回鹘散处之。[1]

由此，孙楷第先生认为唐末占据甘州之回鹘乃西迁回鹘中被吐蕃安置在河陇地区的部众。[2]森安孝夫推测回鹘西迁的十五部，最初就有一部分岔向南方，经花门堡进入河西，甘州回鹘应源自由漠北进入河西走廊额济纳河一带的回鹘。[3]陈守忠先生则进一步推测投奔吐蕃的那一支回鹘越过戈壁，从花门山堡沿额济纳河进入河西，散居甘、凉、肃诸州，与原先迁入的回鹘人结合，到张议潮死后占领甘州。[4]

两《唐书》及新旧《五代史》中关于回鹘一支投吐蕃的记载，应皆源自李德裕在会昌元年（841）八月反对天德军使田牟，监军韦仲平希望借助吐谷浑、沙陀、党项等族出击回鹘时，所提及的“今闻其国败乱无主，将相逃散，或奔吐蕃，或奔葛逻禄”[5]。对于李德裕所言，学者指出应源自李德裕所著的《会昌伐叛集》。[6]张仲武破回

---

[1] 《新五代史》，中华书局1974年版，第916页。

[2] 孙楷第：《敦煌写本〈张义潮变文〉跋》，《图书季刊》1936年第3卷第3期。（此据周绍良、白化文编《敦煌变文论文录》（下册），第713—722页。）

[3] 〔日〕森安孝夫：《关于回鹘的西迁》，《东洋学报》1977年第59卷第1、2号。（此据陈俊谋汉译《民族译丛》1980年第1期，第8—14页）〔日〕森安孝夫：《ウイゲルと敦煌》，〔日〕榎一雄主编：《讲座敦煌》第2卷《敦煌的历史》，东京大东出版社1980年版，第306页。

[4] 陈守忠：《公元八世纪后期至十一世纪前期河西历史述论》，《西北师院学报》1983年第4期，第47—60页。

[5] （北宋）司马光等编：《资治通鉴》卷246“唐武宗会昌元年八月”条，中华书局1956年版，第7953页。

[6] 华涛：《西域历史研究——八至十世纪》，上海古籍出版社2000年版，第54—55页。

鹘在会昌二年九月，所以新旧《五代史》将回鹘余众西奔的时间系于张仲武破回鹘部众之后显然有误。[1] 从内容上看，《新五代史》在记载回鹘降附于吐蕃之事时，对《旧五代史》颇有沿袭。虽然《会昌伐叛集》中有回鹘“奔吐蕃”的记载，但实际上唐王朝对西迁回鹘的情况并不了解，因为直至大中十年左右，宣宗君臣才得到庞特勤寓居安西的消息。由此，《会昌伐叛集》中的关于回鹘西迁的记载只能是源自回鹘部众的传闻，可信度并不高。也正缘于此，对于“投吐蕃”的回鹘之去向，两《唐书》中并没有给出明确的说法。而《旧五代史·回鹘传》中吐蕃将西奔的回鹘余众“处之甘州”的说法，很可能是薛居正等人根据五代及宋初甘州回鹘的活动情况事后附会的结果。

此外，虽然《新五代史·四夷附录三》将吐蕃安置回鹘的地点由甘州改为散处河陇，但其将降附吐蕃之回鹘视作甘州回鹘渊源的意图仍非常明显。但我们并没有看到回鹘在大中及咸通年间在甘州活动的记载。相反，在这个时期回鹘的活动范围往往在沙州之西的区域。如大中五年十月，张议潮遣其兄张议潭入朝，从而获得了归义军节度使的册封。杜牧《樊川集》卷20《授西州回鹘骁卫大将军制》中西州回鹘“交臂来朝”的记载，可与P.3554悟真撰《谨上河西道节度公德政及祥瑞五更转兼十二时序》中对张议潮“封秘策而通二庭，安西来贡”的赞扬相对应，[2] 证明在大中五年张议潮曾通过外交手段与西州回鹘取得联系，并招引其一起向唐朝入贡。[3] 而据P.2962《张议潮变文》的记载，张议潮在大中十年六月及次年八

---

[1] 〔日〕前田正名《河西历史地理研究》，第214—217页，则认为回鹘曾在开成五年和会昌二年，先后两次进入河西定居。

[2] 图版见《法藏敦煌西域文献》第25册，上海古籍出版社2002年版，第235页。

[3] 荣新江：《张氏归义军与西州回鹘的关系》，段文杰等编：《1990年敦煌学国际研讨会文集·石窟史地、语文编》，辽宁美术出版社1995年版，第121页。

月曾两度率军出征，分别前往伊州纳职县及伊州侧近，征伐所谓的“纳职回鹘”及“背叛回鹘”。从名称上判断，在大中末年不断侵扰伊州的回鹘当属于西州回鹘系统。P.2570《毛诗卷第九残卷》背面写有小字题记一行：“咸通拾陆年正月十五日，官吏待西同打回鹘至。”西桐，在敦煌汉文文献中有时也写作“西同”，在敦煌藏文文献中则作“色通（se tong）”。[1]据学者考证，其当即今敦煌市西南290里的甘肃阿克塞县苏干湖地区。[2]由此可以证明，在“咸通拾陆年”即乾符二年的正月之际，归义军曾与回鹘在敦煌重要的畜牧区西同一带发生过战争。与回鹘在沙州西部频繁与归义军发生联系不同，归义军初期的河西东部却基本上没有回鹘的踪迹。S.5697《申报河西诸州蕃、浑、嗢末等事状》中载：“□□供养，前后文（中缺）阎使君等同行，安置瓜州，所有利害事由，并与阎使君谘申。因缘河西诸州，蕃、浑、嗢末、羌、龙狡杂，极难调服。”[3]文书在述及归义军初期河西地区少数民族的分布状况，其中并未提及回鹘。P.3720《张淮深造窟功德碑》载：“河西异族狡杂，羌、龙、温末、退浑，数十万众，驰城奉质，愿效军锋”[4]；《敕河西节度兵部尚书张公德政之碑》亦载：“河西创复，犹杂蕃浑，言音不同，羌龙嗢末，雷威摄伏，训以华风，咸会驯良，轨俗一变。”[5]根据上述文献所载，

---

[1] 陆离：《敦煌吐蕃文书中的“色通（se tong）”考》，《敦煌研究》2012年第2期，第66—72页。

[2] 李正宇：《西同考——附论六龙地望》，《敦煌研究》1997年第4期，第110—120页；李并成：《“西桐”地望考——附论明安定卫城》，《西北民族研究》1998年第1期，第49—54页。

[3] 图版见《英藏敦煌文献（汉文非佛经以外部份）》第9卷，四川人民出版社1994年版，第80页。

[4] 录文参郑炳林：《敦煌碑铭赞辑释》，甘肃教育出版社1992年版，第267页。

[5] 录文参荣新江：《归义军史研究——唐宋时代敦煌历史考索》，上海古籍出版社1996年版，第403页。

即使到了张淮深统治后期，回鹘也没有成为归属于归义军的部族。

要而言之，对于甘州回鹘的渊源，传世史书的记载可以分为以两《唐书》和新旧《五代史》为代表的两组，但彼此抵牾之处甚多。以往学者通过辨析史料，主要形成了安西回鹘东迁说及降附吐蕃之回鹘被安置甘州说两种不同的观点，且以后者为目前所通行之说法。但正如学者所指出的那样，在咸通八年之前的敦煌史料中，几乎看不到回鹘进入河西的踪迹。[1] 所以，我们需要重新审视安西回鹘东迁甘州的可能性。

二

对于安西回鹘与甘州回鹘的关系，虽然两《唐书》的记载存在一定的差异，但有两点记载是相同的：其一，安西回鹘政权建立后，其内部统治曾出现过政治动荡。对此，《旧唐书·回纥传》记作"君弱臣强"，《新唐书·回鹘传》则记作"王室乱"；其二，作为西迁回鹘首领的庞特勤或其后嗣，曾由安西移居甘州。对此，《旧唐书·回纥传》载为"其后嗣君弱臣强，居甘州，无复昔时之盛"，《新唐书·回鹘传》则将庞特勤之后嗣替换成了庞特勤，指出其大中二年之际"居甘州，有碛西诸城"。虽然以往学者多以史书记载舛误及资料不足等理由，否定安西回鹘东迁甘州的可能性，但我们却可以在敦煌文献等资料中找到庞特勤后裔移居甘州的证据，由此也就可以证明甘州回鹘确实应源自安西回鹘的东迁。

其一，安西回鹘发生内乱与回鹘出现在河西甘州等地的时间前后衔接，可证两者之间存在着密切的联系。

---

[1] 荣新江：《甘州回鹘成立史论》，《历史研究》1993 年第 5 期，第 32—39 页。

11 世纪学者伽尔底兹（Gardizi）《纪闻花絮》（又译作《记述的装饰》）一书记载了一个九姓铁勒（九姓乌古斯）首领的传说：

> 说起九姓铁勒，该王自称九姓铁勒可汗，在他的一族中间有一个叫阙特勤（kul tegin）的著名人物，他的母亲是 Archin 人，是个自由人，阙特勤的异母兄长是可汗，其兄要杀害阙特勤，把他的喉咙砍断后置于山上，阙特勤的乳母把他送到明教的经师那里。经过医治，逐渐好转，终于痊愈。后来，阙特勤到九姓铁勒的都城 Azal 隐居起来，派人尽量讨好可汗，让可汗心里高兴，可汗终于回心转意，答应了不再杀害他，但不准他进入王宫，派他当了五城（panjikth）的总督，他在那里积聚力量，与当地人交朋友，经常对他们施以恩惠，暗中等待时机。这时听到可汗要去狩猎的消息，于是便集合了大批队伍去袭击可汗，阙特勤打败了可汗，可汗逃到城里固守，阙特勤命令放水淹城，城墙坍陷，阙特勤宣布凡投降者一律赦免。其余的人都被杀，只有九姓铁勒可汗仍待在城里，阙特勤命令部下把他绞死了。于是他就接管了可汗的宝位。[1]

据学者考证，书中九姓铁勒可汗即庞特勤，阙特勤即仆固俊，故事反映的就是仆固俊在安西回鹘内部发动政变之事。[2] 咸通七年

---

[1] 录文转引自薛宗正：《回鹘西迁新考》，《新疆大学学报》（哲学社会科学版）1996 年第 4 期。另可参巴托尔德著，王小甫译，陈继周校：《加尔迪齐著〈记述的装饰〉摘要——〈中亚学术旅行报告（1893—1894）的附录〉》，《西北史地》1983 年第 4 期，第 111 页。

[2] 对于上述记载，森安孝夫认为反映了北庭回鹘仆固俊攻占“自 851 年以前在焉耆庞特勤可汗统治下的西州”的历史事实，而被杀的可汗应当为庞特勤或其后继者《关于回鹘的西迁》（《民族译丛》1980 年第 1 期，第 13—14 页）。钱伯泉认为被杀的九姓铁

（866）二月，仆固俊在攻克西州、北庭、轮台、清镇等城后，通过派遣达干米怀玉入朝献俘，从而获得了唐政府的承认。[1] 此时论恐热尚寓居于廓州，且最终被原属尚婢婢部属的拓跋怀光所擒杀，所以《新唐书·回鹘传》所载的仆固俊斩论尚热（即论恐热）后占领西州等地的记载显然有误。仆固俊派遣米怀玉入朝，所汇报的应该就是取代庞特勤的消息。对于安西政权内部的权力转移，唐政府应该是承认的态度。因为不仅《新唐书·回鹘传》中有仆固俊"因请命，诏可"的记载，此外据BD11287《归义军节度使表（？）》的记载，仆固俊占领西州之后，还曾经得到唐政府所赐予的包括一枚银铸印在内的符印。[2] 而就在咸通七年安西回鹘内乱之后不久，此前未见有回鹘活动踪迹的河西东部地区出现了势力较为强大的回鹘集团。

《资治通鉴》卷252"唐僖宗乾符元年十二月条"则载：

> 初，回鹘屡求册命，诏遣册立使郗宗莒诣其国。会回鹘为吐谷浑、嗢末所破，逃遁不知所之，诏宗莒以玉册、国信授灵盐节度使唐弘夫掌之，还京师。

唐政府之所以在册封失败后，将玉册和国信授灵盐节度使掌之，可证这支被册封的回鹘活动区域距灵州不是太远。根据此时吐谷浑、

（接上页）勒可汗即庞特勤，发动政变者即仆固俊。《龟兹回鹘国始末》（《新疆社会科学》1987年第2期，第100—111页）薛宗正先生在《回鹘西迁新考》中亦明确指出"九姓铁勒可汗"即指庞特勤，阙特勤即仆固俊。田卫疆先生也认为文中所记或同仆固俊与庞特勤争夺汗国统治权有关《"卜古汗传说"史实解析》（《民族研究》2000年第3期，第79—87页）。

[1] 《新唐书·回鹘传》，第6133—6134页；《资治通鉴》卷250"唐懿宗咸通七年二月"条，第8113页。

[2] 文书录文参郝春文：《中国国家图书馆藏未刊敦煌文献研读札记》，《敦煌研究》2004年第4期，第24页。

唱末的分布范围及郗宗莒的出使路线，学者多认为被击破的应是曾生活在河西甘州一带的回鹘。[1]甘州本属归义军节度使的辖区，唐政府之所以在乾符元年遣使前往册封回鹘，应该与咸通十三年八月原归义军节度使张议潮薨于长安有关。

根据S.389《肃州防戍都状》的记载，在中和四年十一月一日吐蕃与吐谷浑部族撤出甘州城之前，吐蕃与吐谷浑的联盟是甘州城内最大的势力集团。吐蕃和吐谷浑在张议潮统治时期主要活动于青海地区，其之所以能进入甘州，并成为城内最重要的势力集团，当是其曾参与乾符元年击溃回鹘之役的缘故。而在吐蕃和吐谷浑撤离甘州后，龙家的统治者龙王代表甘州与回鹘进行谈判。在谈判陷入僵局之际，龙王派遣僧人前往凉州唱末处请兵，并以"如若不来，我甘州便共回鹘为一家，讨你唱末，莫道不报"相威胁，明确地证明凉州唱末即乾符元年围攻回鹘之唱末，而中和四年围攻甘州之回鹘也即乾符元年被唱末等族攻破之回鹘。也正是因为如此，在龙王写给唱末的文书中才会出现龙家一方面担心甘州继续被回鹘侵扰，另一方面又要以联合回鹘讨伐唱末的手段，希望能迫使凉州唱末出兵协助甘州戍守的矛盾现象。所以，我们可以明确乾符元年被击溃的

[1]〔日〕前田正名：《河西历史地理研究》，第227—228页；〔日〕长泽和俊著，钟美珠译：《唐末五代宋初之灵州》，收入氏著《丝绸之路史研究》，天津古籍出版社1990年版，第284页；周伟洲：《吐蕃对河陇的统治及归义军前期的河西诸族》，《甘肃民族研究》1990年第2期；杨圣敏：《资治通鉴突厥回纥史料校注》，天津古籍出版社1992年版，第304页；陆庆夫：《论甘州回鹘与中原王朝的贡使关系》，《民族研究》1999年第3期。但长泽和俊和杨圣敏先生将此回鹘直接视为甘州回鹘，似未确。因为虽然这些回鹘此时可能生活在甘州，而且与此后建立起来的甘州回鹘政权有极深的渊源关系，但两者此时似乎还不能等同。藤枝晃根据吐谷浑与浑末的关系，认为这似乎是发生在河西北部的事件。《归义军节度使始末》，《国外藏学研究译文集》第14辑，西藏人民出版社1998年版。荣新江《甘州回鹘成立史论》（《历史研究》1993年第5期）指出："退浑和唱末都是此时河西的劲族，主要活动在甘、凉一带，因此也可以认为他们合击的回鹘是进入走廊内部而立足未稳的回鹘。"

回鹘活动的范围应确在甘州一带。正因回鹘此前曾占据甘州，所以在嗢末等族击溃回鹘后，P.3451《张淮深变文》中才会有所谓“得复燕山献御容”的记载。但这批回鹘在中和四年却又卷土重来，并在迫使吐蕃、吐谷浑、龙家等部族撤离甘州后，顺利控制甘州城，从而为甘州回鹘政权的建立奠定了坚实的基础。

要而言之，在安西回鹘内部发生仆固俊取代庞特勤的政变8年之后，此前未见活动于河西东部的回鹘出现在了河西的腹心地带。从“回鹘屡求册命”的记载看，这支回鹘在河西兴起的时间应在咸通末年。考虑到由安西流散到甘州地区所需的时间，可以看到安西回鹘内部的政争与回鹘兴起于甘州之间的先后关系，而这样也就可以解释为何唐政府要在张议潮死后随即册封这支流散在甘州地区的回鹘的问题。

其二，通过分析西州回鹘在咸通末年的发展情况，可知在仆固俊政变之后，安西回鹘内部确实曾发生过分裂及大量的人口流散，从而为《旧唐书·回纥传》中庞特勤后嗣东迁甘州的记载提供了重要的佐证。

《新唐书》卷215下《突厥传附突骑施传》载：“及其（回鹘）破灭，有特庞勒居焉耆城，称叶护，余部保金莎领（岭）。众至二十万。”[1]特庞勒，应即庞特勤。这就表明庞特勤进入安西后，应首先以焉耆为中心称叶护，继而在乌介可汗被杀、遏捻可汗不知所踪后，始自称可汗。安西回鹘建立之初，“众至二十万”，声势非常浩大。所以，“散藏诸山深林”的回鹘散众，“皆西向倾心，望安西庞勒之到”[2]。而在仆固俊取代庞特勤之后，西州回鹘的势力异常衰弱，远不复安西回鹘之盛。据郝春文先生研究，BD11287《归义军节度

[1]《新唐书·突厥传附突骑施传》，第6069页。

[2]《旧唐书·回纥传》，第5215页。

使表（？）》应是归义军节度使张淮深给唐政府的上表。该文书载：

(前缺)

1. 城，悉皆残破。回鹘狼性，绥抚甚难，仆固俊独

2. 守西［州］，兵□甚寡，百姓离散，拾不壹存，虫蝗为

3. 灾，数年荒歉。至于符印、亦早轮坠。降人归投，

4. 因来送纳仆固俊银铸印壹面，臣已收得，不欲

(后缺)[1]

仆固俊夺得西州等地是在咸通七年，而此文书作于之后数年，所以当作于咸通末年。通过文书的描写，在仆固俊取代庞特勤、建立起西州回鹘政权后，百姓离散的情况非常严重。虽然“拾不壹存”的说法可能有夸大的成分，但从“降人归投，因来送纳仆固俊银铸印壹面，臣已收得”来看，对于仆固俊“至于符印、亦早轮坠”的记载应确有其事。仆固俊连唐政府所赐予象征权力的符印都无法保全，可见此时西州回鹘的势力确实十分虚弱。[2] 既然文书称仆固俊“独守西［州］”，也就证明其与“回鹘狼性，绥抚甚难”之回鹘并非同一支势力。此外，敦煌文献P.5007《诗四首》[3] 所录最后一诗的序文

[1] 郝春文：《中国国家图书馆藏未刊敦煌文献研读札记》，《敦煌研究》2004年第4期，第24页。

[2] 《元文类》卷70欧阳玄《高昌偰氏家传》载：“高昌王有印，曰：‘诸天敬护护国第四王印’，即唐所赐回鹘印也。”对“诸天敬护护国第四王印”与唐政府所赐仆固俊银铸印之间的关系，有待进一步的探讨。

[3] 《敦煌遗书总目索引》将P.5007号文书定名为《诗四首》，并曰：“第一第四首残咏本地事存者为咏敦煌与寿昌。”商务印书馆编：《敦煌遗书总目索引》，中华书局1983年版，第311页。施萍婷先生从此说。施萍婷主撰稿，邰惠莉助编：《敦煌遗书总目索引新编》，中华书局2000年版，第332页。徐俊先生将P.5007与S.6234、P.2672缀合后，定名为《唐佚名诗集》，对文书内容作了详尽的录文，参见徐俊：《敦煌诗集残卷辑考》，第650—662页。

称："仆固天王乾符三年四月廿四日打破伊州，□去（中缺）录打劫酒泉，后却和断，因设□□（下缺）"[1]，残存的诗句只有"为言回鹘倚凶□"半句。既然归义军文人尊称仆固俊为"天王"，也就证明"为言回鹘倚凶□"之回鹘当另有其人。结合当时的形势看，所谓的"狼性回鹘"及"倚凶回鹘"都应指在仆固俊政变后脱离其统治的原安西回鹘部众。因为这些回鹘在流散过程中曾侵入归义军辖区并与其发生多次军事冲突，所以归义军方面才会对其大加指责。

其三，甘州回鹘政权建立后，回鹘可汗在致信归义军节度使时，曾使用原本应属于安西回鹘可汗的印章。由此也可以证明甘州回鹘政权的渊源应确如《旧唐书·回纥传》所言，系原安西回鹘庞特勤可汗被仆固俊杀死后，由庞特勤的子嗣所率领的安西回鹘东迁后所建立的政权。

P.t.1082《登里可汗口谕给沙州仆射书》为甘州回鹘可汗致沙州统治者的信。[2] 对于文书所作的时间，乌瑞认为应在911年之后，可能反映了十几年或数十年之后的形势；[3] 武内绍人认为文书应作于10世纪的曹氏归义军时期；[4] 森安孝夫认为文书或作于932—934年左

[1] 图版见《法藏敦煌西域文献》第34册，上海古籍出版社，2005年，第11页。

[2] 对于文书的内容，可参〔日〕山口瑞凤主编：《讲座敦煌》第6卷《敦煌胡語文献》，东京大东出版社1985年版，第515—518页；王尧、陈践译注：《敦煌吐蕃文献选》，四川民族出版社1983年版，第50—51页。

[3] Géza Uray（乌瑞），"*emploidutibétaindansleschancelleriesdes tatsdu* Kan-sou et de Khotan-postérieurs à la*dominationtibétaine",Journal Asiatique*,vol.269（1981）,pp.81-90. 此据耿昇汉译：《吐蕃统治结束后甘州和于阗官府中使用藏语的情况》，《敦煌译丛》第1辑，甘肃人民出版社1985年版，第218页。

[4] 〔日〕武内绍人：《敦煌新疆出土古藏文书信初探（敦煌・トルキスタン出土チベット語手紙文書の研究序说）》，〔日〕山口瑞凤监修：《西藏佛教与社会（チベットの仏教と社会）》，东京春秋社1986年版，第589—590页；〔日〕武内绍人著，杨富学译：《后吐蕃时代藏语文在西域河西西夏的行用与影响》，《敦煌研究》2011年第5期，第110页注③。

右；[1] 黄盛璋则认为登里可汗即S.8444《唐昭宗某年内文思院为甘州回鹘贡品回赐会计历》中提及的天睦可汗，写作时间是在889年。[2] 根据文中所提及的“唐王”、“长安”等信息，可知该文书确应作于晚唐时期。该诏书又有“已变为废墟的甘州城池兴建宫殿”等内容，可以明确诏书是从甘州发出的，只能是回鹘占领甘州之后的场景。由此，文书中的仆射应指张淮深。文书作于某年“入夏暑热”之际，而张淮深在归义军内部始称仆射的时间应在光启三年（887）五月至九月之间，其又卒于大顺元年二月廿二日，所以文书的写作上限应在光启三年五月，下限为龙纪元年（889）六月。该文书上钤有两枚印章。乌瑞注意到了印文的存在，但未能予以释读。[3] 森安孝夫先生释作“伊西□□四？镇道？都□□之印”，并指出印章的使用者是甘州回鹘。但我们知道甘州回鹘在晚唐之际并没有控制过伊、西等州，唐政府也不可能授予甘州回鹘显示其有资格掌控“伊、西”等地的印章。虽然根据《资治通鉴》卷249“唐宣宗大中十一年十月”条及西安市大唐西市博物馆藏《李浔墓志》的记载，可知唐政府大中十年对庞特勤的册封未能完成，[4] 但在此后应最终完成了册封。正因为如此，庞特勤才会“后十余年，一再献方物”。唐政府赐予庞特勤的印章，应正是这枚“伊西□□四？镇道？都□□之印”。在庞特勤被杀后，其子嗣率众携带着原本由唐政府赐予庞特勤的印章，经过长

[1] 〔日〕森安孝夫：《河西帰義軍節度使の朱印とその編年》，《内陸アジア言語の研究》XV，2000年，第81—87页。

[2] 黄盛璋：《汉于阗吐蕃文献所见“龙家”考》，郑炳林、樊锦诗、杨富学主编：《丝绸之路民族古文字与文化学术讨论会文集》，三秦出版社2007年版，第248页。另可参洪勇明：《甘州回鹘登里可汗考辨》，《西域研究》2010年第2期，第78—85页。

[3] 乌瑞：《吐蕃统治结束后甘州和于阗官府中使用藏语的情况》，载敦煌文物研究所编：《敦煌译丛》第1辑，甘肃人民出版社1985年版，第213页。

[4] （北宋）司马光等编：《资治通鉴》，第8066页；荣新江：《大中十年唐朝遣使册立回鹘史事新证》，《敦煌研究》2013年第3期。

期的争斗，最终占据甘州。所以，作为甘州回鹘的统治者，登里可汗才会在发给归义军节度使的公文上钤盖上了原本应由安西回鹘可汗使用的印章。此外，作为 P.t.1082 的发出者，甘州回鹘可汗之“登里”称号可与宣宗政府为庞特勤册封的名号“九姓回鹘嗢禄登里罗汨没蜜施合俱录毗伽怀建可汗”相对应，[1] 也可证明甘州回鹘应源自于安西回鹘。

其四，在立国前后，甘州回鹘与西州回鹘之间保持着既彼此敌对，而在某种外力的促使下又可以共同对敌的特殊关系，这也可以从侧面证明双方具有极深的渊源，而导致这种现象出现的最大可能性也就是双方应皆源自安西回鹘。

于阗文书 P.2741 为于阗使臣由沙州发往于阗王庭的奏稿，主要记载了使臣在计划出使唐王朝的过程中，在沙州及甘州等地的遭遇。对于 P.2741 的创作时间，黄盛璋先生系于光启二年。其中，奏稿对于此时甘州地区诸多势力之间相互角逐的记载尤为详细。于阗使臣在“冬季第三月（汉历十一月）二十八日从沙州出发往甘州，第四月（汉历十二月）十五日到达甘州”。到了次年春季，由于归义军、回鹘、突厥拔野古、乌古斯等势力的介入，甘州的局势已不可控制。根据文书的记载：“春季第三月末沙州的军队来了，二十五位于迦带领二千仲云人与二百达怛人同来。他们进入甘州的第三天，毗伽可汗及其妻与二女被杀。第八天军队就离开，远至山丹，他们不敢在突厥中冒险就回去了，于是仲云都火了，他们说：‘这是回鹘人和沙州人玩的手段，他们领导我们人达一个月的陆地驱驰，却没有带到最后（决战）地点就走开了。’”[2] 仲云人所指责的回鹘，应就是与

[1]（北宋）宋敏求：《唐大诏令集》卷 129《大中十一年册回鹘可汗文》，商务印书馆 1959 年版，第 698 页。

[2] 对于 P.2741 及 P.2790 于阗文文书的内容，转引自黄盛璋：《敦煌于阗文 P.2741、ch00296、P.2790 文书疏证》，《西北民族研究》1989 年第 2 期，第 41—71 页。

归义军共同领导从伊州出发前往攻击甘州的回鹘。晚唐五代仲云主要生活在伊州的大屯城，牙帐设在胡卢碛。乾符三年四月之后，伊州已由西州回鹘所实际控制，所以能率领仲云进攻甘州之回鹘的只能是西州回鹘。此外，一支两千人的 Ttaudagaras 军队曾自称“我们两支回鹘已变成死敌”。所谓的“两支回鹘”，一支应为甘州回鹘，另一支当为与归义军联合进攻甘州之回鹘。而据敦煌于阗文文书 P.2790《使臣奏稿》的记载，在甘州地区的政局稳定后，身在甘州的于阗使臣“静悄地听说，甘州的汗和西州的汗联合建立政府，他们还想统帅一支由两方面组成的军队，在麦收时开赴沙州”。甘州的汗与西州的汗所代表的集团正可与上文“两支回鹘”相对应，由此也可证此前与归义军联合进攻甘州的回鹘应即西州回鹘。正是因为甘州回鹘是在仆固俊发动政变后由庞特勤后嗣率众东迁所建立的政权，所以甘州回鹘与西州回鹘之间长期处于敌对关系；但由于双方均源自安西回鹘，所以彼此之间也保持了密切的联系，甚至在特殊时期，由于存在共同的敌人，还有可能出现新的政治联合。

三

要而言之，虽然以往已有学者根据《旧唐书·回纥传》及《新唐书·回鹘传》记载，指出甘州回鹘或源自安西回鹘，但一是对于庞特勤或其后裔迁居甘州的时间判断有误，再有就是并没有在传世史料之外找到坚实的证据支撑，所以甘州回鹘源自安西的说法并没有得到学术界的普遍认可。《旧五代史·回鹘传》将回鹘西迁的时间系于南下回鹘被石雄及张仲武等人击破之后，显然有误。为了解释这个问题，前田正名等学者提出了回鹘两次西迁，且均被安置于甘州地区的说法。这种将相互矛盾的记载相互叠加的做法，可信性是颇值得怀疑的。虽然欧阳修在编纂《新五代史·四夷附录三》将投吐蕃的回鹘安置地点由甘州改为散处河陇，但根据敦煌文献的记载，晚唐大中年间及咸通前期，河西地区基本上没有回鹘的活动踪迹。所以，新旧《五代史》的相关记载应均是撰者根据五代及宋初甘州回鹘的活动情况事后附会的结果。通过考察咸通七年仆固俊在安西回鹘内部发动政变与回鹘在河西兴起的时间关联性，并分析仆固俊政变后原安西回鹘的流散情况，再结合甘州回鹘使用与“伊西”等区域相关的印章及甘州回鹘与安西回鹘的微妙关系，我们认为《旧唐书·回纥传》中安西回鹘内部动荡之后，庞特勤的后裔迁居甘州的记载是可信的。而《新唐书·回鹘传》在沿袭《旧传》记载时，误将庞特勤建立安西回鹘政权与其后裔迁居甘州两事混为一谈，以至于被学者所诟病，从而影响到了学者对《旧传》所载可信性的判断。

附识：本论文曾以《再论甘州回鹘的渊源》为题，分别提交给在陕西师范大学举办的“考实与会通——第三届中国中古史前沿论坛”及于瓜州举办的“锁阳城遗址与丝绸之路历史文化学术研讨会”。但由于时间冲突的缘故，故未能赴瓜州参加会议。在论文撰写过程中，曾劳烦赵青山、陈光文等兄查阅相关资料；于师大参会期间，拙文承蒙尹波涛先生评议；会后，在苏小华先生的要求下，笔者对论文进行了一定的修订和完善，并改做今题。在此对诸位先生一并表示感谢！

唐京兆府畿县辖乡、里、村名新证
——借助新出唐人墓志的考察

徐畅（北京师范大学古籍与传统文化研究院）

一、乡里村坊制在京兆府畿县的实施

《唐六典》卷3《尚书户部》载："京兆、河南、太原为三都……凡三都之县，在城内曰京县，（奉先同京城。）城外曰畿县。"[1] 具体到京兆府辖县，始终以万年、长安二县为京县（赤县），唐前期余县皆畿县。此后统治者多次调整畿县的等第、名称和归属，如畿县之上又立次赤一等，又以数畿县析出另置州，有唐三百年间变化纷繁复杂，但畿县数目大约维持在20—22左右[2]。从《元和郡县图志》所记元和中京兆府"管县二十三，万年、长安、昭应、三原、醴泉、奉天、奉先、富平、云阳、咸阳、渭南、蓝田、兴平、高陵、栎阳、泾阳、美原、华原、同官、鄠、盩厔、武功、好畤"[3]，我们可以知道京畿管辖的地理区域之大概。

---

[1] （唐）李林甫等撰，陈仲夫点校：《唐六典》，中华书局1992年版，第72—73页。

[2] 对京兆府辖县沿革学界有专门论述，参张荣芳《唐代京兆尹研究》第2章2节"京兆府辖区"，台北学生书局1987年版，第16—24页；吴松弟：《〈新唐书·地理志〉京兆府部分纠缪》，《中国历史地理论丛》1995年第4期，第154页。

[3] （唐）李吉甫撰，贺次君点校：《元和郡县图志》卷1《关内道》，中华书局1983年版，第2页。

唐制“百户为里，五里为乡”、“邑居者为坊，城外为村”[1]，笔者已经利用西安出土唐人墓志中的卒、葬地记载讨论了长安及近郊的基层行政区划与聚落形态[2]。京兆府的畿县推行乡里村坊制效果如何？《长安志》卷13至20记载了唐畿内之诸县在宋时的县城城郭规模及乡、村、里、社设置，并与唐时情况对比，如提及唐乡数目、略举唐乡名称、介绍唐代城郭规模等[3]。爱宕元在此基础上，广采唐代典志、地志、文集中的相关信息，以及近代对长安、昭应等城址的调查数据，讨论了唐代关内道下诸县城郭的规模与建造情况，指出唐前期，诸畿县多沿用前代城郭，或无成规模的城墙；而中晚唐，京畿地区极易受到吐蕃威胁，为抗御强大的骑兵进攻，关内道诸县筑城运动大兴，既有城郭也得以修缮，城壕的幅深与外州县相比显得异常深阔，奉天、华原等县甚至有子城、罗城、羊马城等多重城结构。这种现象，他称之为关内道的“边境化”[4]。

根据爱宕元提供的京兆府诸县城郭修造数据[5]，唐代大部分时期畿县是有城郭的，只不过有的是沿袭隋代旧郭，有的为新筑，这与有的学者观察到的外州县无城墙情况不同[6]。则畿县当与万年、长安县情况类似，县城郭下分为坊，而城外为散布的乡、里、村。

与长安城的情况不同，畿县县城规模有限，宿白先生曾推测唐

---

[1]（唐）杜佑撰，王文锦等点校：《通典》卷3《食货三》“乡党”条引大唐令，中华书局1988年版，第63页。

[2] 详参拙文《城郭内外：乡里村坊制在唐长安的实施再探》，载荣新江主编：《唐研究》第21卷，北京大学出版社2015年版，第303—326页。

[3]（北宋）宋敏求撰、（元）李好文撰，辛德勇、郎洁点校：《长安志 长安志图》，三秦出版社2013年版，第401—610页。

[4]〔日〕爱宕元：《唐代関内道の城郭規模と構造——畿内の边境化との関連を中心にして》，收入氏著《唐代地域社会史研究》，京都同朋舍1997年版，第155—180页。

[5]〔日〕爱宕元：《唐代地域社会史研究》一书后附《唐代州県城郭一覽表》，第451—453页。

[6] 参看鲁西奇《城墙内的城市？——中国古代治所城市形态的再认识》，《中国社会经济史研究》2009年第2期，第7—16页。

代县级城址下可能仅领一坊[1]，妹尾达彦在估测长安人数时亦以诸畿县每县郭内仅有一坊计[2]。畿县城内的坊名，目前尚未见到，从墓志中或可找到一些有用信息：《息尚君墓志》记其“调露元年（679）八月，逝于鄠县修德之里”[3]，而《郭府君墓志》记其“寝疾于泾阳县龙泉里”、“窆于泾阳县西北五里录泽乡五袴村南一里原之礼也”[4]。从长安、万年县情况看，官员之私第常在城内的里坊，而葬地在城外，畿县的情况或与之相类似。前志言“县某某之里”，而未出现村名，则里很有可能是在城内；后例郭府君亦是卒于泾阳县城内，窆于城外乡原，修德、龙泉极有可能是鄠、泾阳两县下之坊名。

二、畿县辖乡、里、村新考证

畿县城外乡、里、村的分布情况如何呢？学界热衷于考查两京县下的乡、里名目，但移步于再外围之畿县乡村的，笔者管见所及，仅有爱宕元，他不仅逐一考证了21畿县下的乡、里、村名，还结合《长安志》等地志及实测地图大致厘定其位置[5]。但十几年过去了，作为考订依据的西安周边唐人墓志被大规模的披露，笔者不揣浅陋，继续这项工作，仍依爱宕元的畿县排列顺序，于每县辖下，述新发现之乡里村名，略做考证，文末列畿县乡里村名表：

[1] 宿白：《隋唐城址类型初探（提纲）》，收入北京大学考古系编：《纪念北京大学考古专业三十周年论文集》，文物出版社1990年版，第279—285页。

[2] 〔日〕妹尾达彦：《唐長安人口論》，《堀敏一先生古稀記念論集·中国古代の国家と民衆》，汲古书院1995年版，第561—597页。

[3] （清）董诰等编：《全唐文》之《唐文拾遗》卷49《大周故居士芦州巢县令息尚君（真）之铭》，中华书局1983年版，第10931页。

[4] 胡戟、荣新江主编：《大唐西市博物馆藏墓志》，北京大学出版社2012年版，第891页。

[5] 〔日〕爱宕元：《唐代京兆·河南府郷里村考》，载唐代史研究会编：《東アジア史における国家と地域》，刀水书房1999年版，第163—190页。

鄠县

灌钟乡：据《处士挚行基墓志》“处士讳行基，雍州鄠县灌钟乡之人也”[1]，《王求古墓志》记其“祖因官迁京兆，今为鄠杜人……贞元十五年（799）夫妻合葬于鄠县北灌钟乡澧南之原”[2]。《三辅黄图》卷1载：“钟宫，在鄠县东北二十五里。始皇收天下兵销为钟镰，此或其处也。”陈直曰：“《元和郡县图志》卷二云：‘钟官故城，一名灌钟城，在（鄠）县东北二十五里。秦始皇收天下兵器销为钟镰处。’《太平寰宇记》卷二十六亦同。《元和》作钟官，极为正确，盖为水衡都尉钟官令铸钱之地，为上林铸钱三官之一。”[3]而《太平寰宇记》卷26鄠县下：“钟官故城，一名灌钟城，在县东北二十五里。盖始皇收天下兵器，销为钟镰，此或其处。”[4]可知乡因灌钟城得名，在县东北。

鄠东乡蒲池村：据元稹《酬乐天东南行诗一百韵》：“序：元和十年三月二十五日，予司马通州。二十九日，与乐天于鄠东蒲池村别，各赋一绝。到通州后，予又寄一篇。”[5]元稹贬通州司马第二次入川，由长安出发向西南，度沣水，过鄠县，再西取傥骆道，此路须经一村名蒲池，村名又见于白居易同时期所作《醉后却寄元九》：“蒲池村里匆匆别，沣水桥边兀兀回。行到城门残酒醒，万重离恨一时来。”[6]村名上的地名为“鄠东”，仅仅是鄠县以东的方位表述，还是乡名？陕西西安曾出土前秦《崔子墓砖铭》，铭文曰：“秦建元十三年（377）三月乙未朔二日，京兆鄠东乡临利里崔子条从刘兴

[1] 西安市长安博物馆编：《长安新出墓志》，文物出版社2011年版，第88—89页。
[2] 赵君平、赵文成编：《秦晋豫新出墓志蒐佚》，北京图书馆出版社2012年版，第591页。
[3] 陈直：《三辅黄图校证》，陕西人民出版社1981年版，第53页。
[4] （北宋）乐史撰，王文楚点校：《太平寰宇记》，中华书局2007年版，第554页。
[5] （清）彭定求等编：《全唐诗》卷407，中华书局1999年版，第4541页。
[6] 朱金城：《白居易集笺校》，上海古籍出版社1988年版，第906页。

甫。”[1] 前秦都长安，可知十六国时期长安西已有乡名鄠东，唐元稹所言鄠东，也极有可能是旧乡名的沿用。

封峦乡长乐里：唐《令狐览暨妻薛氏墓志》记令狐氏会昌二年（842）冬“终于京兆府鄠县封峦乡长乐里之郊”[2]，此乡或与秦汉时所筑甘泉宫有关。《类编长安志》卷2“甘泉宫”条下记：“……后筑甘泉苑。建元中（前140—前135）作石阙、封峦、鳷鹊观于苑内。南有棠梨宫。”卷3“露寒观”条：“武帝建元中作，在云阳甘泉宫外。又石阙观、封峦观、鳷鹊观、旁皇观、储胥观。”[3] 乡域或在甘泉宫外封峦观旧址，因而名之。乡下有里名“长乐”。

平原里：《赵藤墓志》载元和五年（810）“前京兆府昭应县丞赵公返真于鄠县平原里之别墅，春秋五十五”[4]，官员之宅邸多在城内，而别墅在城外，据此推平原里为鄠县城外之里，属乡不知。

蓝田县

无新补。

咸阳县

杜尤乡：《王恭墓志》记其永徽五年（654）三月与夫人合葬于雍州咸阳县杜尤乡[5]。此乡名诸书未见。

平城乡：据《孟孝立墓志》，志主开元十五年（727）“迁祔于咸阳县平城乡原”[6]，此乡诸书未见。而此墓志出土于今咸阳市秦都区双

---

[1] 故宫博物院、陕西省古籍整理办公室编：《新中国出土墓志》（陕西·叁），文物出版社2015年版，第1页。

[2] 赵力光主编：《西安碑林博物院新藏墓志续编》，陕西师范大学出版总社有限公司2014年版，第569页。

[3] 骆天骧撰，黄永年点校：《类编长安志》卷2，第51页；卷3，第99页，中华书局1990年版。

[4] 胡戟、荣新江主编：《大唐西市博物馆藏墓志》，第765页。

[5] 赵君平、赵文成编：《秦晋豫新出墓志蒐佚》，第965页。

[6] 中国文物研究所、陕西省古籍整理办公室编：《新中国出土墓志》（陕西·壹），文物出版社2000年版，第118页。

照乡庞村，应为此乡对应之今地。

渭城乡：《王处俊墓志》载其以（开元）廿七年“迁窆于京兆咸阳渭城乡之北原”[1]，此乡在《长安志》、《类编长安志》记载的宋、金咸阳县乡名中并无对应，渭城，多见于汉唐文献，此不考证。

醴泉县

神迹乡常丰里：据《王君愕妻廉穆墓志》，“永徽六年，夫妻合葬于雍州醴泉县神迹乡常丰里昭陵之旧茔”[2]，则神迹乡为奉昭陵之乡，据此墓志出土地，今礼泉县昭陵乡庄河村南约650米，可大致确定神迹乡域。

安乐乡下有普济里、东赵村：《尉迟敬德妻鄂国公夫人苏氏墓志》载显庆四年，“夫妻合葬于昭陵东南十三里安乐乡普济里之所”[3]。《李承乾墓志》载其开元廿五年：“奉敕官供陪葬昭陵柏城内京兆府醴泉县安乐乡普济里东赵村，西北去陵一十八里。”[4]据出土地信息，安乐乡普济里大致对应今礼泉县烟霞乡东周新村、上营村一带。

东時里：《唐晏曜墓志》载其与妻“合祔葬于醴泉县东時里”[5]，既是葬地，则东時里应在城外。

美泉乡阳陆村：《续高僧传》卷28载唐雍州醴泉沙门释遗俗“以唐运初开，游止雍州醴泉县南美泉乡阳陆家”，及卒葬时，“一县士女咸共仰戴，诵持之流又倍恒度，乃函盛其舌，于阳陆村北甘谷南岸为建砖塔”。[6]

祁村：据乾符三年二月《琅琊王氏墓铭经幢》记王氏葬于“醴

[1] 胡戟、荣新江主编：《大唐西市博物馆藏墓志》，511页。

[2] 中国文物研究所、陕西省古籍整理办公室编：《新中国出土墓志》（陕西·壹），第37页。

[3] 同上书，第37页。

[4] 同上书，第124页。

[5] 赵力光主编：《西安碑林博物馆新藏墓志汇编》，线装书局2007年版，第786页。

[6] 释道宣撰：《续高僧传》卷28《大正新修大藏经》，第50册，第690页上。

泉县祁村”[1]。

据《唐会要》卷20《亲谒陵》载“诸陵各取侧近六乡百姓，以供养寝陵之役”[2]，则醴泉县奉昭陵六乡，目前已得五乡名，分别是安乐乡、白鹿乡、长乐乡、瑶台乡、神迹乡。

三原县

淳化乡：据让皇帝第十一男琯母《韦贞范墓志》，志主天宝元年（742）迁归于京兆府三原县淳化乡之北原[3]，查宋三原县无此乡，而唐富平县下有同名乡，白居易所撰《扬州仓曹参军王府君墓志铭》记其“以永贞元年（805）十月二十五日，迁祔于京兆府富平县淳化乡之某原”[4]。据下列《畿县辖乡里村名表》，23畿县下之乡名未见有重复者，有重复的情况，皆是由于奉陵缘故，乡在相邻县之间流转。唐富平县与三原县相邻，且县境内都分别有4个以上皇陵，两县之间乡的交换已有其例：大和元年（827）因奉敬宗庄陵，富平县析从化乡隶三原，而开成五年（840）六月因奉文宗章陵，三原县析仁化乡隶富平，则淳化乡两见，亦应作如是观。天宝时此乡尚隶三原，永贞初已改隶富平，虽然史书缺载，但极有可能是德宗初年因奉代宗元陵，三原县将淳化乡割隶富平。由此也可大致判断淳化乡应在三原县东，与富平县接壤处。

吕村、任村、王村、刘村、朱村、唐禄村、房村、袁吕村、谢村：传世金石著作中皆著录有贞观十三年齐士员献陵造像，但未有完整录文，1985年在三原县、富平县交界的献陵东北，此造像与刻经被重新发现。据造像记，唐高祖献陵守陵官员“右监门中郎将、

---

[1] 林荣华校编：《陕西金石志》卷19，《石刻史料新编》第1辑，第22册，台北新文丰出版公司1979年版，第16628—16629页。

[2] 王溥撰：《唐会要》卷20，上海古籍出版社1991年版，465页。

[3] 胡戟、荣新江主编：《大唐西市博物馆藏墓志》，第525页。

[4] 董诰等编：《全唐文》卷679，第6940页。

延陵子齐士员”同十位官员、九村宿老在贞观十三年（639）正月初一为报太武皇帝与穆皇后之恩而造像，其中提到的上述九个村应是奉陵户编组之村[1]，据《长安志》卷20《三原》“高祖献陵，在县东一十八里龙池乡唐朱邨”[2]，可知宋代此地有唐朱村，与唐之朱村、唐禄村，应有继承关系。

泾阳县

杜原乡：《唐李凤墓志》载其开元六年窆于泾阳县之杜原[3]，而《刘府君夫人李氏墓志》记其证圣元年（695）“迁祔于鼎州泾阳县杜原乡之旧茔”[4]。

录泽乡五袴村：《郭府君墓志》记其会昌三年“窆于泾阳县西北五里录泽乡五袴村南一里原之礼也”[5]，可知乡域在县西北。

善明乡：《刘初墓志》记其以垂拱元年（685）“葬于泾阳县善明乡白渠北之原同所”[6]，可知乡域在白渠之北。

仙圃乡有张保村：《田夫人墓志》记其开成五年“归葬于泾阳县仙圃乡张保村”[7]。

闻义里：《邵子真墓志》载志主开元二十七年（739）“终泾阳东闻义里之私第”，志主为处士，居住在畿县乡间[8]，此“闻义里”应

[1] 关于齐士员造像的著录、发现、研究情况以及新录文，参考张总《初唐阎罗图像及刻经——以〈齐士员献陵造像碑〉拓本为中心》，《唐研究》第6卷，北京大学出版社2000年版，第1—18页。

[2] （北宋）宋敏求：《长安志》卷20《三原县》，第594页。

[3] 赵君平、赵文成编：《秦晋豫新出墓志蒐佚》，第455页。

[4] 周绍良、赵超主编：《唐代墓志汇编续集》，证圣001，上海古籍出版社2001年版，第338—339页。

[5] 胡戟、荣新江主编：《大唐西市博物馆藏墓志》，第891页。

[6] 周绍良、赵超主编：《唐代墓志汇编续集》垂拱005，第282页。

[7] 胡戟、荣新江主编：《大唐西市博物馆藏墓志》，第893页。

[8] 赵力光主编：《西安碑林博物院新藏墓志续编》，陕西师范大学出版总社有限公司2014年版，第297页。

为泾阳县城外，县域东部之里名，未知属何乡。

栎阳县

龙泉乡凉台里：P.3417《十戒经盟文》记栎阳县道教信徒从东明观法师受诫事，开头作："大唐景云二年，太岁辛亥八月生三月景午朔廿四日己巳，雍州栎阳县龙泉乡凉台里男生清信弟子王景仙，年廿七。"[1]

五陵乡：据唐《师晖墓志》，其武德六年（623）"终于五陵乡里舍"，未言属何县，志载师夫人为雍州高陵人[2]，但高陵县下并无是乡，而据《长安志》卷17宋栎阳县下有五陵乡，在县东，应沿袭唐乡名而来[3]。

高陵县

临泾乡临泾里：《辛谦墓志》记其以显庆三年（658）"与妻元氏合葬于雍州高陵县临泾乡临泾里泾阳之原"[4]，乡域不详，从乡名看，应临泾水。

修真乡：《尹客仁母张氏墓志》记"贞观廿二年三月"，"雍州高陵县修真乡尹客仁母夫人张氏之灵"[5]。据《长安志》卷17，宋高陵下有修真乡，在县东一里，亦应为唐乡地[6]。

奉先县

昌宁里：据《范颜墓志》，贞元十三年（797）"有唐高士范公卒于京兆府奉先县昌宁里之私第"[7]。

---

[1] 〔日〕池田温编：《中國古代寫本識語集録》，东京大学东洋文化研究所1990年版，第282页。

[2] 胡戟、荣新江主编：《大唐西市博物馆藏墓志》，101页。

[3] （北宋）宋敏求：《长安志》卷17，第518页。

[4] 赵力光主编：《西安碑林博物馆新藏墓志汇编》，第89页。

[5] 中国文物研究所、陕西省古籍整理办公室编：《新中国出土墓志》（陕西·贰），文物出版社2003年版，《补遗》，第389页。

[6] （北宋）宋敏求：《长安志》卷17，第527页。

[7] 周绍良、赵超主编：《唐代墓志汇编续集》元和001，第799页。

奉天县

暂无新补。

富平县

义亭乡：据《李昚交墓志》，其开元十八年安窆于京兆富平县义亭乡中慎原[1]。据《长安志》卷19，宋富平县有义亭乡，在县南，得名于义亭城，为古之乡亭[2]。唐乡应同，乡境跨中慎原。

脾阳乡永固里：据上栎阳县五陵乡条引《师晖墓志》，志主永徽三年（652）“迁窆于脾阳乡永固里荆原之茔”，志主为高陵人，但高陵县辖无是乡，据《长安志》卷19，宋富平县辖有同名乡，在县南[3]，又志文提及荆原，全名为荆阳原，据《梁胤墓志》，其以开元十一年与妻合葬于富平县薄台乡荆阳之原[4]。可知荆阳原确在富平县，故又补出富平县下一乡一里。

石保村：杜光庭《录异记》卷6记：“长安富平县北定陵后通关乡……其山下通关乡，多姓公孙，贾家山上石保村，多姓闻氏、麻氏。”[5]

好畤县

不唯爱宕元检索不到相关资料，本文亦无补正。

金城（始平、兴平）县

延寿乡临泉里：唐《贾雄墓志铭》载其为“京兆兴平人……开成元年殁于兴平县延寿乡临泉里别业……窆于延寿乡之川”，约今兴平县西郊月斯村一带[6]。

---

[1] 赵力光主编：《西安碑林博物馆新藏墓志汇编》，第373页。

[2] （北宋）宋敏求：《长安志》卷19，第577页。

[3] 同上。

[4] 赵君平、赵文成编：《秦晋豫新出墓志蒐佚》，第491页。

[5] 〔日〕杜光庭撰：《录异记》，萧逸校点，《唐五代笔记小说大观》，上海古籍出版社2000年版，第1538—1539页。

[6] 中国文物研究所、陕西省古籍整理办公室编：《新中国出土墓志》（陕西·贰），第191页。

槐里乡、龙泉乡：敦煌文书 S.6014《始平县图经》中残留始平县下三乡，槐里乡、汤台乡、龙泉乡，其中有两乡可补以往记载之缺，并依李并成考证，唐槐里乡在兴平西二十五唐里（13.5 千米）的槐里故城，而龙泉乡因汉龙泉庙命名，在县东北二十四唐里，今兴平市定周村、于史村左近[1]。

华原县

待贤乡弘善里：据《折娄惠墓志》，志主“永隆元年葬于雍州华原县待贤乡弘善里白草之原”[2]，知乡域内有原曰白草原。

宜川乡弘善里：《魏成仁墓志》开篇作：“君讳成仁，雍州华原县宜川乡弘善里人也。”志主永徽五年（654）卒，仍葬县之西原[3]，可知唐华原县有乡名宜川。值得注意的是，弘善里在此处属宜川乡，或许待贤、宜川二乡毗邻，弘善里处两乡交界处。

观相乡通洛里：《支茂墓志铭》记“君讳茂，字德荣，京兆华原人也”，志主永徽二年“葬于本县观相乡通洛里鹳雀之北原”[4]，知观相乡下有里曰通洛。观相乡又写作“观想乡”，见《赵怀哲墓志》：“君讳怀哲，字怀哲，京兆府华原县观想乡，天水郡人也。”[5]

云阳县

金龟乡石洪里集阳村。《维大唐光宅寺殁故□□和尚道广荼毗遗记》末记“京兆府云阳县金龟乡石洪里集阳村神追兰若”[6]。

青龙乡青龙里、向义里：据圆照撰《悟空入竺记》介绍长安僧悟空：“师本京兆云阳人也，乡号青龙，里名向义，俗姓车氏，字曰

[1] 李并成：《〈始平县图经〉残卷研究》，《敦煌研究》2005 年第 5 期，第 50—53 页。
[2] 赵力光主编：《西安碑林博物馆新藏墓志汇编》，第 179 页。
[3] 中国文物研究所、陕西省古籍整理办公室编：《新中国出土墓志》（陕西·叁），第 8 页。
[4] 同上书，第 8 页。
[5] 周绍良主编：《唐代墓志汇编》，开元 144，上海古籍出版社 1992 年版，第 1256 页。
[6] 吴钢主编：《全唐文补遗》第 1 辑，三秦出版社 1994 年版，第 461 页。

奉朝，后魏拓拔之胤裔也。”[1]而又据真化府折冲都尉《车府君墓志铭》记“公讳□，……其县京兆云阳青龙里之人也”[2]，两人又都姓车，当出自一地，青龙里当为青龙乡下同名之里。

武功县

立节乡丰义里：《唐庆善宫大监樊方墓志铭》记其“窆于雍州武功县立节乡丰义里”[3]。扶风里：《王祖墓志》载其葬于扶风里之武功东原[4]。

盩厔县

阳化乡：《唐殷恪妻熊休墓志》记其以开成四年“殁于京兆盩厔县阳化乡之别业”[5]，据《长安志》卷18，宋代县下有乡名阳化[6]，应承袭唐乡而来。

仙游乡任袁村、薛良村：《唐卢岑改葬墓志》记其以贞元十九年“薨于京兆府盩厔县仙游乡任袁村之别业……窆于其乡薛良村之原”[7]，据《长安志》卷18，宋代有同名乡在县西南二十里，概因县内仙游观而得名[8]。

望仙乡望仙里：《柳子贡墓志》载其于调露元年（679）终于“盩厔县望仙里之别业”。柳子贡为高蹈不仕之处士，推测此处望仙里应非县城内坊里[9]。查《长安志》，宋代盩厔县下有“望仙乡”，

---

[1]（唐）圆照：《大唐贞元新译十地经》记后附，《大正新修大藏经》第17册，第715下栏。

[2] 周绍良主编：《唐代墓志汇编》，大和060，第2139页。

[3] 吴钢主编：《全唐文补遗》第9辑，三秦出版社2007年版，第428页。

[4] 中国文物研究所、陕西省古籍整理办公室编：《新中国出土墓志》（陕西·壹），第81页。

[5] 吴钢主编：《全唐文补遗》第8辑，三秦出版社2005年版，第161页。

[6]（北宋）宋敏求：《长安志》卷18，第551页。

[7] 周绍良、赵超主编：《唐代墓志汇编续集》，开成011，第930页。

[8]（北宋）宋敏求：《长安志》卷18《盩厔》，第552页。

[9] 赵力光主编：《西安碑林博物院新藏墓志续编》，第317—318页。

“在县东四十里，管社一十四”；有望仙泽，“在县东南三十七里”[1]，则柳《志》所言“望仙里”即有可能在此地域范围内，宋之望仙乡应延续唐乡名，即唐盩厔县下有望仙乡望仙里。

美原县

频阳乡黄崖里：据《阎彪墓志》，志主大和二年“寝疾长安而终，扶护归美原县频阴乡黄崖里之私第”[2]，据《长安志》卷20，美原本秦汉频阳之地，“应劭曰，在频水之阳，旧县在今县南三里频阳故城是”。[3]而宋时县下又有频阳乡，知此处“频阴”为“频阳”之误。

渭南县

王尚乡：据《崔浩墓志》，志主乾符六年（879）卒于“渭南县王尚乡之旧业”[4]。《长安志》记宋渭南县“王尚泽，在县西十五里”[5]，乡名或得之于此。

长乐乡当作长源乡：爱宕元据新、旧《唐书·李渤传》补长乐乡[6]，查中华书局标点本《旧唐书》、《新唐书》之《李渤传》，均作“渭南长源乡”，亦无相异版本之指出[7]，《通鉴》卷241载李渤上奏亦作“长源乡”[8]。

昭应（新丰）、（会昌）县

尚书乡：《韦藉墓志》记其贞元六年终于昭应县尚书乡旧里[9]。

---

[1] （北宋）宋敏求：《长安志》卷18《盩厔》，第552—553页。
[2] 胡戟、荣新江主编：《大唐西市博物馆藏墓志》，第829页。
[3] （北宋）宋敏求：《长安志》卷20，第605页。
[4] 赵力光主编：《西安碑林博物院新藏墓志续编》，第672页。
[5] （北宋）宋敏求：《长安志》卷17，第536页。
[6] 〔日〕爱宕元《唐代京兆府·河南府郷里村考》，载唐代史研究会编：《東アジア史における国家と地域》，第176页。
[7] 《旧唐书》卷171，中华书局1975年版，第4438页；《新唐书》卷118，中华书局1975年版，第4280页。
[8] 《资治通鉴》卷241，中华书局1956年版，第7771页。
[9] 西安市长安博物馆编：《长安新出墓志》，第207页。

另外墓志中出现的昭应境内地名还有广乡原、铜人原，不再举证。铜人原跨万年县与昭应县境。

现将目前为止考证出的畿县乡里村名及其大致位置列表如下，以供相关学者之参照。提请读者注意，中晚唐因奉陵缘故在各畿县之间流转之乡，并未列入以上考证，仅在下表中显示，标明出入，入表示编入本县，出表示划归他县。

表1　唐京兆府畿县辖乡、里、村名表

县	乡名	里名	村名	县境其他地理名称	位置、备注
鄠	□福乡				
	八步乡		解村		在县东南五里八部泽地（周回五十里）
	宜善乡		庞保村、中庞村		宋代有宜善乡，连县郭管陈平里
	平原乡				考近渼陂，在今户县城西2.5千米渼陂陂头
	灌钟乡	修德里、平原里			县东北二十五里钟官故城，一名灌钟城，澧南之原
	鄠东乡		蒲池村		在县东，沣水西
	封峦乡	长乐里			乡或因汉武建元中在甘泉宫外立封峦观得名
蓝田	节妇乡				《长安志》卷16《蓝田》“贺若妇冢”条，在县西南十五里贺若妇冢
			钟刘村		

续表

县	乡名	里名	村名	县境其他地理名称	位置、备注
咸阳	延陵乡				乡名得之于汉成帝延陵，在县西北十五里，今咸阳市中心北部偏西 4 千米
	奉贤乡	大和里、静民里			洪渎川、洪渎原，咸阳市东北部 12 千米，底张湾北原
	义陵乡				乡名得之于汉哀帝义陵，在县北（西）八里，北原
	渭陵乡				爰宕元以近县东三十里之汉渭阳五帝庙，乡名应得之于汉元帝渭陵，在县东北十三里
	五云乡				县东三十五里，唐兴宁陵所在，周五里
	长陵乡				乡名得之于汉高祖长陵，而唐为武则天为父母所建顺陵所在乡，在县东北二十五里，周二里
	杜尤乡				
	平城乡				在今咸阳市秦都区双照乡庞村
	渭城乡				
				咸阳原	
醴泉	东阳乡				
	美泉乡		阳陆村		在县南
	安乐乡	平美里、普济里	东赵村		昭陵陵区，今礼泉县烟霞乡东周新村、上营村一带
	白鹿乡		井谷村		在昭陵陵区北侧，九嵕山后三十里叱干村
	长乐乡				昭陵陵区
	瑶台乡				在昭陵区，昭陵西瑶台寺
	修文乡				县东北十八里肃宗建陵所在
	谷口乡				在九嵕山以东，仲山以西，泾水流经的山间平地，汉有谷口县城在县东北四十里
	神迹乡	常丰里			在昭陵陵区，今礼泉县昭陵乡庄河村南
		东畤里			
			祁村		

续表

县	乡名	里名	村名	县境其他地理名称	位置、备注
三原	万寿乡	清池里			乡有长坳，县（西）北十八里，景皇帝永康陵所在，本乡亦为北周以来于氏宗族墓地
	洪寿乡				在万寿乡西侧，在今三原县城东北 16.7 千米
	长坳乡				在永康陵东南 13 千米，在今三原县城东 16.7 千米有村名长坳堡。
	古鼎乡	高池里			
	弘化乡				临近洪寿乡
	落泉乡			长平原	
	□原乡				在三原县东，与富平县接壤
	仁化乡（出）				本三原县乡，开成五年六月因奉文宗章陵，析出此乡隶富平县
	太平乡				应在敬宗庄陵附近，宋有胡村
	善化乡（入）				大和元年奉庄陵从云阳县来属
	淳化乡（出）				德宗初奉代宗元陵，将此乡割隶富平
	清平乡（入）				奉敬宗庄陵，会昌元年以高陵县清平乡来属
	尝乐乡（入）				大和元年奉庄陵，从泾阳县来属
	万福乡（入）				大和元年奉庄陵，从高陵县来属
	从化乡（入）				大和元年奉庄陵，从富平县来属
			吕村、任村、王村、刘村、朱村、唐禄村、房村、袁吕村、谢村		高祖献陵内，在县东十八里
				万寿原、孟侯原	分别对应今三原县焦村、今富平县吕村乡留古村一带

续表

县	乡名	里名	村名	县境其他地理名称	位置、备注
泾阳	众善乡				约相当于宋宜善乡位置
	慈□乡				
	尝乐乡（出）				在县东北，大和元年因奉敬宗庄陵编入三原县
	仙同乡				宋会仙乡下有仙洞里，应即此地
	仙圃乡		张保村		有六渠店，因汉代开凿六辅渠而得名
	杜原乡				
	录泽乡		五袴村		
	善明乡				在白渠之北
		神孤里（隋）			
		闻义里			在县东
栎阳	修善乡				在栎阳县北
	大泽乡（出）				元和元年析出隶富平奉顺宗丰陵
	万年乡（出）				在县东北，因汉高祖父太上皇之万年陵得名，元和十五年析此乡隶奉先奉宪宗景陵
	五陵乡				
	龙泉乡	凉台里			
高陵	乐安乡				县西南
	万福乡（出）				在县北，大和元年析此乡隶三原奉敬宗庄陵
	清平乡（出）				在县北，与万福乡接壤，会昌元年析此乡隶三原奉章陵
	临泾乡	临泾里			
	修真乡				在县东一里
				奉政原、鹿苑原	

续表

县	乡名	里名	村名	县境其他地理名称	位置、备注
奉先	漫泉乡	保章里			在县西十五里漫源村漫浴池
	怀仁乡		敬母村		在县东北三十里玄宗泰陵
	神泉乡（出）				元和元年析此乡隶富平奉顺宗丰陵
	宣化乡		积善村		在睿宗桥陵，县西北三十里
	丰阳乡		吴村、胡村		在县东北，域内有让皇帝惠陵、宪宗景陵
	宁康乡		普济村、延兴村		在县北二十里穆宗光陵
	龙乐乡				县西三十里蟠龙神原上
	万年乡（入）				元和十五年奉宪宗景陵以栎阳县万年乡来属
	丰水乡（入）				长庆四年奉宪宗景陵以富平县丰水乡来属
	龙原乡（入）				元和十五年奉景陵以美原县龙原乡来属
			京遥村		
		昌宁里			
奉天	梁山乡		丈八村、青仁村、埪子村		三村在县西北五里高宗乾陵界内，今乾陵陵园区东南隅丈八头
	岑阳乡			鸡子堆	在县东北十五里僖宗靖陵，与乾陵隔豹谷相对
	井东乡				与岑阳乡相邻，县东北二十里陆贾墓
	平原乡				
			国盛村、小李村		

续表

县	乡名	里名	村名	县境其他地理名称	位置、备注
富平	丰水乡（出）				长庆四年析此乡隶奉先县奉宪宗景陵
	周文乡		郭门村		在县西北十四至十五里，中宗定陵、北周文帝成陵所在
	永闰乡		管村		县西北二十至三十里，文宗章陵、代宗元陵所在
	会善乡		范村		在县西北四十里懿宗简陵所在
	通关乡		修善村、义同村、公孙村		县东北二十三里顺宗丰陵所在
	淳化乡（入）				德宗初奉代宗元陵，从三原县来属
	赤阳乡	毗山里			
	从化乡（出）				大和元年因奉敬宗庄陵析此乡隶三原县
	薄台乡		薄台村	荆阳原	在县西南，宋亦有薄台乡，乡域略扩大
	大泽乡（入）				元和元年奉顺宗丰陵从栎阳县来属
	神泉乡（入）				元和元年奉顺宗丰陵以奉先县神泉乡来属
	仁化乡（入）				开成五年奉文宗章陵从三原县来属
	义林乡（入）				元和元年奉丰陵以美原县二乡来属
	旌义乡（入）				
	义亭乡			中慎原	
	脾阳乡	永固里			
			石保村		
				脾阳原	今富平县吕村乡留古村

续表

县	乡名	里名	村名	县境其他地理名称	位置、备注
金城（兴平、始平）	汤台乡			始平原	在县西北八里春秋荡邑之汤台遗址，现兴平县城西北约5千米有北汤台、南汤台村
	三陂乡				县西二十五里百顷泊、二十一里宋泊、西南十五里曲泊，三泊之间的泽地
	茂陵乡				肺浮原，在县东北十七里汉武帝茂陵
	扶风乡				在县东北二十里之醴泉，唐贞观十二年自然涌出
	汤祠乡				在县西北二十里商汤祠
	槐里乡				在兴平西二十五唐里（13.5千米）的槐里故城
	龙泉乡				在县东北二十四唐里，今兴平市定周村、于史村左近
	延寿乡	临泉里			约对应今兴平县西郊月斯村一带
华原	观相（想）乡	通洛里		鹳雀原	
	升仙乡	贸仙里			
	待贤乡	弘善里			
	宜川乡	弘善里		白草原	
				白草原、烛龙原	
云阳	嵯峨乡				在县东北一十里嵯峨山，德宗崇陵亦在乡界
	龙云乡	修德里			嵯峨山西南
	金龟乡	卧龙里、石洪里	集阳村		唐梨园镇，宋淳化县城在此
	平泉乡				
	古鼎乡				在嵯峨山下，与嵯峨乡临近，在云阳县北境
	谷口乡				在县西北四十里宣宗贞陵，在今泾阳县城西北24千米，云阳镇西北14千米，贞陵东北4千米
	善化乡				大和元年因奉敬宗庄陵编入三原县
	青龙乡	青龙里、向义里			

续表

县	乡名	里名	村名	县境其他地理名称	位置、备注
武功	三畤乡				在县西南二十里三畤原，西邻凤翔府扶风县
	邰城乡				在县西南二十三里邰城址
	立节乡	丰义里			
	义丰乡				以上四乡均近庆善宫，在县南十八里，唐之离宫
		扶风里			
盩厔	龙岸乡				县城西二里
	德义乡		苏城村		
	神就乡	闻仙里			县东南三十七里，宗圣观所在
	阳化乡				
	仙游乡		任原村、薛良村		在县南二十里
	望仙乡	望仙里			县东南四十里，有望仙泽、望仙观
美原	永宁乡				
	龙原乡（出）				元和十五年因奉宪宗景陵编入奉先县
	义林乡（出）				元和元年因奉顺宗丰陵编入富平县
	旌义乡（出）				
	频阳乡	黄崖里			在县南
渭南	长源乡				
	王尚乡				或因县西十五里之王尚泽得名
				广乡原	在渭南县东南一十里
同官			武定村		

续表

县	乡名	里名	村名	县境其他地理名称	位置、备注
新丰（昭应、会昌）	故叠乡	修文里			
	露台乡			奉天皇帝齐陵	在县东南骊山一带
	坑儒乡				在县西南五里，始皇坑儒处，后改名旌儒乡
	尚书乡				
				广乡原、铜人原	

三、畿县辖乡数的变动

上节仅考证乡里村名称，未言及各畿县下乡的数量问题，讨论唐京兆府诸县所辖乡数，目前可依据的三种记载是敦煌博物馆藏《天宝十道录》[1]、《太平寰宇记》及《长安志》[2]，分别代表天宝中和唐中后期的数字，现将不同时期畿县辖乡情况列表如下。[3]

[1] 定名参看荣新江：《敦煌本〈天宝十道录〉及其价值》，《九州》第2辑，商务印书馆1999年版，第116—129页。录文参考吴震：《敦煌石室写本唐天宝初年〈郡县公廨本钱簿〉校注并跋》，《文史》第13辑，中华书局1982年版，第98—101页。

[2] 《长安志》、《太平寰宇记》记载皆代表唐中后期数据，但《长安志》对诸畿县唐时乡数记载不够精准，爱宕元已有质疑与辨析，详下注。乐史撰《太平寰宇记》依宋代区划介绍关西道各县旧（指唐后期）、今领乡情况，对应的唐京畿23县，散见卷26—39，第515—835页。

[3] 诸地志所记诸县辖乡数，表格中大部分予以采纳，唯好畤、华原县情况需要特别说明。好畤县，《十道录》记其10乡，《太平寰宇记》记其唐后期仅7乡，而《长安志》记其下有30乡之多，颇值得质疑。华原县，《十道录》记其有14乡，而《长安志》记其下40乡，爱宕元以为数值差距太大，《长安志》中之“四十”或为“十四”之讹误，并推测中后期，华原县下或辖19乡，详所撰《唐代京兆府の户口推移》，载唐代史研究会编：《律令制：中国朝鲜の法と国家》，汲古书院1986年版，第533—566页；收入氏著《唐代地域社会史研究》，第95—121页。

表 2 唐不同时期京兆府属县辖乡数量

出典	《天宝十道录》	《太平寰宇记》	《长安志》
县名	乡数	乡数	乡数
长安	79	59	59
万年	62	45	45
鄠	34	24	24
蓝田	28	22	22
咸阳	20（18）	20	20
醴泉	23	16	16
三原	24	24	20
泾阳	24	18	18
栎阳	28	25	25
高陵	26	7	7
奉先	20	22	22
奉天	23	19	19
富平	29	40	44
好畤	10	7	30？
金城	24	20	20
华原	14	（19）	40？
云阳	24	11	20
武功	20	14	14
盩厔	17	17	17
美原	15	10	12
渭南	26	19	19
同官	11	6	6
新丰	11	18	18
总计	592	463	537

从中可略见，有唐一代，除去长安、万年两京县外，畿县辖乡数目消长的总体趋势是，唐后期各县乡数普遍有所缩减，王仲荦以为“盖经唐代离乱，都城周围，户口凋残，乡数亦多见并省故也”[1]，乡数减少原因当然应归结为户口锐减。关于此问题爱宕元有专论[2]。

这里挑出乡数前后反差较大的县：高陵26乡—7乡，美原15乡—10乡，渭南26乡—19乡，富平29乡—44乡。关于高陵、富平乡数消长，爱宕元以为富平、奉先人口激增的原因主要是奉陵户的编入这点，值得深入讨论[3]；即因为供奉皇陵，处于县与县管辖边界的乡，是怎样在各县之间流动的。这个问题，两《唐书·地理志》、《唐会要》卷70等都有些许记载[4]，不够系统。上文畿县乡、里、村名表中列出了相关县辖乡的出入情况，但不够直观，现用线流程图表示如下：

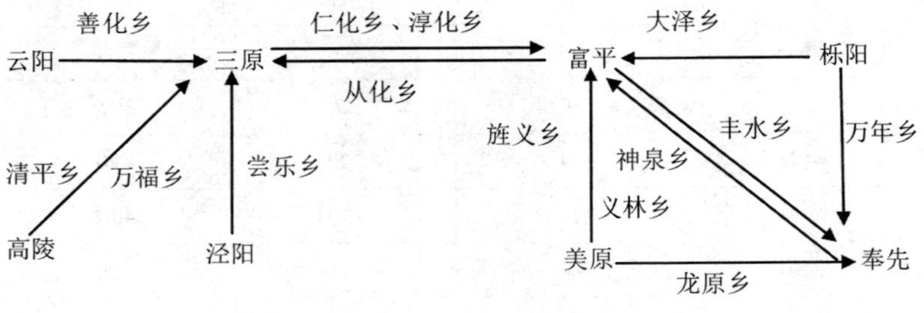

图1　乡在畿县间的流转

[1] 王仲荦：《敦煌石室地志残卷考释》，中华书局2007年版，第10—11页。

[2] 〔日〕爱宕元：《唐代京兆府の户口推移》，收入氏著《唐代地域社会史研究》，第95—121页。

[3] 同上书，第108—113页。

[4] 《旧唐书》卷38《地理志一》，第1395—1396页；《新唐书》卷37《地理志一》，第961—964页；《唐会要》卷70《州县改制上》“关内道”，第1471—1473页。

从中可以看出，因奉陵问题，各县之乡的收入与支出情况：

云阳－1 高陵－2 三原＋4－2 富平＋5－2 栎阳－2 美原－2 奉先＋3－1

富平因独奉五陵，得到县的净收入最多，奉先（奉五陵）、三原（奉四陵）紧随其后。高陵、栎阳、美原境内本无皇陵，损县较多，这也是高陵人口于唐后期锐减的原因之一。

奉陵乡的流动是否影响到县际关系，史无明载，但从《唐会要》记载中或可看出一些端倪："会昌元年七月，京兆府奏：'得三原县申，当县仁化乡，开成五年六月敕，割送富平县，充奉章陵讫。准承前流例，合于陵近县界接近割还当县，以奉庄陵。'"[1]"承前流例"提示，因山陵事起而划乡奉陵，事毕后来自他县之乡应奉还，但这里三原县还要申（京兆）府请求归还，可见唐中后期，借乡不还在各陵县成为常事，这必然会造成贡出乡诸县的损失。三原县曾因奉文宗章陵，将所属仁化乡归入富平县，但富平县逾期不还，三原县便以供奉本境内庄陵为借口，请求归还。可想而知，若本境无陵可供之县，处于何等之劣势！

[1]（宋）王溥撰：《唐会要》卷70《州县改置上》，第1472页。

斗鸡台事件再探讨
——从《段文楚墓志》论唐末河东政局 *

胡耀飞（陕西师范大学历史文化学院）

前言

唐末王黄之乱期间，在动荡的北方中国，河东、河北等地区基本没有受到战火的直接波及。但受到王黄之乱的影响，河东、河北地区在此后的历史进程中，却又扮演了十分重要的角色。其中，包括代北在内的河东地区，兴起了“代北集团”，成为与朱温集团对应的唐末五代初两大军政势力。河北地区则在五代后期日渐凸显其重要性，成为后周、北宋两个王朝的发源地。本文所要探讨的是发生于唐末河东代北地区的李克用杀段文楚的斗鸡台事件[1]，依据学界迄今尚未关注过的《段文楚墓志》进行再次全面关注，以见这一事件

* 国家社科基金重大项目“五代十国历史文献的整理与研究”阶段性成果之一，项目编号：14ZDB032；中国博士后科学基金面上资助项目“唐末五代南方地区刺史政治研究”（项目编号：2015M582601）。

[1] 直接针对斗鸡台事件的相关研究有：樊文礼：《唐末五代的代北集团》，中国文联出版社2000年版，第83—88页；樊文礼：《李克用评传》，山东大学出版社2005年版，第37—43页；黄英士：《沙陀与晚唐政局》，中国文化大学硕士论文，2011年，第37—43页；孙瑜：《唐代代北军人群体研究》，社会科学文献出版社2012年版，第366—379页。

对河东地区在唐末五代政治进程中的重要性。

一、《段文楚墓志》录文、点校

根据北京大学古文献资源库读者检索系统，《段文楚墓志》出土地西安，原石不知其详，拓片现存北京大学图书馆古籍特藏库，2011年拓，编号“D302：7788”。根据北京大学图书馆古籍特藏库提供的志石、志盖拓片，该志志石正书，志盖篆书“唐故大同军使段府君墓志铭”12字。[1]据《北京大学图书馆藏历代墓志拓片目录》，其相关数据为：志文36行，行36字，志盖3行，行4字；拓片志石61厘米×58.5厘米，志盖64.5厘米×62厘米（含刹），盖顶周刻云纹，刹刻四神。[2]近日，该志拓片收入于《秦晋豫新出墓志搜佚续编》。[3]但此志迄今尚无研究，谨录全文于此，以“|”符分行，以备学界参考：

唐故大同军防御使金紫光禄大夫检校吏[部尚]书[4]兼御史大夫上柱国武威郡开国伯食邑七百户段公墓志铭[并序]

将仕郎前守江陵府司□参军崔彭年撰外甥乡贡进士张奥书

乾符五年二月七日，武威段公遇害于云州，享年六十四。

---

[1] 感谢北京大学历史学系陈鹏博士代为查询检索系统并截图查询结果，感谢北京大学历史学系史宏飞博士代为调出拓片电子版。

[2] 北京大学图书馆金石组编：《北京大学图书馆藏历代墓志拓片目录》，上海古籍出版社2013年版，第770页。感谢郭鹏兄告知此条信息。

[3] 赵文成、赵君平编：《秦晋豫新出墓志搜佚续编》，国家图书馆出版社2015年版，第1323页。

[4] 根据北京大学古文献资源库读者检索系统检索结果，其提供的志题把“部尚书”三字加上方括号，以示为因拓片缺字而补，然“书”字在拓片上基本能见，故直接录入。据“吏”、“书”二字，可知中间所缺两字为“部尚”。

广明元年岁庚子四月十四日，嫡孙」扶护冠、剑，葬于京兆府万年县尚书乡细柳原，从先茔礼也。公武威人，讳文楚，字永锡。其」先郑叔段之后，为著姓尚矣。洮州司马、赠司空讳行琛，即公大父也。司农卿、检校礼部尚」书、赠太尉讳秀实，谥忠烈，即公王父也。忠烈公当德宗朝逆贼朱泚僭位，乘舆西幸，」社稷若缀旒，公忠勇奋发，遂以司农司印，印兵符，缓贼军，保皇帝于千秋。复伪献诚款，」贼泚信然之，公于是批虏颡，终以笏击其首，以快天子意，然后慷慨就死。虽纪信解荥」阳之危，无以过也。天子闻之，谥曰忠烈，期山河于带砺也。滑州节度使、检校礼部尚」书、兼御史大夫、赠太尉讳嶷，即公烈考也。雁门郡夫人田氏，即公先太夫人也。公幼以一子」出身，授京兆府参军。一考，丁先公之忧，哀毁过礼，杖不能起。除服，授河南府参军。次任万年尉，」复任长安丞，旋迁京兆府仓曹参军。时属园陵藉材，方难其选，公遂为棘店都巡。指挥之下，」鲜或依违；职修事举，靡不悦从。事毕日，特勅授咸阳令，以酬劳勋。咸镐故都，迩皇城三十」里，居是邑者，靡贵必势，宰邑者规随不暇，岂能守其故分，均赋役于罢人。公到县，不畏强御，征」敛如一，邑人赖之，幼艾感如慈父母。宣皇帝劳农渭滨，公以本县令进食于马前，」上嘉之，以其勋伐之嗣，能克己从政，县务是理，赐银章朱绂。次任殿中丞，复任鸿胪少卿。虽清」(祺) 务简，必振官常。执政知之，擢授邕管经略使兼御史中丞，赐紫金鱼袋。间岁，移天德防御使。」公所至称职，诏授右金吾卫将军，与同列更直大内禁署，肃如也。复任殿中监，充邕管制」置使。在道，拜邕管经略使，加右散骑常侍。次任左威卫将军，分务洛师，改左卫大将军，惣」皇城留务。转天德防御使，加御史大夫。公到官，戎务修整，训练无亏，边尘无北顾之忧，戎马」绝南牧之患。诏加工部尚书，转户部尚书。改大同军使，加兵部尚书，复转吏部尚书。诏在」道而公遇害。公历官一十八任，食禄四十六年。自参军事而至防御使，自骑省而至天官，自中」丞而至大夫，自黄绶而至紫服，儒素之荣无以加此。公未尝以喜滥赏一卒，未尝以怒恣罚一」夫。既位居侯伯，方将己志答君知。而犬羊狠戾，不识恩信，抚循益勤而祸患竟至，讫不」脱于虎口，悲哉！天子闻之，罢听朝政，为呼忠贞毅勇，代不乏贤。昔人理狱，有阴德，尚大其」门，谓子孙必有昌者。而况于为县施惠，利必邑人，作镇布恩，信于殊俗。勋伐昭著，炳若丹青，宜」其享福寿于无疆，保嗣续于远大。岂图与善无征，奄罹患难，讫不谕天之降祸福，竟如何哉！夫」人赵郡李氏，封赵郡夫人。令淑有闻，早配君子，妇德姆仪，冠绝人表。嗣子景融，太原少尹，忠孝」得父祖风烈，闻公之祸，呕血而卒。娶京兆韩公绚女，姻戚之内，辉赫当世，为士林之圭表。彭年」乏禁脔之誉，无啾炙之名，滥齿东床，弥惭玉润。呜呼，岂天不仁耶！岂神蒙昧耶！不然者，何祸迭」萃集于善人也若是。今者卜宅岗原，叶从龟筮，輀车脂辖，丹旐摇风。痛垄树于松楸，惨悲歌于」薤露。公之嫡孝孙扶，早擅家声，夙扬令誉，年才弱冠，志已老成。以彭年昔忝宾阶，曾参幕」画，今居门馆，获在懿亲，请叙斯文，庶无遗美。彭年赧不得让，愧不能详，聊刻贞珉，以」俟陵谷。铭曰：

孝著于家，忠明于国。为子为臣，咸诵其德。

用之则出，舍之则藏。当职当权，若有其光。

刚亦不吐，柔亦不茹。临难临危，其道弥著。

桑田将变，陵谷将移。吾道吾师，始见发挥。

二、段文楚家世、生平考

段文楚（815—878）因死于非命，虽其事件影响颇大，但对他的生平，传世文献记载不多，仅《新唐书》在其祖父段秀实（719—783）传末附了一段小传："文楚，咸通末为云州防御使。时李国昌镇振武，国昌子克用欲得云中，引兵攻之，杀于斗鸡台下，沙陀之乱自此始。"[1] 这段小传可以说除了斗鸡台事件之外，并未提供其他信息，连这一事件的时间也是模糊的。可以说到《新唐书》编撰之时，对段文楚的生平已经不甚了了。因此，本文先结合传世文献和《段文楚墓志》，对段文楚家世、生平予以梳理。

（一）家世

《段文楚墓志》记载段氏起源："其先郑叔段之后，为著姓尚矣。"这里仅是一种十分遥远的起源，象征意义大于事实意义。事实上，段氏在中古时期尚有另一大起源，即活跃于今河北一带的鲜卑段部。虽然对于整个段部的鲜卑族属学界有不同意见[2]，但段氏鲜卑的核心成员段氏家族作为中古时期段氏的一个重要来源之一，是无可置疑的。不过段秀实家族并非来自鲜卑段氏，而是十六国北朝时期的姑臧段氏。姑臧段氏分化甚多，乃至姑臧县所在武威郡也已经

---

[1] 《新唐书》卷 153《段文楚传》，中华书局 1975 年版，第 4853 页。

[2] 辛迪认为："段部根本不是以血缘为纽带的原始部落组织的自然发展，它是鲜卑段氏家族召集多个少数民族，以辽西为统治中心，按地域原则组成的政治集团。作为段部核心，它的统治者段氏，就其民族出身说，是鲜卑。……段部的部众，包括多个不同民族。部众之间，统治者与部众间，没有任何血缘关系。"见辛迪：《段氏鲜卑起源考》，《内蒙古大学学报》（人文社会科学版）2005 年第 1 期，第 12—14 页。

成为段氏的一个郡望。[1] 其中包括隋唐之际迁入临淄的唐代另一大段氏家族临淄段氏，以开国功臣段志玄（598—642）、唐穆宗宰相段文昌（773—835）、《酉阳杂俎》作者段成式（803—863）等人为代表人物。[2] 但段秀实家族并不属于这一支，而是从姑臧迁入陇州汧阳，是为汧阳段氏。

据《旧唐书·段秀实传》："段秀实字成公，陇州汧阳人也。祖达，左卫中郎。父行琛，洮州司马，以秀实赠扬州大都督。"[3]《新唐书·段秀实传》则曰："段秀实字成公，本姑臧人，曾祖师浚，仕为陇州刺史，留不归，更为汧阳人。"[4] 再结合《段文楚墓志》"公武威人"的记载，可知此支段氏自段师濬开始从姑臧迁居陇州汧阳。此外，根据墓志铭，还能得到从段秀实到段文楚及其子孙的这一系汧阳段氏较为完整的世系，也能证明《新唐书·段秀实传》所载"孙嶷、文楚、珂知名"[5] 有误，其中段嶷并非段秀实之孙，而是段秀实之子，段文楚之父。

另外需要整理的是汧阳段氏家族的完整世系及其联姻网络。根据两《唐书·段秀实传》，关于段秀实的母族、妻族皆无相关信息。但《段文楚墓志》提供了段文楚母族、妻族、姻族的相关信息，结

---

[1] 临淄段氏、汧阳段氏之外，其他段氏人物亦有所见，比如嫁入闫氏宦官家族的武威郡夫人段氏，从其嫁给宦官，以及墓志不载其家世来看，其出身并不高，当属于武威段氏的下层人物。见张岩：《唐闫公夫人〈段氏墓志〉疏证》，《碑林集刊》第 11 辑，陕西人民美术出版社 2006 年版，第 134—136 页；景亚鹂：《唐〈武威郡夫人段氏墓志〉研究》，《碑林集刊》第 13 辑，陕西人民美术出版社 2008 年版，第 50—57 页。关于段氏人物的墓志之研究，目前仅有这两篇论文，故附识于此。

[2] 临淄段氏家族世系表见许智银：《唐代临淄段氏家族文化研究》，中华书局 2014 年版，第 383 页。

[3] 《旧唐书》卷 128《段秀实传》，中华书局 1975 年版，第 3583 页。

[4] 《新唐书》卷 153《段秀实传》，第 4847 页。

[5] 同上书，第 4852—4853 页。

合段氏世系，可整理为图1：

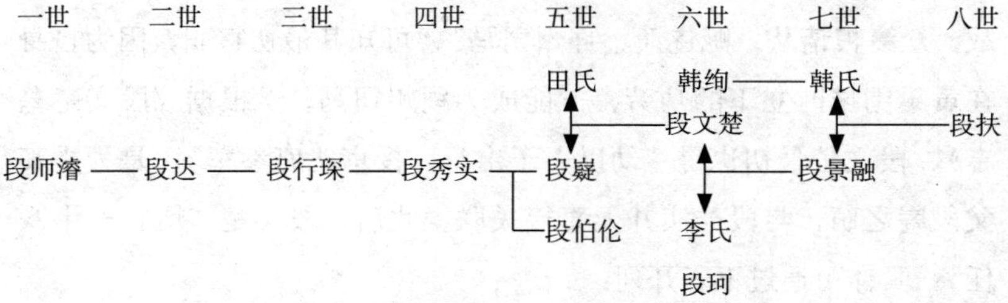

图1　汧阳段氏世系图

在这一世系图中，段文楚的母族田氏、妻族李氏皆无详细的出身背景信息。但其姻族是韩绚，据《新唐书·宰相世系表》，知韩绚出自开元年间宰相京兆韩休（672—739）一族，是韩休之子韩浑的曾孙，不过并无官历，仕途不显。[1]总体而言，汧阳段氏的联姻范围，就目前所掌握的材料来看，并无十分显赫之家，不如临淄段氏。[2]

（二）生平

真正使汧阳段氏为人瞩目的是段秀实在泾原之变中的事迹，这在一定程度上也荫及子孙。段秀实之子段伯伦（？—837）[3]即因此而数次加官，并在去世后得到"仍辍朝一日，以礼忠臣之嗣"的待遇。[4]段文楚之父段嶷在甘露之变时以罪当诛，也因裴度"奏忠臣后，宜免死"而仅被"贬循州司马"。[5]

---

[1] 《新唐书》卷73上《宰相世系表三上》，第2869页。

[2] 临淄段氏联姻网络参见许智银所制"临淄段氏家族婚姻表"，氏著《唐代临淄段氏家族文化研究》，第394—395页。

[3] 段伯伦卒于开成元年十二月壬子，见《旧唐书》卷17下《文宗纪下》，第567页。换算为公历，当在公元837年。

[4] 《旧唐书》卷128《段伯伦传》，第3589页。

[5] 《新唐书》卷153《段嶷传》，第4853页。

不过到了段秀实的孙辈，更多依靠父辈的门荫和自身的努力。如段珂，“僖宗时居颍州，黄巢围颍，刺史欲以城降，珂募少年拒战，众裹粮请从，贼遂溃，拜州司马”，可知其最初官职，因为自身在黄巢围城时立下的功劳，方能成为颍州司马。[1] 根据《段文楚墓志》，段文楚最初也是“幼以一子出身，授京兆府参军”，是为受其父段嶷之荫，与段秀实并无直接关联。此后，段文楚“历官一十八任”，具体可通过下表开列：

表1　段文楚仕历表

时间	墓志时间点	墓志记载仕历	仕历（官品）
830 年左右 1	幼	1. 京兆府参军	京兆府参军事（正八下）
	一考后	丁先公之忧	
	除服	2. 河南府参军	河南府参军事（正八下）
	次任	3. 万年尉	京兆府万年县尉（从八下）
	复任	4. 长安丞	京兆府长安县丞（从七上）
	旋迁	5. 京兆府仓曹参军	京兆府仓曹参军事（正七下）
开成五年（840）2	时属园陵藉材	6. 棘店都巡	富平县棘店镇 3 都巡
	宣皇帝劳农渭滨前后	7. 咸阳令	京兆府咸阳县令（正六上）

[1] 《新唐书》卷 153《段珂传》，第 4853 页。此事大约发生于广明元年黄巢渡淮北上之时，陈尚君辑证《旧五代史新辑会证》卷 20《王敬荛传》载：“王敬荛，颍州汝阴人。世为郡武吏。唐乾符初，敬荛为本州都知兵马使。中和初，寇难益炽，郡守庸怯，不能自固，敬荛遂代之监郡。俄真拜刺史，加检校右散骑常侍。时州境荒馑，大寇继至，黄巢数十万众聚寨于州南，敬荛极力抗御，逾旬而退。”复旦大学出版社 2005 年版，第 523 页。《资治通鉴》系于中和四年（第 8317 页），或晚，盖中和四年为黄巢以太康、西华为据点围陈州之时，而陈州在颍州西北，太康、西华又在陈州西北，故并未“聚寨于（颍）州南”。

续表

时间	墓志时间点	墓志记载仕历	仕历（官品）
	次任	8. 殿中丞	殿中省丞（从五上）
	复任	9. 鸿胪少卿	鸿胪寺少卿（从四上）
		10. 邕管经略使兼御史中丞	邕管经略招讨处置使、朝议郎、邕州刺史（从三[4]）、御史中丞（正五上）、赐紫金鱼袋
	间岁	11. 天德防御使	天德军防御使
大中十二年（858）二月[5]		12. 右金吾卫将军	昭武校尉、右金吾卫将军（从三）
	复任	13. 殿中监，充邕管制置使	殿中监（从三）、邕管制置使
	在道	14. 邕管经略使，加右散骑常侍	邕管经略使（从三）
	次任	15. 左威卫将军，分务洛师	左威卫将军（从三）分司东都
		16. 左卫大将军，惣皇城留务	左卫大将军（正三）
		17. 天德防御使，加御史大夫……诏加工部尚书，转户部尚书	天德军防御使、御史大夫（从三），加工部尚书（正三），转户部尚书（正三）
《旧》：咸通十三年（872）五月[6]；《新》：乾符三年（876）[7]《旧五代史》[8]同	乾符五年（878）二月七日前	18. 大同军使，加兵部尚书，复转吏部尚书	大同军防御使，加兵部尚书（正三），转吏部尚书（正三）

注：1. 从“历官一十八任，食禄四十六年”来看，若加上丁忧的三年（也可能不足三年），其释褐年份当在大和四年（830）左右或稍后一两年。这样，段文楚的释褐年龄即在十六至十八岁之间，与符合门荫出身者较早释褐的现象。参见蒋爱花：《墓志所见唐人的“及第”与“释褐”》，（韩）《中国史研究》第76辑，2012年2月，第187—188页。

2. 据（宋）王溥《唐会要》卷2《帝号下》，开成五年八月，唐文宗葬章陵，在富平县界，上海古籍出版社2006年版，第13页。参见（北宋）宋敏求：《长安志》卷19“富平县”条，三秦出版社2013年版，第584页。此时因“园陵藉材”，而以段文楚为富平县境内棘店镇的都巡，颇契合之。

3. 据《长安志》卷 19，富平县南二十里有棘店镇，第 577 页。所谓棘店都巡，当即设于棘店镇的都巡，设都巡指挥。而都巡当即总都诸巡检之意，巡检为唐代地方负责治安的下层军吏，参见黄清连：《圆仁与唐代巡检》，《“中央研究院”历史语言研究所集刊》第 68 本第 4 分，1997 年 12 月，第 899—942 页。段文楚此前为正七品下京兆府仓曹参军，当然不可能亲自巡检，故为都巡。

4. 据《新唐书》卷 43 上《地理志七上》，第 1101 页，邕州为下都督府。据《唐六典》卷 30，下都督府都督从三品，中华书局 1992 年版，第 744 页。

5.《旧唐书》卷 18 下《宣宗纪》，第 643 页：大中十二年“二月，以前邕管经略招讨处置使、朝议郎、邕州刺史、御史中丞、赐紫金鱼袋段文楚为昭武校尉、右金吾卫将军”。

6.《旧唐书》卷 19 上《懿宗纪》：咸通十三年五月，“以天德防御使、检校左散骑常侍段文楚为云州刺史、大同军防御使”。第 680 页。

7.《新唐书》卷 218《沙陀传》，第 6156 页。

8. 陈尚君辑证：《旧五代史新辑会证》卷 25《武皇纪》，第 632 页。

以上列表对段文楚仕历的整理，虽然在时间方面无法完全还原，但依然能够得到大体的时间年限。另外，从官品也能看出段文楚仕历的循序渐进，一共 18 任官，用了 46 年来升迁，平均两三年一任，颇合唐人升迁的一般过程。

值得探讨的是段文楚出任大同军防御使的时间，孙瑜认为段文楚于咸通十三年（872）、乾符三年（876）先后两次出任大同军防御使。[1]这是糅合《旧唐书·僖宗纪》咸通十三年和《旧五代史·武皇纪》乾符三年的记载，《新唐书·沙陀传》亦取乾符三年之说。但根据《段文楚墓志》，段文楚出任大同军防御使仅一次，即被李克用杀害。因此，两个年份必有一误。单从任期来看，乾符三年说更合理一些。

更需要注意的是乾符三年这一时间背景，《资治通鉴》对段文楚出任大同军防御使的时间问题虽含糊其辞，但《通鉴考异》中引用的赵凤《后唐太祖纪年录》却记载为乾符三年，其文曰：“乾符三

[1]　孙瑜：《唐代代北军人群体研究》，第 293 页。

年，河南水灾，盗寇蜂起，朝廷以段文楚为代北水陆发运、云州防御使，以代支谟。时岁荐饥，文楚削军人衣米，诸军咸怨。”[1]这里提及的“河南水灾”、“岁荐饥”等现象，与《新唐书·五行志》所载“乾符三年春，京师饥”[2]，“乾符三年，关东大水”[3]等史料正相合。此外，“盗寇蜂起”则指乾符二年兴起于河南的王仙芝之乱。通过乾符三年“河南水灾”、“盗寇蜂起”、“时岁荐饥”三个颇为关键的时间点，段文楚出任大同军防御使的时间当可确认。

三、斗鸡台事件始末考

确认了段文楚出任大同军防御使的时间，可进一步确认斗鸡台事件的时间及其始末。对此，需从两个层面来考察：一是斗鸡台事件发生的大时间点，二是在确定这一大时间点的基础上，对斗鸡台事件本身的小时间线予以还原。以下分别考察之：

（一）斗鸡台事件大时间点的确认

正如《段文楚墓志铭》所示，段文楚被杀于乾符五年二月。但在传世史料中，相关记载并不都是这一说法，大致有以下几种：

1. 赵凤《后唐太祖纪年录》：（乾符三年）河南水灾、盗寇蜂起→以段文楚代支谟为云州→李克用→械段文楚。[4]

2. 张昭远《庄宗功臣列传》：（咸通十三年十二月）云州沙陀兵马使李尽忠执段文楚→（是月）李克用率众趋云中→

[1] 《资治通鉴》卷253“唐僖宗乾符五年二月”条，第8196页。
[2] 《新唐书》卷35《五行志二》，第899页。
[3] 《新唐书》卷36《五行志三》，第935页。
[4] 转引自《资治通鉴》卷253“唐僖宗乾符五年二月”条，第8196—8197页。

（十四年正月六日）至斗鸡台→（七日）杀段文楚→（九日）李克用权知大同，时已除卢简方代段文楚，未至而段文楚被害。[1]

3.《唐末三朝见闻录》：（乾符五年戊戌）窦瀚为河东→（在任）大同军变，杀段文楚；（正月）至静边军→（二月）杀段文楚。[2]

4. 宋敏求《唐僖宗实录》：（乾符元年）杀段文楚→（乾符五年正月壬戌）窦瀚奏沙陀首领李尽忠寇静边军→（二月）奏李尽忠求赏。[3]

5.《旧唐书·懿宗纪》、《僖宗纪》：（咸通十三年十二月）移振武李国昌为大同→李国昌不受代→以卢简方为大同→（是月）李克用杀段文楚→（咸通十四年正月）赐卢简方诏→卢简方准诏谕李国昌→李国昌不奉诏→诏河东崔彦昭、幽州张公素讨李国昌→（三月）以大同卢简方为振武→卢简方至岚州而卒→（乾符四年十二月）沙陀军败王仙芝于荆门→（乾符五年正月）沙陀首领李尽忠陷遮虏军→河东土团将屯代州者兵变→河东窦瀚安慰之→以前昭义曹翔为河东，支谟为副→（八月）沙陀陷岢岚军→（十一月）沙陀攻石州→（十二月）李克用败代北行营招讨使崔季康。[4]

6.《旧五代史·武皇纪》：（乾符三年）以段文楚为代北→械段文楚→唐廷征兵讨之→（乾符五年）以李克用为大同。[5]

---

[1] 转引自《资治通鉴》卷253“唐僖宗乾符五年二月”条，第8197页。

[2] 转引自《资治通鉴》卷253“唐僖宗乾符五年二月”条，第8198页。《唐末三朝见闻录》时间记载颇详，此处暂略，详见下文对斗鸡台事件本身的分析。

[3] 转引自《资治通鉴》卷253“唐僖宗乾符五年二月”条，第8198页。其中杀段文楚之记载《通鉴考异》并未引用原文，仅司马光议论时提及。

[4]《旧唐书》卷19上《懿宗纪》至卷19下《僖宗纪》，第681—702页。

[5] 陈尚君辑证：《旧五代史新辑会证》卷25《武皇纪》，第632—635页。

7.《新五代史·庄宗纪》:(咸通十三年)以振武李国昌为大同→李国昌拒命→李克用杀段文楚→以卢简方为振武，会幽州、河东讨之→行至岚州，军溃→(乾符五年)沙陀破遮虏军→又破岢岚军。[1]

8.《新唐书·懿宗纪》、《僖宗纪》:(咸通十四年正月)沙陀寇代北→(乾符四年九月)沙陀寇云朔二州→(乾符五年二月)李克用杀段文楚→李克用寇遮虏军→(八月)李国昌陷岢岚军→(十月)昭义李钧、幽州李可举讨李国昌→(十二月)李克用败崔季康、李钧。[2]

9.《新唐书·沙陀传》:(乾符三年)段文楚为云州→李克用杀段文楚→以李国昌为大同→李国昌不受代→诏河东崔彦昭、幽州张公素击之，无功。[3]

10.《资治通鉴》:(咸通十三年十二月)移李国昌为大同→李国昌不受代→(乾符五年二月)李克用杀段文楚→李国昌请唐廷速除大同防御使→唐廷以支详为大同军宣慰使，以卢简方为大同防御使→(四月)以大同卢简方为振武，振武李国昌为大同→(五月)李国昌父子不受代→李国昌父子进击岢岚军→卢简方至岚州而薨→(八月)沙陀陷岢岚军→(十二月)李克用败崔季康、李钧。[4]

对于以上不同材料的歧义记载，司马光《通鉴考异》最终以

[1] 《新五代史》卷4《后唐庄宗纪》，中华书局1974年版，第32页。
[2] 《新唐书》卷9《懿宗纪》至同卷《僖宗纪》，第263—268页。
[3] 《新唐书》卷218《沙陀传》，第6156—6157页。
[4] 《资治通鉴》卷252“唐懿宗咸通十三年十二月”条至“唐僖宗乾符五年十二月”条，第8165—8210页。

《唐末三朝见闻录》所载窦澣之事与《旧唐书·僖宗纪》所载窦澣、李尽忠等事“微合”，且“叙月日”颇详，故从之。[1]《旧五代史考异》则取乾符三年之说，认为：“据《通鉴考异》引赵凤《后唐太祖纪年录》，正作乾符三年。赵凤为唐宰相，去武皇时不远，见闻较确，宜可征信云。”[2]

综合而言，斗鸡台事件发生的大时间点有四种说法，即咸通十三年（材料2、5、7）、乾符元年（材料4）、乾符三年（1、6、9）、乾符五年（材料3、8、10）。在《段文楚墓志》未出土前，确实无法对此下一确切判断。[3]不过结合《段文楚墓志》所提供的时间点，即可从中看出一些导致歧义记载的原因。

古人记载一件事，多从首尾完备起见，在一个大时间点中，集中记载前后间隔数年的一件事的不同阶段或相连贯的不同事件。若先记载一件事的结果，便会以“初……”的形式连带记载其形成原因；若先记载一件事的起因，则其产生的结果往往忽略相关时间点，全部系于起因时间点下。

因此，上述材料中，可以明显看出材料1、材料6、材料9这三种“乾符三年”说的材料，皆有不同程度的忽略时间点的现象，结合前文对段文楚出镇大同军防御使年份的考察，可以猜测这几种史料因段文楚乾符三年出镇大同而把他被杀之事一并连带叙述。

此外，上述材料2、材料5、材料7也是如此，把咸通十三年唐廷移振武节度使李国昌为大同，但李国昌不受代之事，作为斗鸡台

[1] 《资治通鉴》卷253“唐僖宗乾符五年二月”条，第8198页。

[2] 转引自陈尚君辑证：《旧五代史新辑会证》卷25《武皇纪》，第635页。

[3] 樊文礼即认为除非《旧唐书·懿宗纪》的记载不实，否则不能排除其他说法，见樊文礼：《唐末五代的代北集团》，第83—84页。但《旧唐书·懿宗纪》所载两位奉命招讨的河东节度使崔彦昭和幽州节度使张公素，虽然确实是咸通后期在任，但也可以是史家为了契合时间点而故意配对了这两位当时在任的节度使。

事件的起因，从而直接将李国昌之子李克用杀段文楚之事放在这一年。但正如《通鉴考异》所说，“克用既杀文楚，岂肯晏然安处？必更侵扰边陲，朝廷亦须发兵征讨，而自乾符四年以前皆不见其事”[1]。且李国昌不受代和李克用杀段文楚其实并不构成明显的因果关系，只有在乾符五年李克用杀段文楚之后，朝廷方有直接针对李克用的反应。

至于“乾符元年”说，《通鉴考异》并未征引《实录》原文，且认为“不知其所据何书也”[2]，故无法进一步查考。当然，“元”字亦可能是“五”字之误。

其实，上述不同材料中多个关键时间点，如段文楚之死、卢简方之死等，若能确定其中一个，即可串联起整个过程。不过关于卢简方之死，并无比较坚实的材料，比如墓志铭的提供，对于李国昌是否真的在咸通十三年不受代这一问题，一定程度上也需要确定卢简方的生卒年方能确定。[3]但段文楚之死的时间，此次借《段文楚墓志铭》的出土，可确认其准确年月，从而为解决整个事件始末提供重要的线索。

（二）斗鸡台事件的小时间线之梳理

确定了斗鸡台事件的大时间点之后，即可对其小时间线予以梳理。对此，具体到日的详细材料有《庄宗功臣列传》、《唐末三朝见闻录》、《资治通鉴》三种，大体可以列表如下：

---

[1] 《资治通鉴》卷253“唐僖宗乾符五年二月”条，第8198页。

[2] 《资治通鉴》卷253“唐僖宗乾符五年二月”条，第8198页。

[3] 据韩涛考察，卢简方属于范阳卢氏四房卢文甫支，惜无相关墓志出土。见韩涛：《中古世家大族范阳卢氏研究》，花木兰文化出版社2014年版，第144—146页。至于李国昌不受代的时间，暂且以咸通十三年为准，以俟后考。

表 2　斗鸡台事件时间比对表

《庄宗功臣列传》	《唐末三朝见闻录》	《资治通鉴》
咸通十三年十二月，（李）尽忠夜帅牙兵攻牙城，执文楚及判官柳汉璋、陈韬等，系之于狱		（正月）于是尽忠夜帅牙兵攻牙城，执文楚及判官柳汉璋系狱
（李尽忠）遂自知军州事		自知军州事
（李尽忠）遣（康）君立召太祖（李克用）于蔚州		遣召克用
（是月）太祖与退浑、突厥三部落众万人趋云中	正月二十六日，军于石窑	克用帅其众趣云州，行收兵
	二十七日，到白泊	
	二十九日，至静边军	
	三十日，筑却四面城门	
	二月一日，在城将士三人共赏绢一匹，监军使差仇判官闻奏，李尽忠等准诏各赏马一匹，银鞍辔一副，银三铤，银椀一枚，绢一束，锦二匹，紫罗三匹，诸军将银椀、绢等	
	三日，李尽忠却入	
十四年正月六日，至斗鸡台	四日，两面马步五万余人，城四面下营	二月庚午（四日），至城下，众且万人，屯于斗鸡台下
	五日，又赏土团牛酒	
尽忠遣监军判官符印请太祖知留后事	六日，监军使送牌印与李九郎	壬申（六日），尽忠遣使送符印，请克用为防御留后
七日，尽忠械文楚、汉璋等五人送斗鸡台	七日，城南门楼上系缚下段尚书、柳汉璋、雍侍御、陈韬等四人	癸酉（七日），尽忠械文楚等五人送斗鸡台下
军人乱食其肉	寻分付军兵于斗鸡台西剐却，又令马军践踏却骸骨	克用令军士冎而食之，以践其骸

续表

《庄宗功臣列传》	《唐末三朝见闻录》	《资治通鉴》
	八日，李九郎被土团马步军约一千人持弓刀送上	甲戌（八日），克用入府舍视事
九日，太祖权知留后		
府牙受上三军表，请授太祖大同防御使		令将士表求敕命
懿宗不悦		朝廷不许

根据上表，三种史料的对比，大体而言，《资治通鉴》杂取了《庄宗功臣列传》、《唐末三朝见闻录》的记载，又有所删减。具体来说，在斗鸡台事件的完整始末上，《资治通鉴》参照的是《庄宗功臣列传》，但在具体的时间上，承袭的是《唐末三朝见闻录》。

通过对这三种主要史料和其他零星材料的整理，可梳理出斗鸡台事件的经过如下，可分前后两个阶段：

前一阶段，李尽忠执段文楚。

此阶段，即从乾符五年正月至二月三日，根据《唐末三朝见闻录》，在二月四日李克用驻扎于斗鸡台下之前，有一大段时间十分详细的记载。关于这一段记载，从《通鉴考异》引述《唐末三朝见闻录》的内容来看，并未给出明确的主语。而据另引宋敏求《唐僖宗实录》来看，则为："五年正月，壬戌，窦澣奏沙陀首领李尽忠寇石窑、白泊，至静边军。二月，奏李尽忠求赏，诏赏马一匹，银鞍勒、绵绢等。"[1]即"军于石窑"，"到白泊"，"至静边军"者是李尽忠。但问题在于，李尽忠既然本人是"云州沙陀兵马使"，如果在正月执段文楚，又为何要去石窑、白泊、静边军等处呢？根据雍正《山西通

[1]　（北宋）宋敏求：《唐僖宗实录》，转引自《资治通鉴》卷 253"唐僖宗乾符五年五月"条，第 8198 页。

志》，大同县境内有“石窑泉，在县西三十里石窑寺左”[1]。又根据孙瑜考察，静边军在云州“西一百八十里处”[2]。可知从石窑到静边军是一路向西，而白泊当在两者之间。即李尽忠这一路线是离开云州一直向西的路线，与当时李尽忠本人的动向颇有冲突。

对此，需从“却入”二字入手，特别是“却”字，有“退还”、“退却”之意。[3]此处所谓“却入”，当即指李尽忠“退还”云州。若以此论，则“却入”云州之前的“军于石窑”，“到白泊”，“至静边军”，应该是指李尽忠为求赏而出走，并在最终“准诏各赏”之后，回到云州。此外，从时间上来看，也有其可能性，从李尽忠二十六日在石窑，二十九日至静边军，可知其往返云州和静边军之间的单程用时为三日以上。而当二月一日得到赏赐之后，若因此而加速回到云州的速度，至三日“却入”，也并非不可能。因此，孙瑜把李尽忠这次外出求赏的行为置于“大同军变后”，并不妥当。[4]《资治通鉴》则完全避开了这一记载，直接根据《庄宗功臣列传》描述李尽忠执段文楚之事。

当然，李尽忠等人对段文楚的拘囚，以及向身处蔚州的李克用召唤，具体时间恐已无法还原出来。但李尽忠等人对于此事必定谋划多时，提前数日乃至数月与李克用甚至李国昌谋划，当非不可能。因此，李克用方能恰好在二月四日，即李尽忠“却入”云州后第二

---

[1] 雍正《山西通志》卷21，《文渊阁四库全书》本。

[2] 孙瑜：《唐代代北军人群体研究》，第74—75页。亦可参见孙瑜绘制“唐代代北地区军镇分布图”，第80页。

[3] 樊文礼、李宗俊在讨论《唐会要》“却置单于都护府”一句时，亦将“却”字理解为“还”、“退”之意，见樊文礼：《唐代单于都护府考论》，《民族研究》1993年第3期，第36页；李宗俊：《唐前期西北军事地理问题研究》，中国社会科学出版社2015年版，第52—53页。

[4] 孙瑜：《唐代代北军人群体研究》，第75页。

天即到达云州，驻扎于斗鸡台。

另外，被李尽忠拘囚者非段文楚一人，据《庄宗功臣列传》，尚有“判官柳汉璋、陈韬等”，《唐末三朝见闻录》则提供了一份四人名单，即“段尚书、柳汉璋、雍侍御、陈韬等四人”，而《资治通鉴》则谓“文楚等五人”，但无具体名单。综合而言，至少有大同军防御使段文楚、判官柳汉璋、陈韬、雍侍御等四人。其中雍侍御当官侍御史者，然不知其本名，或亦段文楚幕职官。[1]

后一阶段，李克用杀段文楚。

根据前引《庄宗功臣列传》，从时间上来看，李尽忠拘囚段文楚等人前后，即已派康君立前往蔚州说服李克用。《资治通鉴》采纳这一叙述模式，但未言所派之人为康君立。这一类叙述模式，可称之为“李尽忠式”。而《后唐太祖纪年录》、《旧五代史·康君立传》则有另一类记载：

1.《后唐太祖纪年录》：时岁荐饥，文楚削军人衣米，诸军咸怨。太祖为云中防边督将，部下争诉以军食不充，请具闻奏。边校程怀信、康君立等十余帐，日哗于太祖之门，请共除虐帅以谢边人。众因大噪，拥太祖上马，比及云中，众且万人，城中械文楚出以应太祖。[2]

2.《旧五代史·康君立传》：时群盗起河南，天下将乱，代北仍岁阻饥，诸部豪杰咸有啸聚邀功之志。会文楚稍削军人储给，戍兵咨怨。君立与薛铁山、程怀信、王行审、李存璋等谋

[1] 晚唐时期的雍氏以上党雍氏为主，多下层武将，参见胡耀飞：《上党雍氏考——藩镇时代下层武将家族个案研究》，常建华主编：《中国社会历史评论》第15卷，天津古籍出版社2014年版，第149—165页。惜该文遗漏此则材料。

[2] 转引自《资治通鉴》卷253“唐僖宗乾符五年二月”条，第8196—8197页。

曰：……众因聚噪拥武皇。比及云州，众且万人，师营斗鸡台，城中械文楚以应武皇之军。[1]

这两则记载，虽然后者更为详细，但沿袭前者的迹象较为明显，故可视之为一种叙述模式，笔者谓之“康君立式”。

《通鉴考异》对于“李尽忠式”与“康君立式”的叙述模式之不同，亦有评论：“薛居正《五代史·君立传》皆与《庄宗列传》同，惟削去李尽忠名，但云君立与薛铁山、程怀信、王行审、李存璋等谋，悉以尽忠语为君立之语。”[2] 这两种叙述模式，前者突出了李尽忠的主动性，后者则并未提及李尽忠，且当李克用至云州时，以“城中械文楚”代替了李尽忠对段文楚的拘囚。

关于这两种叙述模式的差异，当与李尽忠此人有关。因为《庄宗功臣列传》以康君立为传主叙述斗鸡台事件时，并未回避李尽忠之事：

康君立为云中牙校，事防御使段文楚。时天下将乱，代北仍岁阻饥，诸部豪杰咸有啸聚邀功之志。文楚法令稍峻，军食转饷不给，戍兵咨怨。云州沙陀兵马使李尽忠私谓君立等曰：……时武皇为沙陀三部落副兵马使，在蔚州，尽忠令君立私往图之。[3]

这一记载的前半段，与《旧五代史·康君立传》同，当亦后者史源之一。《旧五代史》这一部分的史源或来自于《后唐庄宗实录》。

[1] 陈尚君辑证：《旧五代史新辑会证》卷55《康君立传》，第1781—1782页。
[2] 《资治通鉴》卷253“唐僖宗乾符五年二月”条，第8197页。
[3] 转引自《资治通鉴》卷253“唐僖宗乾符五年二月”条，第8197页。

考《后唐太祖纪年录》、《后唐庄宗实录》由赵凤监修，张昭远等修撰于后唐明宗时期，经常有隐讳的情况。[1] 而《庄宗功臣列传》虽亦后唐明宗、闵帝时期由张昭远编撰，但与实录有相辅相成之补充作用，或增加了《实录》中没来得及加入的内容。[2] 因此，关于李尽忠的内容，并未出现于实录，却能见于功臣列传，亦可理解。惟李尽忠于广明元年（880）七月药儿岭之役中战殁[3]，不得不让人怀疑后唐史家“遗忘”了关于李尽忠的史料。

无论如何，李克用在被李尽忠、康君立等人劝说之后，从蔚州起兵。这次起兵具体时间不详，至乾符五年二月四日时，已经到达云州，驻扎于斗鸡台。其兵力，据《唐末三朝见闻录》，有“两面马步五万余人”，而《庄宗功臣列传》谓“众万人”，《资治通鉴》亦曰“众且万人”。兵力来源则可从《庄宗功臣列传》，知其有“退浑、突厥、三部落”，即包括吐谷浑、突厥。而“三部落”或指沙陀三部落，即沙陀、萨葛、安庆，盖《庄宗功臣列传》记载李尽忠劝说李克用时，提及李克用当时的头衔为“沙陀三部落副兵马使”。[4]

随后，二月六日，李克用拿到符印；七日，杀段文楚等人；八日，入府视事；九日，权知留后。此后，李克用父子开始了与唐廷的敌对期，而唐廷也相应设置了代北行营以征讨。[5]

---

[1] 郭武雄：《五代史料探源》，台湾商务印书馆 1987 年版，第 35—38 页。

[2] 郭武雄：《五代史料探源》，第 43—44 页。

[3] 《资治通鉴》卷 253“唐僖宗广明元年七月”条，第 8231 页。

[4] 转引自《资治通鉴》卷 253“唐僖宗乾符五年二月”条，第 8197 页。其中原文点校“退浑、突厥三部落”，若“三部落”单独考虑，则当点校为“退浑、突厥、三部落”。今表二仍按原标点。

[5] 胡耀飞：《从招抚到招讨：晚唐代北行营的分期与作用》，苍铭主编：《民族史研究》第 12 辑，中央民族大学出版社 2015 年版，第 192—211 页。

四、斗鸡台事件对唐末代北政局的影响

斗鸡台事件之后，李克用父子开始与唐廷对抗。而在此前，沙陀人一直安居代北。胡耀飞曾讨论晚唐时期在代北地区设置的代北行营，并予以分期：第一期是指大和四年（830）后朱邪执宜出任代北行营招抚使时的代北行营；第二期是指乾符五年（878）七月至广明元年（880）七月，针对沙陀势力进行招讨的代北行营；第三期是指中和元年（881）正月至当年八月结束的由代北兵马组成的征讨黄齐政权的行营。[1] 从中可以看出，沙陀人在乾符五年至广明元年，一度与唐廷为敌。但却在中和元年之后，开始通过协助镇压黄齐政权，介入唐廷内部事务。而实现这一介入，则可以从段文楚之死（斗鸡台事件）和郑从谠之退两个步骤来论述。亦即，斗鸡台事件对唐末代北政局产生了深远的影响，可略论如下：

（一）段文楚之死

沙陀人在第一期代北行营时期，直到乾符五年之前，一直安定地居住于代北地区。并在必要的时候，派兵随同唐王朝的军队镇压叛乱。这些派兵，多是事毕则返。其中比较有名的有两次，第一次即镇压庞勋之乱，非本文论述重点，此不赘述。第二次则是乾符四年十二月镇压王仙芝事件，因涉及颇深，故可申论之。

关于第二次参与镇压的沙陀将领，诸种史料记载不一。《旧唐书·僖宗纪》曰：乾符四年“十二月，贼陷江陵之郛，知温穷蹙，求援于襄阳，山南东道节度使李福悉其师援之。时沙陀军五百骑在襄阳，军次荆门，骑军击贼，败之。贼尽焚荆南郛郭而去”[2]。这里并

[1]　胡耀飞：《从招抚到招讨：晚唐代北行营的分期与作用》，第 195—203 页。

[2]　《旧唐书》卷 19 下《僖宗纪》，第 701 页。

未点名是谁率领沙陀军五百骑。《资治通鉴》也是如此，曰："时有沙陀五百在襄阳，（李）福与之俱，至荆门，遇贼，沙陀纵骑奋击，破之。仙芝闻之，焚掠江陵而去。"[1] 不过据《旧五代史·李克让传》："乾符中，王仙芝陷荆、襄，朝廷征兵，克让率师奉诏。贼平，以功授金吾将军，留宿卫。"[2] 可知或即李克让。然而《新唐书·沙陀传》又曰："王仙芝陷荆、襄，朝廷发诸州兵讨捕，国昌遣刘迁统云中突骑逐贼，数有功。"[3] 可见或许又是刘迁。对此，钱大昕认为：

> 国昌以咸通十四年（873）拒命，朝廷遣太原、幽州诸军讨之。王仙芝陷荆、襄在乾符四年，其时国昌父子尚未归命，安得有遣突骑逐贼之事乎？考《旧唐书》，是年贼陷江陵之郛，杨知温求援于襄阳，时沙陀军五百骑在襄阳，军次荆门，骑军击贼，败之。盖沙陀军别有从征襄阳者，非国昌所遣也。[4]

钱氏认为李国昌在咸通十四年拒命，此后的乾符四年不会有派遣刘迁之事。所谓咸通十四年拒命，即指前文另一种斗鸡台事件时间说法的咸通十三年之第二年。

然而根据《段文楚墓志》，即李克用、李国昌父子在乾符五年方才拒命，故乾符四年十二月有沙陀骑兵入援至荆襄地区，并无不妥。不过具体是李克让还是刘迁，可能两人协同作战，也可能李克让主导此役。《旧唐书·懿宗纪》虽误系此事时间，但因此事而发出的诏书却能提供一些信息：

---

[1] 《资治通鉴》卷 253"唐僖宗乾符五年正月"条，第 8195 页。

[2] 陈尚君辑证：《旧五代史新辑会证》卷 50《李克让传》，第 1665 页。

[3] 《新唐书》卷 218《沙陀传》，第 6156 页。

[4] 钱大昕：《廿二史考异》卷 56《唐书十六》，第 817—818 页。

> 李国昌久怀忠赤，显著功劳，朝廷亦三授土疆，两移旄节，其为宠遇，实寡比伦。昨者征发兵师，又令克让将领，惟嘉节义，同绝嫌疑。近知大同军不安，杀害段文楚，推国昌小男克用主领兵权。事虽出于一时，心岂忘于长久？段文楚若实刻剥，自结怨嫌，但可申论，必行朝典。遽至伤残性命，刳剔肌肤，惨毒凭凌，殊可惊骇。况忠烈之后，节义之门，致兹横亡，尤悚观听。若克用暂勿主兵务，束手待朝廷除人，则事出权宜，不足猜虑。若便图军柄，欲奄有大同，则患系久长，故难依允。料国昌输忠效节，必当已有指挥。知卿两任云中，恩及国昌父子，敬惮怀感，不同常人。宜悚与书题，深陈祸福，殷勤晓谕，劈析指宜。切令大节无亏，勿使前功并弃。[1]

这一赐给卢简方的诏书，虽然系于咸通十四年正月，但既然杀段文楚事件在乾符五年二月，那么此诏时间应当移至乾符五年二月之后。[2] 如此，诏书中的一些语句也就可以正确理解了。

其中与上文直接相关的，如“昨者征发兵师，又令克让将领，惟嘉节义，同绝嫌疑”，当即指李克让出援荆襄之事。当然，根据《旧五代史·李克让传》“咸通中，从献祖讨庞勋，以功为振武都校”[3]，可知李克让亦曾从讨庞勋，则诏书此句或可指李克让讨庞勋。然而庞勋败于咸通十年，李克用杀段文楚若按《旧唐书·懿宗纪》最早也在咸通十三年，现据墓志更可确定为乾符五年，则诏书此句当指李克让出征荆襄之事。

---

[1]《旧唐书》卷19上《懿宗纪》，第682页。

[2] 司马光亦从《唐末三朝见闻录》的记载，把卢简方之除振武节度使，系于乾符五年。见《资治通鉴》卷253“唐僖宗乾符五年二月”条，第8199页。

[3] 陈尚君辑证：《旧五代史新辑会证》卷50《李克让传》，第1665页。

另外，从诏书中亦能得到其他一些信息：

首先，诏书极力描述李国昌的“久怀忠赤，显著功劳”，以及李克用对段文楚的“伤残性命，刳剔肌肤，惨毒凭凌”[1]，即把李国昌和李克用的行为截然对立。这一方面是给李国昌开脱，另一方面则是对李克用的反感。这种明确区分父子二人的行为动机，主要是便于收取李国昌之心，达到震慑李克用的效果。

其次，诏书对于李克用的行为，认为其可能“欲奄有大同”，故不能依允。又极力描述李国昌“输忠效节，必当已有指挥”，亦即唐廷在区别父子二人行为的同时，亟欲防止李克用对大同的实际占领，认为一旦成为事实，“则患系久长”。这就是唐廷所需要极力防止的，从私人化到地方化的转变。

综观整个唐代后期，军队的变化有两种：第一种是所谓从地方化到私人化，主要是指地方上的屯驻军长期为私人所掌握，从而形成地方割据势力，如河朔割据型藩镇的形成，即是此一过程；第二种则是从私人化到地方化，主要是指私人掌握的军队长期占据某一地方，如此处沙陀部落所谋求的在云中地区扎根。[2] 段文楚事件就是李克用积极谋求从私人化到地方化转变的一个极端事例。无论段文楚是否真的政绩不佳，当地民众是否真的对他恨之入骨，李克用杀段文楚本身即表明唐王朝在地方上统治秩序的崩溃。其大背景，则是王仙芝、黄巢集团在中原地区的活动消耗了唐王朝绝大部分精力，

---

[1] 据《资治通鉴》以及《考异》所引相关史料，李克用杀段文楚确为残酷，如“令军士冎而食之，以骑践其骸”。《资治通鉴》卷 253“唐僖宗乾符五年二月”条，第 8196 页。正可与诏书相印证。

[2] 关于唐朝军队从唐前期到唐后期转变过程中的从中央到地方，参见孟彦弘：《论唐代军队的地方化》，第 264—291 页。进入唐后期，则已经地方化的军队先后私人化，成为藩镇割据的基础。这一过程在唐末最为明显，不过唐末的地方独立化倾向从军队层面来说，同时包含有地方化到私人化和私人化到地方化的过程。

以致李克用及其部下能够铤而走险。

(二) 郑从谠之退

此后，代北行营即进入第二期，成为唐王朝招讨沙陀的军事组织。李克用集团则在与唐廷军队的周旋中，慢慢壮大自己的势力。故这里稍论李克用集团对河东地区的占据，从而完成私人化到地方化的过程。

广明元年（880）二月，唐僖宗"以开府仪同三司、门下侍郎、兼兵部尚书、同平章事、充太清宫使、弘文馆大学士、延资库使、上柱国、荥阳郡开国公、食邑三千户郑从谠检校司空、同平章事，兼太原尹、北都留守，充河东节度、管内观察处置兼行营招讨供军等使"[1]。郑从谠出身文臣，此时又以宰相之尊出镇河东，兼任代北行营招讨使，可见唐廷对于李克用集团的防范之重视程度，不亚于对付黄巢之变。不过郑从谠的招讨，与他的前任曹翔、崔季康、李侃、李蔚、康传圭等人相比，并无多少起色。最终只能把具体招讨之职权交给李琢，后者因而从蔚朔等州诸道行营都招讨使，最后升任代北行营招讨使。[2] 但郑从谠本人依旧在河东节度使任上。

广明元年七月，李琢与吐谷浑部赫连铎共败沙陀，李国昌与李克用父子逃入达靼部，从而结束了代北行营第二期，但李克用依然保有其实力。[3] 故当该年十二月，长安被攻下之后，唐廷开始谋求与李克用合作，欲再次利用沙陀人来解决国内的问题。而这正好给了李克用一个东山再起的契机。不过郑从谠对李克用的兴起十分防范，

[1] 《旧唐书》卷19下《僖宗纪》，第706页。《新唐书》卷9《僖宗纪》简化为"代北行营招讨使"，第270页。

[2] 胡耀飞：《从招抚到招讨：晚唐代北行营的分期与作用》，第201页。

[3] 《旧唐书》卷19下《僖宗纪》，第707页。

处处掣肘，从而夭折了中和元年李克用的第一次南下。[1]这一次阻扰也反映出黄巢之变时期河东地区复杂的政治情形，在笔者看来，大致而言，当时河东地区可分为两大阵营：

河东阵营。以河东节度使郑从谠及其使府为核心，代表唐廷在河东地方的统治，所得到的支持则包括振武节度使契苾璋，以及在斗鸡台事件之后，在代北行营第二期时协助进攻李克用的幽州节度使李可举、吐谷浑首领赫连铎和白义诚等。[2]

代北阵营。以代州刺史李克用父子及其部众为核心，代表居于代北的沙陀人势力，所得到的支持则包括达靼，以及在代北行营第二期一度投降唐廷，但在广明二年二月又在绛州作乱而回的沙陀都督李友金、萨葛首领米海万、安庆都督史敬存、绛州刺史瞿稹等。[3]

这两大阵营的对立，在郑从谠阻挠李克用第一次南下时充分显现出来。

其中河东阵营中的振武节度使契苾璋作为唐初以来即与唐廷有密切合作关系的铁勒契苾部人，依然延续了其作为可靠蕃将的性格，在李克用于太原城下骚扰时，出兵击之。吐浑部当时代替李克用镇守云州之地，自然也不想看到李克用的崛起，故契苾璋能够“引突

[1] 相关史料主要参考：《旧唐书》卷19下《僖宗纪》，第710页；《旧唐书》卷158《郑从谠传》，第4171页；《资治通鉴》卷254“唐僖宗中和元年五月”条，第8251页。

[2] 《旧唐书》卷19下《僖宗纪》，第707页。赫连氏、白氏一直是吐浑部两大姓，贯穿于唐末五代宋初，参见〔日〕森部丰：《ソグド人の东方活动と东ユーラシア世界の历史的展开》，关西大学出版部2010年版，第218—233页。但钟焓指出，白氏亦有来自龟兹之人，故判断时尚需谨慎，参见钟焓：《森部丰〈ソグド人の东方活动と东ユーラシア世界の历史的展开〉评介》，徐冲主编：《中国中古史研究：中国中古史青年学者联谊会会刊》第4卷，中华书局2014年版，第279页。

[3] 这一次掠绛州，史料多有记载，具体细节不同，参见：《旧唐书》卷19下《僖宗纪》，第710页；陈尚君辑证：《旧五代史新辑会证》卷25《武皇纪一》，第642页；《新唐书》卷218《沙陀传》，第6158页；《资治通鉴》卷254“唐僖宗中和元年二月”条，第8246页。

厥、吐谷浑救之”。[1] 幽州节度使李可举出身回鹘，但李可举本人已经是降唐回鹘第二代，故其在幽州节度使任上，可单纯视之为割据型藩帅，因此，他在此时为确保自身作为邻近藩镇的利益，亦站在唐廷这一边，此后也一直与李克用为敌。[2]

在代北阵营中，李友金、瞿稹是沙陀人，自不必说。达靼是李克用父子窘迫时所投靠的对象，膺服于李克用的个人魅力，自愿成为其后盾。[3] 米海万、史敬存所代表的萨葛、安庆两部，虽然是粟特人，但长期以来与沙陀人并称三部落，相互融合程度已经很高，故而亦能为李克用所用。[4]

通过对两大阵营的整理，可知李克用要在河东地区立足并不容易，郑从谠也正是看到这种情况，利用代北各部族之间的矛盾，对各方加以控制。不过随着黄齐政权所控制的长安城久攻不下，唐廷掌权宦官田令孜等与文人都统王铎之间的矛盾加剧，征召李克用的想法再次被提上议程。中和二年，李克用再次南下，终于绕开据守太原城的郑从谠，进入河中地区，与河中节度使王重荣等合军一处。

---

[1]《资治通鉴》卷 254“唐僖宗中和元年五月”条，第 8251 页。虽然此处提及突厥，但当时突厥早已消亡了上百年。值得一提的是，《旧唐书》卷 19 下《僖宗纪》有“代州北面行营都监押陈景思率沙陀、萨葛、安庆等三部落与吐浑之众三万赴援关中，次绛州”（第 710 页）的记载，不过其中“吐浑之众”具体有谁，并不能明确，不能作为吐谷浑与沙陀合作的例子。

[2]《旧唐书》卷 180《李可举传》，第 4680—4681 页。

[3] 李克用以高超的箭术为达靼人所服，并立志南下定天下，详见陈尚君辑证：《旧五代史新辑会证》卷 25《武皇纪上》，第 642 页；《新五代史》卷 4《后唐庄宗上》，第 33 页；《新唐书》卷 218《沙陀传》，第 6158 页。其立志时间，据《旧五代史》“俄而黄巢自江、淮北渡”来看，当在广明元年十月黄巢集团渡淮前后。关于唐末五代沙陀与达靼之间的关系，详见白玉冬：《沙陀后唐的建国与九姓达靼》，“元代多元文化与社会生活”学术研讨会，呼和浩特职业学院，2014 年 7 月 24—25 日。

[4] 森部丰通过《安万金墓志铭》、《史匡翰神道碑》、《何君政墓志铭》等材料分析了萨葛部、安庆部在唐末五代宋初沙陀集团中的存在情况，见〔日〕森部丰：《ソグド人の东方活动と东ユーラシア世界の历史的展开》，第 195—208 页。

中和三年四月，长安城破，李克用所率沙陀兵首功入城，李克用本人因功被授河东节度使。中和三年七月，郑从谠离开太原，李克用榜谕河东军民，完成了自己从私人化到地方化的最终转变，从而开启了河东集团的争霸历程。[1]

结语

通过对《段文楚墓志》的研究，可以在对段文楚的家世和仕宦加以了解的同时，更进一步确认斗鸡台事件的发生时间、时代背景、具体经过及其历史影响。

就家世而言，段文楚为武威段氏迁入陇州汧阳之一支，自段秀实开始显赫。不过段秀实之荫仅及两代，段文楚本人以其父段嶷之荫而出仕。此外，段氏的联姻圈也并无显赫家族或知名人物。至于段文楚本人的仕宦，从830年左右的京兆府参军开始，直至乾符五年斗鸡台事件时死于大同军防御使任上，其迁转过程并无大起大落。此外，其在天德军防御使、邕管经略使等任上的经历，20年左右，可知其在处理边事方面颇有经验。因此，就斗鸡台事件起因而言，段文楚本人的因素并不会比气候因素大。乾符末年的气候变化，加上李国昌、李克用父子欲从私人化向地方化的转变，方为此一事件的重要推助力。

《段文楚墓志》最重要的是揭示了段文楚之死的时间点，即斗鸡台事件发生时间，在乾符五年二月七日。这一时间点的揭示，平息了历来对斗鸡台事件发生时间的争论，并且对于相关史料的诸多歧

[1] 对于李克用集团扩张的研究，已经有很多，详参樊文礼：《唐末五代的代北集团》，中国文联出版社2000年版；李崇新：《唐末五代的晋梁之争研究》，南京大学博士论文，2003年；樊文礼：《李克用评传》，山东大学出版社2005年版。

义记载，也有了比较合理的解释。当然，墓志并未提供斗鸡台事件具体过程，但通过对《庄宗功臣列传》、《唐末三朝见闻录》、《资治通鉴》三种史料的对比，结合墓志所提供的时间点，依然能够得到此一事件的具体经过。大体可分为两个进程：1. 乾符五年正月至二月三日，李尽忠执段文楚；2. 乾符五年二月四日至七日，李克用杀段文楚。

斗鸡台事件的发生，不仅关乎段文楚本人的生死，更使得李克用父子与唐廷之间的矛盾公开化。沙陀人与唐廷之间的关系，也从此前的沙陀军队不时参与中原地区唐廷对内部乱世的平定，转向了沙陀人直接向唐廷索取土地的局面，即开启了从军队的私人化向军队的地方化转变。此后，虽然有河东节度使郑从谠通过利用河东地区河东阵营和代北阵营之间的矛盾勉强维持和平局面，但李克用的势力并未完全被压制下去。特别是借助王黄之乱这一外力，在黄齐政权建都长安后与听命于唐廷的藩镇军队相持的情况下，沙陀军队作为最后一根稻草，压垮了黄齐政权这一骆驼。[1] 从而使得李克用在战后被任命为河东节度使，取得了对整个河东地区的支配权，完成了私人化向地方化的转变。

附记：本文宣读于“考实与会通——第三届中古史前沿论坛”，陕西师范大学，2015 年 7 月 28—29 日。会上，承蒙贾志刚、苏小华等先生批评与鼓励，谨此致谢！

[1] 胡耀飞：《黄齐政权立都长安时期的攻防战研究》，长安学与古代都城国际学术研讨会，陕西师范大学，2014 年 11 月 25—26 日。

前蜀王建拓展成都子城的时间与影响

吴羽（华南师范大学历史文化学院）

一、引言

成都为西南一大都会，在中古城市发展史上有其独特的价值与意义。王文才先生筚路蓝缕，对成都坊市进行了全面研究，严耕望先生总论了唐五代成都的繁盛与重要[1]，是后来研究的基础。关于前蜀初期的成都城市建设，《茅亭客话》卷2《崔尊师》有一条非常重要的记载：

> 王先主自天复甲子岁封蜀王，伯盛之后展拓子城西南，收玉局化，起五凤楼门，五门雉堞巍峩，饰以金碧，穷极瑰丽，辉焕通衢，署曰得贤楼，为当代之盛，玉局化尊像并迁就龙兴观，以其基址立殿宇，广库藏。时杜天师诣崔曰：今主上迁移仙化，其有证应乎？崔叹息良久言曰：皇嗣作难尔。甲戌岁，果伪皇太子元膺叛，寻伏诛。后杜天师谓崔曰：有道之士先识

[1] 参见王文才：《成都城坊考（上）》，《四川师院学报》1981年第1期；王文才：《成都城坊考（下）》，《四川师院学报》1982年第1期，收入氏著：《成都城坊考》，巴蜀书社1986年版。严耕望：《唐五代时期之成都》，收入《严耕望史学论文选集》，中华书局2006年版，第175—231页。

> 未能。崔曰：动局子乱，必然之事，何有道先识者哉！杜天师曰：此化毕竟若何？崔曰：局必须复，非王氏不可也。先主殂，少主嗣位，明年再起仙化，以为王氏复局之验也。[1]

据此，王建曾经扩建子城。王文才先生认为，“至于五门，即得贤门……乃玉局化五凤楼门，非城门之名”。

问题在于，收玉局化是不是废除了玉局化，玉局化是不是在新子城之内？这直接牵涉到王建是否真的扩建子城，拓展子城到什么位置。王先生云“（王）建收玉局为官有，起崇楼五门于观外，非谓收观入子城之内”，这就意味着王先生认为玉局观并未被废，仅是被收归官有而已，且不在新子城之内，实际上间接否定了王建曾经展拓子城。王先生又认为“收玉局移石像，当在天汉前一年通正元年（916）”[2]。樊一先生揭示出杜光庭《广成集》卷13《皇帝于龙兴观醮玉局化词》可以和《茅亭客话》相互印证，对玉局化的兴废有进一步考证，与王先生不同，樊先生“因玉局化有碍新南门之建，故迁之以使新建南门得就‘正阳’（正南）之位”，指出“唐五代、宋之玉局化或玉局观的具体位置虽已不可详考，然在‘子城西南’近皇宫处则属无疑”[3]，这就意味着樊先生认为王建确曾拓展子城，并因之迁移了玉局化，暗示玉局化原址被包含在了新子城之内。这是对王建扩建成都子城研究的推进，然而樊先生对王文才先生所说“收玉局移石像”在通正元年不持异议，未进一步考证王建拓展子城的年代。

---

[1]　（宋）黄休复：《茅亭客话》，收入《全宋笔记》第2编第1册，大象出版社2006年版，第16页。

[2]　王文才：《成都城坊考》，第35页。

[3]　相关论证参见樊一：《永庆院考》，《四川大学学报》（哲学社会科学版）1991年第2期。

笔者想做的工作是，首先进一步证明樊先生的观点，即王建确实曾经拓展子城，并且因之迁徙了玉局化，而且玉局化原址确实在新子城之内。其次，进一步确定拓展子城的年代。最后讨论展拓子城对成都道教信仰中心和礼仪空间的影响。要说明这一问题，关键的线索就是玉局化被废和玉局化里老君像被迁徙始末。

下面，我们将首先考察玉局化的位置及其与老君像位置的关系。

二、玉局化与玉局洞的位置及其迁徙时间的不同

晚唐时期的玉局化离当时的子城很近。当时玉局化的具体位置，以曾居于此的杜光庭的记载最为直接，杜光庭撰成于唐昭宗天复元年（901）八月四日的《洞天福地岳渎名山记》说玉局化在“成都府南一里”[1]，《蜀梼杌》卷上记载前蜀武成元年（908）十月改成都诸门之名时云：“成都府移在子城外，遂稳便处置立”[2]，说明武成元年之前“成都府”在子城之内。因此，玉局化在晚唐时期确实距离子城很近，最多不超过一里。故而《茅亭客话》云王建展拓子城时“收玉局化”入新子城是可能的。

王建扩建子城时确实将玉局化原址包含在了新子城之内。诚如樊一先生前文已经揭示的，《广成集》卷 13《皇帝于龙兴观醮玉局化词》可以和前揭《茅亭客话》的记载互证，说明王建扩建子城时确曾迁毁玉局化，但是樊先生所引《皇帝于龙兴观醮玉局化词》不完整，该醮词还有非常重要的相关信息，为便于进一步讨论相关问题，现不避繁冗，引其文于下：

---

[1] 《道藏》第 11 册，文物出版社、上海书店、天津古籍出版社 1988 年版，第 60 页。

[2] （宋）张唐英：《蜀梼杌》，收入《全宋笔记》第 1 编第 8 册，大象出版社 2006 年版，第 36 页。

窃惟玉局洞台，玄元降迹，镇兹都会，密迩城闉……伏自祗膺历数，启创朝庭，象阙端门，须就正阳之位；霜坛羽殿，遂从迁革之宜。而石室洞门，老君真像，陈暮烛朝香之礼，惟务恪虔；接龙墀凤阕之严，弥加崇洁，固可以与天共永，终古长存。尚虑主宰龙神，阴阳官属，兴功扰动，众役喧惊。既践暴以为忧，凭醮祈而忏谢。爰自吉日，式备香坛。翘注匪遐，真灵必鉴。[1]

该词说玉局化“密迩城闉”，是指离旧子城城墙很近，说“石室洞门，老君真像，陈暮烛朝香之礼，惟务恪虔；接龙墀凤阕之严”，是指离蜀的皇宫很近，可以早晚祭祀，“龙墀、凤阕”毫无疑问在新子城之内，而毗邻“龙墀、凤阕”的老君像自然也在新子城内，老君像本来就在玉局化的石室，玉局化原址当然也就应该在新子城之内。

这段史料也有前人未注意的费解之处，该醮词题目为《皇帝于龙兴观醮玉局化词》，而且醮词中明确讲“霜坛羽殿，遂从迁革之宜”，说明杜光庭写作这篇醮词时候玉局化已经被迁毁，不然不需要在龙兴观醮玉局化。然而又说，“石室洞门，老君真像”却仍然“接龙墀凤阕之严”，说明石室洞门和老君像未被挪动。杜光庭亲历其事，不可能写错。问题出在哪里呢？这就有必要对所谓的“石室洞门，老君真像”进行解释。

要解释“石室洞门，老君真像”，就必须追溯到玉局化得名的神话传说。《云笈七签》卷122引《道教灵验记》“成都玉局化洞门石

[1]（唐）杜光庭撰，董恩林点校：《广成集》，中华书局2011年版，第187—188页。

室验”条云：

> 成都玉局化洞门石室，昔老君降现之时，玉座局脚，从地而涌，老君升座传道。既去之后，座隐地中，陷而成穴，遂为深洞，与青城第五洞天相连。天师以为玉局上应鬼宿，不宜开穴通气，将不利分野，乃刻石以闭之，因为石室，高六七尺，广一步，中镂玄元之像焉。节度使长史章仇兼琼，开元中遍修观宇，崇显灵迹，欲开洞门，使人究其深浅。发石室之际，晴景雷震，大风拔木，因不敢犯。[1]

玉局化得名是因为老君在此降现传道，老君去后，玉座局脚隐地中，“陷而成穴，遂为深洞”，传说张天师怕不利分野，于是“刻石以闭之”，这就是玉局化得名的神话。我们当然不相信这个神话是真的，但是这段史料的可贵之处在于说明，晚唐时期玉局化里确实有一个很深的洞穴，这个洞穴传说与青城第五洞天相连，洞口被封闭之后，上建石室，石室“高六尺，广一步”，这就是所谓的“洞门石室”，石室里面有老君像。这个洞穴在中晚唐时期已经具有了神圣性，人们认为一旦开启，便会有神异事见发生，乃至不利分野。

我们知道，玉局化面积很大，有很多宗教建筑和神像，其中最经常举行法式的地方并非玉局洞，而是玉局化中的北帝院[2]。因此迁毁玉局化，其实是指迁徙玉局化的大部分殿堂，其中的洞穴根本无法迁徙，加上时人认为该洞穴一旦开启便对蜀地不利。所以便保留了洞穴上面这个有老君像的高七尺、广一步的“洞门石室”。也只有

---

[1] （宋）张君房编，李永晟点校：《云笈七签》，中华书局2003年版，第2688—2689页。

[2] 相关考证请参吴羽：《杜光庭寓蜀时期的玉局化北帝院与星斗信仰》，见潘崇贤、梁发主编：《道教与星斗信仰》（上），齐鲁书社2014年版，第220—243页。

如此理解，才能解释为什么玉局化迁毁之后老君像和石室洞门仍然距离皇宫很近。

这就意味着，王建展拓子城迁毁玉局化的时间在前，而迁徙玉局洞门石室及其中的老君像在后。那么王建拓展子城究竟在什么时间呢？这是我们下面将要探讨的问题。

三、拓展子城的年代

由于目前没有找到直接记载王建拓展子城年份的史料，所以只能采取确定上下限、步步逼近的方法来考证，其中最关键的线索仍然是玉局化的迁毁时间。而如上所述，老君像迁到龙兴观是在玉局化迁毁之后，那么我们只要考证出老君像迁徙的时间，就可以确定迁毁玉局化的时间下限。

杜光庭《广成集》卷 1《谢恩赐玉局化老君表》云：

> 臣某言：伏奉恩敕，宣赐旧玉局洞门石像老君归龙兴观御容院阁下西间奉安供养，其盖石舍一区，移拆就观起立，并赐钱设斋，道众将幡花引归观表赞等者。……
>
> 伏惟陛下，法道披元……以玄元像貌密迩宸居，虽香灯无旷于常仪，而供养合归于法宇。爰申明命，丰备斋羞。……云迈风行，遽入龙兴之阁。[1]

那么，宣赐是在什么时间？《广成集》卷 2《奏于龙兴观醮玉局劄子》云：

---

[1]（唐）杜光庭撰，董恩林点校：《广成集》，第 14 页。

> 右臣先蒙今年十月二十二日，宣赐旧玉局洞门官舍一所，并石像老君一座，移在当观其舍。今于殿后讲堂基上，起立功毕，便用安置石像老君，焚修供养。
>
> 伏以名山大川，二十四化，春秋常祀，著在旧仪。其玉局化所修常醮，伏请起天汉元年二月八日，委本府县祇就龙兴观玉局石像老君前修设，冀免旷阙，以叶恭敬。又北邙化在巂州，积年已来，醮祝皆阙。况居率土之内，宜申咸秩之文。前件二化，今亦欲就龙兴观一处，与玉局同用。延祝景贶，永福圣朝。谨举如前，伏听敕旨。[1]

诚如王文才先生所言，此表作于通正元年，我们想进一步指出的是，据《资治通鉴》卷269记载，梁贞明二年（916）十二月戊申（二十七日），即前蜀通正元年十二月二十七，改明年元为天汉[2]，则本《劄子》的时间必然是在十二月二十七日至三十日之间，这说明王建在通正元年十月二十二日下旨迁徙洞门石室及其中的老君像，至迟至三十日已经迁到了龙兴观，且“起立功毕”。那么玉局化的迁徙必然在通正元年十月二十二日之前。

有材料表明，玉局化的迁徙不可能迟至通正元年。前揭《茅亭客话》云王建拓展子城收玉局化在王元膺被诛之前，而王元膺永平三年（913）被杀[3]，故而王建收玉局化不晚于913年，更不可能迟至通正元年。

为进一步确定王建拓展子城、迁毁玉局化的时间，有必要考察杜

[1] （唐）杜光庭撰，董恩林点校：《广成集》，第19页。
[2] 《资治通鉴》，中华书局1956年版，第8808页。
[3] 《资治通鉴》，第8775页。

光庭《广成集》卷13《皇帝于龙兴观醮玉局化词》中的另一段话：

伏惟玄元降祐，大道开恩，赦已往之尤违，锡将来之祯祚，使宝图延永，社稷安宁，风雨均调，龙神辑睦，灾期荡涤，罪咎销平。其有直符太一之运行，将移地分；火曜土星之临照，欲及身官，愿回力以护持，致微躬之昭泰，烽爟不飞于四境，沴瘥无挠于兆人。永誓丹襟，上奉玄贶。不任。[1]

直符太一是十神太一中的一位，我们曾考察过直符太一的运行规律与运行算法，并据以指出此醮词作于武成二年（909）末[2]，也就是说，武成二年末玉局化已经被废，迁徙尚未彻底完成，因为如前揭史料杜光庭在本醮词中说“既践暴以为忧，凭醮祈而忏谢”，故而王建扩展子城的时间下限可进一步确定在武成二年末。

借助杜光庭的另一篇醮词，我们可以进一步确定王建扩建子城的时间的上限。《广成集》卷4《户部张相公修迁拔明真斋词》有云：

臣闻太上开图，元皇演教。三箓定金明之典，功被人天；九幽悬玉匮之科，惠周存殁。窃寻经旨，遵按玄文。仰祈迁拔之恩，辄备忏陈之恳。

今月二十五日，是臣先妣、唐楚国夫人、蜀追封宋国太夫人刘氏忌辰。今月三十日，是臣先考、唐丞相太子太师致仕、蜀追赠太尉忌辰。谨赍油烛香花供养之具，于成都府玉局化北

[1]（唐）杜光庭撰，董恩林点校：《广成集》，第188页。
[2] 吴羽：《唐宋道教与世俗礼仪互动研究》，中国社会科学出版社2013年版，第21页。

帝院，奉修灵宝明真道场一昼一夜。道士一十四人，三时行道，三时转经。对乾象以披心，驰香龙而上奏。[1]

按，唐张姓丞相之子至蜀者唯有张濬之子张格，另外，《旧唐书》卷179《张濬传》，张濬于天复三年十二月晦（三十日）夜被杀，既与本斋词所云三十日相合，也说明斋词中“本月”指的是十二月。斋词题目中表明张格使用此醮词时的称谓是“户部张相公”，那么张格是什么时间任职户部的呢？《资治通鉴》卷266载梁开平二年（908，蜀武成元年）二月“蜀以户部侍郎张格为中书侍郎同平章事”[2]，说明张格为“户部侍郎”，即可被称为“户部张相公”的时间只可能在天复七年（907）九月王建称帝至武成元年二月升迁“中书侍郎同平章事”这段时间，则杜光庭为张格所撰的斋词用于天复七年十二月三十日，此时杜光庭还在玉局化举行仪式，说明玉局化还没有被废的迹象，王建展拓子城是在天复七年十二月三十日之后。

《蜀梼杌》卷上载武成元年十月“改堂宇庭馆为宫殿”[3]，则王建下令拓展子城应该也是在此时。

总之，我们认为王建展拓子城是在武成元年至武成二年之间，在武成二年末尚未完工。

四、成都礼仪及宗教中心的变化

王建称帝之前，成都继承了晚唐以来的基本格局，其礼仪空间

---

[1]（唐）杜光庭撰，董恩林点校：《广成集》，第46页。

[2]《资治通鉴》，第8689页。

[3]（宋）张唐英：《蜀梼杌》，第35页。

和宗教空间只是日益加入了王建的因素，例如《益州名画录》卷上载玉局化中有王建"为使相日真容"，显然是为了在这个宗教空间里加入王建的存在，但是仅此而已，并没有彻底改变晚唐以来的宗教与礼仪空间结构。逮至王建称帝，将原来的地方重镇改变为国都就成为迫切的需要。王文才先生《成都城坊考》早已注意到《蜀梼杌》卷上所载王建重新规划成都的史实，考订精详，这里不必赘述。我们想补充的是，王建在武成元年至武成二年之间拓展子城既是将成都改造成国都的一个重要步骤，也大大改变了成都的宗教空间和礼仪空间，由于史料欠缺和笔者学养不足，我们不可能面面俱到地进行考述，这里想说明两个问题，一是道教宗教信仰重心的转移，二是国家礼仪空间的扩展。

玉局化在中晚唐曾经兵灾，一度破败不堪，但是在王建踞蜀之后殿堂众多、规模甚大，除王建经常令道士来这里为自己祈福之外，众多高官出于各种意图来这里举行道教仪式，前蜀重要的大臣张格、冯涓、周庠、卢蔚、白可球、楊鼎、周序、杨神湍、张道衡等均曾在这里祈福[1]。玉局化在被迁之前，是名副其实的道教信仰中心。玉局化被迁之后，原址已经变成了新的皇城的一部分，当然不再是道教信仰的中心，前揭《茅亭客话》记载玉局化的道门尊像都转移到了龙兴观，《益州名画录》卷上载连在玉局化的王建画像也转移到了龙兴观，《益州名画录》卷下云永平年间废除兴圣观，其中的道门尊像全部移到了龙兴观，说明龙兴观已经取代了玉局化的地位，成为新的道教信仰中心。

同时，利用玉局化建成的得贤门，成为展示一些王朝礼仪的重

---

[1]（唐）杜光庭撰，董恩林点校：《广成集》，第 46、60、61、62、66、104—105、108—109、122—123、136—137 页。

要空间。《广成集》卷1《贺黄云表》：

> 今月二十三日，皇帝驾幸得贤楼看阅将士，皇太子自城南阅马帐头回入城，至酉时城上有黄云两片，状如华盖，逡巡变为紫色者。[1]

说明得贤门外已经成为王建举行军礼的重要礼仪空间。

得贤门也是前蜀皇帝受俘、举行大赦礼仪的重要空间。《资治通鉴》卷269载贞明元年（916，蜀永平五年）正月“蜀主御得贤门受蛮俘，大赦”[2]。

得贤门有时也是皇帝庆寿的重要礼仪空间。《蜀梼杌》卷上载咸康元年（925）七月丙午，是王衍应圣节，“列山棚于得贤门”。

尽管《茅亭客话》记载前蜀后主恢复了玉局化，但是并没有改变得贤门的礼仪空间属性。《蜀梼杌》卷下载长兴五年孟知祥称帝之后，“四月受玉宝玉册，追册长公主为皇后，册夫人李氏为贵妃，御得贤门大赦，改元明德”。仍然是重要的王朝礼仪空间。

总之，王建武成元年至武成二年间拓展子城是王建将地方城市改造成国都的一个重要步骤，对成都的礼仪空间和宗教空间有着重要的改变。

---

[1]（唐）杜光庭撰，董恩林点校：《广成集》，第6页。

[2]《资治通鉴》，第8786页。

与神为亲：地方神祇陈靖姑与五代闽国政治

葛洲子（陕西师范大学历史文化学院）

临水夫人，又称顺懿夫人、大奶夫人，俗名陈靖姑，是福建地区众多女神崇拜中仅次于妈祖的重要神灵。陈靖姑信仰在其发展过程中不断吸纳其他宗教元素增强自身功能，再加上信奉临水夫人的福建移民外迁，其信仰范围已经从发源地福建古田县扩散至浙江、江西、广东与台湾地区，成为当地乡土文化的重要组成部分。

目前关于陈靖姑信仰的研究，已有历史学、人类学、文学等多方面的成果。这些研究多多少少都涉及了陈靖姑成神过程及其信仰发展演变的探讨。[1] 关于陈靖姑的生活时代，有唐代与五代两种说法。现代学者的研究，一般都认定陈靖姑为唐人。但是五代之说何以产生并在社会上取得广泛影响，至今仍没有完满的答案。

---

[1] 传统的信仰考证研究见徐晓望：《福建民间信仰源流》，福建教育出版社 1993 年版，第 329—348 页；林国平、彭文宇：《福建民间信仰》，福建人民出版社 1993 年版，第 162—180 页；连镇标：《多元复合的宗教文化意象——临水夫人形象探考》，《世界宗教研究》2005 年第 1 期，第 129—141 页。自从林耀华先生在《金翼》中描写了黄村人迎"圣母娘娘"香炉的故事之后，陈靖姑信仰也开始成为社会学者、人类学者关注的对象。林氏弟子庄孔韶《银翅》一书对陈靖姑信仰有专门研究，后作为专篇以《女神陈靖姑信仰》为名刊载于《二十世纪中国民俗学经典 · 信仰民俗卷》，社会科学文献出版社 2002 年版，第 353—378 页。与之相关的民间文学研究成果，有陈敏慧：《来自民间口头传统的心声：以一场陈靖姑故事之转述为例》，《汉学研究》1990 年第 8 卷第 1 期，第 309—326 页；王雅仪：《临水夫人信仰与故事研究》，成功大学 2003 年硕士论文。

由于北宋景德年间（1004—1007）古田县令李堪大规模废毁淫祠，北宋之前关于陈靖姑信仰的文献难以留存。这便使陈靖姑信仰形成的唐宋之际，成为整个信仰发生演变过程中的知识断层。不过，在文献不整的情况下，社会记忆仍会通过其他方式传递下去。怎样利用后出文献保存的历史记忆（historical memory）[1]，还原早前的历史场景，成为解答陈靖姑的五代神迹何以被创作并宣传的关键。

一、正本清源：陈靖姑成神时代的再确认

要确定陈靖姑的成神时代，首先便要考察其行年。揆诸史志，关于陈靖姑生卒行年的记载纷繁复杂，道光《乌石山志》的作者直承陈靖姑行年难考，发出“诸说不同，或唐或宋，皆不可考”[2]的感叹。根据现代学者整理研究，宋代说可以排除。陈靖姑的生活年代被框定在唐代或五代两个时段。[3]

现存关于陈靖姑切实可信的最早记载，是元末明初古田人张以宁撰写的《临水顺懿庙记》：

> 古田东去邑三十里，其地曰临川，庙曰顺懿，其神姓陈氏，肇基于唐，赐敕额于宋，封顺懿夫人。英灵著于八闽，施及于朔南。事始末具宋知县洪天锡所树碑。皇元既有版图，仍在祀典。元统初元，浙东宣慰使、都元帅李允中实来谒庙，瞻顾咨

[1] 20世纪以来，围绕历史记忆（historical memory）的研究开始兴起。关于历史记忆（historical memory）概念发展与学术成果的梳理，参见廖宜方：《唐代的历史记忆》，台北台大出版中心2011年版，第1—11页。

[2] （清）道光《乌石山志》卷4《祠庙·顺懿宫》，道光二十二年（1842）刊本。

[3] 谢从戎：《陈靖姑生卒年考》，《宁德师专学报》（哲学社会科学版）1994年第2期，第29—30页。

> 嗟，会广其规，未克就绪。及至正七年，邑人陈遂尝掾大府，慨念厥初，状神事迹，申请加封。廉访使者，亲覆其实。江浙省臣继允所请，上之中书省。众心喁喁，翘俟嘉命。[1]

《庙记》中提到顺懿庙“肇基于唐”本是较为明确的时间提示。奈何五代时期还有后唐政权以唐正朔自居，而闽国政权又是五代中央政权的附庸，行用的是五代政权的年号，故当有学者指出“似指后唐”时[2]，一时竟难以反驳。

《庙记》提到南宋古田知县洪天锡曾勒石树碑成为解开难题的突破口。虽然其碑久已失传，但从《庙记》行文来看，张以宁撰写《庙记》时尚能见到，故称“事始末具宋知县洪天锡所树碑”而不再重复相同内容。收录张以宁《临水顺懿庙记》的万历《古田县志》详细记载了陈靖姑生平。万历《古田县志·秩祀志》载：

> 临水神姓陈家世巫觋。祖玉，父昌，母葛氏。生于唐大历二年神异通幻。嫁刘杞孕数月。会大旱脱胎往祈雨，果如注。因秘泄，遂以产终。诀云：“吾死后不救世人难产不神也。”卒年二十有四。身后，灵迹显著。[3]

《古田县志》的记载当据洪天锡所立之碑。明成化、弘治间（1485—1489）黄仲昭编纂的《八闽通志》便有雷同记载：

---

[1] 万历《古田县志》卷12，收入《万历福州府属县志：永福县志·罗源县志·古田县志》，方志出版社2007年版，第197页。

[2] 上引谢从戎文。

[3] 万历《古田县志》卷7《秩祀志》，收入《万历福州府属县志：永福县志·罗源县志·古田县志》，第121页。

顺懿庙在县口临水。神陈姓，父名昌，母葛氏。生于唐大历二年。嫁刘杞，年二十四而卒。[1]

出现这种情况，当是据同一方碑文转录之故。由此可知，详细记载陈靖姑生平的洪天锡勒石，自明初至万历年间一直存世。其所云陈靖姑的生卒年当是最可信从的材料。另有嘉靖《罗川志》云：陈靖姑“生于唐大历元年正月十五日”。无论是生于大历元年（766）还是生于大历二年（767），陈靖姑都不可能生活至唐朝灭亡的天祐四年（907），自然也不可能是五代时人。

本来脉络清晰的地方神祇产生过程，由于不知何时产生的陈靖姑为闽国国师陈守元女弟的说法而变得复杂起来。因有真实的历史背景支托，再加上《闽都别记》和《临水平妖记》等话本小说塑造的完整故事在群众中影响甚著，明代以降五代说的支持者众多，大有取代唐代说之势。就连“搜采极博”的吴任臣《十国春秋》都采信陈靖姑为闽国国师陈守元女弟，为其立传附于《陈守元传》之后。

由于现存陈靖姑生活于五代的文献大多初现于明代，故有论者认为，将陈靖姑的生活时代设置在五代，是明人的创造[2]。可是洪天锡勒石分明记载着唐人陈靖姑行状，至万历年间（1573—1619）仍班班可考。若要说陈靖姑五代成神的故事是明人的创造，那么至少同时代的有识之士是很难信从的。令人生疑的是，万历年间的藏书家和修志专家、福州本地人徐𤊹并不认同唐代说，反而为陈靖姑留

[1]（明）黄仲昭：《八闽通志》卷58《祠庙》，福建人民出版社1989年版，第373页。
[2] 徐晓望：《福建民间信仰》，第168页。

下“临江遗庙祀婵娟，少女荣灵五代年”的诗句[1]。这便表明，陈靖姑为五代人之说在明代已经有了非常深厚的信众基础，其产生时间应当更早。再者，明人创作陈靖姑故事时大可以将陈靖姑的生活时代安置于比唐代更早的时代，何必选择距创作时代更近的五代？这样的创作不仅缩短了陈靖姑信仰的历史生命，反而因为时代较近且有宋代碑记的存在，增加了伪造故事穿帮的可能性。同样的疑问也存在于宋人和元人，并且由于他们生活的时代较明人距五代更近，他们制造的五代故事要使同时代的人相信更是困难。因此，要追寻陈靖姑生活于五代之说的来源，必须回溯至陈靖姑信仰形成的唐宋之际去寻找根源。

民国《古田县志》云：“古田坛庙诸祀历代相沿，自宋邑令李道爰侯鉴于贵巫尚鬼之习，举淫祀而尽辟之。”[2]李道爰侯即李堪，北宋景德年间任古田县令[3]。在这次声势浩大的毁淫祠事件中，当有许多民间淫祀连带文献被毁。除去南宋时期的洪天锡勒石，没有更多宋以前有关陈靖姑的记载留存。这便使陈靖姑信仰形成的唐宋之际成为知识断层，也使陈靖姑信仰演变时间序列中存有明显的缺环，即陈靖姑怎样由唐代普通人家的女儿转变为五代闽国国师陈守元之妹。

二、亦人亦神：陈守元与陈靖姑联系的建立

1. 元明文献中隐现的时代信息

目前认为可证陈靖姑五代时人的代表性文本，是明万历时陈鸣

---

[1] 王应山：《闽都记》，方志出版社 2002 年版，第 310 页。

[2] 民国《古田县志》卷 23《祠祀志》，民国三十一年（1942）铅印本。

[3] 《淳熙三山志》卷 9《公廨类三 · 诸县祠庙》记载：“景德中，李堪为宰，毁淫祠数百。”见《宋元稀见方志丛刊 · 甲编》第 5 册，四川大学出版社 2007 年版，第 161 页。

鹤著《晋安逸志》中的记载：

陈靖姑，闽县人，五世好道。靖姑少孤，与其兄守元力田牧畜。守元食牛山中，靖姑饷而遇馁妪，即发其箪饭饭之。别以己食进兄。妪因托身靖姑，靖姑以母事之，不敢有缺。妪病疽，靖姑跪而吮之，无何，妪死。靖姑为棺敛毕葬。一日，守元出，靖姑为守牛，渡牛而溺，忽见紫府严丽，前时馁妪云衣月帔，迎立而笑曰："儿来何迟？"遂授以神篇秘箓。居岁余，见靖姑于宝皇。宝皇大悦，乃拜为真官，得主地上鬼神。赐鹤驭归家。守元见之，大恐曰："妹既已为鱼鳖饵矣，何遽如许？"靖姑告之故，乃窃发妪冢，但衣被而已。于是，为靖姑再拜求其术，愿得通籍金阙，望见宝皇颜色。靖姑上书请之妪，妪报曰："上下有等，幽显有章，道俗有别，神之纪也。而兄凡品也，安取礼而见上帝无已？得受方列于汉文成、五利之属足矣。"其后，守元以方得幸于闽王辚父子，封天师，赐甲第车马帷幄器物，为之筑坛，铸黄金为宝皇，奉祠之……永福有白蛇为魅，数为郡县害，或隐形王宫中，幻为闽王后，以惑王。王及左右，不能别也。王患之，召靖姑使驱蛇。靖姑率弟子为丹书符，夜围王宫，斩蛇为三，蛇化三女子，溃围飞出，靖姑因驱五雷，追数百里，得其尾于永福，得其首于闽清，各厌杀之……还报闽王。闽王曰："蛇魅行妖术逆天理，隐沦后宫，诳惑百姓。斧钺所不能伤，虎狼所不避。今靖姑亲率神兵，斩获首级，服其余孽，以安元元，功莫大焉。其封靖姑为顺懿夫人，食古田三百户，以一子为舍人。"靖姑辞让食邑不受……后数岁，靖姑逃去，隐居海上。[1]

这个故事应当不是明人凭空臆想出来的。明代《闽都记》系统记载了当日福州地区坛庙神祠，其中与陈靖姑相关的神祠尚有2处，而宝皇信仰则全书未见，可见故事中的主要神祇之一“宝皇”已经脱离了当地人的生活环境。“宝皇”又非家喻户晓的主流神祇，与其相关的故事甚少流传。因此，很难想象明人会将自己认知之外的神祇放入自己创作的神话故事中，并赋予其崇高神格。

进一步爬梳文献可以发现，该故事的早期雏形可以追溯到《绘图三教源流搜神大全》。据叶德辉为该书所作序言，缪荃孙认为“明刻绘图三教源流搜神大全七卷即元板画像搜神广记之异名”[2]。故而书中内容当是元人思想的反映。其中所载“大奶夫人”的故事，大体遵循了宋代记录，但是也杂糅进其他信息，特别是出现了其兄“陈二相”颇有神力的故事。而故事发生的年代也因以下记载的出现而脱离唐代：

> 唐王皇后分娩艰难，几至危殆。妳乃法到宫，以法催下太子。宫娥奏知，唐王大悦，敕封都天镇国显应崇福顺意大奶夫人。建庙于古田，以镇蛇母，不得为害也。[3]

《搜神大全》云“嘉兴元年蛇母兴灾吃人”，而唐代并无“嘉兴”年号，只有后唐有“长兴”年号（930—933）。且唐代君主当称皇

[1] 徐𤊹辑：《榕荫新检》卷6，万历三十四年（1606）刻本。

[2] 叶德辉：《重刊绘图三教源流搜神大全序》，《绘图三教源流搜神大全（外二种）》，上海古籍出版社1990年版，第3页。

[3] 《绘图三教源流搜神大全（外二种）》，第183页。

帝，不会降格一等称“王”。而闽国政权向五代中央政权称臣，“梁朝开国，累加中书令，进封闽王”。到了后唐庄宗即位，同光二年（923）王审知又“遣使奉贡”，成为后唐所封的闽王。[1] 故上引材料中出现的“唐王”极可能反映的是闽国惠宗王延钧（后改名王鏻）在位时（926—935）发生的故事。

同样是道教系统的文献，明万历二十一年（1593）《道藏》所引《搜神记》中的陈靖姑形象却与《搜神大全》中的形象大相径庭，而与宋代记录的陈靖姑生平记载相近：

> 顺懿夫人，按《枫泾杂录》云唐大历中闽古田县有陈氏女者，生而颖异，能先事言，有无辄验。饮食遇喜，升斗辄尽，或辟谷数日自若也。人咸异之。父母亦不能禁，未字而殁，附童子言事。乡人以水旱祸福叩之，言无不验。遂立庙祀焉。宋封顺懿夫人。代多灵迹，今八闽人多祀之者。[2]

这就说明，明代的陈靖姑信仰源出两头，以至于在同一个时代出现了或相互融合，如《搜神大全》所载；或两说并行，如万历《道藏》和《晋安逸志》的情况。那么《搜神大全》反映的元人关于陈靖姑五代成神的认识又究竟发端于何时？

嘉靖《罗川志》云：“宋端平、淳祐间，状其迹于朝，赐额顺懿夫人，封崇福昭应慈济之神”；而万历《古田县志》则云：“宋淳祐间，封崇福慈济夫人，赐额顺懿。”[3] 根据洪天锡的仕宦经历，《罗川

[1]《旧五代史》卷134《僭伪列传·王审知传》，中华书局1976年版，第1793页。
[2]《搜神记》卷6《顺懿夫人》，《绘图三教源流搜神大全（外二种）》，第435页。
[3] 嘉靖《罗川志》卷3《观寺志》，转引自林国平、彭文宇：《福建民间信仰》，第164页。

志》与《古田县志》云册封在“淳祐”时俱是实情[1]。不过，两部县志对陈靖姑在宋时的庙额与封号的记载相当混乱。根据南宋神祠加额、封号的敕文，当先赐庙额，后敕封号；封号“每加二字，至八字止”[2]。陈靖姑神祠在宋时加额“顺懿”，不当作“顺懿夫人”；淳祐年间的封号也只能有2字。按张以宁《庙记》的记载，宋代只此一次册封，“崇福”“慈济”定有一者非此次册封所加。现有研究基本确认“慈济”为宋代封号[3]，故“崇福”封号的来历令人生疑。《搜神大全》“唐王大悦，敕封都天镇国显应崇福顺意大奶夫人”的记载，为我们提供了突破口。该书尽管迟至元明刊行，却不载宋代封号“慈济”，反而出现了后代不知来历封号的“崇福”。这就暗示确曾存在过一次早于宋代的册封，而这则记载“崇福”封号的材料应源出宋代之前。由此进一步可知，元明时期文献中的五代故事隐含了真实的历史信息，其源头则直指五代时期的闽国。

2. 闽国神仙谱系的书写

当把探索的目光再次聚焦于《晋安逸志》的时候，陈靖姑五代事迹的创作目的便可以探知。根据《晋安逸志》，陈靖姑在老妪的带

---

[1] 万历时何乔远编纂《闽书》卷147《灵祀志》云：“宋浦城徐清叟子妇，孕十有七月不产，举家忧危。忽以妇踵门，自言姓陈，专医产。……既而，产一小蛇，长丈余，自窍而下，群仆捶杀之。……后清叟知福州……为请于朝，增加封号，并宏庙宇。”（福建人民出版社1995年点校本，第4366—4367页）。这明显是万历《古田县志》中描述的“建宁陈清叟子妇，怀孕十有七月不产，梦神为之治疗，即产蛇，孕妇获安”之说的变体，将“陈清叟”讹为“徐清叟”。按徐清叟，《宋史》有传，其任地方知府在理宗景定之后，去淳祐久矣。而且其在福建只担任过建宁知府和泉州知州，并未担任过福州知州。

[2] （清）阮元主编：《两浙金石志》卷12《宋敕赐忠显庙牒碑》，浙江古籍出版社2012年影印版，第296页。南宋的神祠赐额封号制度沿袭北宋政策，详见元丰三年（1080）太常博士王古提议，见《宋会要辑稿》卷1203，《礼》二〇之六—二〇之七，中华书局1957年影印版，第767—768页。

[3] 连镇标：《多元复合的宗教文化意象——临水夫人形象探考》，第129页。

领下觐见“宝皇”。而“宝皇”在五代时有一重特殊的身份。王闽政权重要谋士黄滔（840—911）的文集中记载有详尽的宝皇谶言出炉经过。《黄御史集·丈六金身碑》云：

> 梁时王霸怡山上升，山在（长乐）府城之西五里。光启丁未岁（887），衢之烂柯山道士徐景立因于其仙坛东北隅取土，掘得瓷瓶七口，各可容一升水。其中悉有炭，上总盖一青砖，刻文字云：“树枯不用伐，坛坏不须结。未满一千岁，自有系孙列。后来是三皇，潮水荡祸殃。岩逢一乍开，未免有销亡。子孙依吾道，代代封闽疆。”其坛东南有皂荚树，古云真君於此树上上升，其后枯矣。至咸通庚寅岁（870）复荣茂也。[1]

王霸为梁朝道士。《旧五代史》注引《五代史补》记载：“霸尝云：‘吾之子孙，当有王于此方者。’乃自为谶，藏之于地。”及徐景立发，获其词。“议者以为：潮荡祸殃，谓王潮除其祸患以开基业也；岩逢二乍间，谓陈岩逢王潮未几而亡，土地为其所有也。”[2] 如若了解王氏建政的经历，自然不难理解制作上述谶言的目的。

闽国政权的建立者王潮、王审知兄弟本是光州固始人，在黄巢之乱中随光、寿流民进入闽中，依靠武装势力斩杀福建观察室陈岩女婿范晖而据有“闽、岭五州之地”。不过，王氏势力始终是外来移民，在闽地的认同度有限。王氏意识到政权的虚弱，大力推崇神灵崇拜来巩固政权[3]。在自身身份的包装上，王氏更是不遗余力。通

[1]（唐）黄滔：《唐黄御史公集》卷5《丈六金身碑》，四部丛刊影印明万历刻本。

[2]《旧五代史》卷134《僭伪列传》注引《五代史补》，第1793页。“徐景立”、“岩逢一乍开”，《五代史补》分作“徐景玄”、“岩逢二乍间”。

[3] 徐晓望：《闽国史》，台北五南图书出版有限公司1998年版，第3—30页。

过道士制造的谶谣，王氏拥有了一位升仙的祖先。王闽政权据此建构起自身的政治合法性。梁朝道士王霸也因这些割据一方的“子孙”而升格成“宝皇”。《通鉴》卷 277 记载：

闽王延钧好神仙之术，道士陈守元、巫者徐彦林与盛韬共诱之作宝皇宫，极土木之盛，以守元为宫主。

胡三省注曰：“薛史福州城中有王霸坛、炼丹井。坛旁有皂荚木，久枯。一旦忽生枝叶。井中有白龟浮出，掘地得石铭有‘王霸裔孙’之文，昶以为已应之，于坛侧建宝皇宫。”[1] 按此处注文有误，王继鹏为延钧次子[2]，后改名昶。宝皇宫为王延钧所建，此处当为“延钧”。《新五代史·王鏻传》亦云：“鏻好鬼神、道家之说，道士陈守元以左道见信，建宝皇宫以居之。”[3] 王鏻即王延钧，长兴四年（933）“更名鏻”。那么，道士陈守元又何以见信于王延钧，成为兴建宝皇宫的大力鼓吹者？

根据《晋安逸志》记载，陈靖姑曾拜见宝皇，“宝皇大悦，乃拜为真官，得主地上鬼神”；当其兄陈守元希望“见宝皇颜色”时，又被以“上下有等，幽显有章，道俗有别”的理由拒绝。运用这样巧妙的关系设置，陈守元便可通过陈靖姑这个在五代时期尚不著名的地方神祇作为渠道，与宝皇保持着若即若离的关系。

---

[1]　《资治通鉴》卷 277《后唐纪六》，明宗长兴二年（931）六月丙子条，第 9061 页。

[2]　《新五代史》卷 68《闽世家》云“继鹏，鏻长子也”，有误。王延钧妻刘华墓志载延钧子嗣云：“夫人有令子四人……长子曰继严，检校尚书户部员外郎、赐紫金鱼袋；次子继鹏，泉州军州副使、检校尚书金部郎中、赐紫金鱼袋；次曰继韬，监察御史、赐绯鱼袋；次曰继恭，试大理评事、赐绯鱼袋。”见《唐燕国明惠夫人彭城刘氏墓志》，周阿根：《五代墓志汇考》，黄山书社 2012 年版，第 207—208 页。

[3]　《新五代史》卷 68《闽世家·王鏻传》，中华书局 1974 年版，第 848 页。

三、以神之名：陈靖姑与闽国政治

1. 闽国的神道政治

闽国立国伊始，就开始利用谶谣奠定自身的政治合法性。《册府元龟》中保留了一则五代闽国流传的谶谣：

> 闽王王审知，光州人，兄潮，威武军节度、福建观察，审知为副。乾宁中，潮卒，审知遂继兄位。先是，闽中有童谣云："潮水来，岩头没；潮水去，矢口出。""矢口"，"知"字也。果陈岩死，王潮代之；潮死，审知继位。[1]

王氏之得闽地，不仅有谶谣造势，还有祥瑞护佑：

> 海上黄崎，波涛为阻，一夕风雨雷电震击，开以为港，闽人以为审知德政所致，号为甘棠港。[2]

此事《淳熙三山志》也有记载，只是认为"甘棠"之名为唐昭宗所赐，而非"闽人私号"[3]。不管"甘棠港"的得名来自于闽人还是唐廷，王审知的神力在此次事件中彰显无遗。黄滔更是在天祐三年（906）的碑文中赤裸裸地塑造王审知的神迹。《丈六金身碑》云：

> 我公旷代之生也有神僧识仗钺之雄也，应江沙期，合仙

[1] （北宋）王钦若等编：《册府元龟》卷 894《总录部 · 谣言》，凤凰出版社 2006 年版，第 10385 页。

[2] 《新五代史》卷 68《闽世家 · 王审知传》，第 846 页。

[3] 《淳熙三山志》卷 6《地理类 · 海道》，见《宋元稀见方志丛刊 · 甲编》第五册，第 161 页。

人谶。筑城之盛也，契菩萨说：初丙午岁，我公至清源未仕时，有僧号涅盘，于众中骇而指之曰："金轮王之第三子降人间，幸勉之，专生杀柄。"又闽之侯未尝至宰辅，晋时郭璞记曰："南台江沙合，即有宰辅相。"我公之登台席也，江沙契焉。[1]

凡此种种，不一而足。在这种谶谣祥瑞弥漫的氛围里，闽国的神道政治也逐步确立。此后历代闽国国君，均"好神仙之术"。

陈守元攫取了宝皇宫宫主的职位，便成了宝皇在闽国的代言人。此后，陈守元的野心逐渐暴露，居然干涉起闽国政治，要求惠宗王延钧退位：

闽陈守元等称宝皇之命，谓闽王延钧曰："苟能避位受道，当为天子六十年。"延钧信之，丙子，命其子节度副使继鹏权军府事。延钧避位受箓，道名玄锡。

王延钧于长兴三年（932）三月甲辰复位。其年六月又向陈守元等道士咨询起自己的命运：

闽王延钧谓陈守元曰："为我问宝皇，既为六十年天子，后当如何？"明日守元入白："昨夕奏章，得宝皇旨，当为大罗仙主。"徐彦林等亦曰："北庙崇顺王尝见宝皇，其言与守元同。"延钧益自负。[2]

[1] 《唐黄御史公集》卷5《丈六金身碑》，《四部丛刊》影印明万历刻本。

[2] 《资治通鉴》卷277《后唐纪六》，"明宗长兴二年（931）冬十二月"条、"明宗长兴三年（932）五月"条，第9063、9073页。

到了长兴四年（933）春正月，“闽人有言真封宅龙现者，命其宅曰龙跃宫”。真封宅，即王延钧龙潜之宅邸。有了宝皇的神旨和黄龙的祥瑞，王延钧加快了称帝的步伐，“遂谒宝皇宫受册”，改名“鏻”，改元龙启。是年五月，“立子继鹏为福王，充宝皇宫使”[1]。

先是，陈守元劝说王延钧退位，放权于其子王继鹏。此刻，王继鹏又成为宝皇宫使，方便与陈守元交通，其与陈守元的政治同盟关系浮出水面。

2. 斩杀蛇妖的隐喻

王延钧晚年宠幸淑妃陈金凤，立以为后。“其族人守恩、匡胜为殿使”。又有“嬖吏归守明者，以色见幸，号归郎”，“出入卧内”。《通鉴》卷 279 云：

> 闽主晚年得风疾，陈后与守明及百工院使李可殷私通。国人皆恶之，莫敢言。[2]

在《新五代史》卷 68《闽世家・王鏻传》则有更为生动的描述：

> 鏻后得风疾，陈氏与归郎奸。又有百工院使李可殷，因归郎以通陈氏。鏻命工作九龙帐，国人歌曰：“谁谓九龙帐，惟贮一归郎。”[3]

---

[1] 《资治通鉴》卷 278《后唐纪七》“明宗长兴四三年（933）正月、四月”条，第 9081、9084 页。

[2] 《资治通鉴》卷 279《后唐纪八》“潞王清泰二年（935）二月、九月”条，第 9128、9133、9134 页。

[3] 《新五代史》卷 68《闽世家・王鏻传》，第 849 页。

这些记载掺杂了道听途说的民间流言，却真实反映了陈金凤、归守明、李可殷等人与王延钧亲近，并且这些亲信人物之间也结合紧密。另一方面，王继鹏也与皇城使李仿结交，加紧夺权。《通鉴》卷279记载：

> 可殷尝谮皇城使李仿于闽主，后族陈匡胜无礼于福王继鹏，仿及继鹏皆恨之。闽主疾甚，继鹏有喜色，仿以闽主为必不起，（清泰二年，935）冬，十月，己卯，使壮士数人持白梃击李可殷，杀之，中外震惊。庚辰，闽主疾少间，陈后诉之。闽主力疾视朝，诘可殷死状。仿惧而出，俄顷，引部兵鼓噪入宫。闽主闻变，匿于九龙帐下，乱兵刺之而出。闽主宛转未绝，宫人不忍其苦，为绝之。仿与继鹏杀陈后、陈守恩、陈匡胜、归守明及继鹏弟继韬；继韬素与继鹏相恶故也。辛巳，继鹏称皇太后令监国，是日，即皇帝位也。[1]

这一场宫廷政变终以王继鹏势力的胜利而告终。但是，弑父篡位终归不是正道，也会给治下百姓落下篡权的口实。为了掩饰篡权行迹、淡化血腥味道，宝皇宫主陈守元女弟陈靖姑斩杀蛇妖的故事适时出笼：

> 永福有白蛇为魅，数为郡县害，或隐形王宫中，幻为闽王后，以惑王。王及左右，不能别也。王患之，召靖姑使驱蛇。靖姑率弟子为丹书符，夜围王宫，斩蛇为三。

---

[1] 《资治通鉴》卷279《后唐纪八》“潞王清泰二年（935）九月”条，第9134页。

陈金凤据传为福唐县人[1]。而福唐县“山自永福而来”[2]，后世辗转相录，渐易旧名为新语。永福白蛇实指陈金凤。在故事中蛇妖化身王后，为害宫中。陈靖姑应闽王之邀，顺利除害。斩杀蛇妖故事的建构，实际上是以神的名义清除了王继鹏登上王位的障碍。不过从另一个角度看，这个故事多少是对这场宫廷政变的隐喻。

立下大功的陈靖姑在接受完闽王册封之后，神奇地“逃居海上，不知所踪”，而将丰厚遗产留给了尚在人间的“其兄”陈守元。《通鉴》记载：

> （清泰二年，935）闽主（王继鹏）赐洞真先生陈守元号天师，信重之，乃至更易将相、刑罚、选举皆与之议；守元受赂请托，言无不从，其门如市。[3]

陈守元在这场政变中的得益显而易见。虽然史籍中没有陈守元参与政变的记载，但是从其先利用宝皇代言人身份与王继鹏的结交，到政变后对其“女弟”陈靖姑进行册封，都表明陈守元在这场政变中发挥着举足轻重的作用。

---

[1] （清）吴任臣：《十国春秋》卷94《闽五·后陈氏》，中华书局1983年版，第1359页。

[2] （明）黄仲昭：《八闽通志》卷2《地理》：“福清县，旧记谓县之山自永福而来，溪自清源而分，故名。”福清县即福唐县，本闽县之地。唐圣历二年（699）析闽县东南地置万安县，天宝元年（742）更名福唐县，后梁开平二年（908）更名永昌县，后唐同光元年（923）复名福唐县。后唐长兴四年（933）改福唐县为福清县。（北宋）乐史撰：《太平寰宇记》卷100《江南东道十二》，中华书局2007年版，第1994页。

[3] 《资治通鉴》卷279《后唐纪八》，“潞王清泰二年（935）十二月”条，第9137页。

四、结语

当外来的移民进入到一个土著强势的环境时，都会面临怎样取得原住民认可的问题。即便移民成为统治者，他们怎样塑造自己在当地统治的合法性，依旧是个难以顺利解决的问题。在五代时期的闽国，外来的统治者将解决之道寄托于神灵护祐的宣扬。

除去在社会上散布谶谣和祥瑞，闽国政权的第一代统治者王审知编制了家族谱系，将祖先追溯至梁朝的道士王霸，并用王霸留下的谶言验证了自身据有闽地的合法性。而后进一步升格王霸为宝皇，使其虚构的先祖神力更加升华。于是，闽国的立国逻辑就一目了然：王闽政权在人间的统治笼罩在先祖宝皇的神力庇护之下。

当然，建立在神灵护祐基础上的政治合法性，很容易便被有企图的人利用。道士陈守元伪造地方神祇陈靖姑之兄的身份，把自己打扮成宝皇的代言人出现，正是利用王闽政权建构的立国逻辑将闽国统治者置于信或不信的尴尬处境。为避免鱼死网破的危险，闽国第二代统治者王延钧只得听之任之。

一出与神为亲的大戏，最后以一场宫廷政变进入高潮。王延钧次子王继鹏发动政变弑父篡位之后，与政治同盟陈守元将政变成功改写为神仙除妖的名义下，陈守元“女弟”陈靖姑应闽王之邀为宫中斩除蛇妖的故事。

汤用彤先生曾说：“历史上常附有可疑传说，传说固妄，然事实不必根本推翻。”[1] 虽然宋代之前的文献亡佚给探究陈靖姑信仰的起源造成了很大困难，尤其是陈靖姑五代时人的传说究竟如何产生

[1] 汤用彤：《汉魏两晋南北朝佛教史》，武汉大学出版社 2008 年版，第 18 页。

更是难以解释。但是，历史记忆的传承可以别开文献另寻他径（如传说）[1]，并在适当时机再次将历史记忆改写成文献。陈靖姑的五代神迹在元明文献中重新出现就属此例。当利用后世文献中保留的历史信息，还原出五代造神的历史实相时，竟然可以发现陈靖姑与闽国政治存在过如此多的交集。

[1] 简·阿斯曼（Jan Assmann）和阿莱达·阿斯曼（Aleida Assmann）提出"文化记忆"（culture memory）概念，有助于我们理解文化事物作为记忆载体（文字、图像、仪式）的作用。二人强调，遗忘是常态，记忆是例外，因此记忆工程是将这些文化内涵以体制化的形势保存下来，并由专门人员加以维护，比如祭师、教士或读书人。Aleida Assmann, "Canon and Archieve", and Jan Assmann, "Communicative and Cultural Memory", in Astrid Erll and Ansgar Nünning eds., *Cultural Memory Studies: An International and Interdisciplinary Handbook*, Berlin; New York: Walter de Gruyter, 2008. Jan Assmann 有部分论著已被译成中文。如《文学的记忆》，载陈启能等编：《消解历史的秩序》，山东大学出版社 2006 年版；《古代东方如何沟通历史和代表过去》，收入哈拉尔德·韦尔策主编：《社会记忆：历史、回忆、传承》，北京大学出版社 2007 年版；《有文字的和无文字的社会——对记忆的记录及其发展》，《中国海洋大学学报》（社会科学版）2004 年第 6 期，第 72—74 页。

唐宋间文人园林审美旨趣略论

耿元骊（辽宁大学历史学院）

作为凝固的音乐与立体之美的代表，建筑和园林在审美的意义上呈现着特殊的风貌。特别是唐宋时期的园林，是唐之盛、宋之富的重要外在表现。文人园林之美，曾是皇室园林和官僚园林的模仿对象，更是社会大众文化心理形成的重要来源。文人园林的审美旨趣，体现了唐宋时期具有最深底蕴的审美理想、审美观念、审美趣味，深深影响了时代和历史，特别是在中国园林审美历史上形成了独特的审美观照、情感体验和审美感悟。[1]唐宋时期的美学研究，成果十分丰富[2]，园林研究亦有不少[3]。但是，对园林之美的审美旨趣进

[1] 关于审美以及审美文化的界定和讨论，可参见以下各书。周来祥主编：《中华审美文化通史秦汉卷》，安徽教育出版社 2007 年版，第 4 页；王建疆主编：《审美学教程》，复旦大学出版社 2007 年版，第 2 编第 3 章；张曙霄：《中国古代审美文化论》第 1 卷《史论卷》第 5、6 章，上海古籍出版社 2003 年版。

[2] 关于唐宋时期的美学研究，有多部专著出版。笔者所见即有如下数种。王耘：《唐代美学范畴研究》，学林出版社 2005 年版；吴功正《唐代美学史》，陕西师范大学出版社 1999 年版；霍然：《唐代美学思潮》，长春出版社 1997 年版；王明居：《唐代美学》，安徽大学出版社 2005 年版；刘方：《宋型文化与宋代美学精神》，巴蜀书社 2004 年版；郑苏淮：《宋代美学思想史》，江西人民出版社 2007 年版；霍然：《宋代美学思潮》，长春出版社 1997 年版。其他散见论文，亦有数十篇。

[3] 关于这方面的研究，李浩的两部著作系统考察了史籍中有记载的唐代园林。《唐代园林别业考论》，西北大学出版社 1996 年版；李浩：《唐代园林别业考录》，上海古籍出版社 2005 年版。其他的较为重要的园林史和建筑史著作有汪菊渊：《中国古代园林史》，中国建筑工业出版社 2006 年版；周维权：《中国古典园林史》，清华大学出版社

行系统审视者，尚不多见。[1] 而这种审美旨趣的形成，又与文化转型以及民众社会心理等密切相关。在民族传统、文化心理的最终定型上也有其非凡意义，殊不可忽视之。本文即试图在前人研究的基础上，进行初步的分析，以了解唐宋间文人园林的审美旨趣，并为进一步讨论民族文化心理等问题提供讨论基础。

一、取法自然、景趣质野

文人园林是一个特殊社会阶层审美观念的凝固化阐释，中国古代的园林和文学、思想的关系极为密切，又与设计者的自身价值取向关系极大，唐宋时期的文人园林建设亦如此。文人园林虽模仿自然，但又超越自然。它的基调仍然是来自于自然，追求的是质野。唐代名相裴度的洛阳集贤林亭、绿野堂，其构思建设的创意，也是要取法自然："于午桥创别墅，花木万株，中起凉台暑馆，名曰绿野堂。引甘水贯其中，酾引脉分，映带左右。"[2] 裴度的集贤林亭园建设思路，是依山带水，借山借水生景，白居易诗云"三江路千里，五

（接上页）2008 年版；储兆文：《中国园林史》，东方出版中心 2008 年版；王毅：《园林与中国文化》，上海人民出版社 1990 年版；冈大路：《中国宫苑园林史考》，学苑出版社 2008 年版；傅熹年主编：《中国古代建筑史》第 2 卷《两晋南北朝隋唐五代建筑》，中国建筑工业出版社 2001 版；郭黛姮主编：《中国古代建筑史》第 3 卷《宋辽金西夏建筑》，中国建筑工业出版社 2003 年版。

[1] 前所列举园林史著作中，都有关于园林审美的一些阐述，且具有很高的学术水准。不过由于体例限制，关于园林审美旨趣的阐述，不是著述主体，也未形成系统论点。其他则有两部讨论中国古代园林美学的著作值得特别重视，即刘天华：《画境文心：中国古典园林之美》，生活·读书·新知三联书店 1994 年版；金学智：《中国园林美学》，中国建筑工业出版社 2005 年版，特别是后书第 2 编第 2、3 章，详细讨论了唐、宋时期的中国古典园林美之历程；〔美〕杨晓山：《私人领域的变形：唐宋诗歌中的园林与玩好》，江苏人民出版社 2008 年版，是唐宋文人园林研究的重要著述。

[2] 《旧唐书》卷 170《裴度传》，中华书局 1975 年版，第 4432 页。

湖天一涯。何如集贤第，中有平津池。池胜主见觉，景新人未知。竹森翠琅轩，水深洞琉璃。水竹以为质，质立而文随。……疏凿出人意，结构得地宜。……南溪修且直，长波碧逶迤。……解缆始登泛，山游仍水嬉。沿洄无滞碍，向背穷幽奇。瞥过远桥下，飘旋深涧陲。”[1] 其中所谓质立文随，强调的仍然是质朴，因水构园，借山为景。裴度又在郊外建绿野堂，全以野趣为之：“裴度徙东都留守，加中书令，时阉竖擅威，天子拥虚器，缙绅道丧，度不复有经济意。乃治宅东都集贤里。筑山穿池，竹木丛萃，有风亭水榭，燠馆凉台，号绿野堂。激波其下，度野服萧散，与白居易、刘禹锡为文章。把酒穷昼夜，相欢不问人事。”[2] 白居易亦有诗唱咏绿野堂：“旧径开桃李，新池凿凤凰。只添丞相阁，不改午桥庄。远处尘埃少，闲中日月长。青山为外屏，绿野是前堂。引水多随势，栽松不趁行。年华玩风景，春事看农桑。”[3] 这表明绿野堂注重农家风貌，以田园风光为主，显得非常闲适。

名诗人王维的辋川别墅，有 20 处景致，有松，有竹，有水，有路，还有个别的馆亭。[4] 其中的质野风味，就更加浓厚。《归辋川作》云：“谷口疏钟动，渔樵稍欲稀。悠然远山暮，独向白云归。菱蔓弱难定，杨花轻易飞。东皋春草色，惆怅掩柴扉。”[5] 渔樵、菱蔓、柴扉这些景物，无一不显示着质野情趣。且辋川地势高低不平，山水曲折，立意古朴质野，自成天然特色。其园林总体构思十分巧妙，力

---

[1] （唐）白居易：《白居易集》卷 29《裴侍中晋公以集贤林亭即事诗二十六韵见赠猥蒙征和才拙词敏辄广为五百言以伸酬献》，顾学颉点校，中华书局 1999 年版，第 666 页。

[2] 《古今事文类聚》前集卷 32《作绿野堂》，《文渊阁四库全书》第 925 册，台湾商务印书馆 1983 年版，第 518 页。

[3] （唐）白居易：《白居易集》卷 33《奉和裴令公新成午桥庄绿野堂即事》，第 736 页。

[4] （唐）王维：《王维集校注》卷 5《辋川集》，中华书局 1997 年版，第 413 页。

[5] 同上书，第 448 页。

求顺应自然之势，合乎自然之理。把各种自然之物结合起来，统一构成了审美意象。裴迪诗云：“当轩弥滉漾，孤月正裴回。谷口猿声发，风传入户来。”[1] 而王维亦云：“飒飒秋雨中，浅浅石溜泻。跳波自相溅，白鹭惊复下。”[2] 同时，以自然之物形成意境，特别是表现出那些具有质野本性的天然景物：“落日松风起，还家草露晞。云光侵履迹，山翠拂人衣。”[3] 在山麓田野间还设有鹿柴、木兰柴、漆园、椒园等，将农业生产经营设施，也纳入到山水园林之中，是文人园林的特殊追求，这是在自然山水的基础上，力求形成一种质朴的审美观念及审美文化。

开元时人卢鸿一曾写道：“草堂者，盖因自然之溪阜，前当墉洫，资人力之缔构，后加茅茨，将以避燥湿，成栋宇之用，昭简易，叶乾坤之德，道可容膝休闲，谷神同道，此其所贵也，及靡者居之，则妄为剪饰，失天理矣。”[4] 这种审美理念亦以质朴为主，而在实践中贯彻这种思路的，则以杜甫和白居易为代表。杜甫的成都草堂，既简且陋，但是在园林建设中却是质野的代表。杜甫云：“……诛茅初一亩，广地方连延。经营上元始，断手宝应年。敢谋土木丽，自觉面势坚。台亭随高下，敞豁当清川。惟有会心侣，数能同钓船。干戈未偃息，安得酣歌眠。蛟龙无定窟，黄鹄摩苍天。……尚念四小松，蔓草易拘缠……”[5] 可见草堂因应自然之物，形成质野特色。白居易在庐山的遗爱寺和香炉峰之间建设自己的草堂：“三间两柱，二室四牖，广袤丰杀，一称心力。洞北户，来阴风，防徂暑也。敞

[1] （清）彭定求等编：《全唐诗》卷129《临湖亭》，中华书局1960年版，第1313页。
[2] （唐）王维：《王维集校注》卷5《辋川集·栾家濑》，第422页。
[3] （唐）王维：《王维集校注》卷5《辋川集·华子冈》，第415页。
[4] （清）彭定求等编：《全唐诗》卷7《嵩山十志·草堂序》，第1223页。
[5] （唐）杜甫著，（清）仇兆鳌注：《杜诗详注》卷12《寄题江外草堂》，中华书局1979年版，第1013页。

南甍，纳阳日，虞祁寒也。木斫而已，不加丹，墙圩而已，不加白，碱阶用石，幕窗用纸，竹檐纻帏，率称是焉。……仰观山，俯听泉，旁睨竹树云石，……是居也，前有平地，轮广十丈，中有平台，半平地，台南有方池，倍平台。环池多山竹野卉，池中生白莲、白鱼，又南抵石涧，夹涧有古松、老杉，大仅十尺围，高不知几百尺，修柯戛云，低枝拂潭，如幢竖，如盖张，如龙蛇走，松下多灌丛，……堂东有瀑布，水悬三尺，……春有锦绣谷花，夏有石门涧云，秋有虎溪月，冬有炉峰雪。”[1] 其园林特色，亦全以质朴为基础，四季景色与自然又融为一体，形制简朴，独求称心。

而时至宋代，王、杜、白的质野情趣，亦有继承。特别是随着宋代经济的发展，财力的充盈，江南经济文化的日益蓬勃发展，造园艺术也在江南飞速提高，民间造园活动也最为繁盛。“江南园林甲天下”的局面，正是在宋代奠定了坚实的基础。北宋时期的江南文人园林，较为知名的有沧浪亭、乐圃、梦溪园等数处。沧浪亭在平江城南，平江就是今天的苏州，典型的江南水乡城市，经济繁荣，文化发达，气候适宜。园主人为苏舜钦，曾任光禄寺主簿，知长垣县，后来迁转大理评事，再转集贤校理，监进奏院。在御史中丞王拱辰的陷害下，被罢官。遂旅居苏州，本来是租房居住，由于酷热难当，所以买原吴越国节度使孙承右的别墅废地，因之建沧浪亭：“一日过郡学东顾，草树郁然，崇阜广水，不类乎城中，并水得微径于杂花修竹之间。东趋数百步，有弃地，纵广合五六十寻，三向皆水也。杠之南，其地益阔，旁无民居，左右皆林木相亏蔽。访诸旧老云，钱氏有国，近戚孙承右之池馆也。坳隆胜艺，遗意尚存。予爱而徘徊，遂以钱四万得之。构亭北碕，号沧浪焉。前竹后水，水

[1] （唐）白居易：《白居易集》卷43《草堂记》，第933页。

之阳又竹，无穷极，澄川翠干，光影会合。于轩户之间，尤与风月为相宜。予时榜小舟，幅巾以往，至则洒然，忘其归觞而浩歌，踞而仰啸，野老不至，鱼鸟共乐。”[1]苏家并未进行大的修整，多保持有“废墟”的景致，野趣尚存，可以做到“鱼鸟共乐”。欧阳修作诗咏之，“沧浪有景不可到，使我东望心悠然。……清风明月本无价，可惜只卖四万钱”[2]。此后名声大震，子美死后，园归章申公，才加以扩建：“广其故地为大阁，又为堂山上。亭北跨水，有名洞山者，章氏并得之。既除地，发其下，皆嵌空大石。人以为广陵王时所藏，益以增累其隙，两山相对，遂为一时雄观。”[3]这才成为名园，时至今日，沧浪亭仍是苏州著名园林之一。

在苏州城内西北雍熙寺之西，有朱长文的乐圃。朱长文本人曾中“进士乙科，以病足不肯试吏，筑室乐圃坊，著书阅古，吴人化其贤。长吏至，莫不先造请，谋政所急，士大夫过者以不到乐圃为耻，名动京师，公卿荐以自代者众。元祐中，起教授于乡，召为太学博士，迁秘书省正字”[4]。应该算中下级官员出身的文人。这个乐圃亦以名重，但是不能说是非常精美之私人园林，其所看重的，还是质野之趣：“余尝以乐名圃。……钱氏时，广陵王元璙……好治林圃……遗址颇有存者，吾圃亦其一也。……庆历中，余家祖母吴夫人始购得之。……益其地，凡广轮逾三十亩。……熙宁之末，新筑外垣，尽覆之瓦。……敝屋无华，荒庭不甃，而景趣质野，若在岩谷，此可

[1] （北宋）苏舜钦，沈文倬校点：《苏舜钦集》卷13《沧浪亭记》，中华书局1961年版，第183页。

[2] （北宋）欧阳修，李逸安点校：《欧阳修全集》卷3《沧浪亭》，中华书局2001年版，第48页。

[3] （南宋）范成大撰：《吴郡志》卷14《园亭》，《文渊阁四库全书》本第485册，第96页。

[4] 《宋史》卷444《朱长文传》，中华书局1985年版，第13127页。

尚也。圃中有堂三，楹堂旁有庑所，以宅亲党也。堂之南，又为堂三楹，命之曰邃经。……有米廪……有鹤室……有蒙斋……北隅有高冈……下有池水……池岸有亭……西圃有艸堂……其木，则松桧栝柏黄杨冬青椅桐柽柳之类，……其花卉，则春繁秋孤，冬晔夏蒨，珍藤幽花……千载之后吴人犹当指此相告曰，此朱氏之故圃也。”[1] 其强调“无华荒庭”的状态，精神追求主要还是在“景趣质野”。

另一著名园林梦溪园，在润州城东南。园主人，是大名鼎鼎的沈括。沈括曾任翰林学士、权三司使，后来因事被贬，“元祐初，徙秀州，继以光禄少卿分司，居润（州）八年”[2]。到润州以后，沈括筑园而居，就是这个梦溪园。此园来历“不凡”，据云：“沈存中宅在朱方门外，存中尝梦至一处小山，花如覆锦，乔木覆其上。山之下有水，梦中乐之，将谋居焉。后守宣城，有道人无外者，为存中言京口山川之盛，且云郡人有地求售，存中以钱三十万得之。又六年，因边议坐谪官，乃庐于浔阳。元祐初，过京口，登道人所买之地，即梦中所游处。存中叹曰，吾缘在是矣，遂筑室焉。”[3] 名为“梦溪”，亦因此梦。筑室建园，因而为之记云：“巨木蓊然，水出峡中，……目之曰梦溪。溪之土耸然为邱，千本之花缘焉者，百花堆也。……翁之所憩榖轩也。……有阁俯于阡陌，……花堆之阁也。……岸老之堂也，……苍峡之亭也，……竹坞也，……杏嘴也，……萧萧堂也，……深斋也，……远亭也。居在城邑而荒芜古木与鹿豕杂处，客有至者，皆频额而去，而翁独乐焉。”[4] 其不朽巨著《梦溪笔谈》就是在此撰著的，

[1]（北宋）朱长文撰：《乐圃余稿》卷6《乐圃记》，《文渊阁四库全书》本第1119册，第26页。

[2]《宋史》卷331《沈括传》，第10656页。

[3]（南宋）祝穆撰：《方舆胜览》卷3《镇江府·梦溪》，《文渊阁四库全书》本第471册，第604页。

[4]（南宋）卢宪撰：《嘉定镇江志》卷11《古迹·居宅·丹徒县》引《长兴集》逸文，《宋元方志丛刊》本，中华书局1990年版，第2397页。

沈括死后，园宅荒废，到元代，已经“半为前军寨”。上文可见，沈括、苏舜钦、朱长文的园林趣味非常相似，要找到“野趣”，符合朴素无华的风格，虽云人作，宛如天成，道法自然，天人合一。从沧浪亭到乐圃到梦溪园，都是追求园林的野意。

二、疏朗诗意、浑然一体

唐宋间的园林建设，不追求满，而是追求疏。特意强调留有空白，可供想象，与中国画的写意方式极其接近。在造园过程中，一般讲求景观要开阔，视野要疏朗，空间通透飘逸。不用繁复装饰布置，但是追求整体布局的平衡和互动，以简单的外在形象来表现深刻的审美底蕴。最重要的，是要有文人活动于其中，要诗酒唱和，独具诗意。人和园，人和自然，最终是浑然一体。

白居易所造园是唐代疏朗诗意、浑然一体这一造园审美风格旨趣的代表性园林。乐天不仅诗名大盛，在造园理论和实践上亦有独特建树。他在退居洛阳时“于履道里得故散骑常侍杨凭宅，竹木池馆，有林泉之致”[1]。他曾描写过：“醉吟先生者，忘其姓字，乡里，官爵，忽忽不知吾为谁也，宦游三十载，将老，退居洛下，所居有池五六亩，竹数千竿，乔木数十株，台榭舟桥，具体而微，先生安焉，家虽贫，不至寒馁，年虽老，未及耄，……洛城内外六七十里间，凡观寺邱墅，有泉石花竹者，靡不游。”[2]池五六亩，但是竹不多，树亦不多，所有景观都是所谓“具体而微”，留有相当大的想象空间。而白居易在《池上篇》的序言中详细描述了这个园宅：“都

[1]《旧唐书》卷166《白居易传》，中华书局1975年版，第4354页。
[2]（唐）白居易：《白居易集》卷70《醉吟先生传》，第1485页。

城风土水木之胜在东南偏，东南之胜，在履道里，里之胜，在西北隅。……地方十七亩，屋室三之一，水五之一，竹九之一，而岛树桥道间之，初乐天既为主，喜且曰：虽有台，无粟不能守也，乃作池东粟廪。又曰：虽有子弟，无书不能训也，乃作池北书库。又曰：虽有宾朋，无琴酒不能娱也，乃作池西琴亭，加石樽焉。乐天罢杭州刺史时，得天竺石一，华亭鹤二以归，始作西平桥，开环池路。罢苏州刺史时，得太湖石、白莲、折腰菱、青板舫以归，又作中高桥，通三岛径。……杨贞一与青石三，方长平滑，可以坐卧，……每至池风春，池月秋，水香莲开之旦，露清鹤唳之夕，拂杨石，举陈酒，援崔琴，弹姜秋思，颓然自适，不知其它，酒酣琴罢，又命乐童登中岛亭，合奏霓裳散序，声随风飘，或凝或散，悠扬于竹烟波月之际者久之，曲未竟而乐天陶然已醉睡于石上矣。”[1]17亩当中，房屋占据将近6亩，水面将近4亩，竹林不到2亩，还有约5亩的空地，这说明该处园林留白意向鲜明。同时可见乐天之追求，不仅仅是园林的胜景，更要文人活动于其中，没有文人骚客的参与，显然园林就缺了内涵。造园是为了养心，清纯雅致，更是为了陶冶性情："门前有流水，墙上多高树。竹径绕荷池，萦回百余步。波闲戏鱼鳖，风静下鸥鹭。寂无城市喧，渺有江湖趣。吾庐在其上，偃卧朝复暮。洛下安一居，山中亦慵去。时逢过客爱，问是谁家住。此是白家翁，闭门终老处。"[2]正谓："有书有酒，有歌有弦。"[3]

宋代文人园林更是如此，周维权先生曾把宋代文人园林的特点归结有四：简远、疏朗、雅致、天然。[4]特别讲求意境，并且在景

[1]（唐）白居易：《白居易集》卷69《池上篇》，第1450页。
[2]（唐）白居易：《白居易集》卷30《闲居自题》，第676页。
[3]（唐）白居易：《白居易集》卷69《池上篇》，第1450页。
[4] 周维权：《中国古典园林史》，第318页。

题的设置上强调诗的意味，寓情于景，以便于发散联想，这和白居易的造园思想是一脉相承的。当然与唐代私家园林不同的是，宋代私家园林略显精巧，然其总体构思仍然是继承有加，强调质野以及疏朗。据建筑史学者的研究分析，宋代文人园林极其兴盛，甚至作为一种风格几乎涵盖了私家园林的全部造园活动。[1]北宋的私家园林多数分布在洛阳和江南地区，两地的造园风格也略有不同。李格非撰《洛阳名园记》记载了洛阳的著名园林 19 处，除了“天王院花园子”是临时性的花卉特别是牡丹的欣赏交易场所之外，其他的 18 处都是私家园林。这 18 个私家园林据建筑史学者的意见，大致可以分为三类[2]，富郑公园、环溪、苗帅园、湖园、赵韩王园、大字寺园等六处属于宅园性质，多带有居住建筑；董氏西园、董氏东园、刘氏园、丛春园、松岛、东园、紫金台张氏园、水北胡氏园、独乐园、吕文穆园等十处属于游憩园林；归仁园、李氏仁丰园则是植物园以花卉为主。

这 18 个园林，各有特色，妙趣天成。如环溪和湖园以水景取胜，环溪的南北各凿水池，东西两端则再挖小溪相连通，形成一个环状，中间形成一个“湖心岛”，所以叫“环溪”。建筑多临水建设，凭窗而立，下即有水，远望则有少室、龙门等大山，园内遍植松、桧。湖园的主体就是大湖，中间亦有“湖心岛”，命名为“百花洲”，湖北岸建有“四并堂”，取所谓“良辰、美景、赏心、乐事”四者并有在此的意思。

司马光的独乐园，规模较小，李格非认为“卑小不可与他园班”，所以记述甚为简单，甚至说“所以为人欣慕者，不在于园耳”。他记此园，也只是因为司马光的人品值得记述。司马光自己倒是详

[1] 郭黛姮主编：《中国古代建筑史》第 3 卷《宋辽金西夏建筑》，第 546 页。
[2] 同上书，第 556 页。

细记述了此园："熙宁四年，迂叟始家洛。六年买田二十亩于尊贤坊北，辟以为园。其中为堂，聚书出五千卷，命之曰读书堂。堂南有屋一区，引水北流，贯宇下中央为沼，方深各三尺，疏水为五派，注沼中状若虎爪，自沼北伏流出。北阶悬注庭下，状若象鼻，自是分为二，渠绕庭四隅，会于西北而出，命之曰弄水轩。堂北为沼，中央有岛，岛上植竹，圆周三丈，……沼北横屋六楹，厚其墉茨，以御烈日。开户东出，南北列轩牖，以延凉飔。前后多植美竹，为清暑之所，命之曰种竹斋。……夹道如步廊，皆以蔓药覆之。……栏北为亭，命之曰浇花亭。"[1] 司马光在此园中撰述《资治通鉴》，闲时入园观览，收到的效果是"踽踽焉，洋洋焉，不知天壤之间复有何乐，可以代此也"。其他文人建筑园林也只为修身养性："县郭遥相望，修篁百亩余。林间清济水，门外太行车。道胜随宜足，身闲与世疏。何时容命驾，采蕨钓肥鱼。"[2]"主人潇洒武陵仙，别业河东大道边。心画美田皆枕水，手栽佳木已参天。园林有地时难者，钟鼎铭功事莽然。倦客过门空大嚼，卜邻安得买清泉。"[3] 由此可见，唐宋时期的园林疏朗诗意风格，是相当一致的。

三、林泉风月、幽境深深

唐宋间文人园林，虽特重取法自然、景趣质野，但是又特别强调山水的结合，有山有水，然后又以幽为美，幽远深境，方为美景。

---

[1] （北宋）司马光撰：《传家集》卷 71《独乐园记》，《文渊阁四库全书》本第 1094 册，第 652 页。

[2] （南宋）陈思编：《两宋名贤小集》卷 43《寄题傅钦之济南别业》，《文渊阁四库全书》本第 1362 册，第 604 页。

[3] （北宋）刘挚撰：《忠肃集》卷 19《赤岸过柳明之别业》，《文渊阁四库全书》本第 1099 册，第 668 页。

文人园林不喜大开大合，亦不以富丽堂皇为意。在审美意象上，唐宋文人园林故意强调幽深境界，惯喜曲径通幽。

白居易是幽之境界的践行者，他在建设长安新昌坊宅园时写道："囊中贮余俸，园外买闲田。狐兔同三径，蒿莱共一廛。新园聊铲秽，旧屋且扶颠。……街尘不到，宫树影相连。省吏嫌坊远，豪家笑地偏。敢劳宾客访，或望子孙传。不觅他人爱，唯将自性便。等闲栽树木，随分占风烟。逸致因心得，幽期遇境牵。松声疑涧底，草色胜河边。"[1] 园虽在城中，但是又显得偏远。而且完全随心所性，特意强调的是"幽期遇境牵"。而在《吾庐》一诗中，林泉风月，幽境深深之意再次强调出来："新昌小院松当户，履道幽居竹绕池，莫道两都空有宅，林泉风月是家资。"[2] 用幽深之感的园林境界来描摹个人的退隐心路，把园林的审美旨趣显露出来，闹中取静，中隐于园。白居易在《游蓝田山卜居》中表达得很清楚："行歌望山去，意似归乡人。朝蹋玉峰下，暮寻蓝水滨。拟求幽僻地，安置疎慵身。本性便山寺，应须旁悟真。"[3] 所谓幽僻地，不一定非得在山中，城中亦好。在他的履道坊宅园建成时，云："履道坊西角，官河曲北头。……地与尘相远，人将境共幽。……琴书中有得，衣食外何求，济世才无取，谋身智不周，应须共心语，万事一时休。"[4] 追求的境界也是"人将境共幽"。在景物布置上，也是强调幽境，在周边环境上"东南得幽境，树老寒泉碧，池畔多竹阴，门前少人迹"[5]。在园内具体设施和局部环境上强调"新树低如

[1]（唐）白居易：《白居易集》卷19《新昌新居书事四十韵因寄元郎中张博士》，第415页。
[2]（唐）白居易：《白居易集》卷23《吾庐》，第521页。
[3]（唐）白居易：《白居易集》卷6《游蓝田山卜居》，第116页。
[4]（唐）白居易：《白居易集》卷23《履道新居二十韵》，第519页。
[5]（唐）白居易：《白居易集》卷8《洛下卜居》，第162页。

帐，小台平如掌。六尺白藤床，一茎青竹杖。风飘竹皮落，苔印鹤迹上。幽境与谁同，闲人自来往”[1]。在水边也强调幽境，“袅袅过水桥，微微入林路。幽境深谁知，老身闲独步。行行何所爱，遇物自成趣。平滑青盘石，低密绿阴树。石上一素琴，树下双草屦。此是荣先生，坐禅三乐处”[2]。

在强调幽境的同时，以白居易为代表的唐代文人园林也强调石和竹的审美效果。如白居易强调竹子的解心作用：“食饱窗闲新睡后，脚轻林下独行时，水能性淡为吾友，竹解心虚即我师。”[3] 以及竹子在周边小环境构成中的重要作用：“虚窗两丛竹，静室一炉香。门外红尘合，城中白日忙。无烦寻道士，不要学仙方。自有延年术，心闲岁月长。”[4] 再如“常爱辋川寺，竹窗东北廊。一别十余载，见竹未曾忘。今春二月初，卜居在新昌。未暇作厩库，且先营一堂。开窗不糊纸，种竹不依行。意取北檐下，窗与竹相当。绕屋声淅淅，逼人色苍苍。烟通杳霭气，月透玲珑光。是时三伏天，天气热如汤。独此竹窗下，朝回解衣裳。轻纱一幅巾，小簟六尺床。无客尽日静，有风终夜凉。乃知前古人，言事颇谙详。清风北窗卧，可以傲羲皇”[5]。竹子在这里成为心闲的象征物，同时，竹子又是君子的象征：“竹似贤，何哉？竹本固，固以树德。君子见其本，则思善建不拔者。竹性直，直以立身，君子见其性，则思中立不倚者。竹心空空，以体道，君子见其心，则思应用虚受者。竹节贞，贞以立志，君子见其节，则思砥砺名行，夷险一致者。夫如是，故君子人多树之为

[1]（唐）白居易：《白居易集》卷 30《小台》，第 681 页。
[2]（唐）白居易：《白居易集》卷 36《池上幽境》，第 815 页。
[3]（唐）白居易：《白居易集》卷 23《池上竹下作》，第 523 页。
[4]（唐）白居易：《白居易集》卷 25《北窗闲坐》，第 573 页。
[5]（唐）白居易：《白居易集》卷 11《竹窗》，第 222 页。

庭实焉。”[1] 对竹欣赏赞美的同时，白居易亦力推园林当中应该置石，特别是置太湖石，“苍然两片石，厥状怪且丑。俗用无所堪，时人嫌不取。结从胚浑始，得自洞庭口。万古遗水滨，一朝入吾手。……忽疑天上落，不似人间有。……人皆有所好，物各求其偶。渐恐少年场，不容垂白叟。回头问双石，能伴老夫否？石虽不能言，许我为三友”[2]。这样把石头拟人化，作为园林置景的重要组成，是唐代文人园林审美观念的真实写照。而且这些石头，均不具备实用性，只是文人园林审美意象的表达方式：“远望老嵯峨，近观怪嵚崟，才高八九尺，势若千万寻。……形质冠今古，气色通晴阴。未秋已瑟瑟，欲雨先沉沉。……磨刀不如砺，捣帛不如砧。何乃主人意，重之如万金。岂伊造物者，独能知我心。”[3]

至宋代，则有文人郭熙将山水之间的关系以系统化的方式表达出来，“山以水为血脉，以草木为毛发，以烟云为神彩，故山得水而活，得草木而华，得烟云而秀，媚水以山为面，以亭榭为眉目，以渔钓为精神，故水得山而出，得亭榭而明快，得渔钓而旷落，此山水之布置也”[4]。《洛阳名园记》中所提到的18个园林中“最得山林之乐”者是董氏西园，以其景致幽深见长。从南门进入，有三处“堂”，从最西边的堂边走过，有小桥，过桥有高台，高台之西的另外一堂，是园中中心，竹林环绕，泉水从花间涌出，堂四面有窗，非常宽敞，夏天的时候，“清风忽来，留而不去。幽禽静鸣，各夸得意。此山林之景，而洛阳城中遂得之于此”。把建筑与自然环境巧妙地结合在一起的，当属水北胡氏园，由于此园依山带水，尽量

[1]（唐）白居易：《白居易集》卷43《养竹记》，第936页。

[2]（唐）白居易：《白居易集》卷21《双石》，第461页。

[3]（唐）白居易：《白居易集》卷22《太湖石》，第491页。

[4]（北宋）郭熙：《林泉高致集·山水训》，《文渊阁四库全书》本第812册，第573页。

把建筑物向水中伸展。其中有一座“玩月台”，高台四望，可远眺百余里，“萦伊缭洛乎其间。林木荟蔚，烟云掩映，高楼曲榭，时隐时见，使画工极思不可图”。而洛阳名园当中的湖园，则再次印证了幽之境界，原本唐代旧园址，“园中有湖，湖中有堂，……截然出于湖之右者，迎晖亭也。过横地，披林莽，曲径而后得者，梅台知止庵也。自竹径望之，超然登之，翛然者环翠亭也。眇眇重邃，犹擅花卉之盛，而前据池亭之胜者，翠樾轩也。其大略如此，若夫百花酣而白昼眩，青苹动而林阴合，水静而跳鱼鸣，木落而群峰出。虽四时不同，而景物皆好，则又其不可殚记者也”。宋人的造园理论认为“园圃之胜，不能相兼者六。务宏大者，少幽邃；人力胜者，少苍古；多水泉者，艰眺望”[1]。而能同时兼具“宏大、幽邃、人力、苍古、水泉、眺望”这六种优点的，“惟湖园而已”，李格非特意强调，“予尝游之，信然”。

宋人的竹、石的爱好则更甚于唐人，而又增加了对菊、梅的欣赏，更把竹、梅、菊的意境引申到园林当中。园林当中若无此，则非文人园林矣。苏东坡有云：“可使食无肉，不可居无竹。无肉令人瘦，无竹令人俗。人瘦尚可肥，士俗不可医。”[2]他自称“东坡虽是湖州派，竹石风流各一时”[3]，把竹石并称，并且放在园林里面，这也是东坡对山水的要求，“山水以清雄奇富，变态无穷为难”[4]，以传达自身的文化信息。宋人亦撰有《云林石谱》、《太湖石志》、《宣和石谱》等赏石著述，为藏石题诗、题名、写铭文也蔚然成风，特别是在园林里面置石更是必备之物。孔傅亦云：“天地至精之气结为石，负土

[1]（北宋）李格非：《洛阳名园记》，《文渊阁四库全书》本第587册，第246页。
[2]（北宋）苏轼：《苏轼诗集》卷9《于潜僧绿筠轩》，中华书局1982年版，第448页。
[3]（北宋）苏轼：《苏轼诗集》卷47《次韵子由题憩寂园后》，第2541页。
[4]（清）卞永誉：《式古堂书画汇考》卷41，《文渊阁四库全书》本第828册，第716页。

而出，状为奇怪，或岩窦透迤，峰岭层棱，凡弃掷于娲炼之余，遁逃于秦鞭之后者，其类不一，……一拳之多，而能蕴千岩之秀，大可列于园馆，小或置于几案，……平泉之珍秘于德裕，夫余之宝进于武宗，皆石之瑰奇，宜可爱者。”[1] 特别是著名的画家米芾，曾拜石为兄，“近代士大夫如米芾，亦好石除知无为军，郡宅有怪石，芾具公服拜之，呼为石丈，时人诮之，不恤也”。他提出的赏石四法：“元章相石之法有四，语焉曰秀，曰瘦，曰雅，曰透，四者虽不能尽石之美，亦庶几云。”[2] 后来发展为一般所云的“瘦皱漏透”四字诀，以抽象的造型来形成观赏价值，为带动联想而形成基本意境。而关于“瘦皱漏透”的美学分析，金学智先生所解，甚为精到。他特意指出，“太湖石和中国古典园林在某种程度上存在着一种异质同构、异形同气的关系”[3]。这说明石和中国古典园林之间的关系如此紧密，已经无法分开了。唐宋之间，林泉风月，幽境深深，只有程度的递进，却无本质的差异。

总之，唐宋间文人园林的建设，主要是意境的考虑。通过审美的观察，具体地来判断某个园林之美。其最主要的审美观察角度，是从取法自然开始的，在取法自然的基础上，唐宋文人都强调质野的感觉，唐人直接在园宅里面建设农业设施，宋人虽较少在园林中进行直接的农业生产，但是仍然强调质野之趣味。唐宋间在园林布置上，都强调疏朗，都试图用园林来表达某种特殊的情绪，也就是诗意的表达，要追求的是天人合一。而在园林的哲学思想上，则考虑林泉（山水）的结合，自然和人工的统一，最终才能达到幽境深

---

[1] （北宋）杜绾撰：《云林石谱原序》，《文渊阁四库全书》本第 884 册，第 584 页。

[2] （明）陶宗仪编：《说郛》卷 96 下《渔阳石谱》，《文渊阁四库全书》本第 881 册，第 500 页。

[3] 金学智：《中国园林美学》，第 157 页。

深的效果。唐宋间文人园林的审美旨趣是三方面的结合且递进的关系，在取法自然的基础上，形成了诗意和幽境的境界。而这种审美旨趣又深深影响了宋以后园林的思路和建设举措，特别是“壶中天地”与隐士人格的广泛结合，都可以从唐宋间文人园林审美旨趣当中找到源头。

唐代宦官监军使年表

黄楼（武汉大学历史学院）

宦官监军之制是唐代重要的政治制度。开元、天宝之际，随着大军区制的确立，为加强对边疆的控制，玄宗开始以宣慰使、市马使、押弓弩甲仗使等名目派遣宦官往边镇视察监抚军队。安史之乱爆发后，勤王诸军行营，皆置宦官监护。战后这些军队逐渐地成为新的藩镇，负责监视押行营的监军使开始以“某道监军”相称。此时监军使无官印，名义上受节度使差遣。德宗建中年间天下大乱之后，疑忌武将，重回宦官典兵的老路。在中央，确立神策军两军中尉制。地方上，也进行重要的改革，藩镇监军使制度化、常态化。监军使有使院，有官印，代表朝廷与节帅分庭抗礼。其后监军使权势进一步扩大，在朝廷的诏书中，监军使位在节度使之下，州刺史之上，俨然成为地方使职系统中不可或缺的一员。

宦官监军之制，经历了一个复杂的演变过程。玄宗开元、天宝时期是萌芽时期。安史之乱爆发至德宗建中、兴元年间，这一时期是发展形成时期。监军使呈现一定的过渡性，某道监军使的说法逐渐被世人接受。德宗贞元以后则是监军之制的定型阶段。监军设置常态化、普遍化，有藩镇则必有一监军使，并形成一套监军制度。

“监军使”一词在不同的时段，不同的场合会有不同的含义。总的来说，被称为“监军使”的宦官主要有三种含义。第一种指藩镇常置之监军使，此监军使与藩镇或节度使相对应。德宗之后，每一藩镇例置一监军使，监军使有使有院有官印，且以枢密使为其“长官”，制度化特征明显。德宗贞元以后所见监军使绝大多数都属此类。第二种监军使是神策诸城镇及威远军监军使。安史乱后，河陇诸州被吐蕃蚕食吞并，为抵御吐蕃，拱卫长安，唐廷在京西北设置诸多神策城镇，每一城镇在镇遏使或城使之外，例置一监军使押领。神策城镇直辖于两军中尉，故诸城监军皆两军中尉的爪牙。此时长安城内诸南衙军早已衰微，唯有威远军名号尚存，宦官为控制此军，亦置监军押领，威远军属禁军系统，其监使的性质与神策城镇相同，唯驻地在长安城内而已。第三种监军使是行军作战时临时设置的监军使。此类监军使贯穿于整个中晚唐时期。中唐以后，朝廷常征发诸道兵组成讨伐行营，对拒命藩镇环而攻之。行营置都监一人，总护其军。另置若干监军使，各委方面之任。此外，两军对阵时往往有宦官监阵，此类宦官人数众多，不如监军使尊贵，准确的说法是监阵使，因其宦官身份，有时也被习惯性地称为监军。

藩镇常置之监军使，三四年一代换，理论上其人数与同时期节度使大约相当。事实上，《旧唐书》、《通鉴》等传世文献中保存的监军使寥寥无几。监军使材料的匮乏导致研究无法深入展开。关于唐代节度使，吴廷燮《唐代方镇年表》已有较为清晰的梳理。而唐代监军使，仅牛志平《唐代宦官年表》中曾略有涉及[1]，牛表成文较早，对近几十年新出唐代墓志中大量监军未能涉及。本文拟在牛《表》的基础上，搜罗《唐代墓志汇编》、《唐代墓志汇编续集》、《西安碑林新藏墓志汇编》、《西安碑林新藏墓志汇编续集》、《秦晋豫新获墓志》、《秦晋豫新获墓志续集》、《大唐西市博物馆藏墓志》等新出墓

[1] 牛志平：《唐宦官年表》，《唐史论丛》1987 年第 2 期。

志，对三种类别的监军使分别进行梳理，草制《唐监军使年表》，以期抛砖引玉，推动唐代宦官监军使的研究。

一、唐代藩镇监军使年表

监军使	藩镇	时间	出处
骆奉先	凤翔	大历中	《新唐书》卷207《骆奉先传》
西门去奢	凤翔	贞元十四年	《新唐书》卷7《德宗纪》
张仲清	凤翔	大和九年	《新唐书》卷8《文宗纪》、《通鉴》卷245
仇将军	凤翔	元和三年正月	《续集》大中035《孟秀荣墓志》
仇士良	凤翔	长庆二年—宝历二年	《英华》卷932《仇士良神道碑》
周元植	凤翔	大中五年	《樊川文集》卷20《周元植除凤翔监军制》
杨玄翼	凤翔	咸通中	《通鉴》卷251《考异》引《玉泉子闻见录》[1]
马公度	凤翔	乾符二年	《续集》乾符001《马公度妻王氏墓志》
张彦弘	凤翔	光化三年	《通鉴》卷262
西门思恭	凤翔	广明元年五月—十二月	《通鉴》卷253
袁敬柔	凤翔	广明元年十二月僖宗出奔后	《通鉴》卷254
第五玄昱	陇右	大历初	《续集》大历033《第五玄昱墓志》
徐钦令[2]	邠宁	永泰元年	《英华》卷643《奏投降回鹘大首领大将军安达干等状》
翟文秀	邠宁	大历十四年—建中四年（十二月死）	《通鉴》卷226、卷228
杨明义	邠宁	贞元四年—十二年	《通鉴》卷233、卷235

续表

监军使	藩镇	时间	出处
孙荣义	庆州	贞元五年	《英华》卷 931《孙常楷神道碑》
刘英倩	邠宁庆	贞元十七年	《通鉴》卷 236
李升荣	邠宁庆	会昌四年正月—五年十一月卒于任	《续集》会昌 029《李升荣墓志》
仇从源	邠宁	大中五年	《英华》卷 932《仇士良神道碑》
刘遵礼	邠宁	咸通五年—七年	《汇编》咸通 072《刘遵礼墓志》
杜英琦	鄜坊	元和十五年	《碑林续编》169《杜英琦墓志》
刘幽岩	定远城	贞元中	《续集》会昌 009《刘士环墓志》
贾英秀	夏绥	贞元中	《册府》卷 521
高克从	灵夏	开成二年—会昌元年冬	《续集》大中 006《高克从墓志》
杨玄价	灵盐	大中十二年	《新唐书》卷 8《宣宗纪》、卷 207《杨复光传》
吴全缋	灵盐	咸通十三年七月十日	《续集》乾符 019《吴全缋墓志》
吴全缋	秦州	咸通八年	《续集》乾符 019《吴全缋墓志》
刘惠光	振武	建中二年（二月死）	两《唐书·德宗纪》、《通鉴》卷 226
骆朝宽[3]	振武	元和八年、九年	《通鉴》卷 239、《册府》卷 122《帝王部·征讨门二》
孟秀荣	振武	大中三年四月—大中六年正月卒于任	《续集》大中 035《孟秀荣墓志》
杨某	振武	约咸通中	《全唐文补遗》第 8 辑《曹延美墓志》
韦仲平	天德军	会昌元年	《通鉴》卷 246
孟介	宣武	贞元八年	《册府》卷 667、《通鉴》卷 234
俱文珍	宣武	贞元十二年—十五年[4]	《旧唐书》卷 14《德宗纪》、《通鉴》卷 235
韩某	宣武	元和中	《续集》大和 038《柏元封墓志》

续表

监军使	藩镇	时间	出处
姚存古[5]	宣武	长庆元年—四年	《续集》大和 053《姚存古墓志》
刘渶洌	宣武	大和五年二月—九年五月	《续集》会昌 008《刘渶洌墓志》
李忠义	宣武	约武宗会昌前后	《汇编》大中 052《李从证墓志》
杨茂寔	宣武	约大中朝	《搜佚续编》935《杨景球墓志》
吴德鄘	宣武	咸通七年正月，未易月发病归京	《碑林墓志汇编》322《吴德鄘墓志》[6]
杨万定	滑州	肃宗上元二年	《旧唐书》卷 124《令狐彰传》
薛盈珍	义成	贞元元年—十六年	《册府》卷 667、670、《通鉴》卷 234、卷 235、《旧唐书》卷 153《姚南仲传》
杨志廉	义成	贞元十六年—十七年九月	《续集》元和 002《杨志廉墓志》
宋守义	义成	长庆中—大和元年	《全唐文》卷 724《高承简德政碑》、卷 623《李听德政碑》
田全操	义成	大和四年	《全唐文》卷 731《李德裕德政碑》
阎某	义成	会昌六年	《英华》卷 815《祷河侯庙记》
范日用	忠武	贞元十九年	《通鉴》卷 236、《旧唐书》卷 161《王沛传》
崔潭峻	忠武	元和九年	《通鉴》卷 239
朱孝诚[7]	忠武	元和十一年—十五年七月卒于任	《全唐文》卷 730《朱孝城神道碑》
仇文义	忠武	约会昌中	《续集》大中 024《仇文义妻王氏墓志》
杨玄价	忠武	大中八年	《新唐书》卷 207《杨复光传》、《杨玄价妻党氏墓志》[8]
杨复光	忠武	中和元年	两《唐书·杨复光传》、《通鉴》卷 254
田从异?[9]	忠武	中和四年	《旧唐书》卷 19 下《僖宗纪》
许遂忠	天平	长庆二年	《续集》大和 024《许遂忠墓志》
姚存古	天平	长庆四年（未赴任）	《续集》大和 053《姚存古墓志》

续表

监军使	藩镇	时间	出处
刘遵礼	天平	大中十二年—十三年	《汇编》咸通072《刘遵礼墓志》
梁承度	沂海	大和元年	《汇编》大和012《梁守谦墓志》
元顺通	兖海	大和八年	《英华》卷626李商隐《代安平公遗表》
刘遵礼	兖海	大中九年—十二年	《汇编》咸通072《刘遵礼墓志》
王某	兖海	咸通七年	敦煌文书P.3723号写卷《记室备要》
孟昇	武宁	元和中	《册府》卷520下、《全唐文》卷651《论转牒事》
王守澄	武宁	元和十四年	《通鉴》卷234
王守涓	武宁	大和二年—大和九年十一月	《册府》卷667《内臣部·监军门》、两唐书《文宗纪》、《王守澄传》
杨玄质	武宁	咸通三年	《通鉴》卷250
张道谨	武宁	咸通九年—十年四月	《旧唐书》卷19上《懿宗纪》、《通鉴》卷251
刘敬和	武宁	约懿、僖时期	《续集》天复001《郭顺祐妻刘氏墓志》
宋某	平卢	约贞元中	《西市墓志》351《宋某夫人张氏墓志》
仇士良	平卢	元和十年—十一年	《英华》卷932《仇士良神道碑》
闾知诚	平卢	大中七年—大中十年	《续集》大中063《闾知诚墓志》
杨玄略	平卢	大中十二年九月—十四年四月乞骸骨	《续集》咸通020《杨玄略墓志》
景务修	平卢	光化三年（旋被杀）	《通鉴》卷245
冉庭兰[10]	河阳	大历十年、十一年	《旧唐书》卷11《代宗纪》、《通鉴》卷225
韩献	河阳	约元和初	《搜佚续编》764《韩义方墓志》
杨玄价	河阳	咸通元年—九年	《册府》卷667《内臣部·监军门》、《旧唐书》卷19上《懿宗纪》

续表

监军使	藩镇	时间	出处
杨复恭	河阳	咸通九年	两《唐书·杨复恭传》、《册府》卷667《内臣部·监军门》
师全介	陕府	会昌四年—大中六年	《续集》咸通019《师全介墓志》
梁匡仁	陕虢	大中元年	《全唐文补遗》第8辑《梁匡仁墓志》
张志斌	陕虢	大历元年	《旧唐书》卷11《代宗纪》、《通鉴》卷224
杨良瑶	东都畿汝州	贞元十五年	新修《泾阳县志·文物志》录《杨良瑶神道碑》[11]
周元穆	汝州	大中、咸通年间	《碑林汇编》344《周孟瑶墓志》
董重彦	同华	乾宁元年	《全唐文》卷810《华帅许国公德政碑》
王定远	河东	贞元中—贞元十一年五月	《汇编》元和083《李辅光墓志》、《旧唐书》卷12《德宗纪》
李辅光	河东	贞元十一年—元和四年	《汇编》元和083《李辅光墓志》、《通鉴》卷237
刘弘规（李国澄）	河东	元和五年—元和十二年	《李德裕文集·别集》卷6《刘弘规神道碑》
魏弘简	河东	元和十三年	《历代名画记》卷1《叙画之兴废》[12]
刘弘规	河东	长庆四年	《李德裕文集·别集》卷6《刘弘规神道碑》
许遂忠	河东	宝历元年—大和元年	《续集》大和024《许遂忠墓志》
王践言	河东	大和九年六月（旋赐死）	《通鉴》卷245
吕义忠	河东	会昌三年、四年	《通鉴》卷247、《旧唐书》卷18上《武宗纪》
刘中礼	河东	咸通十三年五月卒于任	《碑林汇编》331《刘中礼墓志》
李奉皋	河东	乾符六年	《通鉴》卷253
周从寓	河东	广明元年	《旧唐书》卷19下《僖宗纪》、《通鉴》卷253

续表

监军使	藩镇	时间	出处
陈景思	河东	中和二年	《旧唐书》卷 19 下《僖宗纪》
张承业	河东	乾宁二年—天复三年	《通鉴》卷 260、卷 263，《册府》卷 667
陈景思	代北	中和元年	《通鉴》卷 254
吴再和	晋慈	长庆三年	《庆唐观纪圣铭》碑阴[13]、《全唐文》卷 716 李寰《纪瑞》
毛宣伯	绛州	中和三年	《旧唐书》卷 19 下《僖宗纪》、《全唐文》卷 998《收复京城奏捷露布》
李辅光	河中	元和四年—元和十年	《汇编》元和 083《李辅光墓志》
丁门（文）雅	河中	贞元十五年	《续集》大和 047《丁承义墓志》[14]
袁季贞	河中	乾宁四年	《旧唐书》卷 20 上《昭宗纪》
第五玄昱	昭义	大历中	《续集》大历 033《第五玄昱墓志》
李朝正	昭义	元和中	《全唐文》卷 998《重建禅门第一祖菩提达摩大师碑阴文》
刘承偕	昭义	长庆二年	《新唐书》卷 8《穆宗纪》、《通鉴》卷 242、《册府》卷 669
崔士康	昭义	会昌三年	《通鉴》卷 247
王归厚	昭义	大中八年—大中十二年	《搜佚续编》933《王归厚墓志》
吴全勖	昭义	中和二年	《通鉴》卷 255
薛缵本	昭义	大顺元年	《旧唐书》卷 20 上《昭宗纪》
仇文义	义武	大和八年	《金石萃编》卷 73《大唐北岳府君之碑》碑侧题名
孙某	义武	中和中	《汇编》光化 001《李令崇墓志》
高克从	义昌	会昌四年七月—大中元年闰三月卒于任	《续集》大中 006《高克从墓志》

续表

监军使	藩镇	时间	出处
吴（士）偘	义昌	约元和中	《续集》乾符 019《吴全缋墓志》、《碑林汇编》322《吴德鄘墓志》
薛某	义昌	僖宗初	《汇编》光化 001《李令崇墓志》
李怀仵	幽州	大和八年	《旧唐书》卷 17 下《文宗纪》、《通鉴》卷 245
董文萼	幽州	元和二年—十年	《续集》元和 062《董文萼墓志》
元顺通	幽州	宝历二年	《续集》会昌 007《武自和墓志》
马元实	幽州	会昌元年	《李德裕文集·别集》卷 6《马存亮神道碑》
刘中礼	幽州	大中中	《碑林汇编》331《刘中礼墓志》
张居翰	幽州	光化中—天复三年	《碑林汇编》362《张居翰墓志》、《通鉴》卷 264
宋惟澄	成德	长庆元年	《通鉴》卷 242
闾知诚	成德	会昌六年三月—大中三年秋	《续集》大中 063《闾知诚墓志》
李彦融	成德	中和三年	《册府》卷 436《将帅部·继袭门》
谢良通	横海	长庆元年	《通鉴》卷 242
吴守恭	魏博	约贞元中	《碑林汇编》322《吴德鄘墓志》
刘中礼	魏博	大中中	《碑林汇编》331《刘中礼墓志》
邵国朝	唐州	贞元十五年（三月被吴少诚杀）	《旧唐书·德宗纪》、《通鉴》卷 235
李诚义	唐随	元和十二年	《英华》卷 872《平淮西碑》、《册府》卷 443
李进超	山南东道	约贞元中	《汇编》大中 052《李从证墓志》
薛尚衍	山南东道	贞元末	《唐国史补》卷中
陈弘志	山南东道	大和九年	两《唐书·文宗纪》、《通鉴》卷 245
杨玄略	山南东道	大中七年—大中十二年九月	《续集》咸通 020《杨玄略墓志》

续表

监军使	藩镇	时间	出处
梁文秀	山南西道	大历二年	《续集》大历 007《张献诚墓志》
杨叔元	山南西道	大和二年—四年三月	《册府》卷 667、卷 669,《旧唐书》卷 17 下《文宗纪》,《通鉴》卷 244
李荣成	山南西道	大和四年	《册府》卷 667
窦千乘	山南西道	开成元年	《英华》卷 626 李商隐《代彭阳公遗表》
严遵美	山南西道	光启二年	《通鉴》卷 256
吴守恭	荆南	约贞元中	《碑林汇编》322《吴德鄘墓志》
崔潭峻	荆南	元和十二年—十五年	《册府》卷 667、《通鉴》卷 241[15]
西门珍	荆南	兴元元年	《汇编》元和 119《西门珍墓志》
乐辅政	荆南	长庆元年—三年	《续集》长庆 009《乐辅政墓志》、大和 023《赵爱墓志》
吕令琮	荆南	开成二年	《册府》卷 520 下
似先义逸	荆南	开成中	《碑林汇编》293《似先义逸墓志》
乐某	荆南	大中元年	《续集》大中 010《成氏墓志》
袁某	荆南	大中中	《汇编》大中 162《军器使袁公夫人王氏墓志》
段归文	荆南	大中中	《续集》咸通 008《杨汉公墓志》
吴德鄘	荆南	咸通四年正月—七年正月	《碑林汇编》322《吴德鄘墓志》[16]、《续集》咸通 018《吴德鄘妻赵氏墓志》
杨复光	荆南	广明元年	《新唐书·僖宗纪》、《通鉴》卷 253
朱敬玫	荆南	中和二年—光启元年正月（正月被杀）	《通鉴》卷 255、256,《新唐书》卷 9《僖宗纪》,卷 186《陈儒传》
宋道弼	荆南	光化三年（旋被杀）	《通鉴》卷 245
邢延恩	淮西	上元元年	《通鉴》卷 221
米重耀	淮南	大历末	《旧唐书》卷 152《张万福传》

续表

监军使	藩镇	时间	出处
郭某	淮南	贞元中	《全唐文》卷990阙名《重修东陵圣母宫碑》[17]
樊某	淮南	贞元十九年	《英华》卷783《淮南节度使灞陵公杜佑写真赞》
薛尚衍	淮南	元和二年	《旧唐书》卷14《宪宗纪》
吐突承璀	淮南	元和六年—九年	两《唐书·吐突承璀传》、《册府》卷667、《通鉴》卷238
刘弘规	淮南	元和十三年	《李德裕文集·别集》卷6《刘弘规神道碑》
韦元素	淮南	大和九年六月（未至任被诛）	《通鉴》卷245
马存亮	淮南	长庆四年	《通鉴》卷243
宋某	淮南	大和六年—九年	《樊川文集》卷10《淮南监军使院厅壁记》
杨钦义	淮南	开成二年	《通鉴》卷246
崔巨淙	淮南	大中十一年	《旧唐书》卷18下《宣宗纪》
刘中礼	淮南	大中中	《碑林汇编》331《刘中礼墓志》
王茂玄	淮南	咸通初	《西市墓志》445《王彦真墓志》
李维周	淮南	咸通六年	《通鉴》卷250
郭（郗）厚本	淮南	咸通十年	《通鉴》卷251
尹建峰	淮南	天复三年	《通鉴》卷264
王进兴	浙西		《续集》大中024《仇文义妻王氏墓志》
刘渶浰	浙西	开成二年十一月—会昌元年正月卒于任	《续集》会昌008《刘渶浰墓志》
杨玄略	浙西	大中元年三月—四年四月	《续集》咸通020《杨玄略墓志》
杨玄价	浙西	大中四年五月—大中八年前	《杨玄价妻党氏墓志》[18]

续表

监军使	藩镇	时间	出处
杨恽	浙西	僖宗末	《南部新书》卷癸
毛承泰	浙东	大和九年	《全唐文》卷694《龙宫寺碑》
吴元勉	浙东	会昌三年	《吴元勉墓志》[19]
王宗景	浙东	大中九年	《通鉴》卷249
王归厚	浙东	大中十二年—咸通二年卒于任	《搜佚续编》九三三《王归厚墓志》
周某	浙东	天复元年	《全唐文》卷821吴蜕《镇东军监军使院记》
贾英秀	温州	可推算出来。	《汇编》开成036《冯殖墓志》
刘渶浰	宣歙	大和五年二月—七年春	《续集》会昌008《刘渶浰墓志》
苏道淙	宣歙	大中元年	《金石续编》卷11《三天洞题记》
刘重约	宣歙	大中七年—十年	《全唐文》卷998《再修敬亭府君庙宇记》
樊仲文	宣歙	咸通八年—九年卒于任	《长安新出墓志》300页《樊仲文墓志》
刘日荣	江南西道	元和三年	《续集》元和013《骆夫人墓志》
高重昌[20]	江南西道	元和九年	《册府》卷460、卷670、卷933
李升荣	江南西道	大和七年春—大和九年冬	《续集》会昌029《李升荣墓志》
皇甫政	福建	贞元元年	《册府》卷667
鱼某	福建	贞元十五年	《全唐文》卷615《无垢净光塔铭》
刘行立	福建	开成中	《旧唐书》卷161《刘从谏传》
仇士良	鄂岳	宝历二年—大和元年	《英华》卷932《仇士良神道碑》、《樊川文集》卷7《牛僧孺神道碑》
袁某	汉南	大中中	《汇编》大中162《军器使袁公夫人王氏墓志》
王公操	黔中	咸通六年—乾符二年	《续集》乾符022《王公操墓志》

续表

监军使	藩镇	时间	出处
王明哲	湖南	宝历元年年八月—大和三年	《续集》大和 025《王明哲墓志》
孟秀荣	湖南	开成三年十月—会昌三年正月	《续集》大中 035《孟秀荣墓志》
王公素	湖南	大中八年—九年	《汇编》大中 148《王公素墓志》
孟游仙	西川	大历中	《英华》卷 584《为西川崔仆射谢却赴剑南表》、卷 609《为剑南西川崔仆射再请入朝表》
吴守恭	西川	约贞元中	前揭《吴德应墓志》[21]
李先寿	西川	贞元二十年	《全唐文》卷 453《谢赐御制纪功碑铭表》
贾某	西川	元和元年	《全唐文》卷 690 符载《九日陪刘中丞贾常侍宴合江亭序》
许进迮	西川	约元和中	《碑林汇编》263《许遂忠墓志》[22]
王践言	西川	大和四年	《册府》卷 669
田全操	西川	大和六年	《全唐文》卷 731《李德裕德政碑》
杨承和	西川	大和九年六月（旋赐死）	《通鉴》卷 245
李朝成	西川	约开成、会昌中	《金石萃编》卷 67《李朝成经幢》（大中二年）
吴德鄘	西川	大中十四年五月—咸通四年正月	《续集》乾符 019《吴全缋墓志》、《碑林汇编》322《吴德鄘墓志》
吴德应	西川	咸通五年	前揭《吴德应墓志》
刘景宣	西川	中和四年	《全唐文》卷 814《西川青羊宫碑铭》
田令孜	西川	龙纪元年—景福二年四月被杀	《旧唐书》卷 20 上《昭宗纪》
鱼全禋	西川	天复三年	《通鉴》卷 264
张允琼	定边军[23]	咸通十年	《通鉴》卷 251
闾从敏	东川	约大中中	《续集》咸通 104《闾克稹墓志》

续表

监军使	藩镇	时间	出处
孙某	东川	龙纪元年	《全唐文》卷920《护圣寺钟铭》
吕太一	岭南东道	广德元年	两《唐书·代宗纪》
刘楚江	岭南东道	大历末建中初	波斯胡伊婆郝银铤铭文[24]
许遂振	岭南东道	元和五年	《通鉴》卷238
刘德义	广州总管	会昌元年	《续集》会昌009《刘士环墓志》
李敬实	岭南东道	大中四年	《续集》大中078《李敬实墓志》
仇某	岭南东道	大中十年	《西市墓志》444《江师武墓志》
王国清	桂管	元和初	《全唐文》卷664《与颜证诏》
刘某	桂管	开成四年	《英华》卷590《谢奖谕表》[25]
梁元翰	桂管	会昌元年—会昌四年卒	《续集》会昌018《梁元翰墓志》
西门思恭	桂管	大中元年	《北梦琐言》卷13、《广记》卷168引
樊仲文	桂管	大中十四年	《长安新出墓志》300页《樊仲文墓志》
李维周	桂管	乾符三年	《通鉴》卷252
段士则	安南	会昌三年	《通鉴》卷247
程匡柔	清海	天复三年	《通鉴》卷264
吴士偘	安南	约元和中	《碑林汇编》322《吴德鄘墓志》

注：1.《通鉴考异》："《闻见录》又云：'玄翼为凤翔监军，(刘）瞻即出为太原亚尹，郑从谠为节度使，殊不礼焉。洎复入翰林而作相也，常谓人曰："吾在北门，为郑尚书冷将息，不复病热矣。"从谠南海之命，瞻所致也。'按旧《传》，瞻自户部侍郎承旨出为太原尹、河东节度使。瞻为学士，若非罪谪恐不为少尹。又旧《纪》咸通十二年十二月，郑从谠自宣武节度使为广州，在瞻驩州后。故知《玉泉子》所记皆虚，今不从。"今检《唐方镇年表》，刘瞻未曾做过河东节度使，旧《传》有讹误。《玉泉子》未必无据。盖杨玄翼出为凤翔监军，刘瞻失所恃，出为少尹，今从《玉泉子》。

2.《英华》卷643于邵《奉投降回鹘大首领大将军安达干等状》云："右臣得邠州节度使牒，上件人等背逆归顺……谨遣监军使徐钦令领赴阙庭者。"监军使徐钦令受节度使差遣，性质上恐怕与德宗以后的监镇监军不同。肃、代时期是"某道监军使"形成的过渡阶段，类似的例子还有上元元年淮西节度使王仲昇遣监军使邢延恩入朝请诛刘展，兴元元年神策节度使李晟遣监军刘敬传送收城露布等。为便于查阅，姑附于此。

3.“骆朝宽”，《旧唐书》卷15《宪宗纪》误作“路朝见”。

4. 牛《表》以俱文珍元和八年宣武监军，误。

5. 姚存古，《旧唐书·穆宗纪》长庆二年条下作“姚文寿”。

6.《续集》乾符019《吴全缋墓志》作咸通五年正月十九日，与《吴德鄘墓志》不同。

7. 牛《表》引《金石萃编》卷107作“宋孝诚”，宋孝诚乃朱孝诚之讹。

8. 录文见杜文玉：《唐代权阉杨玄价夫人党氏墓志考略》，《唐史论丛》2012年第14辑。志中唯作“杨公”，杜文玉先生考得杨公即杨玄价。

9.《旧唐书》卷19下《僖宗纪》：“四月辛卯朔，甲寅，沙陀军次许州，节度使周岌、监军田从异以兵会战。”牛《表》据附中和四年条。今按，田从异并非宦官，《旧五代史》卷5：“（中和三年）十二月，许帅田从异、汴帅朱温、徐帅时溥、陈州刺史赵犨，各遣使来告，以巢、蔡合从，凶锋尚炽，请武皇共力讨贼。”《通鉴》卷255中和四年四月条：“杨复光遣使告捷，百官入贺。诏留忠武等军二万人，委大明宫留守王徽及京畿制置使田从异部分守卫长安。”据此，田从异并非宦官，疑《旧唐书·僖宗纪》所记有脱误。

10. 牛《表》误附贞元十年。

11. 泾阳县志编纂委员会编：《泾阳县志》，陕西人民出版社2001年版，第690页。县志录文错讹颇多，另见张世民：《杨良瑶：中国最早航海下西洋的外交使节》，《咸阳师范学院学报》2005年第3期。

12. 张彦远《历代名画记》卷1《叙画之兴废》：“元和十三年，高平公镇太原，不能承奉中贵，为监军使内官魏弘简所忌。”《刘弘规神道碑》云：“司徒既殁，承乏总戎，而高平公奕叶相门，一时盛德，与公虚舟相待，朱瑟谐音，淡然而成，去如始至。”元和十年河东节度使王锷死于任，元和十一年正月张弘靖代为节度使。刘弘规盖张弘靖至镇后入朝，魏弘简代为监军。

13.（清）胡聘之：《山右石刻丛编》卷6《庆唐观纪圣铭》，山西人民出版社1988年影印本，第13—14页。

14. 元稹《崔莺莺传》：“是岁，浑瑊薨于蒲。有中人丁文雅，不善于军，军人因丧而扰，大掠蒲人。”此“中人丁文雅”即河中监军，《丁承义墓志》作丁门雅，门、文音近，未知孰是。

15. 牛《表》系于元和十五年。按，元稹为江陵府士曹参军在元和五年，元和八年量移通州司马。据杜牧《唐故虔州刺史李府君墓志铭》，元和十二年平吴元济时崔潭峻为山南东道监军，非在荆南。

16.《续集》乾符019《吴全缋墓志》作三年二月卅日至五年正月十九日，与《吴德鄘墓志》不同。

17.《全唐文》卷990阙名《重修东陵圣母宫碑》：“从叔父淮南节度观察使礼部尚书、监军使太原郭公，道冠方隅。勋崇南服。”唐代淮南节度使中本官为礼部尚书者为杜佑。贞元五年，杜佑出任检校礼部尚书、淮南节度使。贞元九年怀素书《东陵圣母帖》，或与之有关。

18. 录文见杜文玉：《唐代权阉杨玄价夫人党氏墓志考略》，《唐史论丛》2012 年第 14 辑。墓志云杨玄价“自浙右监临，迁于忠武”，大中八年杨玄价在忠武任上，其为浙西监军，当在杨玄略之后。

19. 录文见杜文玉：《唐代吴氏宦官家族研究》，《唐史论丛》2015 年第 20 辑。

20.《旧唐书 · 孔巢父附孔戣传》作“信州监军高重谦”。

21. 录文见杜文玉：《唐代吴氏宦官家族研究》，《唐史论丛》2015 年第 20 辑。

22.《续集》大和 024《许遂忠墓志》“迮”讹作“运”。

23. 定边军节度使，咸通九年李师望奏置，咸通十一年窦滂兵败废。《新唐书》卷 222 中《南蛮传》：“初李师望建言成都经总蛮事，旷日不能决。请析邛、蜀、嘉、眉、黎、雅、巂七州为定边军，建节度，制机事近且速。天子谓然，即诏师望为节度使，治邛州。”

24. 1989 年西安西郊出土唐大历末建中初岭南节度使、监军使所进银铤三枚，其中一枚铭文云：“岭南监军、市舶使、朝散大夫、行内侍省内给事员外置同正员、上柱国、赐金鱼袋、臣刘楚江进。”完整铭文参见王长启、高曼：《西安西郊发现唐银铤》，《中国钱币》2001 年第 1 期。

25.《英华》卷 590 冯审《谢奖谕表》：“臣某言今月日本道监军使内侍省宫闱令刘某至。”冯审，文宗开成四年至五年为桂管观察使。

二、唐代神策诸城镇、威远军等禁军监军使年表

姓名	神策城镇	时间	出处
焦奉超	扶风县[1]	大历十三年	《全唐文》卷 516《圣朝无忧王寺大圣真身宝塔碑铭》
杨志廉	灵台	兴元初	《续集》元和 119《杨志廉墓志》
王公操	灵台	乾符二年—五年	《续集》乾符 022《王公操墓志》
宋重晏	长武城	元和六年	《西市墓志》351《宋公夫人张氏墓志》
李从义	临泾	约元和中	《续集》大中 078《李敬实墓志》
卫巨论	好畤	大中中	《碑林续编》216《卫巨论墓志》
王行质	良原	贞元中	《搜佚续编》933《王归厚墓志》
骆明珣	东渭桥	元和初	《续集》大和 017《骆明珣墓志》
卫巨论	良原	咸通中	《碑林续编》216《卫巨论墓志》
祁宪直	奉天	长庆元年—三年	《续集》大和 034《祁宪直墓志》

续表

姓名	神策城镇	时间	出处
假文政	归化、崇信	元和二年	《续集》元和004《假延信妻高氏墓志》[2]
刘幽岩	定远	贞元中	《续集》会昌009《刘士瑰墓志》
马国诚	崇信	乾符二年—三年	《碑林汇编》339《马国诚墓志》
仇师约	云阳	大中四年	《续集》大中024《仇文义妻王氏墓志》
朱士俛	富平	元和十五年	《全唐文》卷730《朱孝诚神道碑》
吴（希）晏	富平	约元和中	《续集》乾符019《吴全缋墓志》、前揭《吴德应墓志》
王文幹	同官	大和中	《汇编》会昌037《王文幹墓志》
武自和	美原	大和四年—八年	《续集》会昌007《武自和墓志》
郭佐思	蓝田	大中十二年九月—十四年	《碑林汇编》333《郭佐思墓志》
西门珍	威远军	元和七年	《汇编》元和119《西门珍墓志》
吴元勉	威远军	会昌三年	前揭《吴元勉墓志》
刘中礼	威远军	大中中	《碑林汇编》331《刘中礼墓志》
刘复礼	威远军	大中九年	《汇编》大中104《霍夫人墓志》
杨景球	威远军	咸通中	《搜佚续编》935《杨景球墓志》

注：1. 大历十三年凤翔节度使李抱玉，但《圣朝无忧王寺大圣真身宝塔碑铭》所记为扶风镇使李忠诚，此监军使实为扶风镇的监军使。

2.《汇编》原作“假”字，穆宗长庆元年讨深州，有都监段文政，“假”当为“段”的形讹。

三、唐代重要战争行营都监、监军使年表

姓名	职务	时间	战争	出处
边令诚	高仙芝翰监军	天宝六载	高仙芝攻小勃律	《旧唐书》卷104《高仙芝传》
李大宜	哥舒翰监军	天宝十三载	哥舒翰接应吐蕃苏毗王	《旧唐书》卷110《哥舒翰传》
边令诚	高仙芝监军	天宝十五载	高仙芝守潼关	《旧唐书》卷104《高仙芝传》
李大宜	哥舒翰监军	天宝十五载	哥舒翰守潼关	《旧唐书》卷111《高适传》
孙知古	朔方军郭子仪监军	至德二载五月	讨安史叛军。	《册府》卷443《将帅部·败衄第三》
鱼朝恩	李光进监军	肃宗时	讨安史叛军	两《唐书·鱼朝恩传》
邢延恩	房琯监军	乾元二年	讨安史叛军	《旧唐书》卷101《房琯传》
骆奉先	朔方军仆固怀恩监军	广德中	讨安史叛军	《新唐书》卷207《骆奉先传》
韩某[1]	都监	建中四年	讨淮西李希烈	《续集》大和038《柏元封墓志》
王敬	神策军李晟监军	兴元元年	讨朱泚，收复长安	《英华》卷648李晟《收西京露布》
宋奉朝	都监	贞元三年	唐吐蕃清水会盟	《通鉴》卷232
贾英秀（国良）[2]	行营都监军使	贞元十六年	韩全义率诸道讨伐淮西吴少诚	《旧唐书》卷162《韩全义传》
俱文珍（刘贞亮）	剑南东西两川、山南西道东道都监，行营招讨、宣慰等使	元和元年	高崇文讨西川刘辟之乱	《西市墓志》352《宋公夫人张氏墓志》

续表

姓名	职务	时间	战争	出处
刘弘规	监军	元和元年	高崇文讨西川刘辟之乱	《李德裕文集·别集》卷6《刘弘规神道碑》
徐某	监军	元和元年	高崇文讨西川刘辟之乱	《全唐文》卷716郑宗经《德阳龟胜山道场记》
薛尚衍	诸道行营兵马都监招讨宣慰使	元和二年	讨浙西李锜之乱	《新唐书》卷224《叛臣传》
梁守谦[3]	左右神策京西京北行营都监	元和十五年十月	吐蕃寇逼泾州，率军救援。	《旧唐书》卷196下《吐蕃传》
杨承和	深州诸道兵马都监[4]	长庆元年	讨成德王庭凑之乱	《册府》卷667《内臣部·监军门》
段文政	都监领郑滑、河阳、陈许三道兵	长庆元年	赴深州应援	《册府》卷667《内臣部·监军门》
王公素	深州行营监军使	长庆二年	讨成德王庭凑之乱	《汇编》大中148《王公素墓志》
似先义逸	河中潞州两道节度并行营攻讨监军使	会昌三年	讨昭义刘稹之乱	《碑林汇编》293《似先义逸墓志》
郭厚本	都监[5]	咸通九年	镇压庞勋起义	《旧唐书》卷19上《懿宗纪》
刘中礼	魏博兵马讨徐州西北面行营都监	咸通九年	镇压庞勋起义	《碑林汇编》331《刘中礼墓志》
杨玄价	监康承训军	咸通十年	镇压庞勋起义	《旧唐书》卷19上《懿宗纪》
刘中礼	徐州西北面都监、诸道兵马招讨等使	咸通十年	镇压庞勋起义	《碑林汇编》331《刘中礼墓志》
陈景思	代州北面行营都监押	中和元年	镇压黄巢起义	《旧唐书》卷19下《僖宗纪》

续表

姓名	职务	时间	战争	出处
西门思恭	天下行营兵马都监押	中和元年	镇压黄巢起义	《旧唐书》卷 19 下《僖宗纪》
杨复光	天下行营兵马都监[6]	中和元年—二年	镇压黄巢起义	《旧唐书》卷 19 下《僖宗纪》
西门思恭	诸道行营都都监	中和二年	镇压黄巢起义	《通鉴》卷 254
杨复光	南面行营都监军使	中和二年	镇压黄巢起义	《通鉴》卷 254
陈景思	北面都统监军使	中和三年	镇压黄巢起义	《通鉴》卷 255
袁季贞	邠宁四面行营兵马都监押	乾宁二年	讨邠宁王行瑜	《旧唐书》卷 20 上《昭宗纪》
骆全寛[7]	行营都监	大顺元年	宰相张濬讨河东李克用	《新唐书》卷 218《沙陀传》

注：1.《续集》大和 038《柏元封墓志》："时汴帅韩弘入觐，其妻继来，仆隶舆马殆千数乘。监军韩公食于御驿，自梁抵华，无以非法革之者，畏韩之势也。"此监军是否属于同一家族。

2.《旧唐书》卷 115《吴少诚传》："七月全义顿军于五楼，行营为贼所乘，大溃。全义与都监军使贾秀英、贾国良等夜遁。"卷 162《韩全义传》："全义退保五楼，贼对垒相望，溃兵未集，乃与监军贾英秀、贾国良等保溵水县。"《新唐书》卷 119《白居易传》："近年始以中人为都监，韩全义讨淮西，贾良国监之。"按，行营都监仅为一员，贾英秀、贾国良当为同一宦官。

3. 牛《表》元和十一年下有淮西监军梁守谦，按，梁守谦为都监，非常驻淮西。今移于此。

4.《旧唐书》卷 16《穆宗纪》作"深冀行营都监押"。

5.《册府》卷 430《将帅部·乞师门》作"监军"。

6.《通鉴》卷 255 作："东面都统监军使。"《旧唐书·杨复光传》："丁母忧，还，寻起复受诏充天下兵马都监押诸军，入定关辅。王重荣为东面招讨使，复光以兵会之，二年七月至河中。"《新唐书》卷 207《杨复光传》作："会母丧班师，俄起为天下兵马都监，总诸军与东面招讨使王重荣并力定关中。"盖杨复光与王重荣合兵后，朝廷未给王重荣新派监军，杨复光以天下兵马都监兼领东面都监。《旧唐书》卷 200 下《黄巢传》正作："天下兵马都监押杨复光露布献捷于行在。"

7. 骆全寛，《唐大诏令集》卷 120《削夺李罕之官爵制》作"骆全雍"。

说明：

本表参据牛志平《唐代宦官年表》，增补《全唐文》、《文苑英华》（简称《英华》）、《册府元龟》（简称《册府》）及近年刊布墓志材料等而成。唐代宦官墓志多出土于长安地区。除部分零散墓志外，本表所涉及的近年唐代墓志集主要有：

1．周绍良、赵超主编：《唐代墓志汇编》，省称《汇编》，上海古籍出版社 1999 年版。

2．周绍良、赵超主编：《唐代墓志汇编续集》，省称《续集》，上海古籍出版社 2001 年版。

3．赵力光主编：《西安碑林博物馆新藏墓志汇编》，省称《碑林汇编》，线装书局 2007 年版。

4．赵立光主编：《西安碑林博物馆新藏墓志续编》，省称《碑林续编》，陕西师范大学出版社 2014 年版。

5．胡戟、荣新江主编：《大唐西市博物馆藏墓志》，省称《西市墓志》，北京大学出版社 2000 年版。

6．赵君平、赵文成主编：《秦晋豫新出土墓志搜佚》，省称《搜佚》，国家图书馆出版社 2011 年版。

7．赵君平、赵文成主编：《秦晋豫新出土墓志搜佚续编》，省称《搜佚续编》，国家图书馆出版社 2015 年版。

8．西安市长安博物馆编：《长安新出墓志》，文物出版社 2011 年版。

域外学术经典译传

征服王朝的中国化政治体制 *

——两个早期中古史的案例

韩大伟　著　（杨百翰大学文学院）

一、简介

在中国辉煌的历史长河中，统治中国的三分之一的王朝都是由非汉人建立的，其中游牧民族[1]占绝大多数。有些征服者在统治中最终被汉化，这种情况缓和了王朝更迭，规范了经济和社会秩序。即便如此，这些征服王朝能适应中国土壤，管理占绝大多数的中国人口，为中华文化的发展做了杰出贡献。故而有学者高度赞扬了这些移居精英的顺应力与生命力。

征服王朝除其政治意义外，它们也中断或保持了中华文化的流传，外来统治对本土文化的影响，通常以压制而不是鼓励的方式，这成为许多学术研究的议题。辽朝、金朝、元朝更是成为此类活动的焦点，而它们也确实是征服王朝的经典范例。[2]但是学术研究致

---

* 韩大伟（David B.Honey）著，冯倩译（南京大学文学院硕士），童岭校（南京大学域外汉籍研究所）。

[1] 征服王朝有：北魏（386—535）、东魏（534—550）、西魏（535—556）、北周（557—581）、辽（907—1125）、西夏（990—1227）、金（1115—1234）、元（1260—1368）、清（1644—1911）。16 个国家中，13 个是由非汉人建立的。

[2] 查阅，比如说田村实造（Tamura Jitsuzo），*Chugoku seifuku ocho no kenkyu*，三卷，京都，第 1964—1985 页。校记：《中国征服王朝の研究》，上中下三册，东洋史研究会。

力于阐释中华文化对外来统治阶层的转变效应，文化渗透的过程事实上是相互作用的，勒内·格鲁塞将其编纂成不可避免的历史法则，他如此评论道：

> 中国与波斯的文明，尽管被入侵，但它陶冶征服荒蛮的胜利者们，催眠他们，歼灭他们。通常，仅在征服后的五十年里，生活便照常继续，就像一切都没发生过一样。那汉化或伊朗化的野蛮民族开始变成文明的看守者，以抵御荒蛮民族的新一轮袭击。[1]

届时，文化渗透的过程，或多或少都致力于判定外来统治者与其中国子民之间风俗习惯宗教信仰因素的竞争与矛盾，也缩小了社会差距。因此这个过程不仅对征服王朝的社会和文化模式至关重要，也是帮助其构建政治体系的关键。

但是，文化渗透还有另外一种方式，这在中国历史中的体现尤为明显，那就是对公共场合的作用。当这个过程被统治者有意发起时，它所起的是政治角色，而不是社会角色，因此，最好是从历史学而不是社会学的角度来研究它。因为中国绝大多数征服王朝的历史进程中，汉化可能作为一种缓慢地转化统治阶层的无

---

[1]〔法〕勒内·格鲁塞，《草原帝国》，英译者为：Naomi Walford，New Brunswick，新泽西 1970，xxix。Yule, Chavannes, 和 Pelliot 曾有过相似论述，Karl A. Wittfogel 和 Feng Chia-sheng，*History of Chinese Society Liao*（907—1125），NewYork：Macmillan Press，1949. 4；cf. Owen lattimore, *Studies in Frontier History;Collected Papers* 1929-1958, 伦敦 1962, p. 107。马可波罗提供了对蒙古统治者迅速采纳中国和波斯方式以及信仰的研究；载穆勒 (A.C.Moule) 与伯希和 (P. Pelliot) 合译的《马可波罗寰宇记》(Marco Polo, *The Description of the world*)，伦敦 1938，第 174—175 页。校记：〔法〕勒内·格鲁塞著，蓝琪译：《草原帝国》，商务印书馆 1998 年版。又，魏特夫此文中译稿曾收入《辽金契丹女真史译文集》，吉林文史出版社 1990 年版。

意识文化过程，有时也是政治工具，是上位者用来进行委任统治的权宜之计。这些方式通常促使外来统治合法化。汉化的社会文化和政治方面都应该被提及，如果我们希望任何措施在理解理论基础和动机上达到平衡，就应该了解支撑包括征服王朝的形成的实际行动。

我在1992年发表的名为“Stripping off Felt and Fur:An Essay on Nomadic Sinification”一文中对提及的汉化的两种方法做了历史概述。[1]

4世纪，来自中国北部的外来民族，建立了中国历史上第一个征服王朝，他们值得被对此问题感兴趣的研究者注意。事实上，尽管这些以及其他十六国转瞬即逝，在传统排名中不值一提。[2]整个这个时期以奥托·弗兰克所谓的游牧民族征服者们的政治以及文化为特点。[3]为使这种强有力的影响形象化显示，政治表现就是让游牧民族统治合法化，文化表现体现在汉化的过程中。汉化在早期征服王朝，如在汉、赵王朝合法化过程中所起的作用，将会成为本篇论文关注的重点，成为全面深入的案例分析来支撑“Stripping off Felt and Fur:An Essay on Nomadic Sinification”中提出的论点。

刘渊（251—310）和石勒（280—332），短暂的汉朝和赵朝的建立者为此提供了对比鲜明的视角，4世纪来自中国北部的游牧民族征服者巩固他们在游牧民族的原统治和在汉族臣民中建立了新统治。他们被传统中国历史学家归为一组，在关于中国与游牧民族关系的

---

[1] David B. Honey, “Stripping off Felt and Fur.An Essay on Nomadic Sinification, Papers on Inner Asia”, No. 21, Bloomington，1992.

[2] Wittfogel and Feng, *History of Chinese Society*（《中国社会历史》），第15—16页中推荐研究十六国时期的前两个王朝，汉和赵。因为它们“展示了一个与后来王朝全然不同的组织和文化模式”。

[3] Otto Frank，*Geshichte des Chinesischen Reiches*, 5 vols.，Leipzig and Berlin, 1930-1952, Ⅱ，p20.

常规历史研究和专业研究中相互对比。[1]

刘渊是匈奴皇室后裔，世袭了汉朝王位。他恢复了属于单于的特权——游牧部落首领的特权，同时也用这个角色与汉族统治者结为兄弟，来重建他的臣民与西晋王朝的兄弟国地位。后来他采用了很多他的汉族祖先们的仪式与习俗来支持他登上王位，并深入后方在汉族范围内带来秩序。因此，他的建国事业被认为是他青年时期自发的汉化高潮，并在将本国匈奴贵族汉化时达到顶点。[2]

而石勒的生涯可以看做是一个逆向过程。他是小首领的儿子，作为一个战士，借助他的超凡魅力和卓尔不群团结起他的追随者。石勒大权在握之前，曾经被汉人奴役过，利用相似的方式让他在汉族的统治合法化，他的崛起代表着选长制原则或个人能力，而不是与生俱来的权力，他在游牧民族中夺取并守卫政权。石勒顽固地保持着其游牧民族的习俗，仅采用了部分文化因素以达成其统治合法化的目的。汉化对石勒而言，只不过是那时的权宜之计。与刘渊不同，他最初并未宣称征服的正义性，而是固守其游牧民族热衷于复仇、为利益而战的传统。[3]

---

[1] 参看 David B. Honey, "Lineage as Legitimation in the Rise of Liuyüan and Shih Le," *JOAS* 110 (1990), 616—621, 两个传统中国人宣布把它们放在一起，后来的例子包括 Wolfram Eberhard, *A History of China,* rev. ed. Berkeley and Los Angeles, 1960, p. 123, 以及 Thomas Barfield, *The Perilous Frontier. Nomadic Empires and China*, Oxford 1989, pp. 102-103。

[2] 关于刘渊的生涯，参看 David B. Honey，*The Rise of the Medieval Hsiung-nu: the Biography of Liu Yüan.Papers on Inner Asia*, NO. 15，Bloomington，1990。

[3] 《晋书》中关于石勒的记载，David B. Honey 的博士论文，"Sinification and Legitimation:Liu Yuan, Shih Le, and the Founding of Han and Chao" 对其有译注，加利福尼亚大学，1988年，第 7 章。

二、案例分析一：刘渊通过汉化让统治合法化的过程

别让含有模糊的贬义的“野蛮人”一词误导我们，关于文化程度和性格风雅，有男子气概十足的西哥特英雄。眼下，我们并没有纯粹的如匈奴王、赞吉或者帖木儿一样的鞑靼暴徒。[1]

（一）作为西晋朝臣的刘渊

从史传可以得知，在汉文化方面，刘渊是所有北朝时期的游牧民族征服者中的谦谦君子，他痴迷于汉族传统，并身体力行。[2] 他的祖父在协助镇压黄巾之乱以后，于186年定居在汉族境内，因此造就了亲密交往的局面。[3]

刘渊的父亲被曹操任命为匈奴左部首领后继续与当地汉人亲密往来[4]，刘渊从小便接受汉文化式教育，早在他七岁时，他悼念亡母所流露出的真情实感，令当地汉族官员深受触动。刘渊自幼爱好学习，拜当地名士上党人崔游为师，孜孜不倦地学习汉族古典文化与

---

[1] Thomas Hodgkin, *Italy and Her Invaders*, 376-814, 6 vols., New York, 1880–1889, Ⅰ.24.

[2] （清）赵翼：《廿二史札记》，中华书局1987年版，第99—100页；周一良：《魏晋南北朝史论集》，中华书局1963年版，第27页。

[3] 《晋书》卷101，第2645页。匈奴和中国人的交流最初是在汉朝开始的，即使是在战争期间，这两个民族也保持外交。两国之间通婚，互换使臣，中国人也因战乱原因流亡至匈奴。50年，随着在中国北部南匈奴的建立，两国之间的交往也被加强。Honey, *The Biography of Liu Yuan*（《刘渊传》），第1—2页。在216年，匈奴分为五个部落，他们的分散也加深了这种交往的局面（ibid, pp.4-5）。中国农民、工匠、学者，及贵族移居到此地，增加了当地中国居民人口数量，成为匈奴首领的谋士和老师，提高了两族人民之间的经济与社会交流。参看Eberhard, *History of China*（《中国历史》），第117—121页；Honey, *The Biography of Liu Yuan*（《刘渊传》），第1—2页。关于“交流情况”，参看Honey, *Stripping Off Felt and Fur*, 第5页。

[4] 他需要适应中国老师，参看《晋书》卷110，第2645页；韩大伟：《刘渊传》，第17页。

历史。[1] 事实上，每条标志着年少老成的汉族士大夫的传统标准——谦恭孝顺、勤奋好学、志向远大、外形俊朗、能言善辩，都在刘渊身上得到了体现。晋朝人喜欢从一个人的相貌判断运数将来，有着与生俱来的俊朗外表的刘渊，他的面相已然预示着这位当时年少老成默默无闻的年轻人的卓越不凡。[2]

除了吸收当时上流社会汉人的约定俗成的方式与态度，刘渊有着大量的机会来直接地观摩妥帖优雅的宫廷举止和规定仪式。265 年左右，刘渊作为人质住在洛阳，他的举止和品行让他受到当时的统治者以及朝臣的青睐与厚待。他甚至有机会在晋朝开国之初，目睹司马炎的登基典礼。[3] 所以这些经历都有助于他学习汉族文化价值观以及社交行为。他在朝堂之上的印象和他所受的教育在他的传记之中得到了集中体现：

> 泰始之后，浑又屡言之于武帝。帝召与语，大悦之，谓王济曰："刘元海容仪机鉴，虽由余、日磾无以加也。"济对曰："元海仪容机鉴，实如圣旨，然其文武才干贤于二子远矣。陛下若任之以东南之事，吴会不足平也。"帝称善。[4]

显然，根据中国历史研究的传统象征，这位看上去已经汉化的匈奴人在晋朝的辉煌生涯已唾手可得。但事实上，某些反对过度信

---

[1] 崔游是上党人，后来一跃成名，伊沛霞（Patricia Ebrey）在她的《早期中华帝国的贵族家庭——博陵崔氏个案研究》（剑桥 1978）中进行研究。在刘渊成为皇帝以后，他在他以前弟子的朝堂之上，官阶降低；参看韩大伟：《刘渊传》，第 44 页，注 112。

[2] 《晋书》卷 101，第 2645 页，这些由韩大伟翻译，参看《刘渊传》，第 18—19 页，在 106—107 页，110—111 页，119 页的文间注释中有所讨论。

[3] 《晋书》卷 101，第 2646 页。

[4] 《晋书》卷 101，第 2646 页；韩大伟：《刘渊传》，第 19 页。

任他的朝臣强调了他因性格中游牧民族特性而取得的成就。他因他的军事能力、个人品格与教养，深受他的匈奴同胞们的爱戴，也让机警的汉族人颇为踌躇。作为匈奴首领冒顿单于之后、南匈奴单于于夫罗之孙、左贤王刘豹之子，他血统纯正，在官阶和权力上仅位于单于之后。[1] 他以体力超常而著称，臂长而善于射箭，并且通过学习孙子兵法来提高自己的学识、技能以及谋略。面对这一切，有些忧心忡忡的汉人官员们进言说："臣观元海之才，当今惧无其比……非我族类，其心必异。任之以本部，臣窃为陛下寒心。若举天阻之固以资之，无乃不可乎！"[2]

在传记中，刘渊被塑造为一个忠于晋朝却壮志难酬的形象。他在朝为官的许多朋友在皇帝面前，就他怀有异心之事为他辩护。然而，就在他父亲亡故以后，皇帝任命他继承他亡父匈奴左贤王之位之际，旨意却又发生了变化。尽管他再三表示他的忠心，然而关于这一点，传记中却更多地关注他与游牧民族同胞紧密相连的品行。考虑到以下情况："（刘渊在任期间）明刑法，禁奸邪，轻财好施，推诚接物，五部俊杰无不至者。"[3] 紧接着，就连幽州、冀州知名的儒生，后学中杰出的人士，都不远千里来此游历。自此以后，当时皇权背后的幕后操纵者杨骏，任命他为建威将军、五部大都督，封爵为汉光乡侯。

刘渊似乎陷入了由唐朝剧作家导演的戏剧性的悲剧：作为一个异族人，屈从于昔日敌人之下，在他的追随者们逼他直面使命和带领他们振兴民族的层层重压之下仍然试图保持忠诚。[4] 他不愿意以武

---

[1] 关于刘渊的血统，参看韩大伟"Lineage as legitimacy"，第 616—618 页。

[2] 《晋书》卷 101，第 2646 页；韩大伟：《刘渊传》，第 19 页。

[3] 《晋书》卷 101，第 2647 页；韩大伟：《刘渊传》，第 20 页。

[4] 参看韩大伟：《刘渊传》，第 14—15 页。不仅仅是现阶段中国历史学家，唐朝《晋书》中《刘渊传记》的编纂者们在这一点上也有共鸣。

力推翻他的第二故乡的念头为他的命运添加了更多悲剧色彩，但奈何晋朝气数已尽乃是天意，刘渊不愿违背天意，他集结了游牧民族兵力，起初以援助晋朝之名发兵。

（二）刘渊宣布自立

让我们探究一下导致刘渊自立门户的原因。当晋朝的皇子司马颖在革命开始之前被流放到邺城时，他把刘渊纳入麾下，并任命刘渊为屯骑校尉。不久东海王司马越和陈昣等与晋惠帝征讨司马颖，驻扎在荡阴，刘渊被任命为“辅国将军、督北城守事”[1]。与此同时，他的同胞们秘密推举他为大单于。然而，刘渊担心目前的兵士不足以御敌，劝说五部的匈奴人马来赴国难辅佐司马颖，司马颖感到十分欣慰，于是任命刘渊为北部单于、参丞相军事。刘渊回到左国城后，刘宣等人便为刘渊上大单于的称号，二十日之间就聚众五万，定都离石。此后王浚派将军祁弘率领鲜卑兵众进攻邺城，司马颖不听刘渊的建议，以致溃败出逃，但刘渊仍旧愿意营救他。刘渊说：“颖不用吾言，逆自奔溃，真奴才也。然吾与其有言矣，不可不救。”[2]但他的谋士劝阻他放弃，因为：（1）晋朝像对奴隶一样对待我们。（2）晋朝昏庸无道，不值得效忠。（3）晋朝灭亡是天意使然。（4）上天借我们的手来消灭晋朝，不能够违背天意。（5）单于积德在身，连晋人都佩服。这些让刘渊认识到了他的使命。

他很快让自己师出有名。首先，他认为他应该高瞻远瞩，做高山峻岭（“崇冈峻阜”），而不是甘心做低矮的小土丘（“培塿”）。[3]

[1]《晋书》卷101，第2647—2468页；韩大伟：《刘渊传》，第21页。

[2]《晋书》卷101，第2648页；韩大伟：《刘渊传》，第22页。

[3] 关于这一点，在《资治通鉴》（TCTC）中的记载更加详尽：“善！大丈夫当为汉高、魏武，呼韩邪何足效哉！”（TCTC 85.14a–b）所有的独白都在《晋书》卷101，第2649页有记载，以及由韩大伟翻译的《刘渊传》，第22—23页。

他引经据典，认为匈奴人与汉人是同一个祖先。他说："夫帝王岂有常哉，大禹出于西戎，文王生于东夷。"[1] 在各个民族开始争夺王位之战之后，他又说："顾惟德所授耳。"[2] 现在，他拥有兵众十多万，这样，最理想的，可以成就汉高祖一样的基业，最差的，也不失做一个魏氏。他说，即使他的先辈们也未成就如此霸业。

他总结了自己的发言，彻底摆脱了哈姆雷特式的踌躇，确立了重新建立汉朝的信念。他的动机显而易见，他利用了他的家世，以汉朝之名替天行道，即便他能立马攻占它们。"虽然，晋人未必同我。汉有天下世长，恩德结于人心，是以昭烈崎岖于一州之地，而能抗衡于天下。……且可称汉，追尊后主，以怀人望。"[3] 除了借汉朝之名，勾起人民对刘备和刘禅的回忆，他还借后汉之名，使其能合法并长存。人们对最后一位王位继承者的记忆仍旧鲜活，虽然汉朝最后的继承人陷于永嘉。(307—313）之乱中[4]。因此在刘渊崛起的过程中，汉朝始终代表一个独立统治的政治团体。[5]

---

[1] 关于这些观点，参看韩大伟"History and Historiography on Sixteen States: some T'ang Topoi on the Nomads,"刊载于 *Journal of Asia History* 24 (1990), 第 169—172 页，以供参考和分析。

[2]《晋书》卷 101，第 2649 页；韩大伟：《刘渊传》，第 22 页。关于这些道德的效力，韩大伟在"History and Historiography on Sixteen States"中研究。

[3]《晋书》卷 101，第 2649 页；韩大伟：《刘渊传》，第 22 页。

[4] 后汉最后一位皇帝汉献帝的孙子，在晋朝统治期间，卒于 285 年；象征汉王朝的他的儿子与继承人殁于 289 年。他的儿子及继承人是在北部战乱中死于匈奴掠夺者之手，最后，汉朝覆灭，参见《后汉书》卷 9，第 391 页。或许唐朝的历史学家们故意忽略这种合法化的方式，而是支持刘备刘禅，尽管他们获得了不菲的成绩，但是始终不能贯穿合法化的过程，也因此为刘渊所建立的国家以及合法化过程增添了更多悲剧因素。

[5] 其他的人也采用了这种方式，来自平阳的刘莽也在 309 年 7 月，将他的弹丸之国命名为汉，并自封为王，参见《晋书》卷 5，第 119 页。同样"蛮人"张昌在公元 303 年也是这般，参见《晋书》卷 100，第 2612—2614 页。对比唐朝晚期突厥通过给予政权一个虔诚的称号来窃取最后合法性的尝试，其道理是一样的。Herbert Frank 在"Zum Legitimitätsproblem der Fremddynastien in der chinesischen Historiographie"中这样说，见 *Geschichte in der Gesellschaft*, Stuggart 1974, pp. 14–27。马克思主义历史学家蒋福

刘渊坚持他继承汉朝之位有以下原因。第一，他宣称祖辈曾与汉朝皇帝刘氏通婚。[1]第二，他认为他与汉朝紧密相连“吾又汉氏之甥，约为兄弟，兄亡弟绍，不亦可乎？”[2]第三，也是最重要的，刘渊曾被杨骏封爵为汉光乡侯。[3]

刘渊的雄心壮志和光复汉朝的决心只是那时游牧民族勇士战斗口号的典型体现。他们并未试图建立游牧民族政权，而是在部落之中建立中国民族主义观念。他们那时的目标是超越他们的祖先并完成那些汉人因其劣根性无法达成的事。[4]事实上，刘渊的理想既不是想建立匈奴帝国，也不是恢复汉王朝。这在他的传记后面的评论里得到了充分的展示，评论写道：“单于无北顾之怀。”[5]相反，刘渊在

（接上页）亚指出了以下三个原因，说明刘渊为什么采用汉作为国名：第一，刘渊想建立属于自己的国家；第二，他想误导中国民众以获得其支持；第三，“汉”是阶层斗争的产物，他的国家经历同样斗争，因此，这个名字适用。在这几个原因之中，第二个原因与合法化息息相关。参见蒋福亚：《刘渊的“汉”旗号和慕容廆的“晋”旗号》，《北京师院学报》1979年第4期，收入氏著《管豹集：魏晋南北朝史散论》，国家图书馆出版社2014年版。

[1] 在后汉时期，卢芳也宣称自己有同样的血脉和姓氏。半个匈奴血统，这种伪造的汉朝皇室血脉谱系追溯到他的曾祖母那里，他的祖母曾是一个匈奴贵族的姐姐，那位匈奴女子是武帝的妃子之一。在王莽的过渡政府时期，他表达了他光复汉朝的决心。当地中国人强烈反对他，因为他试图归属于汉朝皇室。参见《后汉书》卷12，第506页。匈奴支持他重新修订与刘询的盟约。单于由此称他为汉帝。参见《后汉书》卷12，第505—509页。

[2] 《晋书》卷101，第2649页；韩大伟：《刘渊传》，第23页，关于此项条约和通婚的贡品，参看韩大伟，“The Rise of the Hsung-nu:Some Historiographical,Anthropological,and Philological Consideration ”,*Zentralasiatische Studies* 24(1994). 25,n, 72。

[3] 汉光乡侯……“一个国家可由子嗣继承的头衔……这种头衔的产生，与汉朝相呼应，是刘渊与他庄严的姓氏一起使用以与汉朝相关联的理由”（韩大伟：《刘渊传》，53，n.157）。

[4] Cf. Richard Mather, *The Biogrephy of Lǘ Kuang*（《吕光传》），Berkeley, 1959, 112，n. 263：“正如此时期大多数非汉族国家的建立者一样，他呼吁，不应该是国家匈奴化，而应该是匈奴汉化，来祛除中国的弊端。”

[5] 《晋书》卷103，第2702页；韩大伟：“History and Historiography on Sixteen States”，第185页。

南郊筑坛设祭，自称汉王。[1]

（三）汉国的建立与合法化

在刘渊正式称帝之前，他实际上已经行使帝王之权，统治了四年（304—308）。《十六国春秋》记载了他为何选择这个称号：刚开始，他想看他称帝是否能被大家承认，也想看他是否能统一全国。[2]他在南郊筑坛设祭，并举行登基大典，定都左国城[3]，起草了一份宣言，宣称晋朝气数已尽，他顺应天意，担此大任实属无奈。在这份套话堆砌的布告中最为有趣的一点是刘渊列举了东汉和西汉的主要皇帝，并表示忠实追随他们。[4]重建和重整这份遗产是他最神圣的考虑：他的成长乃是天意，因为“自社稷沦丧（即刘备蜀汉灭亡之日），宗庙之不血食四十年于兹矣”[5]。最后一步，按杨联陞的说法，仪式是因得上天授意，定国号为汉。[6]

刘渊勤俭治国的方式，有如：宣布大赦天下，署置百官，授官

---

[1] 刘渊在治国之道范围内，进行汉化学习是韩大伟的研究重点，见“The Concept of Sovereignty Among the Madieval Hsiung-nu”，刊载于 *Atlaica Berolinensia: the Concept of Sovereignty in Altaic World*, ed., by Barbara Kellner-Heinkele, Wiesbaden 1993, pp. 109-113.

[2] 《十六国春秋》中相关部分的英译是由韩大伟完成的，见韩大伟：《刘渊传》，第23页。汉朝，后来又被重新命名为赵的政治历史，在刘聪和刘曜的传记中都囊括了。我们在此篇文章中不做过多赘述。田村实造在《中国征服王朝——总括》（东京，1985年，第147—151页）中展示了一个依据《晋书》和《资治通鉴》的年代顺序大纲。

[3] 在刘渊的众多帝都之中，左国城可能相当于左都城，这是刘渊在晋朝任左将军时候在汾河之畔建立的。参见《旧晋书》，光绪年间刊本2.5。名字的变迁反映出他的侧重点由游牧民族向中国的转变。关于多元合法化，参见韩大伟，“Lesgitimation and Sinification”，第64—65页。

[4] 完整的布告是由韩大伟翻译的，见韩大伟：《刘渊传》，第23—24页。这是《全晋文》中关于汉朝的唯一记载。

[5] 《晋书》卷101，第2649页；韩大伟：《刘渊传》，第24页。

[6] 杨联陞，*Studies in Chinese Institutional History*（《中国制度史研究》），rpt, Cambridge, Mass. 1969, p. 2. 校记：此书中文版由彭刚、程钢翻译，江苏人民出版社1998年版。

各有等差，立妻呼延氏为王后等。随后，在被司马腾讨伐之后，他采取措施巩固政权，动用武力扩张领土。刘渊乘胜进军，四处出击，挥军向东北，北部以及东南。截至308年，刘渊已做好准备，打算率领关中的兵众席卷洛阳。

自打刘渊登基以后，308年的第七个月之内，群凤翱翔，让六十余位官员集体上尊号。[1]因此，在十月，正式称帝，改年号为永凤。宗室中以亲疏为等级，皆封郡县王，异姓中以功劳、谋略为等级，皆封郡县公侯。钦天监传达了众多晋朝将灭的征兆，因此促使刘渊完成大业。为迎合预兆，刘渊迁都平阳。有人从汾水中得到玉玺。[2]刘渊认为是自己的完成大业的好征兆，于是挥兵北上。

刘渊决定采用谋士在汉朝基础上改良的严密的官僚制度，来建立一个汉文化式的国家。[3]他尝试为国人们建立起精密的汉族官僚制度，但是受经验和品位限制，他们中绝大多数人都不能得其精髓。[4]因此，日复一日，长久以往，大量汉人获得晋升。[5]在刘渊的统治范围之下的游牧族人，在汉文化式的管理体系中缺乏任何后续参与，尽管当局者熟知道德与儒学，管理体系建立在大量游牧民族原则上，因此，国家的非汉族人不容小觑。这意味着，实行两种不同的政治制度势在必行，一种管理汉人，一种监督蛮族。

---

[1] （北魏）崔鸿：《十六国春秋》，韩大伟译，见《刘渊传》，第25—26页。

[2] 关于玉玺和它的重要性，参看韩大伟：《刘渊传》，第67页，注257。

[3] 《资治通鉴》卷85，第15a页。

[4] Wolfram Eberhard, *Conquerors and Rulers: Social Forces in Medical China*, rev. ed. Leiden 1965, p.123，解释此问题道："刘渊试图合法继承中国王位，并且以中国方式任命官员。他和他的家族都接受了中国式训练，这对他来说不成问题，但却为他部落的人们带来了麻烦。他们并没有为在朝为官接受过训练，不适应改变，也不喜欢以儒家方式来行事，他们讨厌中国朝堂的繁文缛节。因此刘渊任命了越来越多的中国官员。"

[5] 万斯同（1638—1702）编纂了刘渊时期的官位表《伪汉将相大臣年表》，参见《二十五史补编》，第6卷，上海开明书店1937年版，第4027—4031页。除了刘氏一族地位无可撼动之外，这些官位中几乎没有匈奴人的名字。

此时崭露头角的政治体系被后来的学者称为“双重体制”，后来历史学家杜撰了这个新词来形容征服王朝时期一个统治两类来自不同文化社会背景的民众的政治体制，如对汉人来说他是皇帝，对蛮夷民族来说他是单于。历史学家指出，此体制有两种形式：一种是刘渊的模式，统治者自己作为皇帝统治中国，任命一位朝臣为单于，并将统治游牧民族的权力委派给他；第二种模式是石勒模式，统治者集皇帝与单于于一身，直接管理所有臣民。[1]

让我们来回顾一下汉朝单于的官职。刘渊经历了最重要的匈奴官职：他继承他父亲的匈奴左贤王之位，先后又做过左贤王、北单于、大单于。作为北单于，他任命他的儿子刘聪为右贤王，但出于某些原因，在他成为大单于之后，又封刘聪为鹿蠡王。[2]然而，在310年八月刘渊卧病，嘱托后事之时，刘聪重获圣宠。刘渊任命其为大单于，并于平阳设立单于府邸作为行政机构。[3]此时，“双重体制”已然成型，因为刘渊已授意其子刘和继位。这个体制一直持续到310年，刘聪自西明门攻入西室，杀刘和自立，封其弟刘乂为大单于。[4]314年，刘聪重新确立游牧民族官僚制度，他将广大非汉族人口分为两大阵营，每个阵营十万人[5]，并任命左贤王和右贤王来辅佐单于进行管理。十位首领辅佐监管每个部落。这些新设立的官职

---

[1] 韩大伟在“The Concept of Sovereignty Among the Medieval Hsiung-nu”, pp. 112-113 中有过涉及和探讨。

[2] 《晋书》卷101，第2652页，《晋书》卷102，第2658页；《资治通鉴》卷85，13b. 关于鹿蠡王这一官位，参见 Peter A. Boodberg, Selected Works of Peter A. Boodberg, ed. Alvin P. Cohen, Berkeley and Los Angeles 1979, 106。当刘渊任命刘聪为鹿蠡王，他同时也让刘隆为鲁王。这个头衔，暂时的被 Boodberg 抄写为 *uo-luk”，可能代表土耳其的 *uruq*, “母系族亲”；参看 Boodberg, Selected Works, 106, pp. 156-157。

[3] 《晋书》卷101，第2652页；参看韩大伟：《刘渊传》，第71—72页，n. 286.

[4] “领大单于”，《晋书》卷102，第2658页。

[5] 《晋书》卷102，第2665页。

全然由各族当地非汉族铁腕担任[1]；游牧贵族并未任职，因为他们在刘聪建立的新的中国官僚制度中居于高位[2]。这一举动让匈奴贵族融入汉族权力中心，然而，将游牧民族的势力范围转交到效忠于单于的异族松散联盟手中也付出了代价。

在316年，刘聪将单于刘乂降为北部首领[3]，将他的儿子扶上单于之位[4]。318年刘曜登上王位，并宣称他得到了六枚传国玉玺。[5]此时，刘耀改国号为赵，因为根据时事与五行，与此名相连的是水，而不是晋朝时的金。[6]刘曜继承大典与游牧民族唯一相关的便是刘渊和冒顿单于的遗旨，以及祭祖时所获得上天的旨意。[7]他保留了包括单于在内的一定成分的游牧民族官僚制度，我们发现一位匈奴首领被提拔为左贤王，作为辅佐他儿子的官僚。[8]无论如何，于326年，刘曜都建立了单于府邸，任命他的儿子为大单于。与此同时，他设立大量左贤王、右贤王及以下的游牧民族官阶，由胡、鲜卑、羌族人等担任。[9]看上去似乎游牧民族已经参与汉族统治，并管理自己的事务。

刘曜以后单于官位的部署当考虑石勒，这个官位以后的历史从

---

[1] 周一良：《魏晋南北朝史论集》，第26页。

[2] 关于对中国官僚制度的普遍认可程度，参看《晋书》卷101，第2665页。

[3] 校记：《载记》记为“废乂为北部王”。

[4] 《晋书》卷101，第2675页。

[5] 关于刘聪、刘曜，其子嗣以及他们登上皇位的背景，参看吕思勉：《两晋南北朝史》，上海古籍出版社1983年版，第152—158页。

[6] 《晋书》卷103，第2758页。这次行动标志着匈奴合法化计划以及他们汉化水平的改变，是因为刘曜宣布国家是晋朝的延续，否决了继承其继父刘渊付诸心血建立的汉朝的主张。他通过征服晋朝赢得了统治权。

[7] 关于此遗愿的地位，参看韩大伟：“The Rise of Hsiung-nu”，第24页。

[8] 《晋书》卷103，第2695页。

[9] 《晋书》卷103，第2695页。

此开始了新的篇章。[1]

匈奴精英在管理汉民族事物的问题上，他们唯一的成就并不是汉化。行政机构招募的方式本身是不错。刘渊并没采用以与部落同盟结拜兄弟的传统匈奴方式来维系忠实的人际关系，他依靠汉化官阶来为他的刘氏亲族匈奴贵族和忠心的汉人授予官位或名号。他采用汉化的官位和授予封地的方式来代替游牧民族式的安达契约（Anda）的方式。[2] 刘渊、刘聪、刘曜所延续的这种继承方式是严格建立在长子继承制的基础上的，并不是结合父系与嫡系凯尔特族酋长继承原则（Tanistry）。[3] 在此后匈奴与汉朝的历史长河中并没有进一步提到讨论继承问题的任何形式的争论。最后，在本国历史的后期，皇帝们的婚姻似乎与加强匈奴和汉族贵族之间的纽带紧密相连，这与当初刘渊的举措背道而驰。[4] 似乎在元朝，匈奴精英的汉化意味着“或多或少都完全拒绝本土文化”。[5]

刘渊主张脱离传统意义上游牧民族受制于单于的局面。左贤王

---

[1] 周一良：《魏晋南北朝史论集》，第 25—29 页，也探究了从汉到后赵官职变化的历史。

[2] 关于安达关系，请参看 Lattimore, *Studies in Frontier History*, pp. 535-536。

[3] 关与游牧民族继承模式，参看 Denis Sinor, “The Making of a Great Khan” , in *Altaica Berolinensia*, pp. 241-258；韩大伟，“Heroic Legitimation in Traditional Nomadic Society” , in *By Study and Also By Faith: Essays in Honor of Hugh Nibley*, 2 Vols, ed., by John M. Lundquist and Stephen D. Ricks, Salt Lake City 1990,I:pp. 562-583. Tao Tien-yi, “ The System of Imperial Suceession During China’s Former Han Dynasty(206 B.C.- 9A. D.),” in: PFEH 18 (1987), pp. 171-191. 分析了汉朝父系继承模式。校记：Denis Sinor 此文汉译为《大汗的选立》，收载于《丹尼斯・赛诺内亚研究文选》，中华书局 2006 年版，第 167—188 页。

[4] 在刘渊崛起的过程中，他娶了匈奴贵族呼延氏，为后来登上单于之位增加了筹码。刘聪也娶了呼延一族的女性妻。在他登上皇位以后，他的妻子成为国母。不久之后，他又将刘殷的两个女儿纳入后宫。 在其皇后驾崩以后，他又把这个尊贵的地位许给了刘殷的女儿，而不是匈奴贵族参见《晋书》卷 102，第 2660、2663 页。除了由游牧民族向汉族的转变，刘聪其他的婚姻都为他带来了政治利益。

[5] Herbert Franke, *From Tribal Chieftain to Universal Emperor and Gog: The Legitimation of the Yuan Dynasty,* Munich 1987, p. 17.

和右贤王以及下面设立的各个阶层从管理和逻辑意义上，都开创了他独有的管理绝大多数定居人口的风格。据描述，即使在汉化的贵族中间，他们与生俱来的游牧民族权利也被改变。建立独立的游牧民族的官僚制度，来监管部落事宜，以缓和驻扎在单于封地的十万健壮的匈奴士兵与其他种族的游牧民族士兵的关系不是没有意义的。在病危之际，刘渊让新单于刘聪接手军队。[1] 刘聪身上展示出了许多游牧民族习以为常却让汉族朝臣觉得冒犯的习惯。比如，匈奴历来都有寡妇与亡夫兄弟结婚的传统，他与他父亲遗孀们乱伦的荒诞行为，仅是稍微越过了此界限而已。[2] 刘聪的另一个荒诞行为便是他祈祷时，如成吉思汗后来所为——求山神保佑，这跨越了他所接受的汉文化的界限。[3]

然而，这种精英中传统的荒蛮习俗的突然涌现，对保存游牧民族平民与贵族之间的社会关系方面毫无建树。这并不仅仅因为两者生活方式和物质材料之间的差距不断扩大，也是由于刘渊、刘聪和刘曜对官僚制度的改革是为了巩固政权和促使自身性情与汉风俗协调。因此，由于汉化进程不断加深，匈奴从他们传统的领导阶层手中获得的官职越来越少，统治者与被统治者之间互惠的关系减弱，他们支持贵族的动机也就越来越少。Wolfram Eberhard 将匈奴部落人们的决定总结如下："刘渊未能将他的部落成功转化为军事化队伍，

[1] 周一良：《魏晋南北朝史论集》，第 25 页。

[2] 此事件记录在《晋书》卷 102，第 2658 页，关于包括石勒统治下的匈奴在内的游牧民族中，寡妇与亡夫兄弟的结婚一事，参看韩大伟："Sinification and Legitimation", pp. 399-400. N. 84.

[3] 《晋书》卷 102，第 2651 页。成吉思汗展现其精神的经文被记录在《蒙古秘史》第 103 页中。Igor de Rachewiltz, The Secret History of the Mongols, in *Papers on Far Eastern History* 4(1971), 1149; cf. John Andrew Boyle, *The History of the World-Conqueror by 'Ala-adDin' Ata-Malik Juvanini*, 2 vols, Manchester 1958, Ⅰ. pp. 80-81.

当他们不认可的事情接踵而至时，部落首领便放弃了最高首领，并各自为营。”[1] 也就是说，即使刘渊和他的继承者们成功将游牧贵族融入汉文化体系，他们手下的士兵们却永远无法融入。当一个全新的拥有传统游牧民族品质的英雄人物出现时，刘氏皇帝放弃了在外族确立他们的统治，而部落的人们便主动向英雄靠拢。这个人物就是石勒，他的个人品德和功绩为他在匈奴中获得了大量支持，接下来的研究的主题将关注石勒如何让他们保持忠心。

三、案例分析二：石勒和文化渗透以及汉化

自打进入欧洲以后，匈奴人在生活和制度方面都有了很多重要改变。他们依旧是游牧民族，他们依旧没有学会耕作，但是在渡过多瑙河和蒂萨河以后，曾经在亚洲大草原上的游牧民族习惯已经不适用或不必要。当他们成为罗马帝国的一股政治力量，处理外交与军事事宜，他们发现自己不得不去学着适应文明程度更高的团体的习惯，不管这个过程有多么艰难。[2]

石勒并不喜欢赵国，甚至都不屑于占领它。刚开始他在汉国为官，作为一名有名无实的将领，效忠于刘渊以及刘聪和刘曜，一直到他拥兵自立。刘曜在 318 年登上皇位以后，将匈奴国的国名由汉改为赵。不久以后（319 年 2 月），石勒自封为王，并建立了自己的赵国。他招募走了刘曜麾下的大部分武装力量并占领了剩下的部分。后来的历史学家将石勒和他的后人石虎所建立的国家称为“后

---

[1] Wolfram Eberhard, *Conquerors and Rulers: Social Forces in Medical China*, p.124.

[2] J.B.Bury, *The Invasion of Europe by the Barbarians*, 1927; rpt, New York, 1967, p.141.

赵”[1]。在此研究中，赵与石勒有所关联，是因为那标志着他在刘氏一族的汉 / 赵王朝的屈辱地位以及他后来独立为王的地位。

（一）出身草莽的石勒

与刘渊相比，石勒并非出身游牧贵族阶层，他甚至都不是纯正的匈奴血统。他是一位晋朝人，他的祖先曾在过去某个时候被纳入匈奴体制之中。[2]尽管他的祖父和父亲在部落曾做过小首领，但这并不是他向他的部下们炫耀的资本，他凭借自身魅力服人。“向者胡雏，吾观其声视有奇志，恐将为天下之患。”[3]作为一个游牧民族士兵，他的功绩可圈可点：“驰遣收之，会勒已去。长而壮健有胆力，雄武好骑射。曷朱性凶粗，不为群胡所附，每使勒代己督摄，部胡爱信之。”[4]在他的晚年时期，他曾大肆赞扬自己的摔跤技能。[5]石勒所居住的武乡北原山下，草木皆有铁骑之象，家园中生人参，花叶甚茂，悉成人状。他志度非常，其前途终不可量的预言在父老及相者中得到认同，也在他耳中的回音上得以反应。[6]所有的征兆都显示

---

[1] 现代研究石勒统治下，后赵时期的政治和社会研究的有 Otto Frank, *Geschichte des Chinesischen Riches*, II , S. 63-66, III. S. 240-241, 245; Eberhard, *A History of China*, pp. 123-125; 吕思勉：《两晋南北朝史》，第 1 卷，第 152—159 页；Okazaki Fumio, *Gi-Shin Nambokucho tsushi*, 东京，1932；pp. 141-152, 642-644；和田村实造 (Tamura Jitsuzo) 第 4 卷，*Chugoko shijo no minzoku idoki*, 东京，1985，第 34—38、105—106、108—109 页。

[2] 他的民族与祖先，参看韩大伟：“Lineage as Legitimization”。

[3] 《晋书》卷 104，第 2707 页。关于这些以及它的游牧来源，参看韩大伟：“Let There Be Light ; A Nomadic Topos in Chinese Guise”, in *Ch'ing-tsu Cha-ch'i Ssu-ch'ien Chiao-shou pa-shih shou'en hsileh-shu lun-wen-chi*, ed., by Ch'en Chieh-hsien, Taipei, 1995, pp. 311-319.

[4] 《晋书》卷 104，第 2707 页。

[5] 此据《十六国春秋》。

[6] 《晋书》卷 105，第 2707 页。韩大伟在“Lineage as Legitimization”讨论了关于他生来不凡的预兆。耳鸣，是中国传统文化中的一种；甚至专门有书来解释这种让人困扰但同时又饱含深意的声音，参看 Ch'en Pan's,in : *Bulletin of the Institute of History and Philology* 16 1947，pp. 324-325。在游牧民族之中；比如，中世纪土耳其人也有类似的根据耳鸣来占卜方法，但它是凶兆。cf. Faruk Sumer , et, al. *The Book of Dede Korkut, A Turkish Epic,* Austin and London, 1972, 184, n, 15.

他命中注定必将前途无量。

石勒弱冠之际，并州发生饥荒，沦落为难民，他和众多无家可归食不果腹的胡人一起被卖为奴。[1] 他再次因为他不同寻常的相貌幸免于难，获得知音，他的主人许他自由。他进入了他近邻汲桑的牧马场[2]，后来一位知音协助他让他从一些流盗手中逃离，让他认识到自己的使命：石勒注定会成为“中部这些省份的首领”[3]。

（二）游牧族首领的崛起

石勒后来以集结追随者为开端，很快他的追随者上升至十八人。他们都与石勒结拜为兄弟并发誓忠于石勒。[4] 石勒就以这十八骑为基本力量，向在平牧场东面的赤龙、骥等马苑中夺得苑马，乘马到远方掠夺丝绸珍宝等物，用以结好于汲桑。

304 年，刘渊自立为汉王，八王之乱（300—306）诸王互相攻伐，刘渊也参与其中。汲桑与石勒的队伍此时已经壮大到几百人，

---

[1] 关于此时的奴隶制度，参看 Wang Yi-Tung, Slaves and Other Comparable Social Groups During Northern Dynasties, in: *HJAS* 16 (1953); A. M. Khazanov, *Nomads and the Outside World*, tr ., by Julia Crookenden, Cambridge and London, 1984, p. 167, 关于游牧王朝时期努力的历史实例。

[2] 汲桑是平阳一个贩卖马匹的头目。在成为土匪之后，他投靠司马颖。在司马颖失败以后，他四处掠夺，有时候伪装，混在护卫司马颖葬礼的队伍里；有时他甚至会搬着司马颖的灵位和棺木。在汲桑二十岁左右时，石勒就以这十八骑为基本力量，向在平牧场东面的赤龙、骥等马苑中夺得苑马，乘马到远方掠夺丝绸珍宝等物，用以结好于汲桑。由于他的超乎寻常的身体力量，他成了他们的领导，比如他的声音在几里之外就可以听见。参见《十六国春秋》中引用的《赵书》，第 23 页。307 年，汲桑攻入邺城，烧杀抢掠，超过一万人被屠杀。后汲桑、石勒为兖州刺史苟晞和将军王赞所败，在乐陵将汲桑斩首。参见《晋书》卷 104，第 2709 页；卷 5，第 117 页；卷 13，第 397 页。关于他最后一战的详情，参看《晋书》卷 61，第 1666 页；但他本人没有传记。

[3] 《晋书》卷 105，第 2708 页。

[4] 他们中的多数都在石勒的麾下担任大将；游牧民族的传统是将军之位只能许给无条件效忠的人，就成吉思汗而言。我们设想石勒与他的老搭档可能是看在个人情份上，比如结拜兄弟。关于成吉思汗被封将，参看《蒙古秘史》，第 202、203 和 207 页。

公师藩自封为将加入他们。[1] 正是因为这位汉人的影响，在此机缘下汲桑令他更姓为石，取名为勒。[2] 公师藩拜石勒为前队督，跟着攻平昌公司马模于邺。公师藩兵败并被处斩，汲桑与石勒又被迫流亡。随后，汲桑自号大将军，以石勒为前锋都督，揭竿而起。[3]

石勒的迅速崛起源于此次战争的大捷。石勒率人劫掠郡县系囚，又招山泽亡命之徒，和无家可归的难民为己所用。汲桑与石勒合力进攻邺城之时，他们的兵力已达五万人马。“桑、勒为晞所败，死者万余人，乃收余众，将奔刘元海。冀州刺史丁绍要之于赤桥，又大败之。桑奔马牧，勒奔乐平。王师斩桑于平原。”[4]“时胡部大张訇督、冯莫突等拥众数千，壁于上党，勒往从之，深为所昵，因说訇督曰：‘刘单于举兵诛晋，部大距而不从，岂能独立乎？’曰：‘不能。’勒曰：‘如其不能者，兵马当有所属。今部落皆已被单于赏募，往往聚议欲叛部大而归单于矣，宜早为之计。’訇督等素无智略，惧部众之贰己也，乃潜随勒单骑归元海。元海署訇督为亲汉王，莫突为都督部大，以勒为辅汉将军、平晋王以统之。勒于是命訇督为兄，赐姓石氏，名之曰会，言其遇己也。”[5]

即使刘渊的众位将领之间竞争激烈（如王弥），但石勒在刘渊麾下，由于自身才能和赫赫战绩，平步青云。石勒在招募伏利度之后他的实力大增，且深得伏利度的部下之心。这件事为他带来了无上的荣誉，他受到君王刘渊的封赏在此不做赘述。但是这些胜利所带来的社会地位的上升值得被讨论。以下是贵族化的过程。

---

[1] 公师藩是司马颖手下的一员大将，后来受他信任，成为他的谋臣。在 305 年 7 月，他转而反抗司马颖，并投入汲桑和石勒麾下。后来战败，于 305 年末，被苟晞斩杀。

[2] 关于石勒的原用名与他采用中国名字的影响，参看韩大伟：“Lineage as Legitimization”。

[3] 《晋书》卷 104，第 2708 页。

[4] 同上书，第 2709 页。

[5] 同上书，第 2709 页。

贵族化是贵族血统的一项新创举。在中古时期游牧民族社会的定居文明中，贵族化是一种征服活动。石氏家族和石勒本人紧密相连，因作为将领的美德与战斗力一跃成为赵国贵族。这个过程被佩里·安德森（Perry Anderson）总结如下：

> 军事入侵和财政剥削不可避免地把初始的部落团体划分成层次鲜明的阶层；部落联盟向附属国的转变产生了一个高贵的王朝，统治贵族阶级们从被管制的游牧平民军队中分裂出来。[1]

石勒以及其亲属的新地位所带来的麻烦是游牧民族贵族已经在他们所属的匈奴联邦中存在了几个世纪。刘渊，他的儿子以及党羽们在内的贵族已经占据了属于当时游牧贵族的特权。[2] 因此，即使石勒在游牧民族圈子内的力量增长，他还不能有效利用他新获得的社会头衔。这限制了他最初让自己作为游牧民族首领和后来作为汉族贵族的权力合法化的选择。

（三）赵朝的建立和合法化

关于石勒作为游牧民族贵族的线索在他的传记中鲜有发现。317 年左右，石勒被刘聪任命为东单于，此后，他被胡汉的臣子们推举为“大单于”[3]。提及他的统治，关注更多的是他是一位中国独裁者。其实除此之外，他的大单于一职（在他统治下，又被重新称

---

[1] 引用自 John H. Kautsky, *The Politics of Aristocratic Empires*, Chapel Hill 1982, 55. Morton Fried, “Warfare, Military Organization, and the Evolution of Society”, in *Anthropologica*. 3 (1961), pp. 134-147。通过与原始社会相比较，进行了深入研究。

[2] 参看 Kautsky, *The Politics of Aristocratic Empires*, pp. 54-55, 其中详述了前贵族和因征服而产生的新贵族之间的矛盾。

[3] 《晋书》卷 104，第 2730 页。

为“双重体制”）也值得重视。即使他起初通过传统的游牧民族的方式获得权力，尤其是他的个人能力和领导权，但他并没有通过上天认可或者出生高贵这种传统方式获得长久的合法化。因此，他寻求合法化必须依靠特别的游牧民族的要素。其中最快捷的办法来自汉族范围。

石勒想建立一个汉族式的，而不是游牧民族式的体制的暗示，首先来自于他忠心耿耿的谋士张宾，张宾说：“邯郸、襄国，赵之旧都，依山凭险，形胜之国，可择此二邑而都之，然后命将四出，授以奇略，推亡固存，兼弱攻昧，则群凶可除，王业可图矣。”[1]他选择了襄国。石勒接下来借儒家文化进行进一步合法化：“司冀渐宁，人始租赋。立太学，简明经善书吏署为文学掾，选将佐子弟三百人教之。”[2]318年，石勒在匈奴刘氏的封建家族式官制之中被封为“赵王”，“刘曜又遣其使人郭汜等持节署勒太宰，领大将军，晋爵赵王，增封七郡，并前二十郡，出入警跸，冕十有二旒，乘金根车，驾六马，如曹公辅汉故事，夫人为王后，世子为王太子”。并继续以汉人的传统来管理他的都城，“勒增置宣文、宣教、崇儒、崇训十馀小学于襄国四门，简将佐豪右子弟百馀人以教之，且备击柝之卫。置挈壶署，铸丰货钱”[3]。如果说石勒的雄心壮志中有所纰漏，那便是他没

[1] 《晋书》卷104，第2717页。张宾精通典籍和历史，但并未做过有创意性的研究。他把自己描述为一个熟知兵法，洞悉一切的人，他在此之前从未遇见过汉朝开国皇帝这样的明主。在永嘉之乱时，在他遇见的所有将军中，仅有石勒可以成就霸业。石勒最终发现了他的才华，让他作为谋士。他的策略所向披靡，因此唐朝历史学家称赞他是石勒建国的股肱之臣。石勒称他为“最好的侯爵”，当其去世后，石勒深感悲痛，认为是上天拿回了支撑他宏图霸业的支柱。《晋书》卷105，第2756页，对他有个简短的介绍。更多参看田村实造，*Chugoko shijo no minzoku idoki*，第108—109页。

[2] 《晋书》卷104，第2720页。

[3] 这其中包括配备更多的学堂、天文和音乐器具。《晋书》卷104，第2728—2729页。

能如愿得到六方传国玉玺。[1]通常，历史上都比较提倡谦虚和克制，石勒最终被部下说服“请依刘备在蜀、魏王在邺故事”，“勒西面而让者五，南面而让者四,百僚皆叩头固请，勒乃许之”[2]。

319 年 11 月，石勒为赵王之后，在他的统治下，王朝规模宏大，空前绝后。他的祖先们以汉文化的方式，供奉在寺庙，他的家族成为皇族，他的部下和从属都在朝为官，他的朝堂在新修的皇宫之中。他选取了自己的名号，并在年初公之于众。最终，他在社稷坛中举行皇家祭祀，让自己名正言顺。[3]

石勒的国名是在深思熟虑之后决定的。薛爱华对这个国家及其先辈做出如下评论：

> 显而易见它（赵国）从古代番邦中得名，曾经强大的晋国在第一个千禧年之初建立，但它又在公元前 5 世纪被汉魏赵瓜分。刘氏和石勒以及他们的族亲们建立的赵国的基业从山西扩展到河北，为后来的继承者们确立了传统根据地。[4]

石勒听从了他的朝臣们的建议，他所建立的全新的国家，“封内依旧改为内史，准《禹贡》、魏武复冀州之境，南至盟津，西达龙门，东至于河，北至于塞垣”[5]。石勒愿意放弃汉朝的名字和先例，因为这与他并无关联：他与汉朝皇室宗亲，不像刘渊曾与汉朝通婚，他也不曾效忠于晋朝，因此也不能像刘渊那样，可以追溯到

---

[1] 《晋书》卷 104，第 2728 页。

[2] 同上书，第 2730—2731 页。

[3] 这一切在《石勒载记》的“下”中有详细说明。

[4] Edward Schafer, “The Yeh Chung Chi”, *in*:TP 76 (1990), p. 155.

[5] 《晋书》卷 104，第 2730 页。

魏汉时期。他宣称自己领导权合法的唯一办法就是高压政策，武力夺取土地。

通过领地而合法化的动机是通过统一而获得“正统领导权”传统方式的一种。在此隐藏着石勒征服南方的理由，这也是后世的女真族在那个时代试图采用同样强有力的原因。[1]这种以强有力的根基而合法化的方式让石勒得到了一位富有经验的汉族朝臣裴宪的认可，他对石勒说：“明公既不欲以道化厉物，必于刑忍为治者，防风之戮，臣之分也。”[2]一位汉人皇帝的美德可通过举行及时的仪式和身体力行的儒家原则而得以发扬光大，而石勒永远都不可能以后者，不管在前者的范围内他的行为如何真诚勤勉。

即使石勒在汉化合法化理论的程序上的处理是腐败的，但至少在唐朝的历史传统中，它是一把双刃剑，被称为不合法的，而不是合法的先例。例如。石勒效仿晋朝，采用了水元素为他的官方宇宙代理。晋朝的征服是以其统治者的威力和意愿为基础的，而不是天意，也不是效仿周朝。因此与周→汉→晋以及下面的朝代并不一致。[3]另外一个勇敢却无果的常识是石勒采用八佾舞作为宫廷礼仪。这种舞蹈，起初是挑战汉族统治者特权，在历史传统上与其非法篡夺紧密相关，因为它曾经被季桓子僭于其家庙舞之，故孔子讥之，后被周朝国王保留。[4]

---

[1] 陶晋生, *The Jurchen in Twelfth- Century China Study of Sinicization*（《十二世纪的女真人汉化研究》）, Seattle and London, 1976, p. 35。

[2] 《晋书》卷 35，第 1051 页。

[3] 石勒政权水以及黑色元素，见《晋书》卷 105，第 2743、2746 页。参看 Hok-Lam Chan *Legitimation in Imperial China .Discussion under Jurchen-Chin Dynasty*(1115-1234),Seattles and London 1984, p. 31, Incidentally.《晋书》卷 103，第 2685 页。

[4] 《晋书》卷 105，第 2736 页。关于八佾，参看《论语》3.la;James Legge, *The Chinese Classics*, 5 vols, 1861-1983;rppt, Hong Kong , 1970,I. p. 154. 另外一个不吉祥的事件是在王莽时期一个遗址的发现；参看《晋书》卷 105，第 2738 页。

在更远的层面上，甚至“赵”的国号都受到了质疑，虽然它是一个享有盛名的古代王朝的名字，但是它似乎与羽翼丰满的野蛮民族暧昧不清，因为它所占领的传统区域由于临近北部边界和黄土区域。[1] 石勒尝试从汉族的角度来推进合法化，从开始就注定了要失败。

在建国的过程中，石勒采用程序、语义以及学术等手段来使其建立的国家合法化并组织和掌管他的国家。但是，他自己由于自身原因并未采用中国文化，这在他的成型期并未造成影响。再后来的生活中他虽聆听别人给他念的古籍和历史故事，但也并未接受它们。[2] 然而，他确实重新采用了一种主流文化来协助自己：他投向佛教。

石勒采用了佛教，这影响了他的方方面面。他除了从所雇僧侣佛图澄那里洞悉将来作战计划，佛图澄惊人的准确性和神异事迹起初就使他的思想发生转化[3]，石勒转化的动机在于翻新一个虔诚佛教信徒以及他谦卑的仆人的像。这帮助他填补了他建立基业、登上王位既不是匈奴血统又不是汉族血统的理念空白；由于这个社会背景缺陷，最起码，在游牧民族之中，他不能利用他的能力为他带来的大量的史诗传奇以及贵族传统，来获取广大民众的忠诚和敬仰。不幸的是，唐朝的历史学家对于他在历史上的地位，以及他与当时名满经卷的高僧佛图澄的关系在他大量的传记传说中并未提及。[4] 这导

---

[1] 在赵国，由于其历史和野蛮倾向，Lattimore 称其为“前线扩张”，参看 Lattimore, *Inner Asia Frontiers of China,* pp. 350-360;*Studies in Frontier History*, p. 109。

[2] 《晋书》卷 105，第 2741 页。“勒雅好文学，虽在军旅，常令儒生读史书而听之。”即使他不能读文识字，他依旧好学，参看 Liu Ch’eng-Kan and Wu Shih-Chien , *Chin-shu chueh-shu*,Taipei n, 105. 8b。

[3] 参看汤球辑：《十六国春秋》，对他对话的总结；念常：《佛祖历代通载》，Taisho#2036, 6. 519c.

[4] 《高僧传》中，佛图澄是其中的主要人物。《世说新语》中的零星片段和评论给我们阐释了石勒与佛教的最主要的世俗原因。佛图澄是由其部下郭黑略介绍给石勒的。关于这位名僧的传奇，参看 Arthur F. Wright, “Fu-Tu-Teng :A Biography ”, *HJAS* 11 (1948), 321-371。

致石勒在与他的臣民们建立纽带关系或使他的政权有效合法化的方面，留下的影响显得苍白无力，不管是对有良好教养的汉人，还是对后来的历史学者。

但是，除了让政权合法化的普遍方法外，还有另一个方面，这点与佛教因素不同，它在史料中有大量记载。这就是我们后来所说的民间传说。比如，奇特的植物形状预示着伟人的诞生：石勒所居住的“武乡北原山下，草木皆有铁骑之象，家园中生人参，花叶甚茂，悉成人状”。根据当时流行的占卜术，这种石头预示着一个将领可以称霸天下。有证据证明石勒的姓氏石，就是想借用与石头相关的声望和预言能力。[1] 石勒王朝将与龙有关的事物归为水性，从此这一观念便成为汉文化当中的一部分。除了他“时代之龙”的称号以及统治阶层选择以山命名的称号之外，其他还有承五行金而下的水德，包括与鱼和龙须有关的事物，黑色动物以及一些用于仪式和祭祀的事物——“以赵承金为水德，旗帜尚玄，牲牡尚白”[2]。如果佛教没能使民心由赵朝转向石勒，那么相信这些民间迷信一定能够做到。

石勒王朝依靠其统领的游牧部落进行统治。而赵是怎样对待这些部落的呢？赵国时期，他们被列为皇室成员。除了宣示自己是汉族的帝王之外，石勒定居襄国的主要目的是为他的游牧部落能够在中国北方平原和山西地区自由掠夺创造便利条件，以便维持部落的延续。下面是艾博华对石勒及其军队政策的描述：

---

[1] 《晋书》卷 104，第 2707 页。参看韩大伟：“Lineage and Legitimacy”。

[2] 详见《晋书》卷 107，第 2798 页，及卷 105，第 2746 页。黑野兔在当时一定是非常吉祥的象征，因为刘曜看见一只黑野兔之后将其年号改成了“太平”。《魏书》卷 95，第 2047 页。在平令师懽捕获黑兔，献之于勒，程遐等以为勒“龙飞革命之祥，于晋以水承金，兔阴精之兽，玄为水色，此示殿下宜速副天人之望也”。《晋书》卷 105，第 2743 页。

> 他们在中华腹地安营扎寨……并且从那开始进行全方位扩张，所有交通路线被他们切断，瓦解了所有中国有组织的抵御。整个中国便都是他们的“猎场”。这个系统的不足之处在于允许他们保留他们的所有旧文化，但有一点例外：他们饲养牛和马不再是为经济原，而是出于军事需要。很明显，这种体系不可能持久。事实上，这个朝代的第二位继承人，石虎，改变了这个政策，并采用其他方式进行统治。[1]

石勒保留了部落机构来管理他的军队[2]，自己作为大单于来领导他们，并把他们当作精英力量。事实上，在319年赵国建立以后，石勒与胡人欢庆七天，号胡为其国人。[3]

但是汉化初期的征兆迅速在赵国展现。在320年，建国仅一年以后，或源于谋士劝诫，又下书禁国人不听报嫂及在丧婚娶。[4] 在石勒的宫殿竣工之后，他变得更加汉化：“勒宫殿及诸门始就，制法令甚严，讳胡尤峻。”《十六国春秋》记载了很多石勒极其憎恶用此词来称呼他以及他族人们的细节。所有以“胡”为名的物品都被更名，这个绰号甚至不允许谈论。[5]

石勒的下一步措施并没有过多涉及汉化，他对官制进行重新洗牌，他起草了建立监察机构的命令。[6] 在接下来的几年里，石勒的游牧民族倾向在历史上初现端倪，他宴请家乡游牧民族老伙伴（321年

---

[1] Eberthard, *Conquerors and Rulers*, pp. 122-123.

[2] 周一良：《魏晋南北朝史论集》，第26—28页，对此有分析。

[3] 《晋书》卷105，第2735页，很显然，石勒很难打破游牧民族的这个习俗。

[4] 《晋书》卷105，第2736页，其烧葬令如本俗。

[5] 《晋书》卷105，第2737页；汤球编：《九家旧晋书辑本》，上海，1937，第98页。

[6] 《晋书》卷105，第2736页。

11月）[1] 并且在襄国的近郊打猎，险些身亡（322年）。[2] 他的单于庭此时也非常活跃。[3] 但是，尽管这些来源于石勒的本土文化，他的统治超越了这段时间，并以侵略方式扩展国土，以重整官制的方式改良他的统治，并采用多种方式使其统治合法化。所有这些行动都不是有意朝汉化的方向进行的，但它们都对国家管理造成了实际影响。

在328年侵占洛阳以后，刘曜的后援也被击败，然而，汉化，最起码表面看起来也越发明显。[4] 首先，石勒将他在担任赵王之时又兼任的单于头衔让渡给他的继承人石弘。群臣固请勒宜即尊号，勒乃僭即皇帝位，大赦境内，改元曰建平，自襄国都临漳。[5] 他在新都城内建立了典礼用的复合式建筑，在内举行皇家仪式。勒将营邺宫，廷尉续咸上书切谏。[6] 石勒迁都或许是因为皇城的辉煌程度没能达到他的预期，他又迁都洛阳，"周汉晋朝的古都"。迁都洛阳的过程并不是非常顺利，但他确实到达了他的南部都城（大约在332年之前）。[7]

或许石勒迁都洛阳的原因之一便是为了试图回避部落人所带来的难题。很少有史料能证明石勒的汉化政策和步骤让他的游牧民族追随者们心怀不满，但是有些确实给了他们这样的暗示。第一，石

[1] 《晋书》卷105，第2739页。

[2] 《晋书》卷105，第2742页。

[3] 石勒置日晷于朝堂之上，《晋书》卷105，第2742页。

[4] 参看 Albert E. Dien, "The Stirrup Its Effect Chinese Military History", *Ars Orientalis* 16(1986), pp. 33-56，总结了《资治通鉴》卷94中大段关于石勒和刘曜洛阳之争的叙述。

[5] 《晋书》卷105，第2749页，石勒自封为王的月份稍有差池。《晋书》卷7中说八月，然而《资治通鉴》、《十六国春秋》和《太平御览》中说九月。参见《晋书》卷7，第188页，中华书局校勘记。

[6] 《晋书》卷105，第2748页。

[7] 《晋书》卷105，第2749页。

勒聘用了能与游牧民族交流的汉人。[1] 毋庸置疑，这一点拉近了石勒与他们的距离。第二，石勒推行的禁止铺张浪费或者其他社会改革，都没让他的游牧族人受益，他们或是过着普通农民的生活，或是当一个优雅的朝臣。第三，他不能团结因流离失所而看不到生活希望的群众。周一良深入调查了这个问题，并得出了结论，他认为无法团结民众的抑制因素如下几方面：刘渊和石勒的成功在某种程度上都是由于他们招募新兵，并不只是匈奴或其他游牧民族。关于这些部落，我们在石勒的传记中鲜有发现，尤其是在他自封为王以后。同样，石勒和他的族人们都未受过良好教育，这导致他们在与汉族百姓相处的过程中问题频发，直接导致他们不愿效忠于石勒。除此之外，石勒建立了一个独立机构来处理胡人的诉讼问题，为统治国家，设立了两套法律。胡人或匈奴人口在永嘉之乱以前受到汉人的恶劣对待，其中他们中的大多数，包括石勒在内，都被卖为奴隶。[2] 从这个角度来看，将都城南移，远离游牧民族聚居的丰饶的河北平原，搬迁到一个更容易说汉话的地方，这与后来北魏时期都城的变迁可相提并论。因此，这种行为也为后来的胡族王朝提供了一个不被认可的先例。[3]

对石勒而言，不幸的是表面的汉化并未转化为动力，预示他崛起的水元素最终预示了他的死亡。战争、劳民伤财的工事和后来石虎的不得人心都导致了后来洪水、暴雨、干旱和后来的恶龙（包括蛇形的）凶兆以及诸如此类的上天的预示。石勒以咸和七年死，时年六十，在位十五年。夜瘗山谷，莫知其所，备文物虚葬，号高平

---

[1] 源于汉族守卫未阻拦醉酒胡人之事，《晋书》卷 105，第 2737 页。

[2] 周一良：《魏晋南北朝史论集》，第 26—29 页。

[3] 北魏国都由山西北部平城经过 492 次搬迁到洛阳，J. F. Jenner, *Memories of Loyang . Yang Hsuan-chih and Lost Capital(493-534)*, 牛津 1981，第 3 章。

陵。伪谥明皇帝，庙号高祖。[1]

汉化进程的失败预示着他的部下们，包括他的儿子和朝臣，在继承权危机中，游牧民族一方的争夺远比汉族方激烈。石勒的儿子石弘，于330年被立为皇太子。在石勒去世后，石虎欲篡夺王位，皇城内外的守卫都是他的手下。因此，在石勒驾崩以后，大权落到了石虎的手中。石弘担心自己生命安全，但石虎坚持应该遵从石勒遗愿。后来，石虎接受了石弘的禅让，成为赵国君主，并担任大单于一职。[2]这个职位是勾起他对石勒和石弘怨恨的核心所在，因为石勒将游牧民族最高之位"大单于"传给石弘，并让石虎担任"单于元辅"来辅佐石弘，为此他心底的怨恨积攒了十多年。石虎曾对他儿子说，"从我们的先辈建立襄国以来，我便对其言听计从，并为其鞠躬尽瘁……建立大赵王朝基业的人是我。本应担任大单于一职，但他却传位给黄毛小儿。每当我想到这些，我都茶饭不思，夜不能寐"[3]。

尽管石虎长期以汉文化式方式进行统治，但他觊觎已久的，依旧是游牧民族的首领之位。然而在石勒驾崩三年之后，石虎废杀石弘，自称为"居摄赵天王"。看上去他似乎被汉族朝堂生活所吸引，不管是物质、政治还是社会层面上。在石虎统治下的汉化进程，引进了无数汉人发明的货物和器具，这些聪明之举，不在本文此次的研究范围之内。[4]然而，即使是出于文化养育和遗传环境，它们的存在也确实强调了石勒汉化的欲望，但是不论是石勒、石虎还是他的部下们，他们的汉化进程始终都停留在表层。

---

[1]《晋书》卷105，第2751页。

[2] 同上书，第2753页。

[3]《晋书》卷106，第2762页。

[4] 在 *Yeh-chung chi* 中有详细介绍，参考由 Edward Schafer 翻译的"*The Yeh Chung Chi*"。

四、结语

对以后许多中国游牧民族征服者而言，刘渊的崛起是他们的典型代表。为了确立其正统地位并为被征服者所认同，刘渊可谓是煞费苦心，他继承了汉文化传统礼仪，向百姓做宏大承诺，因此，他是通过十分谨慎地复制汉文化以巩固其统治地位。然而，刘渊曾经在中央政府朝廷任职，因此也可以说他的崛起是因为他本人受到了汉文化传统的影响。在谈论女真金朝的建立者时，福赫佰对刘渊的评价大致可以概括为：根据调查，所有在中原地区建立了王朝国家的外族统治者，其实在王朝建立之前就已经身处中国社会的某一社会等级中，或者已经是中国官僚系统中的一员，只不过他们参与其中的方式相对松散而已，这是一条历史规律。换句话说，像完颜阿骨打这样的游牧民族征服者在征服中原之前就已经掌握了部分政权（即使是当地的政权），因此他们并不是来自社会底层，而是中间阶层，有朝一日，他们会掌控全国政权，成为一代帝王（皇帝）。[1]

刘渊在政治上平等对待匈奴民族，并更加直接地宣称自己代表单于统治匈奴民族，从而顺理成章地将这一民族纳入麾下。他的后

---

[1] Herbert Franke, *From Tribal Chieftain to Universal Emperor and God*（《从部落首领到一代帝王》），pp. 8-9. 刘渊可以与努尔哈赤相提并论。努尔哈赤曾是当地中央政权政府的士兵，因此他对中央政权的军队组织十分了解。他还曾经去过集市，代表当地政府去北京朝贡，因此他亲自体验过城市生活。他会讲汉语，当过翻译。后来他将本族人迁移到被征服的中原地区。Franz michael, *the Origin of Manchu Rule in China: Frontier and Bureaucracy as Interacting Forces in the Chinese empire*, Baltimore, 1942, pp. 42-45; Fedrick Wakeman, Jr, *The Great Enterprise. The manchu Reconstruction of Imperial Order in Seventeenth Century China*, 2 vols., Berkeley and Los Angeles, 1985, I. pp. 48-58.

继者没能适应两种截然不同的民族的文化，最终失去了对匈奴和中原地区的双重合法地位。他们在选择一种文化并采用适应于该种文化的统治方式的同时，也意味着对另外一种文化的最终排斥（无论他们是有意为之或是无意中的使然）。更加讽刺的是，当他在最后关头采取汉化措施挽救其正统地位时，历史还是对他及其主张予以否定。[1]

和刘渊不同，石勒在成长年代从未受到过中原正统文化的熏陶。他在游牧民族和汉民族中树立正统地位主要依靠的是自己的个性、个人能力以及武装力量，而不是通过利用游牧民族或者中原地区的宗教、皇室或意识形态这些典型统治工具。在中原正统文化传统中，石勒所能掌控并加以利用的部分来自晋朝，并非刘渊所利用的汉朝或新莽文化。石勒王朝时期，石勒提倡的佛教文化取代了曾被刘渊大力提倡的儒家文化理念。石勒能够从游牧民族社会底层，从奴役阶层成为一代帝王，凭借的是他的个人才能、不懈斗争和他建立的部落社会组织形式（以掠夺的方式开发边疆，是游牧民族传统的生存方式，这种方式促使了部落或部落联盟的形成）。但他并不是帝王出身，因此也就没有刘渊那种与生俱来的、能够团结各部落并形成一个“超部落国家”的贵族先决条件。刘渊统治下的匈奴民族带有类似于“满族”王朝的那种半汉化特征。当石勒以奴隶身份进入汉族政权系统时，他不得不凭借强大的破坏性力量解放自己，然后再以全新的身份参与其中，这一点与刘渊的两次政权获得方式截然不同，刘渊在获得政权之前就处

[1] 唐代的历史编纂者为了将刘渊王朝的不合法性和以前的短命王朝（如王莽王朝）联系起来，故意为其王朝制定了一个简介称呼。详见韩大伟：《刘渊传》，第 67 页，n. 257。后世的历史纲要中将刘渊王朝明确定义为非正统王朝，该纲要中的部分内容记述了刘渊暴乱，认为刘渊王朝无法获得正统地位是因为他篡权上位所致。

于政权体系的中上等阶层。

通过选举崛起而不是与生俱来的统治权是石勒统治王朝的鲜明特点。然而，幸运的是，这一游牧民族领袖仍然认可刘渊死后留下的汉朝文化传统，这在很大程度上有助于他在所有胡族征服者中的统治地位。然而，石勒身上能真正让这些征服者信服的是他的游牧民族战士领导者这一身份，而也正是这一身份使他无法深入中原政权和文化的内部，而只是停留在表面或框架层面。作为石勒的水德符瑞文化，以及崛起和衰落的前兆，选举有助于他迅速崛起，但同时也限制了他适应他所统治国家的大众文化的能力。最终，石勒出生于匈奴民族社会底层这一身份成了罪魁祸首。当他统领的游牧部落发现另外一位在能力和出身方面（无论是在盛世还是乱世）都足以赢得他们的尊敬和忠诚的人时，他的地位便会被代替。石勒所建立的游牧社会结构也会逐渐松散，最终寿终正寝。[1]

【校后记】

韩大伟先生本文原载丹尼斯·斯诺主编的《亚洲史杂志》（*Journal of Asian History*）第30卷（1996年刊）。发表距今虽然有二十年之久，但其中的一些论点依旧值得参考。此文中利用的“征服王朝”的概念，与我们熟知的魏特夫（Karl August Wittfogel）征服王朝、渗透王朝区分不同。简而言之，毋宁说韩大伟先生“征服王朝”的概念是广义的，而魏特夫则是建立在比较基础上的狭义概念。韩大伟先生将“征服王朝”划分为了早期征服王朝和后期征服王朝，早期涵盖了五胡十六国的汉、前赵、后赵等。

[1] Eberhard, *A History of China*, 124，强调石勒统治下的动荡是因为他的平民身份。

另外需要说明的是，韩大伟先生基础文献除《晋书》所用为中华书局点校本外，其余如《资治通鉴》、《九家旧晋书》等，或为日本影印训点版，此皆用国内点校本核查一过。异同之处径改。中国研究者如对韩大伟先生十六国史论点有兴趣，可以将本文与其另一篇“Stripping off Felt and Fur: An Essay on Nomadic Sinification”对读。

童岭

丙申年九月

书评

《中国古代刑制史研究》

（宫宅潔著，杨振红等译，石洋等校，广西师范大学出版社2016年版）

马力（清华大学出土文献研究与保护中心）

一

谈及日本的秦汉法制史研究，刑罚制度无疑是该领域的重要组成部分。在地下简牍作为可资利用的法制史料出现以前，如何解读《汉书·刑法志》中汉文帝十三年的刑制改革诏书，并把握其在秦汉刑制演变过程中的意义，是所有学者共同面临的课题。滋贺秀三对文帝诏书文本的订正和疏通，尽管以“后见之明”看来尚有继续探讨的余地，但在当时的学术背景下，仍不失为秦汉刑制研究中的重要突破。[1]

众所周知，废除以肉刑为主的旧刑罚制度，确立以刑期为导向的、以劳役刑为基轴的新刑罚制度，是汉文帝刑制改革的主要内容。滋贺氏的研究，不仅进一步揭示了这一内容，更为重要的是，改订后的诏书凸显了各项劳役刑刑期逐级递减的特征。概括而言，汉文帝确立的新刑罚制度具有垂直整合的体系化面貌。

---

[1] 参见〔日〕滋贺秀三：《前漢文帝の刑制改革をめぐって——漢書刑法志脱文の疑い》，《东方学》1990 年第 1 期，第 39—46 页。

不过，关于汉文帝改革以前劳役刑的具体面貌，及其所属的刑罚制度的整体结构，由于史料方面的限制始终困扰着学术界。睡虎地秦简和张家山汉简《二年律令》的陆续发现，为相应研究的展开提供了宝贵的契机。管见所及，最早利用睡虎地秦简对秦汉劳役刑体系进行考证的日本学者当属堀毅。[1] 近些年来，冨谷至、陶安、水间大辅、宫宅潔等学者利用出土简牍，从不同角度探讨了秦汉的刑罚制度，对刑罚的体系结构和演变进程等焦点问题多有创见。[2] 面对新的出土材料，各种学说在共同问题意识的驱策下激烈碰撞，促使研究者们不断地反思既有观点，在重新审视研究对象的过程中构建自己的新理论。这里要做介绍的宫宅潔《中国古代刑制史研究》正是这一研究背景下完成的学术著作。

二

宫宅潔 1969 年出生于日本冈山县，大学求学生涯起步于京都大学文学部。1992 年，宫宅潔完成了本科学业并获文学学士学位，随后他留在京都大学继续深造，并于 2000 年获得京都大学文学博士学位。同年，他在神户女子大学开始了自己的教学生涯。两年后，他再次回到母校，任京都大学人文科学研究所副教授并执教至今。可以说，宫宅潔的学术经历与京都大学密不可分。

宫宅潔的研究领域主要集中在秦汉制度史和简牍学，在利用

[1] 参见〔日〕堀毅：《秦汉刑名考》，收入氏著《秦汉法律论考》，法律出版社 1988 年版，第 146—185 页。

[2] 参见〔日〕富谷至：《秦汉刑罚制度研究》，柴生芳、朱恒晔译，广西师范大学出版社 2006 年版；〔日〕陶安あんど：《秦漢刑罰体系の研究》，东京外国语大学亚非语言文化研究所 2009 年版；〔日〕水间大辅：《秦汉刑法研究》，知泉书馆 2007 年版。

简牍研究秦汉法制史方面，深受该领域著名学者冨谷至和籾山明的影响（第 332 页）。他对秦汉刑罚——特别是秦汉劳役刑的变迁过程——的关注发端于 1998 年。为了准备在这一年秋季举行的日本秦汉史学会大会上的发言稿，宫宅潔在整理史料的过程中注意到没有能确切证明鬼薪白粲比城旦舂“轻一等”的史料，鬼薪白粲是专门为特权者设计的刑罚。受到这一启发，他的头脑中萌生了秦汉劳役刑由多元并存向直线型整合排序方向发展的想法。为了追寻这一演进过程，他决定把研究重心转移到刑罚研究之上（第 330—331 页）。从 2000 年至 2010 年的十余年间，他利用张家山汉简《二年律令》等简牍史料，针对秦代劳役刑的内容、结构以及秦汉刑罚体系的演变过程发表了数篇专题性论文。作为对这一阶段研究成果的总结，这些论文和其他几篇论文在经过改订后，以“中国古代刑制史研究”的书名结集出版。此后，他的主要研究兴趣似有转向秦汉军制的趋势。[1]

三

《中国古代刑制史研究》是宫宅潔在秦汉法制史研究领域的代表性著作。2011 年 1 月，该书的日文单行本被列入“东洋史研究丛刊”，由京都大学学术出版会付梓刊行。这次的中文译本由杨振红、单印飞、王安宇和魏永康负责翻译，杨振红和石洋负责全书的审校，

[1] 关于宫宅潔在秦汉军制领域的研究，参见〔日〕宫宅潔编著：《国際シンポジウム〈中国古代軍事制度研究の課題と展望〉報告書》科研費成果報告書（基盤研究 B），2011 年，第 77 页；《秦代遷陵縣志初稿——里耶秦簡より見た秦の占領支配と駐屯軍》，《東洋史研究》第 75 卷第 1 号，2016 年 6 月。〔日〕宫宅潔：《秦国战役史与远征军的构成》，陈捷译，武汉大学简帛研究中心主办：《简帛》第 11 辑，上海古籍出版社 2015 年版，第 153—170 页。

并由广西师范大学出版社收入“简帛研究文库”系列出版发行。中译本在忠实于原著的基础上，充分考虑了中国读者的语言习惯，译文流畅明快而不晦涩。同时，中译本还非常细致地订正了原著中的微小错误，如引用文献名、文献出版时间等。对于国内有志于法制史研究的专业学者和普通的法律史爱好者而言，该译本是不可多得的上佳之作。另外，该书在日本出版之后，石冈浩、椎名一雄、陶安、籾山明、水间大辅和楯身智志等日本学者陆续发表了书评（第333页）。

全书的主体由序言、六章专论、一篇附论和结语构成，秦汉刑罚体系直线型整合排序的演进过程是该书的研究主旨。除了第六章有关“劾”的考证和涉及汉初二十等爵制的附论外，第一章至第四章集中论述了这一主旨。

第一章以《二年律令》的性质为切入点展开论述。作者认为，从编缀方式、出土物性质和制作过程三方面而言，《二年律令》不属于法典，而是一部由地方官府制定的、只包含部分条文的律令汇编集。根据睡虎地秦简《秦律十八种·尉杂律》的规定，这种律令集每年通过校雠的方式追加新律文。《二年律令》部分律文不避皇帝讳、部分律文虽已失效但仍被保留的现象，也从侧面证实了这一汇集过程。因此，《二年律令》具有多重时代性的特点，利用这一简牍材料可以揭示秦汉刑罚变迁和整合的具体过程。

第二章以腐刑和戍边刑为例，考察了当时刑罚体系的形成过程。作者认为腐刑在西汉初年是仅适用于犯强奸罪的男性并具有独立地位的刑罚。尽管腐刑被短暂废除，但是汉文帝和汉景帝的轻刑改革加剧了死刑和其下刑罚间的悬隔，出于弥补刑级和发挥刑罚效用的目的，汉景帝于中元四年恢复了腐刑。这时的腐刑虽然适用范围扩大，但依旧游离于垂直的刑罚序列之外。直到东汉时，死刑可以经过恩赦全部转换成腐刑，针对女性适用“宫刑”也出台了代替性的措施，腐刑才最终被整合进直线型的刑罚体系。至于戍边刑，作者认为战国时代的戍边刑是与作战有关的特殊刑罚。到了《二年律令》的时代，戍边刑的使用已经彻底摆脱了军事性的影响，成为一种单纯的有期劳役刑。随着汉文帝改革后有期劳役刑的确立，戍边刑在经过调整后实现了与有期劳役刑体系的整合。

第三章是此书的核心部分，探讨的是秦汉劳役刑制度的结构、变迁及其背景。宫宅潔认为区分无期劳役刑轻重的要素是刑徒的具体待遇，主要反映在官府对刑徒的外观标志、配置和服役形态、家庭的处理等方面。根据待遇的不同，无期劳役刑可以划分为“城旦舂—隶臣妾—司寇”和鬼薪白粲刑两个支线。这是因为鬼薪白粲是专门为特权者（上造以上有爵者、葆子和皇族）设计的刑罚，不具有普遍适用性。因此，鬼薪白粲是与城旦舂并列的刑罚，受刑者处于依存于城旦舂刑的地位。

关于汉文帝十三年刑制改革的背景和动因，宫宅潔认为汉文帝元年废除没收制度推动了之后的刑制改革。刑制改革与文帝的财政节约政策一脉相承，目的在于减少官府供养的刑徒劳动力，提高劳动力的使用效率。

第四章对复作制度以及第五章对司空和狱的论述，是对劳役刑演变过程的补充性考察。宫宅潔认为复作是指刑徒遇赦免除刑徒身份但继续以“复作”服役，这一制度是官府防止刑徒劳动力流失的手段。不过，东汉时新调节手段的出现导致复作制度消失。至于司空和狱的关系，作者认为，秦汉刑徒的管理是徭役制度的组成部分。最初，司空负责包括刑徒在内的所有强制劳动力的管理，并附设狱负责收押未决囚。从西汉末到东汉，司空变成了狱的附属，职能也转变为专门管理狱囚和刑徒。

四

关于秦汉的刑罚体系，冨谷至认为以劳役刑为基础的秦代刑罚具有平行并列的特点，汉文帝的刑制改革开启了以劳役刑为中轴的刑罚纵向整合过程。[1] 宫宅潔在此基础上提出了秦汉刑罚体系由多元向直线型整合演进的观点。从研究思路而言，宫宅潔的研究是对冨谷至所论的继承和延伸，这还可以从《中国古代刑制史研究》各章主题与冨谷至的《秦汉刑罚制度研究》多有重合之处获得印证。

与过往研究不同的是，宫宅潔一方面注意到作为源头的春秋刑罚与秦汉刑罚之间的连续性，另一方面也察觉到了由秦至汉刑罚的变动和演进（第300—313页）。他认为睡虎地秦简和张家山汉简《二年律令》时代的刑罚体系尚在形成过程中，它们沿着线性整合的方向最终形成体系化的结构（第3—4页）。在“变”与“不变”中归纳出各种刑罚从多元无序到垂直有序的动态整合过程，是《中国古代刑制史研究》别具一格的特色。同时，鬼薪白粲最初是专为特权阶层设置的刑罚（第87页），以及复作不是劳役刑而是指一种身份等观点（第164—172页），对相关研究无疑有着启发和推进的作用。

直线型刑罚体系的构建，就细处而言即形成有序的刑罚等级，宫宅潔亦是围绕这一核心问题展开讨论。这种问题意识在法制史研究者看来或属不言自明之事，但对历史研究者而言不免仍有些隔膜，在此有必要做简单的介绍。

有关针对不同程度的犯罪行为建立相应刑罚等级的观点，最早可以追溯到意大利的著名刑法学学者贝卡利亚，他提出：

[1] 参见〔日〕冨谷至：《秦汉刑罚制度研究》，第49—50、103页。

> 既然存在着人们联合起来的必要性，既然存在着作为私人利益相互斗争的必然产物的契约，人们就能找到一个由一系列越轨行为构成的阶梯，它的最高一级就是那些直接毁灭社会的行为，最低一级就是对于作为社会成员的个人所可能犯下的、最轻微的非正义行为。在这两极之间，包括了所有侵害公共利益的、我们称之为犯罪的行为，这些行为都沿着这无形的阶梯，从高到低顺序排列。
>
> 如果说，对于无穷无尽、暗淡模糊的人类行为组合可以应用几何学的话，那么也很需要有一个相应的、由最强到最弱的刑罚阶梯。有了这种精确的、普遍的犯罪与刑罚的阶梯，我们就有了一把衡量自由和暴政程度的潜在的共同标尺，它显示着各个国家的人道程度和败坏程度。然而，对于明智的立法者来说，只要标出这一尺度的基本点，不打乱其次序，不使最高一级的犯罪受到最低一级的刑罚，就足够了。[1]

贝卡利亚在青年时代深受启蒙思想的熏陶，1764年出版了《论犯罪与刑罚》。他在书中明确提出刑罚与罪行相适应的原则，并把它作为衡量国家政治的重要指标。该书后来成为刑法学理论的经典著作，上引的论述即出自该书。由此可见，罪刑相适应原则是法制史学者研究刑罚等级问题的理论基础。这是一种今人视角下的理论关怀，它为我们在面向未来的同时理解过去提供了有效的参照。

不过，贝卡利亚的理论有着特定的社会背景，依据这一理论提出的刑罚线性演化论背后是否暗含进化论的影响，都是治史者须

---

[1] 〔意〕贝卡利亚：《论犯罪与刑罚》第23节“刑罚与犯罪相对称”，黄风译，中国法制出版社2002年版，第76页。

时刻注意的问题。另外，宫宅潔的著作发表后，日本学术界有诸如“如说刑罚体系尚在‘形成过程’之中，则其‘完成形态’又是如何”、“如果认为劳役刑徒与奴婢本来几乎就是一体，则文帝十三年的改革是否应当视为真正意义上的‘劳役刑的出现’”等质疑（第333页）。诚然，全书聚焦并试图展示的是秦汉刑罚体系化的动态图景，它的最终完成形态似乎是这一过程自然而然的产物。因此，刑罚体系的完成形态及其时间节点究竟为何并不是此书的侧重点，这应当是作者未能做出明确回答的重要原因。按照作者的叙述，腐刑的被整合与复作制度的消失都发生在东汉的明帝和章帝以后。那么，作者是否把这两个事件作为刑罚体系整合完成的标志？若此，是否把完成形态的时间节点设定在东汉中期？这些疑问只能期待作者在今后的研究中给予答复。

与此相关的一个问题是，腐刑和戍边刑是否如宫宅氏所言，在东汉明帝以后被整合进直线型的刑罚体系？换言之，这两种刑罚位于刑罚体系的哪一个等序？先说腐刑，作者认为“到东汉后，通过恩赦，死刑终于可以全部换为腐刑”（第40页），依据是光武帝至汉和帝时的相关诏书。其实，这一论断本身缺乏准确性。在进行说明前，先把作为论据的诏书内容移录如下：

> 《后汉书·光武帝纪下》：（建武二十八年）冬十月癸酉，诏死罪系囚皆一切募下蚕室，其女子宫。[1]
>
> 《后汉书·明帝纪》：（永平八年冬十月丙子）诏三公募郡国中都官死罪系囚，减罪一等，勿笞，诣度辽将军营，屯朔方、五原之边县；妻子自随，便占著边县；父母同产欲相代者，恣

[1] 《后汉书》卷1下，中华书局1973年版，第80页。

听之。其大逆无道殊死者，一切募下蚕室。[1]

《后汉书·章帝纪》：（建初七年九月辛卯）诏天下系囚减死一等，勿笞，诣边戍；妻子自随，占著所在；父母同产欲相从者，恣听之。有不到者，皆以乏军兴论。及犯殊死，一切募下蚕室；其女子宫。系囚鬼薪、白粲已上，皆减本罪各一等，输司寇作。[2]

（元和元年八月癸酉）诏曰："郡国中都官系囚减死一等，勿笞，诣边县；妻子自随，占著在所。其犯殊死，一切募下蚕室；其女子宫。系囚鬼薪、白粲以上，皆减本罪一等，输作司寇。"[3]

（章和元年）夏四月丙子，令郡国中都官系囚减死一等，诣金城戍。[4]

《后汉书·和帝纪》：（永元八年八月辛酉）诏郡国中都官系囚减死一等，诣敦煌戍。其犯大逆，募下蚕室；其女子宫。[5]

从上引诏文可知，除了建武二十八年诏对所有死罪系囚采取以腐刑代替死刑的恩惠外，其余各诏都会按照死罪的严重程度采取不同的政策，具体做法是对普通死罪系囚"减死一等"，对"大逆无道殊死"的特别犯则采用腐刑减死的办法。因此，除了建武年间的特例外，东汉时能够换用腐刑的死罪被限制在"大逆无道殊死"的范畴，这样就不能认为"死刑可以全部换为死刑"。[6]

诏文中的"郡国中都官系囚减死一等"说明，普通死囚能够按

[1] 《后汉书》卷 2，第 111 页。
[2] 《后汉书》卷 3，第 143 页。
[3] 同上书，第 147 页。
[4] 同上书，第 156 页。
[5] 《后汉书》卷 4，第 182 页。
[6] 宫宅潔也提及"因大逆无道应处'殊死'刑的特殊死刑囚'下'蚕室即受腐刑"（第 40 页），但并未对腐刑的具体适用条件进行区分。

照刑罚等序进行减刑。可是，诏文对“大逆无道殊死”代用腐刑却不见“减死一等”之语，其中暗含的区别值得玩味。“大逆无道殊死”又可省称为“大逆无道”、“大逆”或“殊死”等，“无道”即“不道”。大庭脩认为“大逆”是危机天子统治的罪行，“不道”是违反正常人伦的罪行。由于“大逆不道”罪的特殊性，汉律中并没有针对该罪的具体惩罚规定，处理这些案件通常依据“比”的判决例以及天子的决断。[1]因此，腐刑本质上是对特别死刑犯的特殊减刑办法。

既然腐刑只是仅对应“殊死”的代替刑，就不能说腐刑被整合进直线型的刑罚排序中。正如作者所述，“在西汉，减死一等的场合，通常使用髡钳城旦舂刑”。“死刑被换为腐刑的场合，称作减死一等的事例在整个西汉到东汉都没有见到。”（第 39 页）假如腐刑在东汉时已经融入了当时的刑罚体系，就应该形成“死刑—腐刑—城旦舂”的刑等次序。然而，腐刑的适用并不是根据刑等的次序做出，而是具有特事特办的色彩，说明直到东汉明、章时期，腐刑依然具备一定的独立性。

与此相关但作者未涉及的一个问题是，汉代的徙迁刑位于刑罚体系的哪个位置？如上引诏书所示，普通死囚在减死一等后，还要被迁徙到边郡并承担军事戍守义务。大庭脩认为出现于西汉后期的徙迁刑，通常适用于“大逆不道”罪减死的场合。徙边刑虽是以代替刑被提出，但“大体上存在着与正刑相等的徙迁刑”[2]。假如徙迁刑是“大逆不道”的代替刑，那么，它是否也和腐刑一样具有相对独

---

[1] 参见〔日〕大庭脩：《汉律中“不道”的概念》，收入氏著《秦汉法制史研究》，林剑鸣译，上海人民出版社 1991 年版，第 114—123 页。

[2] 参见〔日〕大庭脩：《汉代的徙迁刑》，收入氏著《秦汉法制史研究》，第 153—154 页。

立的地位？若汉律中确有属于正刑的徙迁刑，那它会处于直线刑罚体系的哪个等序？

另外，关于“狱司空”的出现及其职掌，宫宅潔围绕《洪范五行传》“尉曹以狱司空为府（腑），主士族、牢狱、逋亡”一条展开论证，这条材料也是论证司空因郡县出现诸曹而沦为狱之附属的依据。作者认为这条材料“原文作‘尉曹以狱司空为府，主士卒、牢狱逋亡’，但是从前后文来看，‘牢狱逋亡’是‘府’这一官署的职掌，因此补为【狱司空主】牢狱逋亡’”（第235页注①），并未言及如此释读的理由。这里想质疑的是“主士卒、牢狱逋亡”同属于一句，作者缘何认定狱司空只主“牢狱逋亡”而不主“士卒”？如果设定尉曹主“士卒”、狱司空主“牢狱逋亡”，获得这一结果的推理过程究竟是怎样的呢？其中是否受到“司空职掌出现转变”这一预设的影响呢？

至于诸曹和司空的关系，宫宅潔认为“大约从西汉宣帝前后开始，郡县出现了被称为‘～曹’的官署，如西汉末期《洪范五行传》记载的那样，一系列的诸曹在县机构中占有重要的地位，司空等变成设于其下的机构”（第239页）。县诸曹的出现时间不晚于秦代，这一点已被里耶秦简所证实。从里耶秦简来看，秦代迁陵县设司空曹与县司空相对应，县廷选拔合格的令史值曹（如8-269），负责处理相关行政事务并制作行政文书（如8-480“司空曹计录”）。[1] 有学者根据功能的不同，把秦代的诸曹定义为辅助部门，把县司空等稗官定义为职能部门，并认为当时单个曹不足以构成部门，诸曹职的

[1] 《里耶秦简（壹）》可见狱东曹（5-22）和狱南曹（8-1874）、尉曹（8-71）、吏曹（8-241）、爵曹（8-247）、户曹（8-263）、司空曹（8-269）、车曹（8-405）、仓曹（8-481）、令曹（8-778）、覆曹（8-2550）等曹名。本文涉及的里耶秦简简号和释文，参见陈伟主编：《里耶秦简校释》（第一卷），武汉大学出版社2012年版。

集合才能被视为一个辅助部门。[1] 西汉中期以降，随着郡县诸官系统的退化和诸曹功能的强化，“曹”最终成了独立的机构。[2] 据此审视宫宅潔所论，宣帝前后出现的郡县“曹”实际上是指作为独立官署而运作的诸曹，司空成为狱的附属乃是当时诸官萎缩并依附于诸曹的结果。当然，秦汉诸官和诸曹的形态与关系具有十分复杂的面相，司空和狱的关系是否诚如宫宅氏所论，还有待于未来进一步研究。

最后，有关汉文帝刑制改革的原因，宫宅潔从减少官府开支和提供劳动力使用效率的制度层面进行把握。不过，作者也注意到由刑徒和狱吏构成的牢狱内部，在形成独特秩序的同时具有与世隔绝的特征（第 222—223 页）。在此想补充的是，使刑徒社会的内在秩序不致于威胁朝廷的统治或许也是汉文帝刑制改革的动因之一。一方面，刑徒之间相互结交和奥援，甚至组织在一起揭竿起义，对朝廷来说是一种巨大的威胁。黥布在秦朝率徒众变身为群盗便与之前的刑徒经历有密切关联。[3] 另一方面，狱吏在郡县的影响力也不容小觑。[4] 狱吏在地方上的影响力，很大程度上源自于他们能够左右案件的调查和犯人的定罪。[5] 有时，他们甚至可以利用职权和关系使犯人逃脱制裁。[6] 这种现象无疑会对社会安定和朝廷的有效统治造成影

[1]　参见郭洪伯：《稗官与诸曹 ——秦汉基层机构的部门设置》，载卜宪群、杨振红主编：《简帛研究 2013》，广西师范大学出版社 2014 年版，第 101—127 页。

[2]　参见〔日〕土口史记：《秦代の令史と曹》，《东方学报》，2015，90:1-47.

[3]　《史记・黥布列传》：“布已论输丽山，丽山之徒数十万人，布皆与其徒长豪杰交通，迺率其曹偶，亡之江中为群盗。”《史记》卷 91，中华书局 1982 年版，第 2597 页。

[4]　《史记・曹相国世家》：“平阳侯曹参者，沛人也。秦时为沛狱掾，而萧何为主吏，居县为豪吏矣。”《史记》卷 54，第 2021 页。

[5]　关于案件调查程序和基层狱吏在案件调查中的作用，参见〔日〕籾山明：《秦汉时代的刑事诉讼》，收入氏著《中国古代诉讼制度研究》，李力译，上海古籍出版社 2009 年版，第 47—109 页。

[6]　例如，《史记・项羽本纪》：“项梁尝有栎阳逮，乃请蕲狱掾曹咎书抵栎阳狱掾司马欣，以故事得已。”《史记》卷 7，第 296 页。

响，极端的事例便是秦朝的灭亡。因此，西汉初年统治者吸取秦亡的教训，采取宽和的统治政策减轻社会压力。汉惠帝时废除“挟书律”，吕后统治时期又废除三族罪和妖言令。至汉文帝即位，“而将相皆旧功臣，少文多质，惩恶亡秦之政，论议务在宽厚，耻言人之过失。化行天下，告讦之俗易”[1]。可见，重刑导致秦朝倾覆的教训对汉初治政产生了深刻的影响，促使统治者在省减刑罚方面有所作为，进而推动了刑制改革的发生。汉文帝十三年的刑制改革，是西汉建立后宽和统治政策的重要组成部分，它使刑徒可以重新转化为县乡控制的编户，具有避免刑徒社会无限扩大、限制刑徒社会内部秩序自律性的积极意义。

[1] 《汉书》卷 23，中华书局 1962 年版，第 1097 页。

《东西回鹘与中央欧亚》*

（森安孝夫著，日文书名《東西ウイグルと中央ユーラシア》，名古屋大学出版会2015年版）

冯培红（浙江大学历史学系）

日本大阪大学森安孝夫教授最近出版了个人论文集《东西回鹘与中央欧亚》，收录了他从1973年到2013年共40年间的19篇论文[1]，厚达860页，研究范围涉及回鹘史、吐蕃史、敦煌学、丝绸之路、摩尼教与佛教等诸多领域。

森安教授是著名的回鹘史专家，毕业于东京大学，曾留学巴黎，先后任教于金泽大学、大阪大学。他通晓回鹘文、藏文、汉文及其他古今语言文字，广泛占有并活用传世文献与出土资料，充分了解本领域的国际学术前沿，进行精微细密的考据论证，为中古民族史与内陆亚洲研究揭开了新的学术篇章。

仅从该书后附的“文献目录”所列作者的68种论著，即可知其治学领域与学术成就。这些论著用日、法、英、德文写成，足以说明

---

* 本文得到兰州大学中央高校基本科研业务费专项资金“一带一路”重点项目“丝绸之路商业民族——粟特人在甘肃的基础数据调查与研究”（项目编号：ISLZUJBWZX011）的资助。

[1] 第一篇之四《增补：回鹘与吐蕃的北庭争夺战及其后的西域情势》，其初稿刊于1973年发行的《东洋学报》第55卷第4号。

他开阔的国际学术视野与极强的语言运用能力。他从这些论著中选取了部分论文并加以修订而勒成此书，亦反映了在学术上的选择取向。

《序文》介绍了作为研究对象的“回鹘”与“中央欧亚”二词，前者包括漠北回鹘汗国（744—840）、西州回鹘王国（9世纪中叶—13世纪初）、甘州回鹘王国（9世纪末—11世纪前期）[1]，后者对中央欧亚理论及其广域视角做了必要的说明。实际上，回鹘史，尤其是西迁以后的回鹘史是该书探究的核心内容，而中央欧亚只不过是作者看待回鹘及其他民族的历史空间场域及理论视角。该书涉及范围广，时间跨度长，但却如作者所说，主要是站在当地诸民族的立场，基于多语言的零碎资料，构筑起新的回鹘在中央欧亚的历史世界。从大处着眼，小处入手，将宏观理论与微观资料充分结合起来，是该书的一大特征。作者积极提倡运用漠北回鹘碑文、敦煌吐鲁番文书、高昌故城与柏孜克里克石窟等出土资料，并辅以东方的汉文史籍、西方的伊斯兰文献等，通过对这些多元零碎的资料进行细节考证，来探索中央欧亚乃至世界史视阈下回鹘史的真相。

该书正文由四个部分组成[2]，每个部分收录4—6篇论文。下面按照各篇顺序进行介评。

第一部分是《漠北回鹘、唐、吐蕃鼎立时代篇》，收录4篇论文，其篇幅超过全书正文的三分之一。除了首篇《从回鹘看安史之乱》刊于2002年外，其他3篇均为20世纪70年代的研究成果[3]，

---

[1] 原文直译为“东回鹘帝国”、“西回鹘王国”、“甘州回鹘王国”，本书评使用中国学界的传统称呼。该书中有些论文甚至还论及西州回鹘王国灭后进入蒙元时期的西州回鹘后裔，晚至14世纪。

[2] 原书目录中把每一部分称作为“篇”。为了不与中文里称呼论文的量词“篇”相干扰，本书评在叙述时称之为“部分”。

[3] 《吐蕃对中亚的经营》一文虽然正式刊于1984年出版的《金沢大学文学部論集（史学科篇）》第4号，但初稿为森安氏在1974年提请答辩的硕士论文之第2部分。

时代较早，其研究对象也不完全是回鹘，更多的是关注吐蕃及其与回鹘等北方民族的关系。从中也可看出，森安氏在初入学术门槛时，研究视野囊括吐蕃、回鹘及其他民族，在地域上涵盖了北亚及中亚、东亚地区，极为开阔。这些论文显示出，作者不仅对汉文史籍十分熟悉，而且精通敦煌藏文文书及其他各种史料，同时敢于和国际学术界进行学术对话与商榷，表现出初生牛犊不怕虎的学术勇气。

《藏文史料中出现的北方民族——DRU-GU 与 HOR》一文虽然是从考释敦煌藏文文书 P.t.1283 出发，但关注点仍是以回鹘为中心的北方民族。这份长达 109 行的文书记录了许多民族政权，内容丰富，是研究中古北亚民族史的重要资料。作者主要对文书中出现的 Dru-gu 与 Hor 二词进行考辨，尤其是对西方学界的旧说即“Hor= 回鹘”提出了挑战。其观点是：Dru-gu 是突厥民族或部族的总称，Hor 并非回鹘，而是位于河西、吐鲁番、北庭一带的某部族。他首先对 P.t.1283 文书进行转写、翻译，然后将文书所载史事与汉文史籍、吐鲁番出土回鹘文文书进行结合对证，考订其年代在 8 世纪中叶以后，并于吐蕃统治敦煌期间写成藏文。对 Dru-gu 一词的论证相对较易，作者分析了该词在文书中的 13 则用例，认为是指突厥民族或部族的总称。至于 Hor 一词则显得极其复杂，也是该文探讨的重点。作者不厌其烦地逐一列举了文书所载 Hor 王派遣 5 位使者经行各地见到的诸民族，从其出发路线与报告内容得出 Hor 并非回鹘的结论。他将文书中第 25、26、29、86—88 行的 ’u yi kor、ho yo’or、ho yo hor 与第 36、37、44、45、47、60、61 行的 hor 都译释成“回鹘”，认为这是当时的吐蕃人对回鹘认识不足，从而在叙述时出现了混乱。不过，在同一件文书中对同一个民族出现了这么多处的写法差异，是很难想象的；而且连回鹘以外遥远地区的诸民族都能罗列备至，却对近且强大的回鹘认识不足，也有点不可思议。作者的另一观点是把 Hor 国的位置定在河西、吐鲁番、北庭地区，甚至推测可能是凉州的粟特人聚落。[1] 这一推测极具启发意义，但是否准确仍然有待于史实的检验，而且他也否定了 Hor 即胡的说法。他注意到该词在不同历史时期的变化，并将该词定义为“Hor 是吐蕃北方的汉族以外的强大的少数民族，曾经与吐蕃直接接壤”，从历史动态发展的观点看是十分必要的。

《吐蕃对中亚的经营》是作者在 1974 年提交的硕士学位论文之第 2 部分的修订稿[2]，在该书诸文中篇幅最长，达 98 页，于此亦可知其硕士论文之巨。作者从吐蕃的角度去看待其与唐、西突厥、突骑施及西域诸国在中亚地区的争斗史。论文分松赞干布（6 世纪末—649 年在位）、芒松芒赞（650—676 年在位）、赤都松（676—704 年在位）、赤德祖赞（704—754 年在位）、赤松德赞（755—796 年在位）等五个时代，从历史纵向发展的顺序逐一分析了每位赞普统治时期的西域形势，既注重吐蕃与唐、西突厥、突骑施等大国之间的联合与反复，又关注龟兹、弓月、疏勒、拔汗那、大小勃律、于阗等西域小国的动向与态度，将吐蕃在西域的军事活动轨迹和各国之间的相互角逐清晰地勾勒出来。该文显示出，作者对汉文史籍的掌握相当精熟，而且充分活用了敦煌出土的藏文文书，以及和田、米

[1] 原文最后推测 Hor 国有可能是敦煌的粟特人聚落，在“〔书后 3〕”进一步强调了粟特聚落的可能性，但更倾向于在凉州武威。这又可参看书中所附的图 H'，就把 Hor 国标在了凉州，该图为作者新绘，不见于原刊《アジア・アフリカ言語文化研究》No.14，1977 年，第 1—48 页。又参〔日〕森安孝夫：《シルクロードと唐帝国》，东京讲谈社 2007 年版，第 331—334 页。

[2] 硕士论文为《唐代内陸アジア史の研究——トルキスタン成立前史》，其中第 2 部分为《ウイグルの西方発展以前における西域の情勢——とくにチベット族の動きを中心として》。

兰、吐鲁番等地出土的资料。作者研究吐蕃在中亚的历史，涉及吐蕃与诸民族之间的关系，地域范围已经波及帕米尔以西，但吐蕃与大食之关系还需参看白桂思、王小甫等人的著作。[1]

《增补：回鹘与吐蕃的北庭争夺战及其后的西域情势》一文是对初刊于1973年的同名论文的增补本，发表于1979年。该文探讨的焦点是：8世纪末究竟是吐蕃还是回鹘占领了北庭？学界对此争论不定，众说纷纭。作者利用各种史料从多个角度证明：吐蕃虽然在790年一度攻陷北庭，但翌年回鹘又夺回了此地。第一，作者注意到汉文史籍中的歧异之处，如《旧唐书》的《回纥传》“北庭差近”与《吐蕃传》“北庭近羌”，以及“征求无厌（或度）”的主语是回鹘还是吐蕃？作者在辨析诸说的基础上，通过百衲本与殿本的比较并从文义逻辑来判断，其主语应是回鹘。第二,九姓回鹘可汗碑宣扬了回鹘击败吐蕃、葛逻禄联军而收复北庭的大捷，亦为一证。第三，通过考证3件吐鲁番出土的波斯文、回鹘文摩尼教文书的年代，来论证8世纪末9世纪初回鹘对北庭的统治。第四，通过阿拉伯游记史料的记述得知，820年前后回鹘可汗控制着包括北庭在内的天山北路一带。第五，分析敦煌文书P.3918《金刚坛广大清净陀罗尼经》跋文中吐蕃西州沦陷的相关内容，论证回鹘收复北庭及稍后攻克西州之史事。其结论为：吐蕃在790年秋攻克了北庭，但翌年即为回鹘所收复。通观全文不难看出，作者对于各种史料均给予高度重视，这些史料的来源非常多元化，包括传世汉文史籍、漠北回鹘碑文、阿拉伯穆斯林史料、吐鲁番胡语文书、敦煌汉文文

[1] Christopher I. Beckwith, *The Tibetan Empire in Central Asia. A History of the Struggle for Great Power among Tibetan, Turks, Arabs, and Chinese during the Early Middle Ages*, Princeton: Princeton University Press, 1987；王小甫：《唐、吐蕃、大食政治关系史》，北京大学出版社1992年版。

书等，增补本添加了很多史料内容，显示了他对这些多元史料及相关语言的驾驭能力。

介绍完上述三篇吐蕃及其民族关系史论文后，回过头来看置于第一部分的首篇论文《从回鹘看安史之乱》，作者的研究视角从吐蕃转向了回鹘。此文发表时，森安氏已经52岁，卓然为回鹘史名家。他将此文与20多年前的3篇论文放在一起，可能是因为此文写的是漠北回鹘，与第二部分专论西迁回鹘及后两部分论述丝绸之路与宗教类别不同。20多年间，作者在回鹘史领域发表了许多论文，对回鹘及内陆亚洲史有了更深刻的认识，该文第1节“从中央欧亚看世界史”展现了广域的历史世界观。这一中央欧亚理论看起来极为宏观，但作者的落脚点却是基于碎片的出土文书，在本文中即为德藏吐鲁番出土回鹘文残片Mainz 345。作者首次对它进行全文转写、翻译及详细注释，并且重新确定了正背关系，正面讲的是回鹘对安史之乱的介入，背面记述了牟羽可汗与摩尼教教团的关系。最重要的是，他通过对九姓回鹘可汗碑与Mainz 345文书所记史事的结合研究，证实了牟羽可汗曾应史朝义的邀请，率军南侵，企图征服唐朝。这一论断从欧亚史的角度对安史之乱给予了不同于传统观点的评价，不仅在研究视角与史料上令人耳目一新，而且得出的观点也很有创新性。

第二部分是《西州回鹘、敦煌王国、河西回鹘时代篇》[1]，收录4篇论文，除了首篇《关于回鹘的西迁》之外，其他3篇主要利用敦煌文书来探讨西迁以后的回鹘历史。回鹘西迁后，居住在河西走廊到西域地区，此一时期的中原王朝经历晚唐、五代十国、辽、北宋、

[1] 日本学者把归义军政权称作“敦煌王国”，强调了它的独立性格。见〔日〕藤枝晃：《沙州歸義軍節度使始末（一）—（四）》，《东方学报》（京都）第12册第3分，1941年，第58—98页；第4分，1942年，第42—75页；第13册第1分，1942年，第63—95页；第2分，1943年，第46—98页。

西夏，政局动荡，传统史籍对西北地区的回鹘记载极少，即或有之也是错讹甚多。而敦煌、吐鲁番文书与西迁回鹘不仅在时代上大致相合，而且这一带也是其活动中心，所以为研究西迁后的回鹘史提供了丰富而有价值的史料。森安氏精治回鹘史，对漠北回鹘汗国的研究主要使用回鹘碑文与汉文史籍，而对西迁回鹘的探讨则是依靠敦煌、吐鲁番文书及石窟壁画。

《关于回鹘的西迁》一文置于该部分的首篇，是因为它是研究西迁以后的回鹘史的前提，也是作者早期撰写的论文，初刊于1977年。不过，该文并非全面研究西迁的三支回鹘，而是只探讨了投奔安西的一支，后来建立了西州回鹘王国；至于投奔葛逻禄与吐蕃甘州的另两支回鹘，或未讨论，或仅略及。他首先辨析了回鹘西迁的汉文史料，驳斥了安西回鹘东进河西的观点，认为河西回鹘是由漠北直接进入的，此点已为学界所公认。将近20年后，薛宗正发表《回鹘西迁新考》一文，主张西迁的三支回鹘实为同一支，只是因为投靠部族的不同与迁居地的前后变化，才在史书中被称为三支。[1]此说虽新，但很多地方考证欠妥，也没有引用森安氏的论文，而后者在“〔书后〕”及全书的“文献目录”中亦未提及薛文。森安氏重点考察了安西（西州）回鹘，把波斯文《历史之美》中提到的可汗比定为庞特勤或其继任者，其同父异母的兄弟阙特勤是否为北庭回鹘首领仆固俊，则仍存疑，这比薛氏对后者的堪同要谨慎得多。866年仆固俊的上台虽然是西州回鹘王国历史上的重要篇章，但大中（847—859）初杜牧撰拟的《西州回鹘授骁卫大将军制》提到“西州牧守颉干（于）伽思、俱宇合逾越密施莫贺都督、宰相安

[1] 薛宗正：《回鹘西迁新考》，《新疆大学学报》1996年第4期，第36—40页。

宁等"[1]，说明早在仆固俊登台十多年前，西州就已经有回鹘集团存在[2]。由于汉文史籍对西州回鹘王国记载缺略，故森安氏强调要加强对吐鲁番、敦煌等地出土的文书及壁画开展研究，并以敦煌所出于阗文书和泰文书为例，提示了对于研究西州回鹘王国历史地理的学术价值。

接下来的3篇论文是基于敦煌文书来探讨归义军时代的西北回鹘史及其与归义军的关系。回鹘西迁后不久，河西军民也脱离了吐蕃贵族的统治，建立归义军政权。西迁后的诸回鹘集团与归义军长期交往，敦煌、吐鲁番文书对回鹘也有较多记载，为了解西迁后的甘州回鹘、沙州回鹘、西州回鹘提供了珍贵资料。

《回鹘与敦煌》是森安氏为榎一雄主编的《讲座敦煌》第2卷《敦煌的历史》撰写的一章。该文虽以敦煌（沙州）为主，但实际上对西州、甘州的回鹘均有论述。据其研究，敦煌文书P.2962《张议潮变文》、P.3451《张淮深变文》中出现的回鹘，前者为纳职回鹘，后者是西州回鹘王国的一部分[3]，均来自西域地区。至于河西地区的回鹘，如上所论是从漠北沿着黑河南下进入的，并推测在9世纪90年代在甘州建立了独立国家。后来荣新江根据敦煌文书做了进一步考证，认为"甘州回鹘政权的正式成立时间应在884—887年之间"[4]，更加精确。作者借助敦煌文书讨论了归义军与甘州回鹘王国的关系，又通过莫高窟第61窟供养人题记认为归义军节

[1] （唐）杜牧：《樊川文集》卷20，见吴在庆：《杜牧集系年校注》，中华书局2008年版，第3册，第1132页。

[2] 参见李军：《关于晚唐西州回鹘的几个问题》，《西北第二民族学院学报》2007年第2期，第20—26页。

[3] 杨富学：《〈张淮深变文〉所见"破残回鹘"来源考》，载《文献研究》第1辑，学苑出版社2010年版，第16—29页，认为后者也是纳职回鹘。

[4] 荣新江：《甘州回鹘成立史论》，《历史研究》1993年第5期，第22—39页。

度使曹元忠娶了于阗皇帝的第三女为妻，这一观点虽然不为很多学者所赞同[1]，但赤木崇敏根据杏雨书屋藏羽686《于阗皇帝赐归义军节度使男曹元忠札》指出，曹元忠确曾娶过一位于阗公主[2]。森安氏在文中还提出，归义军末期出现的沙州回鹘是西州回鹘王国控制敦煌的结果，前者只是后者的附庸，并未独立建国。这一观点在中国敦煌学界反响巨大，引起了很大的争论。[3]笔者检讨诸家观点并分析相关史料，认同中国学者提出的沙州回鹘独立建国说，并将其取代曹氏归义军的年代考定在1030年。[4]

《敦煌与西州回鹘王国——以吐鲁番出土的书信与赠物为中心》、《沙州回鹘集团与西州回鹘王国》二文专门探讨了归义军、沙州回鹘与西州回鹘王国的关系，主要依据的是敦煌文书，而极少用到吐鲁番文书。前文专门考证了敦煌文书P.3672bis，这是一封从吐

---

[1] 莫高窟第61窟主室东壁门北侧第七身供养人题记为“大朝大于阗国天册皇帝弟三女天公主李氏为新受太傅曹延禄姬供养”，载敦煌研究院编：《敦煌莫高窟供养人题记》，中华书局1986年版，第22页。关于“为”字，藤枝晃释读成“为了”，把天公主李氏、曹延禄姬当作两个人，并推测前者是曹元忠之妻、曹延禄之母。参见氏著：《沙州歸義軍節度使始末（四·完）》，载《東方學報》第13册第2分，1943年，第74、81—82页注（215）。森安氏从其说。张广达、荣新江则释读为“成为”，即于阗国天公主李氏是曹延禄姬。参见张广达、荣新江：《关于唐末宋初于阗国的国号、年号及其王家世系问题》，载北京大学中国中古史研究中心编《敦煌吐鲁番文献研究论集》，中华书局1982年版，第187页。兹从后者。

[2] 〔日〕赤木崇敏：《10世紀コータンの王統·年号問題の新史料——敦煌秘笈羽686文書》，《内陸アジア言語の研究》XXVII，2013年，第101—128页，pls.III-IV。

[3] 相关论文主要有：李正宇：《悄然湮没的王国——沙州回鹘国》，载敦煌研究院编：《1990敦煌学国际学术研讨会论文集：石窟史地篇》，辽宁美术出版社1995年版，第289—311页；Yang Fu-Hsüen, “On the Sha-chou Uighur Kingdom”, *Central Asiatic Journal*, 38-1, 1994, pp.80-107；杨富学、牛汝极：《沙州回鹘及其文献》，甘肃文化出版社1995年版；杨富学：《再论沙州回鹘国的成立》，载樊锦诗、荣新江、林世田主编：《敦煌文献·考古·艺术综合研究——纪念向达先生诞辰110周年国际学术研讨会论文集》，中华书局2011年版，第365—385页。

[4] 冯培红：《敦煌的归义军时代》，甘肃教育出版社2013年版，第448—454页。

鲁番寄到敦煌的书信，反映了西州回鹘王国都统大德与归义军僧官之间的联系及两地间的交流。作者考证作为赠物的“西地瓢桃”为西瓜[1]，虽然不知是否准确，但却揭示了西瓜从西方经由回鹘东传的历史。论文最后简略地提到10世纪至11世纪前期敦煌与西州回鹘王国之间的物质文化交流，荣新江对此曾有专文考论，可以一并参看。[2]后文虽然探讨的是沙州回鹘与西州回鹘的关系，但从各节的标题看，都是从沙州回鹘的角度来立论的。自从森安氏在20年前发表《回鹘与敦煌》并提出“沙州回鹘”这个概念以来，中国学术界掀起了一股探索热潮，特别是李正宇、杨富学提出了“沙州回鹘国”的观点，就沙州回鹘的性质问题引发了森安氏与中国学者之间的大辩论。作者编辑本论文集时，依然坚持20年前的旧说，试图通过辨析传世史料，尤其是论证吐鲁番出土回鹘文木杵文书中的“沙州将军”、敦煌莫高窟与吐鲁番柏孜克里克石窟中的回鹘人壁画比较、传世史籍中的“北亭可汗”即北庭可汗，以及尖锐地批驳杨富学、牛汝极关于“沙州镇国王子”的论断及对敦煌出土回鹘文文书的年代判定，来彻底否定沙州回鹘独立建国的说法。但是如前所论，这一说法还难以立足，具体参见杨富学的反驳论文。[3]无论如何，这场讨

[1] 敦煌文书中经常记载到瓜园，如S.1725v《某年张智刚请祭诸神用物牒》中有“瓜廿”，Дx.2168《庚子至辛丑年孟受康章等纳蓝历》记“孟受康章六瓜田蓝壹斗”，以及P.3396v《沙州诸渠诸人瓜园籍》。在稍晚一些的西夏时期，Дx.2822《蒙学字书》“果子部第五”末列“回纥瓜、大石瓜”。史金波认为“此部中有回纥瓜，应是现在所谓的哈密瓜。此部中又有大石瓜，可能是从波斯一带辗转传来的瓜”，见其《西夏汉文本〈杂字〉初探》，载白滨等编：《中国民族史研究》第2辑，中央民族学院出版社1989年版，第172页。不过他把编号误记作Дx.2825，此号为《妙法莲华经安乐行品第十四》。

[2] 荣新江：《公元十世纪沙州归义军与西州回鹘的文化交往》，载《第二届敦煌学国际研讨会论文集》，台北汉学研究中心1991年版，第583—603页。

[3] 杨富学：《再论沙州回鹘国的成立》，载樊锦诗、荣新江、林世田主编：《敦煌文献·考古·艺术综合研究——纪念向达先生诞辰110周年国际学术研讨会论文集》，中华书局2011年版，第365—385页。

论推动了对沙州回鹘及相关资料的系统梳理与深入辨析。

第三部分是《丝绸之路篇》，收录5篇论文，首篇《唐代的胡与佛教的地理世界》涉及丝绸之路上最具商业流动性的粟特胡人，其他4篇论文均与丝路贸易有关，所以被编在了一起。除了首篇使用了日本所藏文献及地图外，其他四篇所用的资料全都是敦煌、吐鲁番出土的回鹘文文书，体现了作者善于活用出土回鹘文文书的特点。

《唐代的胡与佛教的地理世界》一文主要针对日本藏《梵语杂名》、蕃汉对照东亚地图与慧超《往五天竺国传》中的"胡"与"胡国"之语，考订胡为粟特，这也为敦煌文书P.2762v《蕃汉对译词典》中的"Sog"对应于"胡"所证实。尽管"胡"字在古代有着广泛的意义，内涵、外延都有过变动，但到唐代更多专指粟特，则已是时人的共识。在该文中，作者同样重视各种史料，并从当时代的著作中去观察"胡"或"胡国"的含义，无疑是最接近事实的。他不仅细致地论证了唐代"胡"的含义，而且根据日藏蕃汉对照东亚地图逐一考察了图中所列的22个国家，覆盖了亚洲全部地域，这就是当时佛教徒眼中的一幅世界地图。论文最后对当时天下的"四主说"进行综论，将研究视角放到整个欧亚范围，这也是作者提倡的中央欧亚理论的最佳体现。

接下来的4篇论文都是研究回鹘文文书及其反映的相关问题，大多与丝绸之路商业有关，其中前二文使用的许多文书均出土于吐鲁番，后二文中的文书则出自敦煌。

《丝绸之路上的回鹘商人——粟特商人与斡脱商人之间》、《丝绸之路东部的通货——从绢、西方银钱、官布到银锭》二文运用吐鲁番文书探讨了丝绸之路上的商人与货币。前文所用的文书是回鹘文商业契约文书及书信，研究了处在粟特商人与斡脱商人之间的回鹘商人，以及从西州回鹘王国到蒙元时代的回鹘商业网络。其观点为："斡脱"一词来源于回鹘语，回鹘佛教徒、景教徒也从事商业贸易，甚至还可以溯源到粟特商人；斡脱起初只是个人之间的契约，后来才演变为蒙元时期穆斯林商人与政府之间的组织。后文专门考察了丝绸之路上的各种货币，如西域银钱、回鹘钱、绢、官布、银锭，时间上从唐初到蒙元，空间上包括西域、漠北、中原等丝路东部地区。作者根据回鹘文文书的字体不同来区分文书的时代，指出西州回鹘时代以官布为货币，而蒙元时代则使用银，同时还讨论了铜钱在西州回鹘王国的流通情况。论文最后探讨了欧亚范围内银的流动方向，指出尽管自古以来银子在东西方之间是双向流动的，但到蒙元时代则是西流大于东流，作为斡脱商人的回鹘人佛教徒或景教徒在其中充当了重要角色。

《敦煌出土元代回鹘文书中的行在缎子》、《元代回鹘佛教徒的一封书信——敦煌出土回鹘语文献补遗》二文研究的都是敦煌莫高窟北区出土的元代回鹘文文书。前文考证了 No. 193+No. 194 文书 A 面中的"qïngsai"一词，认为就是"行在"，即杭州。杭州与敦煌虽然距离遥远，但杭州产的缎子却出现在了敦煌，两地之间存在着商业交往。受此启发并展望未来，作者提出了"回鹘圈"的概念，以说明回鹘商人在西州、河西、杭州、大都之间形成了商业与文化交流圈。后文对提肯（Ş. Tekin）未作译解的 P. 4521 第三部分（即 P. o. 16 bis）回鹘佛教徒的书信进行了转写、翻译与注释，通过对信中所见的安藏博士的考证，认为他就是元代著名回鹘佛教翻译家，并判定书信的年代在 1302 年以后。作者还论及蒙元时代的敦煌石窟，指出许多西州回鹘人向东迁居到了河西走廊，河西或西州的回鹘人将这封信寄到了莫高窟，目的是为了监督佛经的交换和一些商业事务的管理。

第四部分是《摩尼教、佛教史篇》，收录 6 篇论文，研究回鹘摩尼教、佛教及其转变，其中首篇探讨漠北回鹘汗国，其他5篇则都集中于西州回鹘王国。森安氏最早进入的学术领域是漠北回鹘汗国的摩尼教，1971年提交了本科毕业论文《关于漠北回鹘汗国的摩尼教》，逾13万字；1991年又发表《回鹘摩尼教史的研究》，[1] 翌年凭借此文获得了博士学位。可以说，回鹘摩尼教问题是作者倾注心力最多的学术领域，而且他还进一步研究了西州回鹘王国从摩尼教向佛教的信仰转变。其研究使用的材料尽管包罗万象，较为多元，但最核心的是吐鲁番出土的回鹘文文书与石窟壁画，从这个角度来说他既是一位回鹘文专家，又是一名吐鲁番学者。

《漠北回鹘汗国摩尼教史的新展开》一文避开学界关注较多的汉文史籍与九姓回鹘可汗碑的汉文部分，而是使用了吐鲁番出土的4件回鹘文、2件中古波斯文文书，以及阿拉伯文、波斯文伊斯兰史料和九姓回鹘可汗碑的粟特文、回鹘文部分。依靠这些多元性的新资料，再次检讨了牟羽可汗改宗摩尼教的时代问题，指出摩尼教并不仅仅是在8世纪60年代初从中原传来的，而在8世纪中叶就已经跟西域的摩尼教僧侣有了接触，并邀请他们来到漠北传教。作者根据德藏吐鲁番出土回鹘文文书U1的记载，重新讨论了仆固汗传说中亲至高昌的回鹘可汗，并提出了一种新观点，认为蒙元时代塑造的仆固汗形象可能是把牟羽可汗与怀信可汗同时融入其中了，因为他们都对漠北回鹘汗国信奉摩尼教做出了贡献。

《西州回鹘王国时代摩尼教的兴盛——摩尼教寺院经营的实态》、《西州回鹘王国中摩尼教的衰退与佛教的抬头》二文考察了西州回鹘王国摩尼教的兴盛、衰落及佛教的抬头。前文实际上是在作

[1] 〔日〕森安孝夫：《ウイグル＝マニ教史の研究》，《大阪大学文学部紀要》第31、32合并号，大阪大学文学部1991年版。

者博士论文第2、3章及他在法国讲演第3部分的基础上进行大幅修改而成的[1]，专门考释了吐鲁番出土的回鹘文《摩尼教寺院经营令规文书》，文书现存125行，内容丰富，作者对之进行最新的转写、翻译，判定其年代为10世纪中叶，考证了文书中的“iš ayγučï”、“xroxan”二词，认为前者可译作“干事”，负责管理摩尼教寺院经济事务；后者即敦煌文书P.3884《摩尼光佛教法仪略》中的“呼口卢唤”，是摩尼教寺院中的传道师。该文还探讨了摩尼教寺院的规模与经营基础，认为主要是由国家供养的。通过以上诸方面的考察，揭示出西州回鹘王国中摩尼教势力发展至鼎盛的状况。后文是他在法国讲演的第1、4部分的基础上修改而成的，他提出的佛教、摩尼教二重窟在博士论文第1章中也有涉及，但探讨的是不同的洞窟。作者首先举出了柏孜克里克石窟中与佛教、摩尼教二重窟及寺院有关的7种史料，包括吐鲁番文书、汉文史籍、突厥语阿拉伯语辞典、柏孜克里克石窟壁画等，提出在西州回鹘王国存在着一个摩尼教与佛教共存的过渡时代，摩尼教大约在11世纪前期逐渐为佛教所取代。通过对吐鲁番出土回鹘文摩尼教文书TIID 171（MIK III 198）中两位人物的比定，将其年代考订为11世纪前期，地点在西部天山北麓。论文从多个方面论证了喀喇汗王朝内部存在着摩尼教徒集团，以及他们与西州回鹘王国的摩尼教徒之间的联系。最后驳斥了西方学界关于回鹘佛教受到粟特人影响的观点，提出是受到了吐火罗人与汉人的影响，关于此点在下一篇论文中有详细的论说。总之，从10世纪后期到11世纪前期，摩尼教在西州回鹘王国中逐渐衰退，最

[1] Moriyasu Takao, “Four Lectures at the Collège de France in May 2003. History of Manichaeism among the Uighurs from 8th to the 11th Centuries in Centural Asia”，〔日〕森安孝夫主编《シルクロードと世界史》，大阪大学21世纪COEプログラム“インターフェイスの人文学”报告书，2003年，第23—111页。

终为佛教所取代。

最后3篇论文都是关于回鹘佛教的。《突厥佛教的源流与古突厥语佛典的出现》一文从语言学的角度进行了探讨，认为突厥佛教主要源自于吐火罗佛教，现存在突厥语佛典是从吐火罗语翻译来的，而非粟特语，从而批判了劳特（J. P. Laut）的“粟特假说”。论文进一步考察了突厥从摩尼教到佛教的信仰演变，以及从吐火罗佛教到突厥佛教的演变。

《西州回鹘佛教的编年——柏孜克里克石窟格伦威德尔编第8窟（新编第18窟）的壁画年代再考》、《作为西回鹘王国史的根本史料的木杵文书》二文对西州回鹘王国的石窟壁画与木杵文书进行了考察。前文首先旗帜鲜明地亮出了作者关于西州回鹘王国摩尼教与佛教的观点，然后对柏孜克里克新编第18窟中具有回鹘风格的佛教壁画及相关问题进行考证。他指出，该窟佛陀前方跪着的供养人有三宝奴及其父母，均为回鹘人，掌管着西州回鹘王国的佛教界，地位甚高，但三宝奴是用汉语取的法号，这是回鹘佛教受到了汉语乃至吐火罗语的影响。该窟是12世纪西州回鹘可汗赐给三宝奴家族的，当时进行了大规模的重修，窟中题记出现三宝奴父子俩所担任的“tutung”（都统）与“šazïn ayγucï”（沙律爱护持）之称号，均指西州回鹘王国佛教界的最高领袖，分别行用于10世纪和11世纪。在西州回鹘王国的佛教界，除汉僧之外值得注意的是吐火罗高僧，他们将佛经从梵文译为吐火罗文，再译为回鹘文。北庭有著名的汉僧与吐火罗僧人，在西州回鹘佛教界占有重要地位。论文最后回到了柏孜克里克石窟佛教壁画年代的讨论，在批判拉赛尔-史密斯（L. Russell-Smith）观点的同时再次强调了自己的论点。与前文考察石窟壁画不同，后文则是探讨木杵文书。早在1974年森安氏就读于东京大学研究生院时，即在《史学杂志》第83编第4号上发表了《作为回鹘佛教史料的木杵文书》一文；2001年又用英文发表《吐鲁番出土的回鹘佛教木杵题记》。本文在这两篇论文的基础上，首先介绍了三件木杵文书，并考订第一、三件木杵回鹘文文书的年代为1008、1019年，以及做了转写、翻译，对第二木杵汉文文书做了再次的详细解读。他还考察了这些木杵文书的使用目的，通过摩尼教生命树的讨论否定了礼拜佛像的支柱的说法，而认为是起到了封住地下恶魔的目的。论文最后提到1965年安乐城出土的第四件木杵文书，以及性质类似的吐峪沟出土的《西州回鹘造佛塔记》文书，并且讨论了后者所记西州回鹘王国的统辖区域。

森安孝夫教授的这些论文无论从质还是量上说，都很厚重，而且大多涉及回鹘文、藏文等少数民族语言文字，对我这个门外汉来说阅读起来都很困难，更何况还要进行介绍评论。在硬着头皮通读几遍以后，我感到该书有以下几个特点：

第一，理论视角宏观开阔。该书的研究内容包括回鹘、吐蕃史及丝绸之路的相关研究，地域范围较为辽阔，作者还努力尝试运用"中央欧亚"理论，尽管该理论在其初入学术阶段并未被明确地提出来，但在研究实践中却一以贯之地执行，比如20世纪70年代发表的学术论文，就已经将研究触角伸展到中亚、北亚、东亚各地，有些地方相当辽远。森安氏早期所撰的论文中，较多地运用"中亚"、"内亚"等概念，但后来随着学术思路的成熟，逐渐运用"中央欧亚"一词，这典型地体现在1996年发表的《从中央欧亚看世界史》一文中。[1]不过，该书的视野仍然局限在丝绸之路东部，尤其是帕米尔以东地区，而对西迁三支回鹘中的西奔葛逻禄一支则未做讨论。作者研究问题的具体视角则有很多的实际的启益，像从吐蕃看中亚

[1]　载《あうろーら》第4号，大阪21世紀の関西を考える会1996年版，第26—38页。

或从回鹘看安史之乱，都从另一个视角给人以启发。《从回鹘看安史之乱》中云："对于安史之乱，过去几乎都是从中国史的角度进行负面的评价，而我却从欧亚史的角度给予积极的正面评价"（第3页）；"这种情况，以前只是从汉文史料进行论述，而我在1999年作为文部省海外研究员到柏林访学，从吐鲁番出土文书中发现了回鹘人自己用回鹘文书写的关于安史之乱的史料"（第7页）。对于习惯于从中原视角去看待周边民族的中国学者来说，这样的视角无疑具有启发性，且不论观点准确与否，但却给人耳目一新的感觉，可以帮助我们拓展研究视角，对安史之乱做出客观的历史评价。

第二，微观考证绵密细致。虽然该书运用的中央欧亚理论颇为宏观，但所收的每一篇论文却都是构筑在十分细碎的史料上，特别是出土文书本身相当碎片化，以及日本学者固有的精细考辨的学术特性。少数民族自身没有系统的文献记载，而汉文史书只是一种他者的记录，因此用本民族文字记录的碎片资料，尽管吉光片羽，却是非常珍贵。书中有些论文只是考释了单篇文书，如第1、2、7、12、13、15篇论文，这些文书大多是敦煌、吐鲁番出土的回鹘文文书，也有个别敦煌出土的藏文、汉文文书。有些文书如P.t.1283、K7709篇幅极长，内容丰富，学术价值自然不言而喻；有些文书则篇幅较短，但也自有其价值在，才能由此导出对重要学术问题的探讨，如Mainz 345是回鹘人记述安史之乱的难得资料。而其他论文则综合运用了大量文书、史籍、碑铭、壁画、地图等诸种资料，但也无一不是在对细碎史料的微观考证上下足了功夫，从而得出作者自己的创新结论。

第三，史料运用颇为多元，包括敦煌、吐鲁番出土文书与石窟壁画、漠北回鹘碑文、汉文史籍、阿拉伯波斯史料、日本藏资料等，但最核心的是出土文书，尤其是用回鹘文、藏文文书。研究回鹘、吐蕃的历史，当然是以本地区、本民族的史料最为重要，但因这些民族自身记录的传世文献极少，所以出土文书、石窟壁画、碑文等考古材料就成为首选资料，具有第一手性质，也最为准确。在立足于核心史料的基础上，作者当然也不忽视传世的汉文史籍与穆斯林史料，以及流传到日本的文献及地图，作为研究论证的重要补充。例如，《吐蕃对中亚的经营》一文对汉文史籍的运用极多，这显然是因为它记录得较为系统完整，而敦煌藏文文书及其他考古资料则相对较少；《增补：回鹘与吐蕃的北庭争夺战及其后的西域情势》、《关于回鹘的西迁》使用了阿拉伯、波斯史料；《唐代的胡与佛教的世界地理》一文利用了日本收藏的《梵语杂名》与蕃汉对照东亚地图，特别是后者形象直观，是极为有力的证据。

第四，作者一方面贯彻原文主义，对旧作原文基本上不做改动；另一方面时刻追踪学术前沿，用页下脚注与文末“〔书后〕”形式进行补订或说明。“原文主义”是为了体现学术史原貌，“〔书后〕”可以说是此书的最大特色，作者通过这样的形式修订旧作，对于大量出版论文集的今日中国，或许是一种可供借鉴之道。“〔书后〕”除了对该文的写作缘起进行介绍外，更主要的是吸收、介绍学界新成果，对自己的观点或补充申说，或批判改正。这一点在前三个部分体现尤多，每篇论文后面皆有之，而第四部分第 14、15、16、19 篇文后则无。《藏文史料中出现的北方民族——DRU-GU 与 HOR》文后有六篇“〔书后〕”，其中“〔书后 3〕”提到了凉州（武威）的 hor 国，比起正文中说该国位于河西、吐鲁番、北庭一带，并推测可能是敦煌的粟特人聚落，其观点向前推进了一步，位置更加精确。《回鹘与敦煌》文后有五篇“〔书后〕”，其中“〔书后 1〕”介绍了此文发表后荣新江及笔者与赤木崇敏等关于归义军史研究的新成果，“〔书后 4〕”补充了与此文有关的敦煌藏文、于阗文文书及其相关论著。至于页下脚注，也提供了不少补充信息，不过有些还欠全面，如第 303 页注 5 说 P.3451 文书为《张淮深变文》没有异议，但伏俊琏、王伟琴近年撰文认为是《张议潮变文》[1]；注6 关于西桐/西同的地理考证，补充了近年陆离、旗手瞳的论文，但李正宇、李并成早在近 20 年前就已得出了位于苏干湖的同样结论[2]。

第六，重视与国际学界的交流。尽管收入该书的论文都是日文版的，但第 7、8、11、13、18 篇还出过英文版，第 15、16 篇是在英文讲义上做的大幅修改，第 19 篇的相关内容最初也用英文发表过论文，第 2、4 篇则用法文撰文介绍过观点，而且从该书后附带“文献目录”可知，作者的68 种论著中除上述9 篇外，还有 8 篇是用法、英、德文写作的。这表明，森安氏就其研究的学术领域，积极地向西方学界介绍他的最新研究成果，同时也迅速地吸收、参考和批判西方学者的成果，这在各篇论文及其“〔书后〕”中可以清楚地看到。而对于西方学者不参考他的日文论文，也作了毫不客气地批评（如第 126、223、559 页）。在与中国学界交流方面，虽然森安氏不会讲汉语口语，也不参加中国举办的学术会议，但仍密切关注中国学者的研究动向，对相关成果加以吸收或批判。他的论文被全文或部分译成汉文，如收入该书的第 2、3、6、7、8、13、17 篇，第 2、4 篇的主要观点用法文发表后也被汉译，对中国学界产生了很大的影响，甚至引发了关于沙州回鹘的性质的争论。

该书篇幅甚巨，校对精良，但仍小有疏失，如：第 72 页倒数第

---

[1] 伏俊琏、王伟琴：《敦煌本〈张淮深变文〉为〈张议潮变文〉考》，《新疆师范大学学报》2010 年第 4 期，第 125—129 页。

[2] 李正宇：《西同考——附论六龙地望》，《敦煌研究》1997 年第 4 期，第 110—120 页；李并成：《“西桐”地望考——附论明安定卫城》，《西北民族研究》1998 年第 1 期，第 45—50 页。

5行的“奴刺”应为“奴剌”；[1]第235页第14行“微求无厌”、第237页第9行的“微求无度”，“微”字当作“徵”；第271页第12—13行的“譚麒驤（主編）『中國歷史地図集5隋·唐·五代十国期』（上海，地図出版社，1982，pp.75-77）”，错漏较多，应写作“譚其驤（主編）『中国歴史地図集5隋·唐·五代十国時期』（北京，中国地図出版社，1982，pp.75-77）”；第331页引《续资治通鉴长编》中的“妻封陇西郡妇人”，“妇”字当为“夫”。

总之，森安孝夫教授的《东西回鹘与中央欧亚》是一部中古民族史研究的力作，它主要运用本民族的史料，兼及其他各种周边资料，特别是敦煌、吐鲁番出土的回鹘文文书，对回鹘、吐蕃及粟特、吐火罗等民族的历史进行了非常细致的研究，可以说这是到目前为止研究回鹘史及内陆亚洲史最深入的成果，此书既是森安教授一生学术的重要结晶，也代表了国际上该学术领域的最高水准。

[1] 第52页在译文中正确地写成“奴剌”。

《大唐元陵仪注新释》

（金子修一主编，日文书名《大唐元陵儀注新釈》，汲古书院2013年版）

刘可维（南京师范大学社会发展学院）

中国古代皇帝的丧葬礼仪无疑代表了一个时代最高等级的凶礼标准。然而，汉唐间有关皇帝丧葬仪轨的系统记录极为有限，仅在《续汉书·礼仪志下》中“大丧”部分保留有东汉时期较为完整的皇帝葬仪。与汉代的记载相对，唐代官修的第一部礼典《贞观礼》中收录有《国恤》五篇，记载了皇帝、皇后、太子等人物的丧葬仪轨。此后由于高宗朝李义府、许敬宗等人以“（皇室凶礼）非臣子所宜言”为由，废除了原收录于《贞观礼》中的《国恤》部分，以致“天子凶礼阙焉”[1]。此后，《显庆礼》、《大唐开元礼》（以下简称《开元礼》）中亦不再设置有关皇室凶礼的内容。甚至历代皇帝死后临时编定的丧葬礼仪，也因忌讳示人，而未得以流传。[2] 因此，唐代皇

[1] 《新唐书》卷20《礼乐志》，中华书局1975年版，第441页。另参见《旧唐书》卷82《李义府传》，中华书局1975年版，第2768页。《国恤》中应包含有皇帝、皇后、太子等人物的凶礼规范，请参见吴丽娱：《对〈贞观礼〉渊源问题的再分析——以贞观凶礼和〈国恤〉为中心》，《中国史研究》2010年第2期。关于唐代废除《国恤》的背景与原因，请参见吴丽娱：《终极之典——中古丧葬制度研究》（上册），中华书局2012年版，第36—42页。

[2] 《新唐书》卷20《礼乐志》，第441页，在许敬宗等废除《国恤》后记载：“至国有大故，则皆临时采掇附比以从事，事已，则讳而不传，故后世无考焉。”另参见〔日〕大津透：《古代の天皇制》，岩波书店1999年版，第263—264页，注25。

帝等级的丧葬礼仪未能有一部完整地保留至今。难能可贵的是，《通典》中保留有与《通典》同一时期成文的《大唐元陵仪注》（以下简称《元陵仪注》）的部分佚文。《元陵仪注》为唐代宗晏驾后担任礼仪使的颜真卿所著，记载了代宗丧葬礼仪各环节的详细仪式规范。代宗晏驾后即位的德宗致力于唐代礼制的再建，而《元陵仪注》的编订被认为并非只是临事所用的“便览”，而具有作为后代帝王葬仪典范的性质。[1]这一点还体现在《元陵仪注》在相当程度上继承和发扬了《开元礼》的礼制精神上。[2]正因如此，《元陵仪注》成为今日探讨唐代皇帝葬仪最为重要的基础史料。

《元陵仪注》的整体早已散佚，其中部分篇节作为唐代皇帝葬仪的代表保存于《通典》有关历代凶礼的记述之中。清代黄本骥最早辑录了《元陵仪注》的佚文，并考证了其为时任礼仪使的颜真卿所著。此后陆心源编辑的《唐文拾遗》也将《元陵仪注》收录。通过上述的辑录与整理，《元陵仪注》的大体内容已较为明确。凌家民氏在点校《颜真卿集》时，不仅对《元陵仪注》进行了标点，还对佚文进行了一定注释。凌氏的注释主要集中在对文中一系列字、词含义的解释上。例如：“沐浴”条解释为“洗首曰沐、洗身曰沐浴”，又“大敛”条解释为“裹尸入棺曰大敛”[3]。相较而言，该注释在元陵葬仪的整体进程，以及与前代礼制的关系等方面未能展开深入的讨论。日本学者来村多加史氏在《唐代皇帝陵の研究》一书中系统地考察了唐代皇帝陵墓的相关制度，在其下篇《〈大唐元陵儀注〉と唐

[1]〔日〕金子修一：《围绕〈大唐元陵仪注〉的诸多问题》，《中国史研究》2011年第4期；另参见金子修一主编：《大唐元陵仪注新释》，汲古书院2013年版，第16—17页。

[2] 有关《元陵仪注》与《开元礼》间的关系，请参见吴丽娱：《终极之典——中古丧葬制度研究》（上册），第57页。

[3]（唐）颜真卿著，（清）黄本骥编订，凌家民点校、简注、重订：《颜真卿集》，黑龙江人民出版社1993年版，第30、32页。

代送終儀礼》中专门围绕《元陵仪注》对唐代皇帝葬仪展开研究。[1]在这一部分中，来村氏首先探讨了《元陵仪注》成立的时代背景、唐代丧期的缩短、唐代皇帝遗诏中的薄葬精神等问题，更为重要的是来村氏通过对比《仪礼》、《开元礼》等礼制文献，将《元陵仪注》的内容按丧葬礼仪顺序逐一进行了解说与考证，促进了对唐代皇帝葬仪中诸礼仪环节的认识。然而，来村氏的研究主要着眼于考察元陵葬仪的起源与形成，相比而言有关《元陵仪注》内容本身的解释仍较为欠缺。可以说截止至《唐代皇帝陵の研究》一书的出版，对于《元陵仪注》的佚文尚缺乏完整详备的释注与综合性的考证。

基于《元陵仪注》在汉唐礼制史上的重要地位，以及相关研究的不足，金子修一、稻田奈津子、江川式部、河内春人等日本礼制史学者从21世纪初开始，对《元陵仪注》进行了深入的研究，逐字逐句地解释、考证了《通典》中保留的《元陵仪注》及其相关史料的佚文。其阶段性成果以《大唐元陵儀注試釈》等逐年发表。[2]其各部分内容经汇总整理后，最终于2013年由汲古书院出版，即《大唐元陵儀注新釈》（以下简称《新釈》）。在内容上，《新釈》并未局限于《元陵仪注》，而是将保留于《通典》中的《大唐元陵之制》、《大唐元陵遗制》、《大唐元陵遗诏》（以下分别简称为《元陵之制》、《遗制》、《遗诏》）等内容一同进行了整理、释注，系统地展现了有关唐

---

[1] 〔日〕来村氏：《唐代皇帝陵の研究》，学生社2001年版，第245—482页。

[2] 《大唐元陵儀注試釈（一）—（五）》，《山梨大学教育人間科学部紀要》第3—7卷，2002—2005年；《大唐元陵儀注試釈（六）》，《国学院大学大学院紀要（文学研究科）》第38辑，2007年；《大唐元陵儀注試釈（七）》，国学院大学文学部共同研究費シンポジウム《東アジア世界における王権の態様——陵墓・王権儀礼の視点から》，2007年；《大唐元陵儀注試釈（八）》，《国学院大学大学院紀要（文学研究科）》第39辑，2008年；《大唐元陵儀注祔祭註釈》，《国学院大学紀要》第47卷，2009年；《大唐元陵儀注試釈（終章）》，《国学院大学大学院紀要（文学研究科）》第41辑，2010年。

代皇帝葬仪的全貌。可以说该著作已成为迄今为止对于《元陵仪注》乃至唐代皇帝葬仪最为全面的研究。为便于读者了解这本新著，以下列出该书的目录，并简要介绍各篇章的具体内容。

该书的第一章主要介绍了《元陵仪注》成文的时代背景、内容上的基本构造等问题。其中的第一节首先考察了《通典》中所载《元陵仪注》、《元陵之制》、《遗制》等佚文的条目对应在实际葬仪中的先后位置。本节指出《通典》收录这些佚文并非完全遵照葬礼的执行顺序，其中“设铭”、“悬重”的环节放在了“小敛”之前。而根据葬仪顺序，《元陵仪注》原文中相关部分的排列应为：小敛—小敛奠—大敛—殡—大敛奠—设铭—悬重。由于代宗在《遗制》中明确要求葬礼遵循“以日代月”的原则，因此金子氏根据时间推算“小祥变”、“大祥变”、“禫变”等礼仪环节应置于“悬重”之后。此外，对于文献中所见《元陵仪注》、《元陵之制》、《遗制》、《遗诏》等史料来源，金子氏指出《元陵仪注》无疑是颜真卿所编定的有关代宗葬仪的具体仪轨，《遗制》、《遗诏》应是代宗遗诏中的佚文。与之相对，《元陵之制》则包括了两类内容，其中“丧废祭议”、“宗室童子为天子服制议”属于在制定葬礼之际有关各方辩论商讨的记录；另一类如“挽歌”条，记载了葬仪中挽歌的具体构成，实际应为《元陵仪注》的一部分。在这一节中，金子氏还着重考察了《元陵仪注》与《通典》形成的时代背景，以及《通典》对《元陵仪注》非现实性等方面的批判。[1] 众所周知，大行皇帝葬礼开展的同时，伴随着新皇帝的登基。本节的最后围绕着《元陵仪注》，探讨了德宗即位的过程与服丧中政务的展开，并最终指出在小祥以后德宗朝的政务处理已基本步入正轨。这一研究关注了中国古代王朝皇帝政治交

---

[1] 本节上述部分的汉语译文，可参见金子氏《围绕〈大唐元陵仪注〉的诸多问题》一文。

接过程中的若干细节，具有独到的研究视角。

该章的第二节详细介绍了清代以来黄本骥、陆心源等对《元陵仪注》的辑录情况，以及诸辑本的各自特点与差异。此外，对于“将葬筮宅”、“启殡朝庙”、“葬仪”、“虞祭”、“祔祭”诸环节中的一些重点语句，也做了必要的说明。该章第三节是对代宗葬仪诸环节具体内容的概说。通过本节的解说，可以简要了解《元陵仪注》各篇目的构成情况。[1] 该章的最后，还收录有江川式部氏所撰《代宗元陵关系年表》，即以年表的形式介绍了代宗去世前后，唐中央的若干政治举措。

该书的第二章是全书的核心所在，对《通典》所录《元陵仪注》、《元陵之制》、《遗制》、《遗诏》、《大唐元陵谥册文》，以及《文苑英华》中所录《代宗睿文皇帝哀册文》等共29段史料进行了详细考释与解说。对于各段史料，该书主要进行了以下六项工作。

(1) 录入史料的原文。根据该书第一章的解说，书中所录史料是以王文锦氏点校的《通典》为底本。[2] 通过对比两书的录文后可以发现，《新积》在王氏点校的基础上，对《通典》中的相关史料进行了重新地标点。相比此前的版本，该书的句读更为精细。例如：在葬礼各环节中有大量关于礼仪官员进行“奏”、“称”、“赞”、“承传”的记载，其后的记述实际均为礼仪行事中具体号令的内容。然而，在王氏的点校本中“称”的内容部分往往用引号标注表示，而忽略了对“奏”、“赞”、“承传”部分的标明。与此相对，该书则对上述内容全部加入了引号，使文义更为明晰。像“启殡朝庙”条中“礼官赞‘执事官入就阶下位’……礼仪使跪奏‘请皇帝止哭’，

---

[1] 本节的汉语译文，可参见金子修一等氏：《〈大唐元陵仪注〉概说》，《文史》2008年第4辑。

[2] （唐）杜佑：《通典》，中华书局1988年版。

奉皇帝之杖前进。中官承传‘止哭’”[1]。又“葬仪”条中的“礼官赞‘侍中进辒辌灵驾’，前跪奏称‘请降灵驾，御龙輴’……”[2]。《新释》对《元陵仪注》及其相关史料的重新标点更为准确，有助于读者把握原文的意思。

此外，该书对于《通典》原文的文字也进行了校正修改，例如：《通典》所录《元陵仪注》中“小敛”部分中有“设百官位次，即三王后、三恪等位”[3]的记载。众所周知，唐代所封北周、隋代皇室后裔为介公与酅公，即“二王后”。前揭《通典》中所见“三王后”无疑为“二王后”之误。《新释》对于此类错误进行了修正，[4]录文整体相较《通典》更为准确。

（2）校异。王氏点校的《通典》是以清末浙江书局根据武英殿本的翻刻本为底本，并参照日本宫内厅书陵部所藏北宋本、傅增湘校南宋本、明嘉靖无刊记本等七个版本校正而成。由于在现存的诸版本《通典》中，日本宫内厅所藏北宋本被认为是最佳善本之一[5]，因此该章各段的校异部分明确标注出王氏点校本与日本藏北宋版《通典》在文字、字体等方面的差异，便于读者自行校对。

（3）汉文的训读。训读是日本颇具传统的阅读汉文史料的方法，在基本不改变汉文句式的情况下，加入适当的假名以便于日本的研究者更为明了地理解原文含义。

（4）注释。注释部分对《元陵仪注》及其相关史料所见各类名

---

[1]〔日〕金子修一主编：《新释》，第196页。可对照《通典》卷85《礼四五·沿革四五·凶礼七》，第2312—2313页。

[2]〔日〕金子修一主编：《新释》，第271页。可对照《通典》卷86《礼四六·沿革四六·凶礼八》，第2347页。

[3]（唐）杜佑：《通典》卷84《礼四四·沿革四四·凶礼六》，第2284页。

[4]〔日〕金子修一主编：《新释》，第117页。

[5]〔日〕仁井田陞：《通典刻本私考》，收入氏著《唐令拾遗补》，東京大学出版会1997年版。

词以及文句进行了非常全面的考察与解释，甚至包括了诸如“昭陵”、“大行皇帝”、“小祥”之类的常见词汇，几乎达到了对原文逐字逐句的解释。更为难能可贵的是注释部分并非单纯地解释相关词语的含义，往往还加入史料、图像、今人研究等内容，全面展示出相关词汇的制度背景，以及前沿研究。以“荐车马明器及饰棺”部分中所见“腰舆”一词为例，该书注释解释其为“达到搬运者腰部高度的舆”，并揭示了阎立本所绘《步辇图》中唐太宗乘坐的由六名女官所抬“步辇”的形象，同时引用黄正建氏《唐代衣食住行の研究と日本の資料》（《東方学》121辑，2011年）一文，说明了《步辇图》中所见“步辇”即唐代的“腰舆”。此外，还通过《唐六典》卷11《殿中省·尚辇局》“奉御”条及其注文，介绍了唐代辇的种类，以及“腰辇”的行用场合。[1] 通过如此详尽的解说，读者可以直接掌握涉及这一词汇的史料、研究，以及具体形象。不仅如此，对于《元陵仪注》中一些仪式场面的描写，注释部分还特意绘制了配置图，例如“启殡朝庙”、“荐车马明器”、“葬仪”[2] 部分均通过图的形式表现了各类人物及礼仪用具的所在位置，非常便于读者直观地理解相关仪式的场面。

（5）现代日本语翻译。将《元陵仪注》及其相关史料完整翻译为现代日语，相当于我国所见古籍“今译”的形式。其现代语翻译并未执拗于原文，对于一些意思难懂的文句，均补充了必要的说明。这种意译的方式，与第3部分中汉文训读部分相辅相成，更为清晰、完整地展现了原文的含义。

（6）解说。对于当段《元陵仪注》及其相关史料主旨的简要概括。

除上述主体内容外，该书的终章和余论简要地分析了现阶段

---

[1] 〔日〕金子修一主编：《新释》，第217页。

[2] 〔日〕金子修一主编：《新释》，第210、226、291页。

《元陵仪注》佚文中缺失的部分，以及通过对《元陵仪注》的深入研究，所认识到的《通典》的史料价值。最后，该书的附录中还收录了《唐乾陵の文化景観のもつ内容と特性》[1]、《唐皇帝陵踏查記》两篇文章，介绍了与元陵关系密切的唐代诸陵的概况。

作为礼制史料的《元陵仪注》，其内容晦涩难懂，王文锦氏在点校《通典》时就曾指出难以把握个别语句的意思与标点。然而，通过金子氏、稻田氏等一批日本学者辛勤地研究，现已基本完成了对《元陵仪注》及其相关史料的解读。《新积》正是其研究成果的结晶。笔者认为《新积》的主要成就集中在以下两点：第一，所录史料的全面性。虽然《新释》以《元陵仪注》为主，但其内容并未局限于《元陵仪注》本身，还收录了《元陵之制》、《遗制》、《遗诏》等文献，以及在“遣奠”环节中由中书令所朗读的《代宗睿文皇帝哀册文》，“葬仪”环节中所用《大唐元陵谥册文》等文献。这些文献或涉及元陵葬仪的制定，或为葬仪各环节所用，均与《元陵仪注》密切相关。可以说《新释》是对以《元陵仪注》为中心的史料群的综合研究。因此，通过《新释》可以完整了解唐代皇帝葬仪从礼仪制定到具体执行的全过程。

第二，注释、今译的全面与精细。虽然学界不乏对于各类古籍的“今注”、“今译”，但此类基础研究中的注释大多较为简单，对于难懂句子的解释也常有闪烁其词之处。与此相对，该书对于《元陵仪注》及相关史料不仅采用了逐字逐句的解释，并且详细介绍了与词汇相关的制度背景，对于一些礼仪用具还大量引用《新定三礼图》、《三才图会》等典籍中所绘相关用具的形象。此外，该书的全

[1]　关本文的汉语原稿，请参见刘向阳：《唐乾陵文化景观的内涵与特性研究》，《文博》2011 年第 5 期。

文现代语译也达到了明了、准确的程度。由于《元陵仪注》所载具体葬仪的仪轨与《仪礼》的《士丧礼》和《既夕礼》、《开元礼》中九品官员的凶礼有着密切关系，因此通过《新释》的注释与解说还可辅助读者理解其他礼制史料中的词句。基于上述的特点，笔者认为《新释》不仅是一部可供研究者使用的专业工具书，也非常适用于礼制史方向的初学者。

以上介绍了《新释》的主要内容与其所取得的成就。笔者认为这部著作资料全面、考证翔实，具有极高的学术价值，是近年来中古礼制研究的典范之作。当然，在拜读该书的同时，笔者也关注到书中一些值得商榷之处，在此略陈浅见。

第一，该书第二章各史料排列顺序的标准不甚明确。该书在第一章第一节中说明了书中史料的排列顺序并未完全按照《元陵仪注》及相关史料在《通典》中的先后位置，而依据了现实中举行诸仪式的前后顺序。其中特别是"小祥"、"大祥"、"禫"三个环节，原本是服丧十三个月、十五个月、二十七个月后逐渐解除服丧限制的仪式，位于葬仪的最后。但在《遗制》中明确记载了"礼固从宜，丧不可久。皇帝宜三日听政，十三日小祥，二十五日大祥，二十七日而释服"[1]，实际上，《遗制》要求服丧过程遵循"以日代月"的原则执行。代宗晏驾于大历一四年（779）五月二十一日，因此上述三个礼仪环节应分别在闰五月四日、十六日、十八日举行。以此为依据，该书将"小祥"、"大祥"、"禫"放置于"悬重"之后，"将葬筮宅"之前。另外，由于在"遣奠"环节中，有中书令朗读哀册的礼仪，因此该书将《文苑英华》中所录《代宗睿文皇帝哀册文》放置于"遣奠"礼的后面。

---

[1] （唐）杜佑：《通典》卷80《礼四〇·沿革四〇·凶礼二》，第2170页。

对于《新释》中相关史料的排列顺序，丸山裕美子氏曾指出将“小祥”、“大祥”、“禫”放置于出殡诸礼之前所依据的“以日易月”原则应是权宜之制，显然这与金子氏主张的《元陵仪注》是作为唐代帝王丧葬礼仪典范而编纂的观点相矛盾。因此，丸山氏否定了《新释》中诸史料的排列顺序，认为应按照《通典》中收录史料的顺序排列。[1]一方面，笔者认为丸山氏主张的排列方式存在着明显的不足。众所周知，《通典》在同一条目下往往收录了先秦以来的历代制度。其中有关凶礼的部分，大多先收录先秦礼典中的相关记载。正因如此，其相关条目的排列很大程度上依据了《仪礼》中的规范，具体顺序为：设铭——悬重……小敛……小敛奠……大敛……大敛奠——殡——将葬筮宅……小祥变——大祥变——禫变。然而，《元陵仪注》诸礼仪环节的设置并非完全依据古礼，其具有一定自在的规则。例如：《元陵仪注》中“设铭”部分明确记载：“大敛之后，分置殿庭之两阶。又设铭旌以绛，广充幅，长二丈九尺，题曰：‘某尊号皇帝之柩’，立于殿下”[2]，即“设铭”之礼应在大敛仪式之后举行。显然《元陵仪注》中的这种仪式安排与《仪礼》及《通典》中的排列顺序有别。因此，不能依从丸山氏的观点以《通典》篇节的顺序排列《元陵仪注》佚文，应对《通典》中各部分的排列顺序进行一定调整。

另一方面，《新释》中按照举行仪式的具体时间将“小祥”、“大祥”、“禫”放在“悬重”与“将葬筮宅”之间的做法也欠妥当。虽然《遗制》中确实规定了“以日易月”的原则，上述三个葬礼环节在实际中应提前举行，但“小祥”、“大祥”、“禫”是服丧结束的礼

---

[1]〔日〕丸山氏：《金子修一主编〈大唐元陵仪注新释〉》，《唐代史研究》第17卷，2014年。

[2]（唐）杜佑：《通典》卷84《礼四四·沿革四四·凶礼六》，第2275页。

仪，在历代礼典中均位于整个丧葬礼仪的最后。很难想象一部具有典范性格的皇帝葬仪仪注，将“小祥”、“大祥”、“禫”之礼放在葬礼中的殡殓阶段。因此，在成文的《元陵仪注》中，应仍是以历代凶礼传统为准，将“小祥”、“大祥”、“禫”放在葬礼的最后。在具体的执行过程中，依据实际情况对相关顺序再进行调整。基于以上的考虑，笔者认为《元陵仪注》中“小祥”、“大祥”、“禫”的部分最初应放置于“祔祭”以后，即葬仪的最后。

此外，该书基于“遣奠”环节中由中书令朗读哀册，是将代宗哀册文部分放置在“遣奠”之后。与此相对，在《元陵仪注》“荐车马明器及饰棺”、“葬仪”等部分中，均涉及使用谥册的相关礼仪，然而本文却将《大唐元陵谥册文》放在了全部史料的最后，显然与此前放置哀册文位置的标准不符。笔者认为谥册与哀册均不是《元陵仪注》本身的组成部分，应统一放置到最后更为妥当。

第二，引用个别史料时，存在着未经仔细甄别之处。例如：该书第一章第四节《代宗元陵关系年表》中“闰五月甲戌五日”条中引用了《旧唐书》卷 12《德宗纪》：“贬门下侍郎、平章事常衮为潮州刺史。召崔祐甫为门下侍郎、同中书门下平章事。”[1] 上述史料中所见德宗登基后对常衮、崔祐甫的职位调动，是唐代中期党争中的一次著名事件。常衮与崔祐甫间的政争在代宗朝就已形成。代宗晏驾之际，常衮与崔祐甫因议群臣丧服发生分歧，随后常衮“乃上言祐甫率情变礼，轻议国典，请谪为潮州刺史。内议太重，改为河南少尹”[2]。由于在制敕上，常衮按照惯例代署了郭子仪、朱泚之名，引起德宗大怒，最终“立贬衮为河南少尹，以祐甫为门下侍郎、平章事，

[1] 《旧唐书》，第 319—320 页。

[2] 《旧唐书》卷 119《崔祐甫传》，第 3439 页。

两换其职”[1]，实际上是令常衮与崔祐甫对换职位。又《新唐书》卷7《德宗纪》记载：“闰月甲戌，贬常衮为河南少尹，以河南少尹崔佑甫为门下侍郎、同中书门下平章事。”[2]因此，常衮被贬为的应是“河南少尹”一职。此外，两《唐书》的《崔祐甫传》中也有类似记载。通过对比上述史料，《代宗元陵关系年表》所引用的《旧唐书·德宗纪》的记载无疑是错误的。《新释》未能对比两《唐书》间的差异，导致了引用史料上的问题。

第三，一部分校勘、标点值得商榷例如：“葬仪”部分中“按，玄衣纁裳，周制也。当时所服故以为币服。近代及今，则皆不用。滞儒执古，仪注复存。斯未逵礼从宜及随时之义也。具昏礼篇，不复重载。”[3]以上史料是《通典》中杜佑对于《元陵仪注》所载太府卿奉玄、纁为“币”之礼的按语。《新释》的“校异”部分指出“北宋本中，在‘仪注复存’与‘斯未逵礼’之间，还插入有‘且非古所上不取触途皆尔其吉制非允岂可悉行’的部分。中华书局本的校勘中，根据北宋版补上了此句。然而，由于文意不明，此句被认为存在讹误”[4]。实际上，中华书局版《通典》尽管指出北宋版中的语句可能存在讹误，但还是据北宋版补充了上述文字。[5]而《新释》强调这段文字“文意不明”，因此没有录入。

首先，对“当时所服故以为币服。近代及今，则皆不用”一句中的标点，应做修改。据杜佑按语中所言，“玄衣纁裳”是周代所行的服装制度，因此当时将“玄纁”（即黑色和浅红色的布帛）用作婚

[1] 《旧唐书》卷119《崔祐甫传》，第3440页。
[2] 《旧唐书》，第184页。
[3] 〔日〕金子修一主编：《新释》，第272页。
[4] 〔日〕金子修一主编：《新释》，第272—273页。
[5] 参见（唐）杜佑：《通典》卷86《礼四六·沿革四六·凶礼八》，第2362页校勘记第137条王文锦氏的解说。

礼、聘礼等场合下馈赠的礼物，即所谓的“币”。又，礼典中并无“服币”一语。“近代及今，则皆不用”是指“玄衣纁裳”的服制至唐代已不施行。参照按语的含义，这句应依从王文锦氏点校《通典》中“当时所服故以为币。服，近代及今，则皆不用”[1]的标点方式。

其次，《新释》以“文意不明”为由，删除了北宋版《通典》中“且非古所上，不取触途皆尔。其吉制非允，岂可悉行”[2]一句。笔者认为，结合杜佑按语对《元陵仪注》不懂变通的批判，整段按语的大意应为：古礼中将“玄纁”作为“币”是基于其为当时现实中的服制，然而这种服制至唐代早已废弃。《元陵仪注》佞古不化，不识因时变通，仍将“玄纁”作为“币”。[3]佞古的行为并非古礼所崇尚，因此制定仪注不应处处崇古。况且将“玄纁”作为馈赠的礼物本属于吉礼的范畴，皇帝葬仪中岂能完全遵照古代吉礼的标准执行。基于以上的理解，笔者认为北宋版中多出的文字并非“文意不明”，其与上下文有着紧密的关系。因此，依从北宋版《通典》中的文字更为妥当。

第四，一部分注释中的解说存在不当之处。例如：“遣奠”部分中“卤簿使先进玉辂于承天门外，东偏稍南，舆辇、鼓吹吉驾卤簿并序列于玉辂前。又进辒辌车，当承天门中稍南，凶仪明器序列于

[1] （唐）杜佑：《通典》卷86《礼四六·沿革四六·凶礼八》，第2348页。

[2] 同上。

[3] （唐）杜佑：《通典》卷58《礼十八·沿革十八·嘉礼三》，第1652—1653页中记载：“北齐娉礼，第一品以下至三品，用玄三匹，纁二匹……豹皮二。”对于这一制度当时的议者表示：“周氏尚文去质，玄衣纁裳，犹用皮为韠，所以制婚礼纳征，用玄纁俪皮，充当时之所服耳。秦汉以降，衣服制度与三代殊，乃不合更以玄纁及皮为礼物也。”又“何必纳征犹重无用之物。徒称古礼，是乖从宜之旨”。从上述议论不难看出，截止到北朝后期，“玄纁”虽然仍作为礼典中记录的聘礼礼物，但在现实中已沦为“无用之物”。至《开元礼·嘉礼》中依然可见到将“玄纁”作为“币”的记载。然而，通过上述北齐的事例以及杜佑的按语可知，这种制度从北朝以降很可能仅局限于礼典的记述，在现实中不再广泛应用了。

辒辌车前”。[1]对于其中所见“凶仪”一词，来村氏在《唐代皇帝陵の研究》一书中解释为“构成凶仪中灵驾卤簿的仪仗队”[2]。但是《新积》指出“已经排列有舆辇、鼓吹、吉驾的卤簿了，很难想象还存在有其他的仪仗队”[3]。在皇帝的出葬仪式中，设置吉凶两部卤簿的制度从东汉以来就已形成。在制定晋礼之际，曾有人建议废除吉部仪式和凶部的鼓吹，最终挚虞、孙毓等人引用礼典，阐述了吉驾与儒家礼典中祥车的对应关系，以及吉驾卤簿的必要性，最终得以在晋制中保留了吉驾及其卤簿的制度，仅废除了凶驾卤簿中设立的鼓吹。[4]实际上，从汉晋以降，葬仪中普遍实行吉凶两部卤簿的制度。与《元陵仪注》相应，《开元礼》中五品以上与六品以下官员的葬仪中，分别设有“吉凶仪仗”和“吉凶威仪”。[5]可见一般官员的丧葬队伍中均伴随有吉凶两部的仪仗队。并且，《元陵仪注》在梓宫安葬于山陵后，记载凶部仪式的处理方式为：“凶仪卤簿，解严退散。”[6]据此可见，围绕着皇帝的辒辌车应伴随有凶驾卤簿。因此，笔者认为《新积》对“凶仪”的解释明显错误，仍应遵从来村氏的见解。

第五，在解说部分中，对于葬礼诸环节的设置未能详细对比前

---

[1]〔日〕金子修一主编：《新释》，第241页。

[2]〔日〕来村氏：《唐代皇帝陵的研究》，第402页。

[3]〔日〕金子修一主编：《新释》“凶仪的明器”条注释，第244页。

[4]《晋书》卷20《礼志中》载：“汉魏故事，将葬，设吉凶卤簿，皆以鼓吹。新礼以礼无吉驾导从之文，臣子不宜释其衰麻以服玄黄，除吉驾卤簿。又，凶事无乐，遏密八音，除凶服之鼓吹。挚虞以为：‘葬有祥车旷左，则今之容车也。既葬，日中反虞，逆神而还。《春秋传》，郑大夫公孙虿卒，天子追赐大路，使以行。《士丧礼》，葬有槀车、乘车，以载生之服。此皆不唯载柩，兼有吉驾之明文也。既设吉驾，则宜有导从，以象平生之容，明不致死之义。臣子衰麻不得为身而释，以为君父则无不可。《顾命》之篇足以明之。宜定新礼设吉服导从如旧，其凶服鼓吹宜除。’诏从之。”中华书局1974年版，第626页。类似记载还可参见《通典》卷79《礼三九·沿革三九·凶礼一》“大丧初崩及山陵制”条，第2143页。

[5]参见《开元礼》卷139—149中“陈器用”、“行次奠”、“轜车发”诸环节。

[6]（唐）杜佑：《通典》卷86《礼四六·沿革四六·凶礼八》，第2349页。

代的诸礼典。如“将葬筮宅”条的解说，江川式部氏强调了代宗葬礼中进行“将葬筮宅”的具体阶段并不明确。“将葬筮宅”是通过占卜选取陵地的仪式。江川氏根据《唐会要》卷20“陵议”条有关唐朝廷在高祖晏驾后开始讨论献陵营造一事的记载，推测唐代皇帝陵墓的玄宫是在皇帝崩后才开始营建的，并据此考证“将葬筮宅”之礼当在殡殓之后执行。实际上，在历代礼典中“筮宅”在葬礼中的位置是比较清楚的。《仪礼·士丧礼》中“筮宅，冢人营之”[1]条位于“大敛”、“殡”、“朝夕哭奠”、“朔月奠”之后，《既夕礼》“请启期”之前。此外，《开元礼》卷138《三品以上丧之一》“卜宅兆”条、卷142《四品五品丧之一》“卜宅兆”条、卷146《六品以下丧之一》“筮宅兆”条在整个葬礼中均位于与《仪礼》“筮宅”条相同的位置，[2]即将遗体装殓后，尚未举行出葬前的祖奠、遣奠等仪式的阶段。因此，相对于江川氏的考证，应更重视历代礼典中相关礼仪顺序的记载。

以上是笔者在拜读《新释》时发现的一部分问题。尽管在这些方面略有不足，然而瑕不掩瑜，这部由金子修一氏为代表汇集了日本学界众多礼制史学者，历经十年编纂的大作对现存《元陵仪注》的佚文进行了全面的校正、标点、注释、现代语翻译，是迄今为止对《元陵仪注》最全面、最深入的研究。笔者认为该著作将是研究唐代乃至中古礼制史必备的学术工具书。

---

[1] 《十三经注疏》，中华书局1980年版，第1142页。

[2] （唐）萧嵩等撰：《大唐开元礼》，民族出版社2000年版，第654、677、700页。

《〈天圣令〉与唐宋法制考论》

（赵晶著，上海古籍出版社2014年版）

杨晓宜（台湾大学历史所博士候选人、“中研院”史语所博士候选人培育）

《〈天圣令〉与唐宋法制考论》作者赵晶现为中国政法大学法律古籍整理研究所副教授。他长期致力于唐宋法律史研究，尤着重在法典编纂、司法官群体等领域。2010 至 2011 年留学于日本京都大学人文科学研究所，期间关注日本学界对于中国法制史与日唐律令的比较研究，搜集了丰富的研究资料，由此奠定深厚的研究基础。该书主轴为《天圣令》，这是他结合法律制度与法典两方面的成果，其中更涉及了唐宋时期法典体系与制度内容的转变。此外，作者认为研究一个主题，除了细致讨论关键史料，更应反思学界所建构的诠释角度，为了更全面地分析唐宋法典的研究脉络，作者将日本学界的论点列入学术对话与反省的行列。该书除了加深我们对于唐宋法典整体面貌的了解外，更重要的是有助于学人重新审视这段时期法制的细微变化，审视唐宋法典体系建立的多方论述，并给予适当合理的诠释视角，该书可谓增补并反思唐宋法制史的研究基础。总之，该书通过详尽的学术史梳理，借由细微考证与新史料的发掘，为《天圣令》与唐宋法制的研究贡献了宝贵的智识。

该书除绪论和代结语外，共分为四章。绪论部分提及该书的选题与研究方法论，对此有两大面向的说明。一为详细讨论目前学界对于中国律令体系发展演进的论述，如梁启超、浅井虎夫、中田薰、滋贺秀三等论点。作者认为令的发展历程较律更为复杂，在讨论唐宋法典的议题时，应更关注令本身的变化，以及其在法律体系中的地位。二为1999年出现《天圣令》残卷，包含“右并因旧文，以新制参定”的宋令和“右令不行”的唐令，是比对研究唐宋令文的重要材料。对此可延伸出几个重要面向：更全面地了解唐令原貌与篇目安排、厘清唐宋令典和其他法律形式之间的关系、探讨唐宋法律制度与其演变、日唐律令比较研究等。

第一章“令典篇目献疑”。该章详细讨论《唐六典》所载令篇是否为历次所修唐令之通例，并结合《庆元令》（《庆元条法事类》）与《天圣令》篇目排序的分析，考察唐宋令篇章之演变。综合比对《唐六典》所载《开元七年令》篇目，与隋代《开皇令》、日本《养老令》等，该书基本同意目前学界普遍认可的《天圣令》以《开元二十五年令》为立法蓝本的观点，但并不确定唐前期令篇结构与《开元令》是否完全一致。

关于唐宋令典体系的转变，根据仁井田陞之说，其分水岭是宋神宗时期《元丰令》，意即《开元二十五令》、《淳化令》与《天圣令》的篇章结构没有太大更动，《天圣令》仍属于唐令谱系。《天圣令》残卷的出现，更可印证此一说法，因此该书亦强调北宋《元丰令》开启了宋令谱系。而宋令谱系存在令篇种类大增、令典规模扩大等特色，这除了和宋代整体历史发展的变化有关，亦牵涉到立法技术层面，即敕、格、式的功能性质发生改变，其中的制度性条文转变为令条。另外，在立法思想上，宋代强调“防微杜渐”的国策，导致宋令变得更加绵密烦琐。

第二章“唐宋令条文演变”。该章讨论唐宋令文内容的转变历程。关于此主题，许多学者曾专注于唐令转为宋令时所产生的变化，以及透过《天圣令》“右并因旧文，以新制参定”之宋令进行唐令复原。但此研究视角无法全面讨论唐宋令文演变的真实样貌，作者强调应更宽广地面对此课题，如以《天圣令》为出发点，考察这些条文在《庆元令》中的变化情况，从而重新审视唐令谱系至宋令谱系的演变。毕竟现存史料有限，无法通盘检讨各个篇章，该章列出几个具体令篇作为说明，即《仓库令》、《河渠令》与《驿令》，所涉及的关键史料为唐令、《开元水部式》、《仪凤三年度支奏抄、四年金部旨符》、《唐律疏议》、《天圣令》、《庆元条法事类》(《庆元令》) 等，借此厘清唐宋令文谱系的差别。

以往学者认为，唐宋令文的差别，在内容上主要体现在经济领域，在形式上则为宋令具有功能褪色、内容简短、范围狭隘等特质。但经作者考证可知，当古代法典体系由唐代律令格式转为宋代敕格式时，多种形式的法律条文大量进入令文当中，尤其是“式”的条文被放入令内，加上宋代防微杜渐的法律思想，造成宋令篇幅较大、条文冗长的特色，这不但不是功能褪色，反而使令成为法律体系的主干。而且宋代官制的新发展，也在令典中具有明显体现，这已超出了所谓的“货币财政领域”。

第三章“唐令用语的内涵”。该章细部讨论“令”中的法律术语，举“财没不追，地还本主”与“僧道法”为例，探讨这些用语在当时语境中，如何被使用及其意义。首先，作者立足《唐律疏议》与《天圣令》中“财没不追”这一法律用语，分析学界对于“没”字意涵的不同观点，即究竟是指没官还是另有他意。部分学者从田令、户婚律的角度讨论，认为《唐律疏议》之田令所言“苗子及买地之财并入地主”是讹言，“财没不追”是“没官”之意，对此学界论点各有差异。作者认为各类说法皆有不足，因此比对《唐律疏议》的版本异同与《宋刑统》引令方式，透过法律逻辑与制度的推论，认为“财没不追”并非“没官”，而是“将田款（苗子及买地之财）保留给卖方或地主”，其立法旨意在于抑制土地兼并、缓和社会矛盾。

其次，关于僧道法与《道僧格》的讨论。《天圣·狱官令》提及“僧道法”一词，究竟所指为何？是否如董春林推测的《道僧格》？作者首先比对日本《养老令》、《古记》等资料，探讨《道僧格》是否存在及其制定时间，进而分析《道僧格》与《祠部格》的关系，认为唐代中前期唐格的卷数屡有变动，不应将《开元格》的篇目视为唐格通例，随着道僧立位不分先后之诏的颁布，“道僧格”便易名为“祠部格”，最后指出《天圣令》所载“僧道法”应指《道僧格》（或《祠部格》）与宗教内律。

第四章“唐令复原及法意辨析”。该章以《天圣·赋役令》和《天圣·仓库令》的部分条文为例，进行细部考证，以复原令文内容，并讨论令文规范的制度面与落实面。作者使用的研究方法是，透过条文彼此的比对分析，探讨法律用语和内部逻辑，并通过制度的实践来反推唐令复原的可能性。在文本比对方面，作者除了运用唐代典章文献外，还援入了日本古代明法家的注释；在制度运作的考析层面，作者则使用了如敦煌文书羽25v《仓夫令狐良嗣牒》等新公布的材料。

关于唐令复原的反思，作者提出四点：（1）法典尽管由严密逻辑、圆满法理等要素所构成，仍不免有所漏洞。在唐令复原时，也会陷入保持原貌或更正条文的矛盾。此外，同一概念未必是相同意涵，那么仅针对词例语境考证逻辑、法理，此研究途径也可能存在风险。（2）考证法典内的逻辑、法理，从现代的观点分析是否能代表唐宋时期的想法？依据当下的逻辑论证，难有完美解答。作者认为目前唐令条文的排列，也不一定贴近唐令原貌。(3) 反思“活”的制度史研究，强调从制度层面观察规范的落实，但法律制度与实践两者并非趋于一致，若由此复原唐令亦存在问题。(4) 若从日本律令复原唐令，可能存在冲突矛盾之处，毕竟法令因时因地有所差异，断然使用日本令文或古注为复原依据，并非完全无疑。以上四点为未来研究者提出一些看法，有待学界讨论出更具说服的方法论。

在代结语部分，作者首先强调唐宋时期法典体系的相关变化。因《天圣令》包含了唐令与宋令，是跨越唐宋两代的重要研究材料，这不免令人联想到“唐宋变革”的主题。只不过“变革”是指根本的或革命性的转变，即旧形态结束，转为另一个新的形态，并非所有的变化都能称为变革。作者认为令在唐宋时期的变化无法达到“变革”的程度，该书也无意奢谈“唐宋变革”。其次，该书采用的研究方法亦是可关注的重心，在作者看来，所谓的“法学方法”是一个伪命题，但法制史研究需要有现代的法学意识来引导行文运思，不宜因噎废食，盲目夸大古今、中西之别。

综观该书行文论证与研究方法，大致可总结以下几点特色：

(1) 该书提供给读者一个全面且具有深度的唐宋法制学术史，通过细致分析中国、日本、中国台湾等地重要学者的相关论点，进行反思与批驳，由此建立属于自己的一套论述脉络，实为学术史研究的参考指标。

(2) 作者细致考察各类史料，尤在字词考证与流变勾勒方面，下了很大功夫，展现丰富的史料背景与法意诠释，几乎每一章都有扎实的考证成果。举例言之，第四章“唐令复原及法意辨析”，为了复原唐令原文的样貌，必须针对每一个字词进行缜密的分析，比对各种学界说法及可参考的史料，甚至包含出土文献与域外典籍，透过多方旁证，推论令文可能的内容。如此细微的考证方法实为难得，在搜集资料与论述方面也须相当有耐心。

（3）为了方便比对各个条文的内容，该书善用表格整理进行分析，这对读者而言相当便利，亦可清楚呈现不同史籍所载的异同处。举例而言，第一章“令典篇目献疑”讨论唐宋令的篇章安排与谱系，作者在第46—47页列出《开元令》到《庆元令》篇章之演变表格表4，从中比对出唐代开元七年令、开元二十五年令、宋代天圣令与南宋庆元令的篇章，可清楚看到彼此间的演变历程。又如第55—69页表6，作者用了不少篇幅阐明《天圣·仓库令》与《庆元令》的条文对照，从条文的增删与变化，讨论唐宋令文的演变，并以此补强唐宋令谱系的分水岭在于《元丰令》的观点。该书表格整理相当丰富、清楚，在此不一一列举。

（4）研究方法论的建构：该书为法史研究著作，作者巧妙结合法律学与历史学两大脉络，并未局限于法律或历史面向的单一讨论。作者为法律学出身，而后多方接触历史学研究，并任职于古籍研究所，由此形成了历史学与法律学结合的知识背景，这是目前学界需要重视的“科际整合”。从该书内容可知，作者透过历史学方法进行史料整理分析，如内部考证、外部考证等；并善用自身的法学素养，如从立法目的、法律思想等层面出发，探讨每一条文的内在法律逻辑，结合史料证据说明每一条文的法源与意义。更重要的是，除了法规范内涵的静态讨论，作者也着重于结合出土文献呈现律令行用的程度，关注条文实际运作的真实性，充分展现了研究方法的多元性。

该书对于唐宋法典体系研究有深刻的讨论与分析，不论在学术史方面的反思，还是史料证据上的驳证等，皆为学界提供了一个更加广泛的研究视角。关于法典体系研究，我们首先需要再次反思应给予《天圣令》什么样的历史定位。中国传统法的体系发展经历了以下过程：从秦汉的律令难分，发展至西晋泰始三年所确立的律令二分的认定标准[1]，由此再建构起隋唐的律令格式体系[2]。根据高明士的研究，北宋《天圣令》的颁布是终结唐令的时间点，自此建立新制；又，“令典”具有“政治的法制化”特色，即透过令典对国家组织进行分门别类的规定，并将“皇权”纳入律令中，以展现统治者的理想秩序。[3]在《天圣令》所载“右并因旧文，以新制参定”的条文中，亦可看到废弃旧有唐令、更改为宋代新制的努力，这与该书将《天圣令》放置在唐令谱系中的观点是否矛盾？这一问题或许还有待学界更多的讨论与交流，才能变得更加明朗。

其次，该书引用多重史料反复考证法源依据，以及检讨学界各种论点，以此为立论基础，阐述唐宋令典的演变与其在法制史上的定位。只不过，或许因为作者笔触过于细腻，反而易使读者忽略了“唐宋法制”的研究主轴，即该书的各篇论文大多着重在某一细节的关注点上，整体研究成果对于唐宋法制的突破点可能不易聚焦。作者或许需要思考的是，法典（进一步细化为令典甚至《天圣令》）在唐宋法制研究中的意义有多大？该书已经在法典研究领域积累了相

---

[1] 秦汉律令没有一个明确的界定标准，因此，在许多秦汉法律文献当中，很难清楚看出律与令之间的差异性，因为令虽具有补充律之用意，却处于暧昧不明的状态。加上律令大量增加与内容纷乱，造成法的正确适用的困难。直至晋泰始律令表明“律和令都是作为体系化法典而制定，以律为主，令为从”，即西晋重视律的法律意义，即正罪名、禁强暴，而令则具有教化的功用，若违令者，入罪惩罚，可谓此时期确立了律与令之间的界线。参考〔日〕堀敏一：《晋泰始律令的制定》，载杨一凡主编：《中国法制史考证》丙编第2卷，中国社会科学出版社2003年版，第282—301页。

[2] 一般学界认为中国法典的编纂特色是“律令法系”（律、令、格、式），汉代继承秦的六律与补充的诸律，将这些内容整理出“九章律”，而汉代的补充法改称为“令”，确立了律与令的法典形式。至唐开元年间改以“格”、“敕”作为补充“律”，至宋代改以“敕、令、格、式”的形式，用编敕来补充法律不足之处。参考〔日〕大庭脩：《律令法体系的变迁与秦汉法典》，林剑鸣等译，载《秦汉法制史研究》，上海人民出版社1991年版，第1—12页。

[3] 高明士：《律令法与天下法》第6章《唐宋令与“唐宋变革”的下限——天圣令的发现及其历史意义》，五南图书出版社2012年版，第273—314页。

当的业绩，相信以此为基础，作者未来立足法典而不囿于法典的研究成果将更加令人期待。

再者，关于该书篇章结构的安排。根据后记所述，该书为多篇论文集结而成，各篇皆讨论与《天圣令》相关的唐宋法制的某个具体问题，自然有其论述脉络与一贯性。只不过，各章内部的逻辑与连贯性亦可再商榷，如第一章“令典篇目献疑”，先讨论唐令再论宋令，但第三节却又加入“时令”之存否，乍看主题可能会认为三者之间的关系不大。实质上，该章主要论述唐宋令典篇目的演变，建议将“时令”的讨论列入第二章，或许能更清楚地显示该章的论述主轴。

最后，关于该书的研究视角。综观全书的讨论内容，大多与法典变迁相关。可能是囿于研究视角的关系，作者对历史背景的论述相对较少，亦即法典变迁史的背景讨论为何？如北宋天圣年间皇帝政治体制与元丰时期的差异为何？是什么样的历史因素造就了法典体系的变迁？该书过多地专注于令文或令典篇章的细部考证、法律逻辑推理，而读者不甚明白这些条文与皇帝权力、朝廷政策、社会经济的关联性何在。倘若在论证条文法意之外，亦能补充当时的政策与社会变迁，或许能够反哺法制史的研究，也能更具体地呈现唐宋法典变迁的时代意义。

综论该书架构与内容，不论是令文考证或法律逻辑推理等，皆展现出作者高水平的研究能力，应给予相当高的评价。整体而言，该书兼具多元的研究视角，试图建构与以往不同的论述架构与诠释角度，开启了相关研究的新面向。坦率而言，在当下，中国古代法典史的研究展开不易，因为面临着双重限制：其一是现存文献不足，要求研究者在每一个条文与字词的考证上皆须细心对待；其二是研究积累丰富，中外众多专家论点都要纳入考虑、反思与评论之列，绝非三言两语可轻易带过。而且我们还必须跳脱法典研究的框架，因为中国传统法制不是纯由法典所构成，其所形塑的文化背景、司法官员特质、司法档案文书等，都编织成了多元而复杂的图像，并非完全依照法典规定的内容进行运作。因此，如何开拓新的史料范围，融入新的研究视野，重新构思一套法典史研究的蓝图，是我们今后必须审慎思考的问题。

以上仅为阅读过程中产生几点浅薄的想法，敬请作者及学界同仁指正。

编后记

从筹划会议到《集刊》第三辑交稿已近两阅年，略显蹉跎但终克于成。抚今追昔，首先要感谢陕西师范大学历史文化学院的两届领导班子，三年之中两次同意筹办“中国中古史前沿论坛”，时仅隔一年，这在学术史上是非常少有的开明之举。这里特别要感谢何志龙院长和李秉忠副院长。曹伟副院长、董春生主任、刘晓东兄的后勤保障工作也是会议圆满成功的重要保证。

感谢陕西历史博物馆对于本次会议的大力支持。记得我和权家玉兄非常冒昧地空着两手去见杨瑾处长，非常冒昧地提出要馆方给予资助，当属非常之二的行为，但是陕西历史博物馆及杨瑾处长迅速同意了我们的冒昧请求，现在回想，依然给我不真实的感觉。感谢成建正馆长、杨瑾处长、杨效俊博士、田晓娟女士大力协助我们的工作。同样非常感谢梁勉女士、张维慎先生、翟战胜先生为会议提供的种种帮助。

感谢权家玉兄。从整个会议的筹办到论文的征集，如果没有权兄从中斡旋，都可能胎死腹中。四处张罗联系，这些读书人最发愁的事情，都是他来处理。我搞砸了，也是他来弥缝其间。

感谢萧正洪副校长、贾二强师、周晓薇师、薛平拴教授、王双怀教授、拜根兴教授不辞酷暑，主持参与会议的方方面面。在这里特别要感谢王双怀教授，在联系学术考察项目遇到困难时，王教授挺身而出，解决了难题。陕西师范大学历史文化学院的教授们，用言传身教展示了知识分子和长辈的温润风采，值得我们好好体会。

感谢在会议期间服务的学生崔启龙、王海广、马丽、林泽杰、褚桂燕、师周杰、李磊等。

感谢参与会议的各位学人，以及无私给本刊提供稿件的侠女和侠士们。在许多环节，你们所展示出的对于学术的真情与真诚，对于一个成长中的学术平台的呵护，我都铭记于心，感佩由衷。范兆飞教授、张达志副教授为本刊张罗书评，感谢二贤的古道热肠。

感谢商务印书馆对本刊的出版给予的支持，特别是段珩、王江鹏两位编辑认真务实，为本刊的出版花费了不少心血。

论坛及《集刊》的创办，其筚路蓝缕的艰难经始我是亲见者之一，私心颇希望海内外中古史学者能珍惜这个平台，也希望论坛及《集刊》渐渐形成自己特性，越办越好。

苏小华

2016.10.7